大地

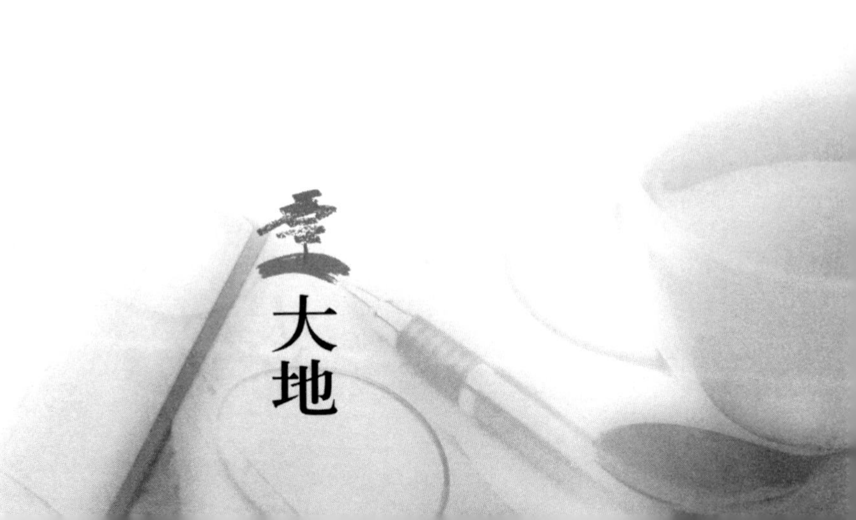

大地

大地

大地

History 05

張雲風◎編著

中國后妃事略

大地出版社

前言

張雲風

中華歷史五千年，各式各樣、大大小小的國王和皇帝約有六百多人。奴隸制和封建制的中國屬於「家天下」，帝王無一例外地實行多妻制。這決定了帝王的妻子即中國后妃，是一支龐大的粉黛隊伍，其確切的人數，恐怕誰也說不清楚。

后妃是古代帝王妻子群體的通稱，「后」指嫡妻，「妃」指嫡妻以外的妃嬪。其實，「后」的本義並非指帝王嫡妻，而是指帝王本人。《說文解字》云：「后者，繼君體也。象人之形，施令以告四方。故『厂』字從『一』、『口』，發號者君后也。」就是說，「后」象徵著一個人，憑一張嘴發號施令，所以擁有至高無上的權力。夏代、商代和西周早期，「后」一直是帝王的稱謂。屈原的《離騷》頌揚過「三后」，這個「三后」就是指三位傑出的帝王，即夏禹、商湯和周文王。

最早的「后」指帝王，其妻子通稱「妃」，嫡妻則稱「正妃」或「元妃」。典籍記載，人文初祖黃帝有四妃，「嫘祖爲黃帝正妃」（《史記．五帝本紀》）。

帝嚳也有四妃，「元妃有邰氏女，曰姜嫄」（《帝王紀》）。直到西周中期，帝王習慣上改稱爲「王」，而「后」才成爲其嫡妻的專稱。《國語．周語》說：「昔（周）昭王娶於房，曰房后。」這位房后，便是「后妃」意義上的「后」了。

帝王的嫡妻爲什麼稱做「后」呢？《白虎通義》說得明白：「天子之配謂之后。后者，君也。天子之配至尊，故謂后也。」天子的嫡妻地位「至尊」，等同於「君」，所以就沿用了帝王原先的稱謂——「后」。帝王稱王的時候，其后稱「王后」。帝王稱皇帝的時候，其后則稱「皇后」。皇帝的祖母和母親，一般尊稱爲「太皇太后」和「皇太后」。帝王的嫡妻稱「后」，那麼其他妻子爲表示在地位上和待遇上與「后」有所區別，所以只能叫做「妃」或「嬪」之類的次等名稱了。

中國的后妃制度是中國奴隸制度和封建制度的一個組成部分，產生於奴隸制鼎盛的西周時代。《周禮》明確規定：「天子立后，三夫人，九嬪，二十七世婦，八十一女御。」就是說，天子法定應有一位后和一百二十一個妻子，而且還有冠冕堂皇的理由：「后正位宮闈，體同天王。夫人坐論婦理，九嬪掌教四德，世婦主知喪祭賓客，女御序王之宴寢。」（《後漢書．皇后紀》）實際上，所謂「坐論婦理」、「掌教四德」、「主知喪祭賓客」、「序王之宴寢」這樣的分工是不可能的，它們只是帝王實行多妻制的藉口而已。

春秋戰國以後，歷朝歷代基本沿襲西周的模式，並不斷發展，從而使封建制的后妃制度更加嚴密和完備。

秦始皇統一天下，盡收六國宮女充實後宮，「爵列八品」。八品依次爲皇后、夫人、美人、良人、八子、七子、長使、少使。西漢初年，后妃制度比較簡約。到了漢武帝和漢元帝時，「世增淫費」，掖庭猛增至四五千人，除皇后外，妃嬪爵級劃分爲十四等，依次爲婕妤、娙娥、容華、充衣、昭儀、美人、良人、七子、八子、長使、少使、五官、順常、無涓（包括共和、娛靈、保林、良使、夜者等）。東漢光武帝時，簡化後宮繁縟，皇后以外只置貴人，其他女性分爲美人、宮人、采女三個等級，供賞賜充給之用。東漢時期小皇帝最多，其生母每每以太后身分掌握權力，政歸女主，「外立者四帝，臨朝者六后，莫不定策帷簾，委事父兄，貪孩童以久其政，抑明賢以專其威」（《後漢書．皇后紀》），造成外戚和宦官得勢爲互相爭鬥的局面，最終導致敗亡。

魏晉南北朝時期，后妃制度漫然無序。但有一點是共同的，即最高統治者皇帝爲了滿足自己的享樂，無不仿照西周的模式設置后妃。比如西晉武帝，荒淫奢侈，迷戀女色，攻滅吳國以後，將吳末帝的后妃掠爲己有，使後宮麗姝幾近萬人。他於皇后之外，置貴嬪、夫人、貴人爲三夫人，置淑妃、淑媛、淑儀、修容、修華、修儀、婕妤、容華、充華爲九嬪，置美人、才人、中才人等爲二十七世婦和八十一女御。後宮美女如雲，使他無所適從。他只能乘坐一輛羊車在宮中閒逛，羊車停在那座寢宮門前，他就在那座寢宮裡過夜。妃嬪們渴望得到皇帝的寵幸，特意在寢宮門前懸掛竹葉和潑灑鹽汁，以便引誘拉車的羊，羊車停下也就留住了皇帝。萬人爭寵一人，這是一種非常不人道的現象。南朝和北朝的皇帝，大多荒淫無度，妃嬪名號不盡相同，但歸根到底，還是沿襲前代之巢臼。

隋文帝皇后獨孤氏奇妒，文帝懼內，不敢多置妃嬪。獨孤氏死後，文帝立即放開膽量，廣納所愛。他的兒子隋煬帝貪圖享樂，盡量擴充後宮，除皇后外，置貴妃、淑妃、德妃爲三夫人，置順儀、順容、順華、修儀、修容、修華、充儀、充容、充華爲九嬪，置婕妤十二人、美人和才人十五人爲二十七世婦，置保林二十四人、御女二十四人、采女三十三人爲女御。另有承衣、刀人等，沒有定數。隋煬帝迷戀美色，生活糜爛，是隋代迅速滅亡的原因之一。

唐代因襲隋制，皇帝一后、三夫人、二十七世婦、八十一女御，只是妃嬪的名號略有差別。唐玄宗時後宮佳麗達到三千人。唐代皇帝私人生活極不嚴肅，出現了兄納弟媳、兒納父妾、父納子妻的醜事，后妃穢亂宮闈的情況屢見不鮮。相比之下，宋代內廷比較平淡樸實，只是宋徽宗追求淫樂，妃嬪數以千計，後來通通當了金國的俘虜。

遼、金、元三代，皇帝成就帝業以後，大多採用漢族的后妃制度，部分沿用本族的習俗，良窳互見。其中金廢帝完顏亮寡廉鮮恥，將喜歡的兄嫂弟媳、堂姐族妹、侄女甥女都納爲嬪御，縱欲宣淫，猶如禽獸。

明代開國，明太祖說過一段很有見地的話：「治天下者正家爲先，正家之道始於謹夫婦。后妃雖母儀天下，然不可俾預政事。至於嬪嬙之屬，不過備職事侍巾櫛，恩寵或過，則驕恣犯分，上下失序。歷代宮闈，政由內出，鮮不爲禍。」鑒於此，明太祖詔令設立六局（尙宮、尙儀、尙服、尙食、尙寢、尙功局）管理後宮事務，同時命人制訂不准后妃干預政事的條規，由工部製作紅牌，懸於宮中，以示警戒。所以，有明一代，「宮壼肅清，論者謂其家法之善，超軼漢唐」（《明史．后妃傳》）。

清代基本上沿襲明制，前期內廷制度嚴謹。清世祖時，除皇后外，乾清宮設夫人一人，淑儀一人，婉侍六人，柔婉和芳婉各三十人；慈寧宮設貞容一人，愼容二人，勤侍若干人。清聖祖時，「典制大備，皇后居中宮，皇貴妃一，貴妃二，妃四，嬪六，貴人、常在、答應無定數」（《清史稿．后妃傳》）。清代規定每三年進行一次「選美」，挑選八旗秀女進宮，充當后妃和宮女。清代中期以後，慈禧太后垂簾聽政，掌握朝柄。期間，后妃制度名義上仍然存在，但遠不如以前那樣嚴密和完備了。

中國的后妃制度，若從西周算起，共計延續了將近三千年。如果說奴隸制和封建制的國家是個大王朝，那麼在巍峨皇宮的高牆深院內則存在著一個女人成堆的「小王朝」。這個「小王朝」，以一夫多妻制的家庭形態爲基礎，以天下第一夫人王后或皇后爲中心，群雌粥粥，花枝招展，各有名分，等級森嚴。所有的女人都從屬於和服務於一個男人，即尊崇無比的帝王。她們分享和利用帝王的權力，政治上地位崇高，物質上花費巨大，生活上頗多污穢，因而成爲奴隸制和封建制統治的一個重要象徵。我們剖析這個「小王朝」的林林總總和后妃們的生死歌哭，可以更加深刻地認識到歷代統治階級的腐朽本質。

中國后妃是統治階級中一個特殊的階層。她們當中，有人賢德，有人奸佞，有人剛毅，有人軟弱。歷朝歷代都有規定：后妃不允許參與和干預朝政。但是，由於奴隸制和封建制國家「家天下」的性質，由於后妃的特殊地位及其與帝王的特殊關係，促使她們常常能夠以「國母」的身分，登上政治舞臺，直接發號施令。

漢高祖皇后呂雉、唐高宗皇后武則天、清文宗皇后葉赫那拉氏（慈禧太后）是這方面的代表人物。這三個女人實際統治中國分別達十五年、三十五年、四十七年之久，其中武則天與元老重臣抗爭，與丈夫兒子抗爭，與傳統勢力抗爭，頑強拼搏三十餘年，還當上了皇帝——中國歷史上唯一的女皇帝。她們屬於后妃中的強者，執政期間呼風得風，喚雨得雨，對於當時的社會政治和經濟文化的發展，產生了重大的作用和影響。

然而從總體上看，中國后妃生活的基調是痛苦和悲慘的。她們的一生，恨多於愛，苦多於甜，哀多於樂，哭多於笑。她們中的絕大多數人是帝王的奴隸和僕役，沒有人生自由和人性自由，一切唯帝王是聽，自覺不自覺地充當政治鬥爭的工具，帝王享樂的玩物和傳宗接代的產婆。她們得寵的時候，或許是珠環翠繞，錦衣玉食；一旦失寵，則被遺棄，被廢黜，甚至被殺戮。帝王無不喜新厭舊，不可能有專一的愛情。因此，后妃們的精神生活大多是空虛和寂寞的。唐代白居易寫過一首《上陽白髮人》的詩，那位少女十六歲時入宮，「臉似芙蓉胸似玉」，因受楊貴妃的妒忌，被幽禁於上陽宮，直至六十歲時，滿頭白髮，「一生遂向空房宿……春往秋來不記年」，其酸楚的心情可想而知。一部中國后妃史，從本質上說，實是一部中國古代婦女的血淚史和屈辱史。

中國的歷史典籍浩如煙海，但關於后妃的著作卻少得可憐。雖然一些正史裡列有《皇后紀》或《后妃傳》，但記述的文字總是過於簡單，有的甚至還宣揚了「女人禍水」的陳腐觀念。這本《中國后妃事略》，力圖運用歷史唯物主義觀點，從「事略」的角度，眞實地客觀地反映中國后妃的生活。全書只寫了一百二十多位帝王的大約三百多位后妃，具體到每位后妃身上，也只是寫她的主要經歷和突出事蹟，絕非面面俱到和事事皆錄。書中內容主要根據正史，力求做到人、事、言均有出處。同時參閱了有關的野史、筆記和文藝作品，對不合史實的傳聞、軼事略加辨證，正本清源，還歷史以本來面貌。

讓我們循著歷史的足跡，批閱后妃的故事，一睹她們的風采和氣度，一聽她們的歡歌和哭訴，一讀她們用精神和肉體、姿色和秉性、鮮血和淚水譜寫的紅顏篇章。

張雲風　二〇〇三年十一月於西安

目錄

娥皇和女英

帶有濃厚的神話色彩

中國傳說中的三皇五帝時代，帝王稱君，稱帝，稱后。他們的妻子統稱妃。「妃」，古音讀作「配」，即配偶的意思。《史記．五帝本紀》記載，中華民族的始祖黃帝有四妃，其中嫡妃稱正妃，名嫘祖（嫘，讀作雷），西陵氏。黃帝共有二十五個兒子，其中得姓者十四人。黃帝及其後裔顓頊、帝嚳（嚳，讀作庫）、唐堯、虞舜，皆是著名的仁德帝王，合稱「五帝」。

傳說唐堯在位七十年的時候，準備將天子之位禪讓給虞舜。爲了考察和檢驗虞舜治家治政的本領，唐堯特將兩個女兒娥皇和女英嫁給虞舜爲妻，並幫助虞舜建了一座穀倉，賜給虞舜一件葛布衣服、一張琴和一群羊。

虞舜，姓姚，一說姓嬀（嬀，讀作歸），名重華。他的父親叫瞽叟（瞽，讀作鼓），是個瞎子。母親早死。瞽叟繼娶後妻嚚（嚚，讀作銀），嚚很凶悍潑辣。嚚生子象，象很貪婪刁鑽。瞽叟偏愛嚚和象，他們聯手虐待虞舜，使虞舜的生活充滿艱辛。虞舜忠厚善良，雖然遭遇了諸多不幸，但堅持孝順父母，關愛弟弟，樂於助人，仁慈和孝悌的美名遠近傳揚。

虞舜三十歲的時候娶了娥皇和女英，變得又貴又富。虞舜熱愛妻子，依然保持勤勞樸素的本色。娥皇和女英熱愛丈夫，賢惠溫柔，勤儉持家，生活幸福而又美滿。他們在歷山（今山西芮城西北）下安家，開荒種地。人們慕名而來，使那裡很快發展成爲人口密集的居住中心。

嚚和象看到虞舜的日子過得很風光很得意，心裡非常嫉妒。特別是象，看到兩個嫂子貌美如花，聰明能幹，不禁垂涎三尺，時時生出骯髒的非分之想來。於是，象央求嚚，嚚又唆使瞽叟，三人密謀，一心想殺害虞舜，奪取虞舜的財產和妻子。

一次，瞽叟讓虞舜幫助修補穀倉的頂部。虞舜剛剛爬上倉頂。嚚和象立刻抽掉梯子，並在下面放火，企圖將虞舜燒死。娥皇和女英早就覺察到嚚和象的歹毒，所以她倆提前讓丈夫穿了一件施過法術的罩衣。當烈火熊熊燃燒起來的時候，虞舜從倉頂跳下，那件罩衣張開，變作一隻大鳥，使虞舜穩穩地落在地上，毫髮無傷，躲過了一場劫難。

嚚和象氣壞了。一計不成，又生一計。一次，瞽叟又讓虞舜去掏井。虞舜用長繩綁住身體，下到井底。嚚和象拼命地往井裡塡土，企圖把虞舜埋在井裡，活活悶死。娥皇和女英早有防備，讓丈夫穿了一件繪有龍紋的衣服。所以，當塡土自天而降的時候，虞舜卻變成一條龍，從附近的一口井裡鑽了出來，安然無恙。

象以爲虞舜被埋在井中死了。他很得意，跑到虞舜家中，高興地彈起那張琴，色瞇瞇地看著兩個嫂嫂。就在這時，虞舜好端端地回家來了。象大驚失色，張著嘴，一個勁地發愣，半天說不出話來。

嚚和象兩次都沒有害死虞舜，又氣又惱。這天，母子二人裝出悔過的樣子，做了一桌豐盛的酒菜，招待虞舜。其實，他們是在酒中下了毒，企圖將虞舜毒死。娥皇和女英絕頂聰明，用一種特製的藥粉灑在水裡，讓丈夫沐浴。這樣，虞舜不管喝什麼樣的毒酒，都不會中毒。嚚和象的陰謀詭計徹底破壞。

虞舜和娥皇、女英相敬相愛，互相關心，互相幫助，克服了人生道路上的許多困難。實踐證明，虞舜具有高尚的德行和傑出的才幹。因此，唐堯在九十歲的時候，決定讓虞舜攝行天子之事。這期間，虞舜巡行四方，征服「四凶」，任用賢德人才，治理政事，使得天下太平，人民安居樂業。

唐堯死後，虞舜成爲眞正的天子，娥皇和女英成爲天子之妃，盡力爲人類造福。傳說虞舜活了一百歲，死於蒼梧（今湖南寧遠東南），葬於九疑山。娥皇和女英得知惡耗，沿著湘水一路趕去，直哭得眼中流血。血淚灑在竹子上，染得竹子斑斑點點，後人稱這種竹爲「湘妃竹」。最後，娥皇和女英悲不自勝，雙雙投水而死，化作湘水女神。娥皇爲「湘君」，女英爲「湘夫人」。戰國時期，大詩人屈原寫過《湘君》《湘夫人》兩首著名的詩篇，用非常優美的文字，描寫了她們忠於愛情，苦苦求索，矢志不渝的崇高品質。

妹喜和妲己
不應視她們為「禍水」

一些封建史學家記述中國歷史，總愛宣揚「女人禍水」的陳腐觀點。作爲「證據」，又總愛提到兩個女人，一是妹喜，一是妲己，說她們分別是夏朝和商朝滅亡的罪魁禍首。事實果眞如此嗎？恐怕不全盡然。

夏朝存在於西元前二十一世紀至十六世紀，是中國奴隸社會形成的時期。夏朝的先祖禹，是一位治水英雄，「三過家門而不入」，這種精神被傳爲千古美談。

禹的兒子啓，推翻了傳統的禪讓制，自行襲位，建立夏朝。因此，夏啓是中國歷史上的第一個帝王，開創了帝王世襲的「家天下」制度。

夏朝最後一個國王名癸，一名履癸，因爲生性非常殘暴，所以歷史上通常稱他爲桀。夏桀在位的第三十三年，發兵征伐有施氏。有施氏地小勢弱，失敗求饒。作爲求饒的條件，有施氏向夏桀進貢一位名叫妹喜的美女。這位妹喜長得非常漂亮，雪膚花顏，風情萬種。夏桀歡喜不盡，當即封妺喜爲妃。

夏桀荒淫好色，寵愛妺喜，不惜花費巨大的財力。他在國都澠池（今河南澠池西）爲妺喜修建了一座富麗堂皇的宮殿，宮殿裡有瓊室，有象廊，有瑤臺，無不華美精巧，窮極奢靡。妺喜睡覺的床是美玉雕刻成的，稱玉床，價值連城。妺喜吃的食物，都是天下奇珍，一飯一菜，很難說清到底值多少錢。

夏桀自得了妺喜以後，沉湎於酒色，樂不可支。有個名叫趙梁的佞臣，專門投夏桀所好，教唆他如何享受，如何斂財，如何對付那些說三道四的大臣。夏桀言聽計從，給予趙梁特別優厚的賞賜。有個名叫伊尹的賢士，勸說夏桀應當實行堯、舜的仁政，關愛百姓，用心治理天下。夏桀根本聽不進去，伊尹被迫離去。到了晚年，夏桀荒淫，變本加厲。他命人在宮廷內開鑿一個大池，號稱「夜宮」，然後帶領一大群男男女女，裸體在池內追逐，嬉遊取樂，一個多月，不見朝臣。

大臣關龍逄（逄，讀作旁）實在看不過去，憤然進諫，說：「天子謙恭而講究信義，節儉而愛護賢才，天下才能安定，國家才能穩固。而今，陛下奢侈無度，嗜殺成性，弄得百姓都盼陛下早些滅亡。陛下已失去人心，只有趕快改過自新，才能挽回人心哪！」

夏桀大怒，痛罵關龍逄，隨後命人把這位德高望重的大臣給殺了。

夏桀在位的第五十三年，人心喪盡，眾叛親離。東方商部落首領湯，任用夏桀棄而不用的伊尹爲相，發兵討伐夏桀。鳴條（今山西安邑西）一戰，夏桀被打得大敗。夏桀丟鞋失帽，帶著妹喜和珍寶，倉皇逃至南巢（今安徽巢縣）。商湯緊緊追襲，終於將夏桀和妹喜俘獲。商湯並沒有殺害夏桀和妹喜，而是將二人放逐於南巢的臥牛山。一個暴君，一個嬌妃，養尊處優慣了，不會勞動，無人侍候，活活餓死。夏朝至此滅亡。

夏朝滅亡，商湯建立了商朝。商朝是中國奴隸社會的發展時期，創造了光輝燦爛的青銅文化。到了西元前十一世紀，商朝的最後一個國王叫受，一稱帝辛，歷史上多稱他爲商紂王。商紂王身材高大，長相英俊，力能搏虎，而且聰明機智，具有文才。如果他把精力用在正事上，那麼肯定會成爲好國王。然而，他和夏桀一樣，也很荒淫殘暴，遭到世人唾棄。

商紂王「好酒淫樂，嬖於婦人」。他最寵幸的妃子叫妲己（妲，讀作達），有蘇氏，身段苗條，姿色艷麗。其實，妲己姓己名妲，不知什麼原因，人們先讀其名後讀其姓，所以她就叫做妲己了。

商紂王十分喜愛妲己，吃穿住用，盡選天下之精粹，供她享受。據說，他征伐民夫，花了七年時間，在國都朝歌（今河南淇縣）爲她建造了一座宮殿，周長三里，高百丈，叫做鹿臺。他和她整天在鹿臺飲酒，尋歡作樂。這還不夠，又在宮中鑿了一個大池，池底和池壁用玉石鋪砌，池裡裝滿美酒，稱「酒池」；酒池周圍裝飾著色彩絢麗的錦帛，樹枝上懸掛著一串串烤肉，稱「肉林」。商紂王和妲己興之所致，經常帶領隨從們，伴隨著美妙的音樂，在酒池中泛舟。渴了，隨手舀酒池中的酒喝；餓了，隨手取肉林上的肉吃。隨心所欲，揮霍享受，眞是荒淫無恥到極點。

商紂王爲了鉗制輿論，鎭壓人民的反抗，還創制了種種酷刑，聽來令人毛骨悚然。有一種刑罰是以銅作柱，上塗膏油，置於火上，讓罪犯在銅柱上爬行，叫做「炮烙」。有把人剁成肉醬的，叫做「醢刑」（醢，讀作海）。有把人割成一條條的，叫做「脯刑」。甚至剖孕婦之腹，殘殺胎兒。商紂王的叔父比干出於忠心，勸諫侄兒關心國計民生。商紂王大怒，說：「聽說聖人的心有七竅，我倒要看看你的心有幾個孔。」說罷，就命人把比干殺了，取出心來看個究竟。

商紂王如此凶殘暴虐，必然激起天怒人怨。商紂王在位的第三十三年，即西元前一〇四六年，周武王姬發統領大軍，討伐商紂王。在牧野（今河南汲縣），周軍和商軍交戰，商軍倒戈起義，引導周軍進入朝歌。商紂王見大勢已去，遂和妲己一起自焚於鹿台。商朝滅亡。夏桀和商紂王，亡了國家丟了性命，從根本上說，是他們實行的暴政所致。妺喜和妲己，因其美貌，受到寵幸，這不是她們的罪過。她們不能決定國家的政策，也不能左右國王的行動，充其量只是帝王的玩物。因此，認爲她們是「亡國禍水」，有失公允。

褒姒

一個悲劇性的美人

周幽王姬宮涅是西周的最後一個國王，由於喜新厭舊，嬖愛美女褒姒，導致了亡國喪身的可恥下場。

周幽王原來的王后姓申，是居住於申地（今河南安陽）的申侯的女兒。申王后生子姬宜臼，姬宜臼已經被立爲王太子。可是，周幽王好色，在一次戰爭中，擄得一位美女叫褒姒，將她立爲妃子，寵愛得不得了。

美女褒姒，經歷很不平凡。他本是周宣王時期一個宮女的私生女，出生以後便被母親拋棄了。恰有一對以賣桑木弓和箕（箕，讀作計）木箭筒的夫婦，意外拾得這個女嬰，將她收養，當作自己的女兒。當時，京城鎬京（今陝西長安西）流傳著兩句民謠說：「檿弧（檿，讀作掩）箕服，實亡周國。」「檿弧」和「箕服」，分別是桑木弓和箕木箭筒的意思。周宣王心虛，下令逮捕所有賣這兩樣東西的人，不問情由，一律處死。那對夫婦爲了活命，只好帶著拾得的女兒，翻山越嶺，逃往褒國（今陝西勉縣東南）。褒國山青水秀，以它特有的靈氣，哺育了窮人家的女兒。這個女兒長大，出落得像一朵脫俗的鮮花，含苞待放，光彩照人。她的父母不知她的姓氏，遂以褒爲姓，稱她爲褒姒。

西元前七七九年，周幽王發動對褒國的戰爭，褒國失敗。褒國國王爲了保住自己的國家，針對周幽王好色的特點，將搶掠的褒姒進獻出去，以換取周軍的撤退。周幽王得到了褒姒，什麼條件都可以答應。這樣，褒姒就又回到了她的出生地鎬京，而且住進了富麗堂皇的王宮。

周幽王不管褒姒願不願意，強行封她爲妃。一年以後，褒姒生了兒子姬伯服。周幽王滿心歡喜，更加寵愛褒姒。

褒姒從南方來到北方，從民間來到王宮，一切都不適應，一切都不順心。可是她長得太美了，周幽王愛她愛得發瘋。周幽王將褒姒和申王后作了個比較，那簡直一是白天鵝，一是老母雞，眞有天壤之別。因此，他作出決定：廢黜申王后和姬宜臼，改立褒姒爲王后，姬伯服爲王太子。

褒姒和兒子不知王后和太子爲何物，母子二人相依爲命，百無聊賴地打發著漫長的時光。特別是褒姒，思念褒國的山水和親人，心情抑鬱。她從進宮的那天起，就從來沒有笑過，眉眼間時時流露出無窮無盡的憂傷。周幽王心想，這樣一個美人，怎麼老是板著臉呢？應該讓她發笑，她笑起來，說不定多漂亮呢！因此，他想方設法地逗她，哄她，希望她能笑起來。可是，褒姒就是不笑，使得周幽王束手無策。

周幽王手下有個佞臣叫做虢石父，獻媚地說：「大王可以點燃驪山（今陝西臨潼驪山）烽火臺的烽火，徵召諸侯前來，煙呀火呀人呀馬呀的，褒后見了，肯定會笑。」

周幽王大喜，連聲說好，吩咐虢石父立刻去辦。

這天晚上，周幽王帶著褒姒登上驪山，一聲令下，烽火點燃，鼓聲大作。各地諸侯看到烽火，以爲有外敵入寇國都，趕緊率領兵馬前來，勤王救駕。頓時，驪山腳下，車水馬龍，旌旗招展，人來人往，群聲鼎沸。周幽王指著山下的兵馬，討好地說：「我的大美人！這是專門爲你安排的，好玩嗎？你覺得好玩，不妨笑一笑嘛！」

褒姒看到周幽王拿國事當兒戲，又氣又惱，冷笑著說：「哼！虧你想得出來！」

周幽王大爲高興。因爲褒姒畢竟開口笑了，這比她愁眉苦臉的時候要好看得多。

周幽王爲博得褒姒一笑，不惜動用報警的烽火，也夠別出心裁的了。各地諸侯詢問敵人何在。周幽王派虢石父回答他們說：「哪有什麼敵人？大王是爲了引王后發笑，逗你們玩呢！好啦，沒事了，回去吧！」

原來如此。諸侯們氣得牙根癢癢的，憤恨而退。其後，周幽王故技重演，又點燃了兩次烽火。各地諸侯知道國王是在惡作劇，根本不予置理。

再說那個被廢的申王后和太子姬宜臼，恨死了周幽王。母子二人滿懷不平和憤恨，跑到申地去，向申侯哭訴了他們的不幸，並添油加醋，說了周幽王和褒姒的許多壞話。申侯一聽，勃然大怒，說：「我的女兒，我的外孫，無端被廢，遭受恥辱，這還了得？」他當即聯合繒地（今河南方城）的繒侯和西方的犬戎族（古代西北地區少數民族之一），發兵攻打鎬京。

周幽王長期沉醉在聲色犬馬之中，朝政腐敗，武備鬆弛，軍隊沒有任何戰鬥力。聯軍基本上沒有遇到什麼抵抗，勢如破竹，很快就攻到了鎬京城外。情況危急，周幽王又想起了烽火臺，急命點燃烽火，徵召諸侯。可是，各地諸侯上過當受過騙，說：「國王又玩花樣尋開心了，別理他！」結果，沒有一兵一卒前來勤王護駕。

周幽王傻眼了。關鍵時刻，他也就顧不上褒姒了，孤身單騎，出城逃命。他一直逃至驪山下，未及喘息，申侯已經追到。申侯痛斥女婿荒淫無恥，憤怒地將他殺死。可憐的褒姒，則被犬戎人擄去，結局不明。至此，西周滅亡。這一年爲西元前七七一年。

齊桓公夫人們

拼死爭鬥，各為其子

春秋時代，諸侯爭霸。齊桓公姜小白以大政治家管仲爲輔相，以「尊王攘夷」爲旗號，勢力迅速增強，成爲稱霸中原的第一個霸主。齊桓公在政治上和軍事上屬於強者，稱得上是鐵腕人物。然而，他荒淫好色，內寵極多，導致私人生活相當不幸，結局非常悲慘。

齊桓公原有三房夫人，分別叫王姬、徐姬和蔡姬，她們都沒有生育。爲了「廣繼嗣」，他又收納了六位夫人，這六位夫人像母雞生蛋似的，相繼生了十幾個兒子。主要是：大衛姬，生姜無詭；小衛姬，生姜元；鄭姬，生姜昭；葛姬，生姜潘；密姬，生姜商人；宋姬，生姜雍，等等。這些夫人各有背景，自己爭寵奪愛不說，又都希望自己的兒子能夠成爲太子，以便日後繼承國君的位子，繼續稱霸，號令天下。爲此，她們使出渾身解數，爲兒子也是爲自己，去爭鬥，去拼搏，千方百計地想達到目的。

齊桓公和管仲原先看中鄭姬生的兒子姜昭，認爲姜昭忠厚仁孝，堪當大任，所以傾向於立他爲太子。對此，鄭姬沾沾自喜，而其他諸姬卻恨得咬牙切齒。她們說：「同樣是國君的骨血，爲什麼偏要立他姜昭爲太子？不行，我們要爭，要鬥！」共同的利益使諸姬們聯合起來，竭力攻擊和詆毀姜昭，姜昭一時成了眾矢之的。

諸姬當中，大衛姬最有心計。她知道，齊桓公於管仲之外，最寵信三個人，即宦官豎刁、佞臣開方和易牙。她恩威並用，有意結交這三個人，要他們對齊桓公施加壓力和影響，最好能立自己的兒子姜無詭爲太子。豎刁等滿口答應，說：「這事不能著急，只要管仲一死，我們自有辦法。」

西元前六四五年，管仲病死。管仲死前，特別叮囑齊桓公，千萬莫寵信和重用豎刁、開方和易牙，否則後果不堪設想。可是，管仲死後，齊桓公很快就將管仲的話忘得一乾二淨，不僅照樣寵信這三個人，而且還讓他們掌握了朝政大權。大衛姬等緊張地行動起來，賣乖取巧，撒嬌弄俏，人人大吹枕邊風，都請求立自己的兒子爲太子。面對諸姬的強大攻勢，齊桓公焦頭爛額，六神無主，不知道該怎麼辦。

齊桓公氣得生了病。他的夫人和兒子們忙於拉幫結派，遊說朝臣，誰也不關心他的病情。這時，豎刁、開方和易牙露出了奸佞的本性，凶惡地將他們曾經奉若神明的齊桓公囚禁了起來，「塞宮門，築高牆，不通人」。而且，還拒絕供給齊桓公食物和飲水，旨在斷送他的性命。

至尊至貴的國君遭囚禁，這是何等的大事？然而，齊桓公的夫人和兒子們，沒有人著急，沒有人過問。他們想的是國君的寶座，做的是巴結和討好豎刁等人。有一個宮女獨具正義感，趁著夜色，翻越高牆，進入囚宮，去見她的主子。

齊桓公已經氣息奄奄，要喝水要吃東西。宮女說：「沒有水，也沒有食物。」

齊桓公大惑不解，說：「這到底是怎麼回事？」

宮女如實相告，說：「這都是豎刁、開方、易牙搞的鬼。他們和陛下的夫人、兒子相勾結，狼狽爲奸，犯上作亂，要置陛下於死地。」

齊桓公恍然大悟，想到當初管仲的忠告，且愧且恨，以衣蒙面，痛苦地說：「管仲不亦聖乎？聖人所見，豈不遠哉！寡人不明，宜有今日，死後若有知，將以何面目去見管仲啊？」說完便死了。宮女見主子已死，一頭撞在房柱上，腦顱開裂而亡。

齊桓公死了，按說是國喪，應當隆重辦理喪事才是。可是，齊桓公的夫人和兒子們爲爭奪君位的鬥爭進入最後衝刺階段，更加白熱化，誰也不理會齊桓公的喪葬事宜。一天兩天，一月兩月，齊桓公的屍體撂在囚宮裡，沒有人過問，沒有人處理。轉眼過去六十七天，屍體腐爛了生蛆了，蠕動的蛆蟲從宮內爬到宮外，汙水四流，蒼蠅嗡嗡，一片狼藉。堂堂一代霸主，死後落得如此結局，豈不滑稽！爭鬥終於有了結果。豎刁、開方和易牙支持大衛姬，使她的兒子姜無詭成爲新的國君。然而，爭鬥又沒有結束。其後，姜昭、姜潘、姜商人都曾當過齊國的國君，他們的母親作爲太后，自然風光一時。只可惜從姜無詭到姜商人，雖是國君，卻缺少父親那樣的氣魄和能力，齊桓公建立的霸業蕩然無存。

驪姬

恃寵設計，陷害太子

晉獻公姬詭諸於西元前六七二年成為晉國國君，竭力向四方擴展勢力，使晉國迅速強大起來。但由於他嬖好女色，多內寵，導致宮廷內部的鬥爭異常尖銳，又使晉國的發展經歷了艱難曲折的歷程。

晉獻公原有多房妻妾。知名者有齊姜，乃齊桓公之女，生子申生，而且申生已被立為太子；大狐氏，生子重耳；小狐氏，生子夷吾。後來，晉獻公兵伐驪戎，擄掠了驪氏姐妹二人，強納為姬。不久，大驪姬生子奚齊，小驪姬生子悼子。這樣，妃姬之間，諸子之間，圍繞君位繼承人問題，展開了一場殊死的鬥爭和拼搏。

大驪姬長得姿色艷麗，妖冶嫵媚，加之心眼忒多，智慮千條，偶爾參與政事，十言九中，很快博得了晉獻公的歡心，備受寵幸。母寵子寵，這是一條規律。晉獻公既寵大驪姬，對奚齊自然另眼相看，格外偏愛。大驪姬再獻殷勤，促使晉獻公打定主意：廢黜申生，改立奚齊爲太子。爲此，他採取步驟，命申生駐曲沃（今山西聞喜東北），重耳駐蒲城（今山西石樓東南），夷吾駐屈城（今山西吉縣北），只留驪氏姐妹的兒子奚齊和悼子在京師絳城（今山西翼城東）。這樣做的意圖非常明顯，就是準備立奚齊爲太子。申生、重耳、夷吾素有賢名，頗有人望。但晉獻公自寵愛大驪姬母子以後，逐漸疏遠了這三個兒子，同時也冷淡了他們的母親。

大驪姬侍奉晉獻公更加佞媚了。晉獻公不止一次地許諾說：「我當廢申生，改立我們的奚齊爲太子。」

大驪姬樂得心花怒放，卻又裝模作樣地說：「申生已是太子，天下諸侯盡知，而且申生多次率兵打仗，百姓歸附，深得民心，怎能輕易廢黜呢？陛下若因臣妾的緣故，廢長立幼，廢嫡立庶，那麼國人會怎麼說臣妾？臣妾還不如去死呢！」她嘴上這樣說，其實心裡是巴不得奚齊能成爲太子的。所以，她私下積極活動，小恩小惠，拉攏朝臣，詆毀申生，稱譽奚齊，以爲變易太子大造輿論。

西元前六五六年，申生的生母齊姜病死。大驪姬看到這是一個機會，於是精心設計了一個圈套。她假稱做夢夢見了齊姜，派人轉告申生，要他在曲沃爲齊姜舉行一次祭祀，以慰亡靈。

申生以爲這是庶母的關愛之心，遵命照辦了。祭祀結束，申生特地挑選幾塊上等的祭肉，派人送至絳城，敬獻給父親和庶母，以表孝心。其時，晉獻公外出打獵，尚未歸來。陰險的大驪姬很快在祭肉上做了手腳，放置了毒藥，然後坐等晉獻公回宮。

晉獻公回來了，看到申生敬獻的祭肉，恰也喜歡。他要吃肉。大驪姬阻擋說：「這肉是從曲沃送來的，哪能說吃就吃？」她取了一片肉餵狗，不想那狗立刻死亡。她又取了一片肉讓內侍吃了，那內侍也立刻倒地而死。

晉獻公萬分驚駭，說：「這是怎麼回事？」

大驪姬「哇」的一聲哭了，一把鼻涕一把眼淚，一口咬定是申生在祭肉上放了毒藥，企圖殺害父親和庶母。她說：「太子也太狠毒了。他對自家親人都敢這樣，更何況他人呢？太子這樣做，顯然是衝著臣妾和奚齊的。當初，陛下想廢他，臣妾還幫他說話來著。想不到他卻恩將仇報，臣妾看錯了人，眞是有眼無珠。太子容不得臣妾母子，現在就請陛下將臣妾和奚齊送到別國去避難，或者乾脆殺了。不然，臣妾母子勢必要成爲太子的刀下之鬼啊！」

晉獻公本來就疼愛眼前這個美人，現在見她哭成淚人一般，又有毒肉爲證，心裡騰騰地升起怒火，當即下令，調兵遣將，捉拿申生。大驪姬趁機蠱惑說：「重耳和夷吾肯定是申生的同謀。」晉獻公說：「那就同時捉拿，一併治罪。」

朝廷的兵馬到達曲沃。申生愚忠愚孝，面臨飛天橫禍，百口難辯，絕望之餘，被迫自殺。重耳和夷吾卻沒有那麼傻，危急時刻，三十六計走爲上，一個投奔了狄人，一個逃到了梁國。

晉獻公昏庸糊塗，因爲大驪姬，被弄得家破人亡。西元前六五一年，晉獻公病死。權臣荀息擁立奚齊爲國君。奚齊未及給晉獻公治喪，就被另一個權臣里克殺害，大驪姬也丟了性命。接著，悼子成爲國君，沒幾天又被殺害。一個多月後，夷吾回國穩定了局勢。那個重耳，在國外流亡了十九年，直到六十二歲時，才回到晉國當上了國君，是爲晉文公。

西施

「美人計」的犧牲品

西施的故事，幾乎家喻戶曉，人人皆知。她被稱作中國古代四大美女之首，在春秋末年越國和吳國的政治舞臺上，顯示姿色和才智，以其特有的方式，贏得了世人的同情和尊敬。

西施一名先施，姓施，名夷光，越國苧蘿（今浙江諸暨南）人。她出生於貧苦家庭，父親打柴，母親浣紗，全家人過著很普通的生活。江南山青水秀，孕育出無數美麗的女子。當西施長到十三四歲的時候，她成了個貌美如花的絕代佳麗。苗條的身材像飄逸的楊柳，紅潤的臉龐像帶雨的芙蓉，長長的睫毛和黑亮的眼睛，像秀木掩映下的兩湖秋水。長的是沉魚落雁，閉月羞花，美得不能再美了。

西施生活在一個動亂的時代。越國和鄰近的吳國爲了爭奪江南的土地，戰爭不斷。當時吳國軍事上占有絕對的優勢，所以每次戰爭，總是吳勝越敗。西元前四九四年，吳王夫差和越王勾踐又在夫椒（今江蘇吳縣西南太湖中）打了一次大仗，結果夫差俘擄了勾踐，越國滅亡在即。

然而，夫差犯了一個絕大的錯誤，沒有立即消滅越國，只是將勾踐及其王后擄回吳國，罰做奴隸。勾踐忍辱負重，表示願意臣服於吳王，臥薪嘗膽，甚至在吳王生病時親嘗吳王的糞便。吳國大臣伍子胥告誡夫差說：「越王爲人深不可測，今日不滅，後必悔之。」吳國太宰伯嚭（嚭，讀作皮）接受了越國大夫范蠡贈送的珍寶和美女，反對消滅越國和殺害勾踐。夫差最後接受了伯嚭的意見，於西元前四九〇年將勾踐釋放回國，條件是越國必須向吳國稱臣，並要年年進貢。

勾踐回歸越國，表面上對吳國畢恭畢敬，實際上卻不忘國恥，暗暗積蓄力量，準備復仇。大夫文種提出了著名的「滅吳九術」，其中第三術是「遺美女，以惑其心智」，也就是實施「美人計」，從心理上迷惑和打垮夫差。

勾踐同意文種的「九術」，於是命范蠡訪求美女，以作爲攻擊敵人的有力武器。

范蠡遍訪國中，意外在苧蘿發現了西施。當時，西施正在若耶溪（今浙江紹興境）浣紗，青山，綠水，麗人，彩紗，恍若仙境。及與交談，西施通曉大義，表示爲了國家，願意犧牲自我。范蠡深受感動，隨即帶著西施去見勾踐。勾踐非常滿意，於是命人教習西施禮儀和歌舞，反覆交代前往吳國的秘密使命。西施一一允諾。沒多久，勾踐便將西施當作一件禮物，進貢給吳王夫差。

夫差生性好色，得到了西施，樂得神魂顚倒，忘乎所以，當即封西施爲愛妃。爲了回報勾踐的忠心，他命劃給越國二百里土地，另賜一萬石稻穀。隨後，他專門爲西施建造了一座豪華壯麗的館娃宮，雕樑畫棟，金碧輝煌。從此，他和西施待在館娃宮裡，痛飲美酒，欣賞歌舞，什麼國事，什麼朝政，通通置諸腦後，不聞不問了。西施含羞忍辱，做出種種嬌姿媚態，巧與周旋，暗裡悄悄幫助越國，輸送情報，傳遞消息，按部就班地實踐著勾踐設計的謀略。

十年生聚，十年教訓。勾踐發奮圖強，重新使越國恢復了元氣。而夫差沉醉在溫柔鄉裡，對於勾踐毫不警惕和防範。西元前四八二年，勾踐積攢了足夠的力量，東山再起，統兵伐吳，一舉攻陷了吳都吳城（今江蘇蘇州）。再過十年，越國再伐吳國，夫差自殺，吳國滅亡。而後，勾踐大會諸侯，成爲春秋時代的最後一位霸主。

越國復興，勾踐稱霸，西施發揮了重大的作用。她被用於實施「美人計」，同時兼有女間諜的任務。這個大美人的最後歸宿如何？正史無載，眾說紛紜，綜合來看，大體上有四種說法：

一是《越絕書》載：「吳亡後，西施復歸范蠡。」據說，當初范蠡訪得西施時，一個是風流才子，一個是豆蔻少女，二人一見傾心，遂山盟海誓，互贈信物，訂了百年之好。但因國仇邦恨，西施不得不忍痛割愛，勇赴國難，前去吳國。西施成爲夫差的寵妃後，仍與范蠡保持著聯繫，身離神合，遙相呼應，共謀大計。越軍攻陷吳都，范蠡迅速找到西施，兩人「乘輕舟，泛五湖」而去。

二是《吳越春秋》載：「吳亡後，越浮西施於江，令隨鴟（鴟，讀作痴）夷而終。」據明代文學家楊愼考證，這裡的「浮」同「沉」，「鴟夷」是一種皮囊。就是說，吳國滅亡以後，西施是回到了越國的，而勾踐將她裝進皮囊沉入江中淹死了。勾踐爲什麼要這樣做呢？因爲西施侍奉夫差多年，熟知勾踐當年遭受侮辱的所有情況。勾踐爲了自己的體面，必須殺人滅口。

三是《東周列國志》載：「勾踐班師回越，攜西施以歸。越夫人潛使人引出，負以大石，沉於江中，曰：『此亡國之物，留之何爲？』」越夫人嫉妒西施的美貌，以「亡國之物」爲藉口，殘酷地將她殺害了。

四是唐代詩人宋之問《浣紗篇》詩說：「一朝還舊都，靚妝尋若耶（溪）。鳥驚入杜蘿，魚畏沉荷花。」他說西施回歸故鄉後，一次重新浣紗，不愼落江，溺水身亡。

公說公有理，婆說婆有理，這就使西施的結局具有了撲朔迷離的特點。不過，有一點是肯定的，西施的一生不可能像人們想像的那樣浪漫，也不可能有什麼幸福。她只是勾踐所利用的一件政治工具，或許出於愛國之心，或許出於難言之隱，她不得不接受勾踐的派遣，前往吳國，執行迷惑夫差的政治使命。西施爲此付出的代價太大了，說到底，她是勾踐實施「美人計」的犧牲品。

此外，明代戲劇家梁辰魚根據西施的事蹟，曾創作一個劇本叫《浣紗記》，通過西施和范蠡的悲歡離合，歌頌主人公爲了國家利益而犧牲幸福愛情的崇高品質，生動感人。劇本中，范蠡功成身退，是帶著西施乘舟泛湖而去的。

鄭袖

爭寵奪愛，誘害情敵

戰國時期，楚懷王熊槐於西元前三二八年至二九九年在位。他曾攻滅越國，一度疆土擴展，實力大增。但是，他寵信奸佞，排斥屈原等主張改革的忠臣良將，使楚國在政治上和軍事上屢屢受挫，先後被秦國和齊國打敗。後又中計，被秦國劫持，淪爲囚犯，逃脫不成，最終死於異國他鄉。

楚懷王生活上也是荒淫腐朽的。他的後宮妃嬪眾多，其中鄭袖最爲出名。鄭袖名義上是夫人，實際上是王后。她不僅姿色艷美，而且性格狡黠，深得楚懷王的寵愛。

戰國時期帝王的婚姻多帶政治色彩。魏國毗鄰楚國，懾於楚國的強大，爲了聯絡感情，特地向楚懷王進獻一個美女。美女的姓氏不詳，我們權且稱她爲魏美人。這個魏美人年輕漂亮，清純嫵媚，渾身流露出一種青春美和活力美。楚懷王喜新厭舊，立刻視魏美人爲心肝寶貝，大加寵幸，而對鄭袖卻疏遠了，冷淡了，不理不睬，形同路人。鄭袖極有心計，當然知道自己遭受冷落的原因。她表面不動聲色，依然像以往一樣有說有笑，心裡卻在打著算盤，謀求計策，對付情敵。

第一步，鄭袖順著楚懷王的心思，假裝也很喜歡魏美人的樣子，盡力關心和照顧魏美人。她騰出最豪華的宮殿，讓魏美人居住；挑選最勤快的侍女，供魏美人使喚。今天，給魏美人送去幾套鮮艷的衣服；明天，給魏美人送去幾件稀奇的珍玩。魏美人吃的穿的用的，她全想到了，逐一安排，無微不至。她還常到魏美人的寢宮串門，見了面，妹妹長妹妹短地叫個不停，顯得十分親熱。因此，宮裡人都說：「看！鄭夫人對魏美人多好啊！就跟自家姐妹似的。」

楚懷王把這一切都看在眼裡，非常滿意，漸漸地也改變了對鄭袖的冷淡態度。在一次朝會上，他得意地對朝臣們說：「婦人所以事夫者，色也。而妒者，其情也。今鄭袖知寡人之悅新人（指魏美人），其愛之甚於寡人：此孝子之所以事親，忠臣之所以事君也。」

鄭袖第一步計劃大獲成功，重新取得了楚懷王的信任，在他心目中樹立了不妒的形象。

第二步，鄭袖開始了更惡毒更陰險的計劃。一天，她又去見魏美人，說：「你呀，確實非常漂亮，大王說了，特別特別喜歡你。可是，大王還說，你的鼻子有點那個，美中不足，讓人掃興。」

魏美人不知此話何意，急忙伸手摸了摸鼻子，說：「我的鼻子怎麼啦？」

鄭袖淡淡地一笑，說：「也沒有什麼，只是妹妹以後注意點就是了。」

魏美人閱歷甚淺，趕緊向鄭袖討教，說：「我該怎樣注意呢？」鄭袖顯得很熱心，幫助魏美人出主意說：「你以後見大王，不妨用一朵鮮花遮住鼻子。這樣，大王就不會看到你鼻子的缺陷，還能聞到濃郁的花香，他肯定會更喜歡你。」

魏美人感激鄭袖的指點，此後再見楚懷王的時候，必用一朵鮮花遮住鼻子。開始，楚懷王並不在意，時間長了，未免起疑。一次，他悄悄問鄭袖說：「最近，魏美人見寡人，總是用鮮花遮住鼻子，你知道這是爲什麼嗎？」

鄭袖故作遲疑之狀，不願回答。楚懷王再三追問。鄭袖欲言又止。楚懷王越發疑惑，說：「雖惡，必言之。」意思是，即使再難聽的話，你也要說出來。鄭袖覺得火候已到，這才說：「魏美人是嫌大王身上有臭味。」「臭味」指狐臭味。鄭袖爲了達到不可告人的目的，無中生有，栽贓陷害，硬說魏美人之所以用鮮花遮住鼻子，是討厭楚懷王身上有狐臭味。

楚懷王一聽，火冒三丈，罵道：「這個悍婦，怎敢羞辱寡人？」他怒不可遏，立刻命人將魏美人捆縛起來，並割了她的鼻子，驅逐出宮。魏美人容貌被毀，不明白是怎麼回事，仔細一想，恍然大悟：原來自己上了鄭袖的當，弄巧成拙，後悔莫及。

帝王后妃之間爲了爭寵奪愛，明裡暗裡進行著殘酷殊死的鬥爭。這，只是一個很平常的例子。

秦太后
傳奇經歷，起落人生

西元前三世紀中葉，戰國七雄中的秦國最爲強大。秦昭王嬴則躊躇滿志，虎視眈眈，對外發動了一次又一次的兼併戰爭。秦國內部，圍繞王位繼承人問題，早就開始了生死攸關的鬥爭。期間，韓國巨商呂不韋插了進來，使得這場鬥爭更加尖銳和複雜。

秦昭王所立的太子叫嬴柱，號安國君。安國君的妃姬眾多，其中正妃爲楚國美女，稱華陽夫人。華陽夫人雖然得寵，卻沒有親生的兒子。另有一個夏姬，姿色平平，卻生有兒子嬴異人。安國君共有二十多個兒子，嬴異人排行居中，根本不被重視。當時，秦國和趙國時戰時和，一次議和時，趙國要求秦國派一王室成員到趙國充當人質。這個任務落到了嬴異人的頭上，他於是去了趙都邯鄲（今河北邯鄲）。不想這一去就是十年，秦國幾乎忘記了他的存在，趙國也鄙視這個不起眼的王孫。因此，嬴異人陷入了極爲困窘的境地。

呂不韋的出現，局面頓時改觀。呂不韋，韓國陽翟（今河南禹縣）人，世代經商，家產億萬。他正在趙國做珠寶生意，並在邯鄲收納了一個愛妾。愛妾叫做趙姬，花容月貌，能歌善舞。一個偶然的機會，呂不韋結識了嬴異人，了解了嬴異人的背景。呂不韋頭腦靈活，目光敏銳，注意研究和分析各國的政治形勢，結識了嬴異人以後，果斷地得出結論：「此奇貨可居」，大有文章可做。畢生經商，可以獲利千倍萬倍；而立國定君，更能名垂青史，萬世不朽。鑒於此，他決定棄商從政。

呂不韋主動會見嬴異人，聲稱能夠幫助嬴異人出人頭地。他分析說：「秦王（指秦昭王）年事已高，安國君得爲太子。安國君愛幸華陽夫人，華陽夫人無子，但她有立儲君的能力。足下兄弟二十餘人，足下排行居中，又不受寵愛，久質趙國，沒沒無聞。秦王一旦駕崩，安國君繼位，足下不可能成爲太子。」

嬴異人見呂不韋的分析深刻透徹，非常佩服，說：「那麼請問，我該怎麼做呢？」

呂不韋從容地說：「爲足下考慮，你應該孝敬安國君和華陽夫人，想方設法，讓他們立你爲嫡嗣。」

嬴異人哭喪著臉，說：「我很困窘，又在趙國，哪有這個力量啊？」

呂不韋說：「我可以資助你。」

嬴異人做夢也沒有想到天下會有這樣的好人，這樣的美事。他趕緊跪地拜謝呂不韋，說：「恩公若能幫我實現願望，我一定和恩公共享秦國。」

呂不韋當即決定嬴異人改名叫子楚，因爲華陽夫人是楚國人。並給了嬴異人一百兩黃金，供其結交賓客使用。隨後，他帶了大量金銀珠寶，直奔秦都咸陽（今陝西咸陽東），透過華陽夫人的姐姐獻給華陽夫人，說這是嬴異人向華陽夫人表示的孝敬之心。他同時竭力稱讚嬴異人英俊不凡，在趙國廣結賓客，禮賢下士，頗有賢聲。特別說到嬴異人在趙國舉目無親，十分敬仰和思念安國君與華陽夫人，爲此，已將名字改作子楚。「楚」者，華陽夫人的故國也。

華陽夫人收了豐厚的禮物，記起了嬴異人，沒想到遠在異國的這個庶子，竟對自己如此孝敬，心裡很覺受用。

接著，呂不韋又透過華陽夫人的姐姐，向華陽夫人轉達了這樣一番話：「呂某聽說，以姿色事人者，色衰而愛弛。今夫人事安國君，受寵卻無子。從長遠考慮，夫人應該早作打算，在諸庶子中選擇一位賢孝者，立爲嫡嗣。這樣，日後嫡嗣登上大位，夫人終究不會失勢。作爲女人，不以繁華時樹本，等到色衰愛弛後再說這個話，那就太遲了！如今現放著一個嬴子楚，且賢且孝。他自知不是長子，沒有過高的奢望，但他願意依附於夫人，矢志不渝。夫人若能將他立爲嫡嗣，那麼這輩子就會永遠尊崇，永遠享有榮華富貴。敢問夫人，呂某所言，有沒有道理呢？」

呂不韋的話，深深打動了華陽夫人的心。她立即行動起來，在丈夫跟前反覆稱讚嬴子楚的賢明和孝心，說到動情處，不由得淚水嘩嘩，泣不成聲。她說：「臣妾榮幸地能成爲太子妃，深受太子寵愛，本該滿足了。只可惜臣妾沒能爲太子生個兒子，心甚不安。所以，臣妾想認子楚爲兒，立他爲我們的嫡嗣。這樣，臣妾就有所依靠，後半生的生活不致悲涼，不知太子意下如何？」

安國君歷來寵幸華陽夫人，一向言聽計從。他滿口同意立嬴子楚爲嫡嗣，並刻玉符作信物。華陽夫人破涕爲笑，感激安國君體貼入微。於是，安國君和華陽夫人會見呂不韋，宣布了決定，回贈了禮物，並請呂不韋充當嬴子楚的老師和保護人。呂不韋的咸陽之行，取得了超出想像的效果。嬴子楚的身價大大提高，名聲漸漸顯於諸侯。

呂不韋涉足政界，一帆風順，私人生活，也很得意。他的愛妾趙姬懷孕了，意味著他即將做父親，豈不開心？這天，他在家中宴請嬴子楚，命趙姬敬獻歌舞。嬴子楚見趙姬美若天仙，色藝雙全，不禁垂涎三尺，心蕩神搖。他厚著臉皮央求呂不韋，請將趙姬贈給他爲妻。呂不韋開始很不願意，轉而想到立國定君之大事，何惜一個普通女子？況且，趙姬已懷身孕，那是自己的骨血。如果將她贈給嬴子楚，生個男孩，嬴子楚若能飛黃騰達，那麼自己的兒子必能大富大貴，前程不可限量。他經過斟酌，毅然同意將趙姬贈給嬴子楚。不過，趙姬懷孕的事情，誰也沒有提及。

趙姬在呂不韋家裡，只是小妾。改嫁嬴子楚，立刻就是夫人，恰也樂意。嬴子楚得到趙姬，樂不可支，百般疼愛。不久，趙姬分娩，生了個男孩，跟隨母姓，取名趙政。

西元前二五七年，秦、趙之間爆發了著名的長平之戰。呂不韋設計，讓嬴子楚逃離邯鄲，回到了秦國。趙姬和趙政隱姓埋名，逃至偏僻之地避難。六年後，秦昭王駕崩，安國君嬴杜繼位，是爲秦孝文王。孝文王立華陽夫人爲王后，嬴子楚因是嫡嗣，理所當然地被立爲太子。嬴子楚記著趙姬，派人去趙國將她母子接回秦國。趙姬搖身一變，成了秦國的太子妃。嬴子楚以爲趙政是自己的兒子，遂改其姓爲嬴，叫嬴政。這個嬴政，便是後來大名鼎鼎的秦始皇，實是呂不韋之子。

孝文王在位僅僅一年就病死。太子嬴子楚繼位，是爲秦莊襄王。莊襄王尊華陽夫人爲華陽太后，尊生母夏姬爲夏太后。趙姬又搖身一變，成爲王后，嬴政則成爲太子。莊襄王兌現當初和呂不韋「共用秦國」的諾言，拜呂不韋爲相國，封文信侯，封地在洛陽（今河南洛陽），食邑十萬戶。

實踐證明，呂不韋是一位具有遠見卓識的政治家。秦國的發展趨勢全在他的預見之中，他立君定國的計劃大獲成功。

莊襄王也很短命，在位三年就一命嗚呼。太子嬴政成爲新的秦王，時年十三歲。嬴政遵從莊襄王的遺囑，尊生母趙姬爲太后，尊呂不韋爲「仲父」，呂不韋仍拜相國，輔佐國政。

趙姬成爲太后，通常被稱爲秦太后。她盛年守寡，難耐宮闈寂寞，好在前夫呂不韋就在身邊，二人重拾舊歡，還是一對恩愛的夫妻。秦王嬴政年少，並不干涉仲父和太后的私情。

嬴政逐漸長大成人，養成了凶狠暴戾的性格。這時，呂不韋對自己的行爲產生了顧忌。因爲嬴政姓嬴不姓呂，自己和太后私通，事情一旦敗露，後果不堪設想。爲了長久的榮華富貴，他決定擺脫太后的糾纏，另外找個替身。這就引出一段更加醜惡的故事。

呂不韋經過愼重考慮，選擇了一個陽具壯大的門客，叫做嫪毒（嫪毒，讀作烙矮）。他讓嫪毒在公開場合表演絕技，以陽具爲軸，轉動桐木車輪，繞場三周。事後，他故意在秦太后跟前渲染嫪毒的能耐，激發秦太后的興趣。秦太后果然心動，一心想得到嫪毒。呂不韋精心設計，假裝判嫪毒腐刑。秦太后買通行刑者，假作腐刑，只是拔去了嫪毒的鬍鬚。這樣，嫪毒就成了一個冒充的宦官，堂而皇之地進了後宮，專門侍奉秦太后。秦太后得到嫪毒，縱欲宣淫，身心大快，暫且忘卻了呂不韋。

不久，寡居的秦太后懷孕了，醜事將要暴露。秦太后很有主意，找了一個藉口，離開咸陽，帶著嫪毒，徙居雍城（今陝西鳳翔）大鄭宮，避開眾人耳目，一心一意去過淫樂的生活。她在那裡生了兩個兒子，更是滿足。她爲了抬高情夫的身價，還讓嬴政封嫪毒爲長信侯，主管宮廷的各項事務。嫪毒頓時顯赫起來，權勢幾乎與呂不韋不相上下，家中奴僕達數千人，另有一千多人奔走其門，請求充當門客。

西元前二三八年，嬴政二十二歲，按照定例前往雍城蘄年宮舉行加冕之禮，隨後親政。這時，嫪毒鬼迷心竅，一次醉酒後得意忘形地說：「我是何人？我是太后的情夫，秦王的假父！」

有人將這一情況報告嬴政。嬴政派人調查，發現了駭人聽聞的一系列醜事：嫪毒原來是假宦官，太后和這個假宦官私通，生有兩個兒子，揚言說秦王駕崩以後，便由他們的兒子繼爲秦王，而且事情牽扯到呂不韋……

嫪毒自知酒後失言，闖下彌天大禍。他為了保命，索性狗急跳牆，矯借秦王和秦太后璽印，發動叛亂，攻打蘄年宮，並命咸陽的黨羽同時起事，妄圖推翻嬴政，奪取政權。

嬴政當機立斷，發兵鎮壓。戰事從雍城發展到咸陽，雙方死傷了許多人。嫪毒手下只是一幫烏合之眾，一敗塗地。嫪毒獨自逃跑。嬴政發出懸賞令：「生擒嫪毒者，賜錢一百萬；殺死嫪毒者，賜錢五十萬。」於是，咸陽內外，形成合力打狗之勢，嫪毒終於被擒獲。嬴政下令，把嫪毒及其主要黨羽二十餘人車裂，夷滅三族，涉案的四千餘家，統統處以流放。秦太后和嫪毒所生的兩個兒子，置於布袋中活活摔死。秦太后則被遷出大鄭宮，徙居條件簡陋的棫陽宮。

次年，嬴政追查嫪毒罪黨，呂不韋受到牽連。嬴政卻不知道他是自己的生父，本欲治他死罪，但念及他的功勞，故予赦免，只是免了他的相國職務，令其去封地洛陽。呂不韋在洛陽，憑藉昔日的影響，勢力仍很強大。嬴政恐其為變，頒詔給呂不韋說：「君何功於秦？秦封君河南，食十萬戶。君何親於秦？號稱仲父。其與家屬徙處蜀（今四川）！」呂不韋恩信盡失，害怕殺頭，乃飲鴆自殺。

秦太后徙居棫陽宮，又羞又惱。羞的是自己的所作所為，確實荒唐，難以啟齒；惱的是兒子嬴政無情無義，怎能將堂堂太后丟棄不管呢？嬴政以為母后傷風敗德，理應遭到懲處。他特別下令說：「以太后事諫者，戮而殺之，蒺藜其脊。」先後有二十七人因諫太后事，統統被殺害，屍體堆積在朝殿旁邊，群臣驚恐。有個齊國人茅焦居然不怕死，說：「齊客茅焦，願以太后事諫。」

嬴政派人告訴茅焦，說：「你不見朝殿旁堆積的屍體嗎？」茅焦不肯離去，執意進諫。嬴政大怒，命人架起油鍋，將油燒沸，準備烹殺茅焦。茅焦毫無懼色，從容上殿，說：「陛下車裂假父（指嫪毒），有嫉妒之心；撲殺兩弟（指秦太后和嫪毒的兩個兒子），有不慈之名；遷母雍城，有不孝之行；蒺藜諫士，有桀紂（指夏桀和商紂王）之治。天下聞之，盡瓦解，無向秦者。」他略停片刻，又說：「秦方以天下為事，而大王有忤逆母后之名，恐諸侯聞之，由此背秦也。」

茅焦一番話，使嬴政深受震撼。他顧及自己的帝業，立即親自前往雍城，接秦太后回咸陽，母子和好如初。秦太后感激茅焦，說：「安秦之社稷，使我母子復得相會者，皆茅君之力也。」茅焦因此被封為上卿。

西元前二二八年，秦太后死。七年後，嬴政統一中國，稱秦始皇。秦始皇尊謚其母為帝太后。這位帝太后的一生是傳奇的一生，起落的一生。她先是呂不韋的愛妾，繼被贈給落拓王孫嬴異人，後來入秦國，成為太子妃，成為王后，成為太后。她生子嬴政，卻是呂不韋的兒子；貴為王后和太后，又寵幸大陰人嫪毒，且生了兩個兒子。嫪毒叛亂失敗，她被斥逐，轉眼間又回到了咸陽……眞讓人不可思議。其實，秦太后和嬴異人的結合，那是一種政治行為，是呂不韋用來進行政治鬥爭的一件工具。從這個意義上說，秦太后也是一個受害者，受人利用，被人玩弄，到頭來還落了個很不光彩的名聲，煞是可悲。

呂雉
農婦出身的鐵腕皇后

秦朝滅亡，劉邦和項羽爭奪天下。經過四年的楚漢戰爭，劉邦打敗項羽，建立漢朝，定都長安（今陝西西安）。劉邦當了皇帝，是爲漢高祖。她的嫡妻呂雉成爲皇后，史稱呂后或高后。

呂雉字娥姁，單父（今山東單父）人，遷居沛邑（今江蘇沛縣）。十五歲時由父親呂公包辦，嫁給三十歲的泗水亭長劉邦。劉邦和呂雉結婚後，生了一女一兒，女兒叫劉媛，兒子叫劉盈。劉邦不怎麼顧家，常年在泗水任上辦差。呂雉帶著兒女，辛辛苦苦地在田間勞作。她就是一個農婦，憑著雙手的勞動生活。一次，有個相面的術士給她和劉盈相面，驚呼說：「呀！貴不可言，貴不可言！」術士的話給了呂雉信心和力量，她相信總會有大富大貴的那一天。

秦朝末年，農民大起義風起雲湧。劉邦順應歷史潮流，落草芒碭山（今安徽境），劫富濟貧。沛邑令維護朝廷的利益，逮捕了劉邦的父親劉執嘉和妻子呂雉，投進大獄。呂雉在監獄裡，飽受獄吏的欺侮和凌辱。沛邑主吏（文書）蕭何和獄掾（刑官）曹參與劉邦是生死之交。蕭何和曹參二人積極活動，使劉執嘉和呂雉得以獲釋。劉執嘉和呂雉隨即也上了芒碭上，成了山大王的家屬。

西元前二〇九年九月，劉邦發兵攻沛邑。蕭何、曹參殺沛邑令，迎接劉邦奉為首領，稱沛公。此舉是劉邦發跡之開始，劉邦有了一支屬於自己的武裝力量，得以成為一方諸侯。

其後，劉邦依靠張良、蕭何等人的謀劃，引兵西向，首先進入關中，於西元前二〇六年滅亡了秦朝。項羽亦率大軍開進關中。著名的「鴻門宴」之後，項羽自稱西楚霸王，封劉邦為漢王，將他趕至南鄭（今陝西漢中）。

劉邦在南鄭休養生息，拜傑出的軍事家韓信為大將軍，然後採用「明修棧道，暗渡陳倉（今陝西寶雞東）」的策略，一舉平定關中，從而拉開了楚漢戰爭的帷幕。

楚漢戰爭中，劉邦打勝仗少，打敗仗多。但他每次打敗仗以後，總能起死回生，重新振作起來。項羽曾將劉執嘉和呂雉俘擄，押作人質。西元前二〇三年，楚、漢對峙於廣武（今河南滎陽東北廣武山）。項羽一次準備烹殺劉執嘉和呂雉，以迫使劉邦就範。而劉邦則說：「我父即你父，我妻即你嫂。你若烹殺他們，還請分我一杯羹湯喝。」這年八月，楚、漢在鴻溝（今河南滎陽東）劃界，項羽歸還劉執嘉和呂雉。呂雉終於結束了人質生活，回到了劉邦身邊。

農婦、囚犯、人質的艱辛磨難錘煉了呂雉的意志和品格，使她堅強，剛毅，幹練，同時對紛擾的世界有了比較清醒的和深刻的認識。西元前二〇二年二月，劉邦依靠韓信、彭越、英布等將領的征戰，最後打敗項羽，即皇帝位。農婦出身的呂雉當上了皇后。她的女兒劉媛封魯元公主，兒子劉盈被立爲太子。

呂雉在當皇后期間，開始插手朝政，表現出了心毒手狠的特點，做了兩件漢高祖想做而沒敢做的大事。

韓信是漢朝的第一大功臣，爲漢高祖奪得天下建立了蓋世功勛。漢高祖稱帝後，畏忌韓信，意欲除之卻遲遲不敢下手，只是將他從楚王降爲淮陰侯，讓其閒居於長安。西元前一九六年，漢高祖出征叛亂的陳豨（豨，讀作希），將外事委於蕭何，內事委於呂后。這時，韓信勾結陳豨，企圖在長安謀反，進攻皇宮，誅殺皇后和太子。呂后處變不驚，巧妙地設計圈套，讓蕭何誘騙韓信進長樂宮，不由分說，將韓信斬首，並夷滅三族。韓信臨死前仰天嘆息說：「韓某一生英雄，乃爲兒女子所詐，豈非天哉！」

梁王彭越也是漢朝的開國功臣之一。漢高祖征陳豨，命彭越派遣軍隊，協同作戰。彭越因私心稱病不從。漢高祖趁機以謀反罪將其逮捕。可是查來查去，找不到彭越謀反的證據。漢高祖遂赦免其死罪，改爲削官奪爵，廢爲庶人，貶遷蜀地安置。彭越在貶遷途中，恰遇前往洛陽的呂后，猶如見到救星，哭訴冤枉，自言無罪，請求呂后在漢高祖跟前替自己說情。呂后不動聲色，滿口答應，並將彭越帶回洛陽。呂后見到漢高祖，嚴肅地說：「彭王壯士，今徙之蜀，此自遺患，不如誅之。」漢高祖未置可否。呂后毫不手軟，果斷地殺了彭越，還將其屍骨剁成肉醬，分送給其他諸侯王，以示警告：不得謀反，否則彭越就是樣子！

呂后在政治上是個女強人，在宮廷內部的鬥爭中也很凶殘。漢高祖早在和呂雉結婚之前，就私通一個姓曹的寡婦，生子劉肥。他稱帝前後，又收納了很多妃嬪，如管姬、趙姬、薄姬、戚姬等，她們都生有兒子。其中，戚姬最年輕最美貌，因而最受漢高祖的寵愛。戚姬的兒子叫劉如意，漢高祖幾次想廢劉盈，改立劉如意爲太子。只是由於張良等人的反對，廢立之事終沒能如願。

西元前一九五年，漢高祖駕崩。太子劉盈繼位，是爲漢惠帝。漢惠帝生性懦弱，呂后以皇太后身分代理朝政，掌握了實權。她的心中長期壓抑著的妒火熊熊燃燒起來，立即把刻骨的仇恨洩向她心目中的情敵，首當其衝的是懲治那個戚姬。她命把戚姬打入罰做苦役的永巷，剃光頭髮，剝去羅綺，穿上囚服，套上鐵索，到作坊舂米。戚姬且羞且恨，一邊舂米，一邊想著封作趙王、遠在邯鄲（今河北邯鄲）的兒子劉如意，如泣如訴地吟唱道：「子爲王，母爲虜，終日舂薄暮，常與死爲伍！相離三千里，當誰使告女（汝）？」

呂雉派有專人監視戚姬的一舉一動。她聽說戚姬舂米唱歌，思念兒子，不禁怒火中燒，狠狠地說：「哼！你要倚仗你的兒子啊？休想！」她利用權力，行使騙術，狡猾地將劉如意召回長安。

漢惠帝心地善良，知道劉如意回京凶多吉少。他有意保護這個同父異母兄弟，親自到郊外迎接劉如意，並讓劉如意和自己住在一起，形影不離，以致數月之內，呂雉欲害劉如意，卻無法下手。一天，漢惠帝清晨去操場習武，劉如意正在熟睡。呂雉抓住這一間隙，派人潛入漢惠帝寢宮，強行給劉如意灌了鴆酒。等漢惠帝回來的時候，劉如意已經七竅流血，一命嗚呼。

呂雉殺死劉如意，猶不解恨。接著命人將戚姬砍去手腳，剜去眼睛，用藥薰耳使之聾，以毒灌喉使之啞，然後丟進茅廁，掛上牌子，號曰「人彘」。她還拉著漢惠帝前去觀看「人彘」。當漢惠帝得知茅廁裡那個血肉模糊、臭氣薰天的怪物就是戚姬時，不禁失聲痛哭，由此得病，一年多不能下床。他派人告訴呂雉說：「這種事不是人幹的。我爲太后之子，怎能再治理天下？」從此，他不再過問政事，沉湎於酒色，二十三歲便抑鬱而死。

呂雉對於漢惠帝，談不上什麼母子感情。不過，漢惠帝早逝，倒給她出了個難題：許多事情尚未安排，下一步該怎麼辦？因此，面對漢惠帝的靈柩，她哭而不哀，心裡盤算著一系列的大事。

張良的兒子張辟卻看出了呂雉「哭而泣不下」的蹊蹺。他去見丞相陳平，說：「皇上駕崩，沒有嫡嗣。太后畏懼你們這幫元老重臣，所以欲哭無淚。你們不妨奏請太后封太后家族成員呂台、呂產等，讓他們控制南軍和北軍。諸呂皆官，居中用事。這樣，太后才會心安，你們這些元老重臣方可免禍。」

陳平等爲了自保，據此上奏。呂雉懸著的心總算落了地，果然高興起來。她安葬了漢惠帝，立後宮一個來歷不明的幼子劉恭爲少帝，殺其生母，自己以太皇太后身分臨朝稱制。她徹底違背了漢高祖「非劉氏不得封王」的遺囑，大封呂氏子弟爲王侯，特別任命侄兒呂產爲相國，統領南軍；呂祿爲上將軍，統領北軍。一時間，諸呂布滿朝廷，控制了各項軍政大權。

這時發生了一個有趣的插曲：匈奴冒毒（冒毒，讀作莫獨）單于派遣使者，攜帶國書，向呂雉求婚來了。

匈奴是漢朝北方的一個少數民族。西漢初年，由於冒毒單于的治理，匈奴進入鼎盛時期，勢力強大。西元前二〇〇年冬，漢高祖率三十二萬大軍貿然進攻匈奴，被圍困於平城白登山（今山西大同東北），斷炊七日，大敗而歸。漢高祖死後，冒毒單于得知漢朝是呂后專權，驕橫的氣焰又囂張起來，異想天開地向呂后求起婚來。他在國書中說：「孤憤之君，生於沼澤之中，長於平野牛馬之域，數至邊境，願遊中國。陛下獨立，孤憤獨居，兩主不樂，無以自虞，願以所有，易其所無。」意思是說，寡人生於沼澤曠野、牛馬成群之邦，幾次遊獵到達貴國的邊境，很想牧馬中原。聽說陛下獨居寡歡，我也是孤身一人，抑鬱不樂，我們倆都沒有什麼可使自己快活的。陛下如果不嫌棄，我願意把我所有的來換取陛下所沒有的，我們都將心滿意足……

冒毒單于的求婚動機尚且不論，就其國書中的文字來看，帶有某種侮辱性和挑釁性。呂后勃然大怒，立刻召集群臣，商討對策。

呂后的妹夫樊噲豪勇魯莽，說：「臣願得十萬眾，橫行匈奴中！」老成持重的季布考慮到實際國力，反對和匈奴發生戰爭，勸解呂雉說：「夷狄之人好比禽獸，得其善言不足喜，惡言不足怒也。」

呂后權衡利弊，覺得季布的話很有道理。於是，她從睦鄰友好的願望出發，忍辱回書冒毒單于。書中說：「單于不忘弊邑（指漢朝），賜之以書，弊邑恐懼。退日自圖，年老氣衰，髮齒墮落，行步失度。單于過聽，不足以自汙（汙，讀作污，汙濁）。弊邑無罪，宜在見赦。」意思是說，自己已經年老珠黃，無意再婚，懇望見諒。同時，她命贈給冒毒單于御車二乘，駿馬八匹，表示願結兩國之好。

冒毒讀了書信，收了禮物，深感慚愧，復派使者自責謝罪。一場干戈化為玉帛，表現了呂后忍小憤而不亂大謀的氣度。

少帝劉恭在位四年，得知生母被呂后殺害，口出狂言，聲稱長大以後要報仇雪恨。呂后果斷地將他廢了殺了，另立一個年幼的劉宏為少帝。這期間，她一方面繼續培植呂氏外戚集團，一方面大肆殺戮劉氏子弟，漢高祖的兒子劉友、劉恢、劉建等皆死於非命。她甚至想偷天換日，由呂氏天下取代劉氏天下。

西元前一八〇年七月，呂后患了重病。她告誡呂產、呂祿說：「高祖皇帝臨終前與大臣們約定：『非劉氏而王者，天下共誅之。』現在，呂氏多人封王為掌權，大臣們都不服氣。我死後，難免會發生變故。你倆一定要牢牢掌握南軍和北軍，保衛好京城和皇宮，切勿輕易外出。就是我出葬的時候，你倆也不要送葬，以防遭人暗算。」交代完這些後事，她就斷氣了。

呂后死後，漢高祖時代的老臣陳平、周勃等，利用漢高祖的遺囑相號召，奪取了兵權，一舉鏟除了呂后精心造就的呂氏集團，迎立漢高祖的另一個兒子劉恆為皇帝，西漢歷史揭開了新的一頁。

呂后爲皇后八年，爲太后代理朝政七年，爲太皇太后臨朝稱制八年，實際統治漢朝十五年。她執政期間，基本上繼承了漢高祖的路線，推行「無爲而治」的政治思想和「與民休息」的經濟政策，政績是顯著的。《漢書》稱讚當時的形勢是：「天下晏然，刑罰罕用，民務稼穡，衣食滋殖。」這是符合實際的。呂后的私人生活不太檢點，長期和審食其私通，朝野皆知。她用酷虐的手段殺害漢高祖的妃嬪和兒子，甚至企圖用呂氏天下取代劉氏天下，屬於女人掌權的短視行爲，不值得稱道。

漢惠帝張皇后

舅甥婚配，連根固本

漢高祖皇后呂雉掌權期間，做了兩件很不光彩的事情；一是讓漢高祖的長子、齊王劉肥尊妹妹劉媛爲齊國的太后，使兄妹關係變成母子關係；一是讓漢惠帝立外甥女爲皇后，使舅甥關係變成夫妻關係。亂人倫，傷風化，貽笑大方。

漢惠帝劉盈心地單純，性格懦弱。他當了皇帝以後，一切聽任呂后的安排，沒有任何自由。呂后的女兒劉媛是漢惠帝的嫡胞姐姐，封魯元公主，嫁宣平侯張敖，生有一女張氏。呂后爲了「連根固本」，維護「家天下」的統治，達到長期專斷朝政的目的，硬是讓張氏嫁給漢惠帝，冊立爲皇后。當時，張氏只有十歲。

漢惠帝納外甥女爲皇后的儀式十分排場，僅聘禮就用了黃金一萬斤。呂后設想，皇帝是自己的兒子，皇后是自己的外孫女，他們若生個「龍種」，日後繼承大位，這天下就永遠是自家的。

可是張皇后畢竟年紀太小，欲其懷孕生子談何容易？呂后為此絞盡腦汁，秘方、補藥用了不計其數，到頭來還是沒有效果。漢惠帝由於觀看「人彘」，精神上受到了強烈的刺激，不再過問政事，只在酒色中尋求麻醉。這樣，年幼的張皇后就更難懷孕了。呂后眼看皇位後繼無人，未免焦急。她經過苦思冥想，終於想出一條計策：先大張旗鼓地宣稱張皇后已經懷孕，再將後宮一宮女所生的兒子抱入皇后宮中，取名劉恭，謊稱是張皇后親生。然後將劉恭的生母殺害，立劉恭為太子。西元前一八八年，漢惠帝死。呂后遂立劉恭為少帝，自己以太皇太后身分臨朝稱制。可憐的是張皇后，年紀輕輕的就成了寡婦，雖然被尊為皇太后，但那個空頭名號，對於她來說，又有什麼意義呢？

呂后偷樑換柱的手段實在高明。然而事實眞相總會大白。四年後，劉恭漸漸懂事，得知呂后殺害了他的生母，發狠說：「太皇太后怎能殺我母親而立我？我長大後一定要做我想做的一切！」

這話傳到呂后耳中。呂后氣急敗壞，恐其作亂，馬上下令把劉恭囚禁起來，對外則聲稱少帝患了瘋病，不讓任何人探視。她接著頒發了一道詔書，說：「今皇帝久疾不已，乃失惑昏亂，不能繼嗣奉宗廟，守祭祀，不可屬天下。」沒過幾天，她殺了劉恭，改立另一個幼兒劉宏為少帝。張皇后當然仍是皇太后。

劉宏又當了四年玩偶皇帝。呂后及呂氏集團權傾朝野，顯赫無比。為了親上加親，確保呂氏家族的勢力長盛不衰，呂后還有心讓呂祿的女兒成為劉宏的皇后。張太后目睹既是外祖母又是婆婆的呂后爲所欲爲，心中酸甜苦辣，不知是什麼滋味。

西元前一八〇年，呂后病死，呂氏集團盡被誅滅。張太后被廢處北宮，過著寂寞淒苦的生活。西元前一六三年，她平靜地死去。不知她死前是否領悟到，她的一生可憐可悲，說到底，只是呂后連根固本，玩弄權術的一個犧牲品。

漢文帝竇皇后

因錯得福，美好歸宿

陳平、周勃等誅滅呂氏集團，那個來路不明的少帝劉宏也被殺害。國不可一日無君。大臣們經過選擇比較，迎立漢高祖中子、代王劉恆爲皇帝，他就是歷史上以節儉聞名的漢文帝。

說到漢文帝，不妨先說他的母親。漢高祖的妃嬪中，不是有薄姬、管姬、趙姬嗎？這三個女人自小相好，曾結拜爲異姓姐妹，盟約發誓說：「先貴毋相忘。」漢高祖爲漢王時，管姬和趙姬先「貴」，受到寵幸，而薄姬仍在後宮充當宮女。

一天，管姬和趙姬陪漢王說笑，提到三人的誓約。漢王哈哈大笑，當夜召幸薄姬。薄姬生性乖巧，賣弄風情，說：「臣妾昨夜夢見一條龍盤繞於胸前，很是蹊蹺。」漢王大喜，說：「這是貴兆，我成全你！」就這樣，薄姬懷孕，生了兒子劉恆。

劉恆八歲時被封爲代王，派住封國代城（今河北蔚縣），難得和母親見面。當呂后殘酷迫害漢高祖妃嬪時，薄姬因爲平時不受漢高祖寵愛而僥倖得免。她被獲准去代城和劉恆一起居住，稱代太后。代太后爲人忠厚，心腸仁慈。這也是陳平、周勃等挑選劉恆爲皇帝的原因之一。

漢文帝登基數月，宣布立竇妃爲皇后。這使竇妃誠惶誠恐，驚喜萬分。這是爲什麼呢？

原來，竇妃本良家女，家住清河（今河北清河）。漢惠帝在位的時候，她以出色的容貌被選進皇宮。她很清楚，少女進入皇宮意味著什麼，因此心裡充滿期待和幻想，相信不日即將飛黃騰達。可是日復一日，年復一年，她連皇帝的影子也沒有看到，耳聞目睹的盡是陰謀、詭詐和醜惡。殘酷的現實使她變得清醒了，她只想離開皇宮，離開這個汙濁的地方。

適遇漢惠帝病死，呂后下令裁撤後宮。裁撤的方法恰也別致，不是放宮人回家，而是將她們分賜給漢高祖的兒子們。諸王各五人，竇氏亦被列入「賜物」之中。

能夠走出禁錮森嚴的皇宮，對於竇氏來說，那是精神上和人性上的解放，求之不得，非常高興。她離家數年，一心想落腳到距家較近的地方。爲此，她選擇了趙國，請求把自己賜給趙王，因爲趙都邯鄲就在清河的南面。爲了達到目的，她還具禮懇請負責遣送宮人的宦官，說：「必置我籍趙之伍中。」「籍」：即花名冊；「伍」，猶行列。

誰知那個宦官稀里糊塗，竟將竇氏所託之事給忘了，誤將她的名字寫到了代王名下。簿籍已經呂后過目，無法更改。竇氏受了命運的捉弄，哭笑不得，心涼如冰。

行期已到，宮人登程。竇氏悲苦淒切，埋怨那個誤事的宦官，不想前去代國。可是，呂后定了的事情誰敢違抗？所以，她只能忍氣吞聲，帶著愁苦和怨恨，勉強踏上了前往代國的路程。

代王劉恆原先已有王后，如今又得到五個年輕美貌的宮人，異常欣喜和興奮。說來也怪，五個宮人當中，劉恆格外喜愛竇氏，視她爲心肝寶貝，大加寵幸，立刻封爲妃子，其地位僅次於王后。竇妃因錯得福，以致有了美好的歸宿，喜不自勝，心裡常常感激那個宦官：若不是他的錯誤，自己怎會成爲代王妃呢？

竇妃心滿意足，很快生了一個女兒，叫劉嫖；一個兒子，叫劉啓。不久，劉恆的王后病死，其所生的四個兒子也因病夭折。西元前一八〇年，劉恆當了皇帝。竇妃當了皇后，這是多大的造化！而且，她的女兒劉嫖被封爲長公主，兒子劉啓則被立爲太子，天下的美事全讓她攤上了。

竇皇后崇尚黃老之術，主張用老子「無爲而治」的思想來治理國家。漢景帝劉啓即位後，她貴爲太后；漢武帝劉徹即位後，她貴爲太皇太后。身居尊位四十餘年，一度重用竇氏外戚，干預朝政，表現出了一定的才幹。

王娡

離婚的女人成為皇后

漢景帝劉啓爲太子的時候，曾納祖母薄太后的家女爲妃。西元前一五七年，漢景帝即皇帝位，立薄妃爲皇后。可是薄皇后終生不育，無寵。西元前一五一年，薄太后死，薄皇后失去靠山。漢景帝當機立斷，廢了薄皇后，立了一位新皇后。新皇后姓王名娡（娡，讀作志），實是一個離了婚的女人。

王娡，槐里（今陝西興平）人。父親名王仲，母親名臧兒。她還有一個哥哥叫王信，一個妹妹叫王姁（姁，讀作許）。王娡十幾歲的時候，嫁給金王孫爲妻，並生了女兒叫金俗。這是一個普通的家庭，本來沒有什麼故事。可是出了個算命先生，這個家庭頓起波瀾。

臧兒是個不安分的女人。一天，她請來算命先生給兩個女兒算命，結果是「兩女當大富貴」。臧兒爲人勢利，一心指望女兒享受榮華富貴，所以使出潑婦手段，逼迫金王孫和王娡離婚。金王孫疼愛妻子，不願離婚。怎奈臧兒胡攪蠻纏，大吵大鬧，弄得兩家人不得安寧。

金王孫受不了這種窩囊氣，一甩手，說：「離就離，離了我再娶個黃花閨女！」就這樣，好端端的婚姻被拆散，王娡成了個離婚的女人。

臧兒神通廣大，尋情鑽眼，將女兒王娡弄進皇宮，當了宮女。她認爲，只有在皇宮，她的女兒才能尋得富貴。這時，她的丈夫王仲死了，她改嫁一個姓田的男人，又生了兒子田蚡和田勝。

王娡進了皇宮，被分派在太子劉啓宮中服役。劉啓年輕風流，一眼就看中王娡豐滿成熟，別有風韻，私加寵幸。王娡生育能力很強，連生三女一兒。生兒的前夕，王娡說：「臣妾做夢，夢見日入其懷。」劉啓高興地說：「此貴兆也。」所生的兒子取名劉徹。王娡因此被封爲夫人，果眞富貴起來了。

接著，劉啓當了皇帝，是爲漢景帝。漢景帝另外寵愛一位栗姬，栗姬生兒劉榮。當時，薄皇后無子，所以劉榮以皇長子身分，被立爲太子。栗姬以此爲榮，很想依靠兒子，進一步登上皇后的寶座。劉徹在兄弟排行中爲老三，四歲時被封爲膠東王。

漢景帝嫡胞姐姐劉嫖，封館陶長公主。劉嫖嫁堂邑侯陳午，生有女兒陳阿嬌。

劉嫖身爲長公主，背後有竇太后的支持，位尊勢顯，說話極有分量。她見劉榮被立爲太子，有心將女兒陳阿嬌嫁給劉榮爲妃，那樣陳阿嬌日後就有可能當皇后。她主動向栗姬提親。不想栗姬心高氣傲，根本不把長公主放在眼裡，一口拒絕。劉嫖氣得眼睛冒火，恨恨地說：「哼！不識抬舉，看我怎樣收拾你！」

劉嫖轉而籠絡王夫人，提出要將陳阿嬌嫁給劉徹。王夫人意識到長公主的身分和地位，滿口答應。這天，漢景帝舉行家宴，重要人物全部到場。劉嫖懷抱劉徹，說：「我把阿嬌嫁給你做老婆，可好？」劉徹尚不懂事，拍著小手說：「阿嬌好，若得阿嬌爲婦，當作金屋藏之。」這幾句話，後來產生一個成語，叫做「金屋藏嬌」。

薄皇后被廢後，漢景帝將立新的皇后。按說，劉榮已是太子，母以子貴，栗姬最有資格成爲新的皇后。可是，栗姬得罪了長公主劉嫖，劉嫖怎會幫她說話？劉嫖是漢景帝的姐姐，所言所行對於漢景帝具有決定性的作用和影響。劉嫖鼓唇弄舌，竭力詆毀栗姬和劉榮，盛讚王夫人和劉徹，明確表態，絕不能立栗姬爲皇后，要立，只能立王夫人爲皇后。

這時，栗姬不識時務，一則急切地想當皇后，二則擔心皇帝改立太子，所以幾次在漢景帝跟前大哭大鬧，甚至出言不遜，尋死覓活。這引起了漢景帝的極大反感。

王夫人工於心計，表面上不動聲色，聽憑劉嫖爲自己衝鋒陷陣，暗地裡唆使負責接待賓客的官員大行，去試探漢景帝的態度。大行上書，說：「子以母貴，母以子貴。陛下已立劉榮爲太子，據此，自當立栗姬爲皇后。」

漢景帝對栗姬已有成見，聽了大行的話，更是火冒三丈，怒斥說：「這話要你來說嗎？」當即喝令將大行推出斬首。

由於劉嫖的積極活動，也由於王夫人的巧妙安排，漢景帝最後決定，廢劉榮爲臨江王。栗姬眼看當皇后的夢想破滅，兒子又被廢去太子名號，氣恨交加，憂鬱成疾，很快死去。這樣，王夫人就成爲皇后，劉徹成爲太子。她的三個女兒皆封公主，妹妹王姁也被漢景帝納爲夫人。到了漢武帝劉徹登基的時候，王皇后被尊爲太后，她的哥哥王信封蓋侯，同父異母弟弟田蚡封武安侯，田勝封周陽侯，死去的臧兒也被追封爲平原君。她和前夫金王孫的女兒，被漢武帝認爲大姐，封修成君，賞賜優厚。所謂「一人得道，雞犬升天」，從這裡得到了極好的印證。

陳阿嬌和衛子夫
一嬌一艷，殊途同歸

西元前一四一年，漢景帝劉啓駕崩。十六歲的太子劉徹繼位，是爲漢武帝。

劉徹之所以能成爲太子成爲皇帝，在很大程度上應當歸功於姑母館陶長公主劉嫖，作爲回報，他毫不遲疑地立了劉嫖的女兒陳阿嬌爲皇后。

陳阿嬌的祖母竇氏爲太皇太后，母親爲長公主，父親封堂邑侯，天生嬌貴，一貫以人上人自居。漢武帝年幼的時候，還說過「金屋藏嬌」的話，這使她格外高傲自負。因此，她正位宮闈後，神氣十足，出盡了鋒頭。不過，她同許多皇后一樣，久不生育，犯了皇后之大忌。隨著大美人衛子夫突然進入後宮，陳阿嬌很快失寵，最終導致了悲劇的結局。

衛子夫原是漢武帝姐姐平陽公主家的一名歌女，姿色艷麗，能歌善舞。她的父親早死，母親衛媼在平陽公主家當僕人。衛媼和一個姓鄭的車夫私通，又生了兒子衛青。低微的出身，貧寒的家境，決定了衛子夫的性格，沉穩，內向，與人與世無爭。

突然有一天，命運之神向衛子夫綻開了微笑。那是漢武帝祓祭歸來，駕幸平陽公主府中歇腳。平陽公主舉行宴會，並獻歌舞，爲弟弟皇帝助興。歌女衛子夫出場，一下子吸引了漢武帝的目光。他見她肌膚雪白，青絲烏黑，明眸皓齒，面龐紅潤，而且歌喉清亮，舞姿優美，恰似天宮的仙女，降臨人間。漢武帝目不轉睛地看著衛子夫，心蕩神搖；衛子夫見皇帝年輕英俊，頓生幻想，含笑送情。平陽公主看出了其中的奧妙，巧妙地作出安排，使二人當時就睡到了一起，極盡男女之歡。

漢武帝身心大快，攜帶衛子夫回宮。行前，平陽公主拉著衛子夫的手，意味深長地說：「貴幸之日，莫相忘。」

衛子夫進了未央宮，來到了一個完全陌生的世界。她的美貌和才藝，激起了陳阿嬌的嫉妒和仇恨。陳阿嬌大發雌威，尋死覓活，甚至搬動祖母和母親，對漢武帝施加壓力，逼他遵守「金屋藏嬌」的諾言。漢武帝懾於太皇太后的威勢和礙於姑母的情面，只好作出讓步，答應將衛子夫錮置冷宮，再不見面。此後一年多，衛子夫身處冷宮，孤苦伶仃，百無聊賴地打發著清苦寂寞的時光。

就在衛子夫心灰意冷，瀕臨絕望的時候，漢武帝又一次出現在她的面前。原來，當時皇宮裡有一條定制，過一段時間，就要對後宮人員進行裁撤，存優汰劣，把年老的和不中用的宮人遣散出宮，讓其另謀生路。衛子夫亦在裁撤的名單中。她很高興，因爲走出深宮大院，她就又可以去過平民的生活。

漢武帝親臨現場，察看裁撤的過程。當念到衛子夫的名字時，漢武帝怦然心動，不由觸起前情。他看到衛子夫淡妝素服，眉黛緊鎖，娉娉婷婷，悲悲切切，風韻倍加動人。眨眼間，衛子夫拜倒在地，請求皇帝放自己出宮。這時的漢武帝且驚且愧，且憐且愛，且喜且急，雙手扶起衛子夫，好言撫慰。他捨不得放她出宮，當天夜裡，二人千般恩愛，萬般柔情，歡度良宵，和好如初。次日，陳阿嬌得知漢武帝重幸衛子夫的消息，氣急敗壞，不顧皇后的尊嚴和體面，找漢武帝吵鬧，找衛子夫算帳，把後宮攪得天翻地覆。衛子夫含冤忍辱，不敢頂撞皇后。漢武帝不再讓步，嚴厲地斥責陳阿嬌說：「你不能生兒育女，還有什麼資格當皇后？」

說來也巧，衛子夫再度得幸後，竟然懷孕了。漢武帝盼星星盼月亮，盼的就是這個喜訊。此後，他精心地保護衛子夫，對於陳阿嬌徹底疏遠和冷淡了。

陳阿嬌心胸狹窄，秉性刁鑽，既然無法對衛子夫下手，改而打算謀殺衛子夫的弟弟衛青，以出心中惡氣。

衛青長得身材魁梧，相貌堂堂，充當平陽公主的騎奴。一天，陳阿嬌徵得母親的同意，派人劫持了衛青。衛青好友公孫敖等路見不平，拔刀相助，於中途解救了衛青。平陽公主把情況告訴漢武帝。漢武帝大怒，斷然地提拔衛青為建章監，轉任侍中。不久，正式封衛子夫為夫人，提升衛青為大中大夫。

陳阿嬌和衛子夫爭寵，屢屢失敗，恨得咬牙切齒，寢食不寧。元光五年（西元前一三〇年），她孤注一擲，召請一個叫做楚服的巫婆，在宮中搞起「巫蠱」，詛咒漢武帝和衛子夫。事情很快敗露。漢武帝怒不可遏，命將楚服斬首，三百餘人受到牽連，全被殺害。楚服的背後是陳阿嬌。漢武帝頒布聖旨，說：「皇后失序，惑於巫祝，不可以承天命，令罷退居長門宮。」

嬌貴顯赫的陳阿嬌當了十一年皇后，從此由「金屋」進入冷宮，境遇好不淒涼。陳阿嬌被廢後，不甘心就此失勢。她聽說大文學家司馬相如擅長辭賦，特託人給司馬相如送了百兩黃金，請他作解愁之辭，以讓漢武帝回心轉意。司馬相如果眞寫了一篇《長門賦》，文詞華美，感情哀惋。據說，漢武帝「見而傷之，復得親幸」。

司馬相如寫了《長門賦》確是事實。至於說漢武帝「見而傷之，復得親幸」，那是大可懷疑的。封建皇帝貪戀女色，無不朝秦暮楚。漢武帝既然廢了陳阿嬌，又怎麼可能去「親幸」她呢？

這時，陳阿嬌的祖母和母親都已故去。她沒有任何依靠和希望，很快憂死。

衛子夫春風得意。她生了三個女兒之後，元朔元年（西元前一二八年），又生了兒子劉據。於是，漢武帝立衛子夫爲皇后。這個曾經寄人籬下、命運多舛的歌女，猛然間成了至尊至貴的國母。

衛子夫福星高照。她的弟弟衛青被任命爲將軍，率兵進攻匈奴，取得一次又一次的勝利，封長平侯，官至大司馬大將軍。衛青的三個兒子尙在襁褓之中，俱封侯爵。衛青的外甥霍去病青年英勇，進攻匈奴，連連大捷，封冠軍侯，官至大司馬驃騎將軍。這樣，衛氏家族就有一皇后，五列侯，滿門榮寵，尊貴無比。恰巧，那位平陽公主死了丈夫，經衛子夫說合，讓她嫁給了衛青。衛青就又成了漢武帝的姐夫。當時有一首民謠這樣唱道：「生男毋喜，生女毋悲，獨不見衛子夫霸天下！」

元狩元年（西元前一二二年），劉據被立為太子，衛子夫的皇后位置看似更加穩固。然而，禍兮福所倚，福兮禍所伏。就在衛子夫極度得寵的時候，厄運和災難正悄悄地向她逼近。

在封建社會，女人的年齡與姿色就是本錢和驕傲。她們過了中年，人老珠黃，皇帝就會像討厭破爛衣服一樣，隨時都可能將她們拋棄。歲月荏苒，韶光流逝。漢武帝的「金屋」裡輪番更換著一個又一個絕色美人。

先有王夫人，年輕貌美，受到漢武帝寵幸，生了兒子劉閎。怎奈王夫人短命，中年病死，並沒有對衛子夫構成威脅。

又有李夫人，更年輕更美貌。其兄叫李延年，通音律，善歌舞，一次為漢武帝演唱了一首《麗人曲》，歌詞是：「北方有佳人，絕世而獨立。一顧傾人城，再顧傾人國。寧不知傾城與傾國，佳人難再得！」漢武帝不相信世界上有這樣美麗的女人。平陽公主說：「有！李延年之妹就是這樣的佳人！」漢武帝大喜，立刻召見李延年之妹，但見她豆蔻年華，妖冶嫵媚，舉世無雙。他遂將她納入後宮，封為夫人，大加寵愛。李夫人生子劉髆（髆，讀作博），漢武帝又多了個兒子。

李夫人一次患了重病，面黃肌瘦，容貌大減。漢武帝前往探視，李夫人以被蒙頭，謝而不見。漢武帝離去，宮女詢問李夫人說：「夫人爲何不見皇上，囑託一下兄弟的事呢？」

李夫人回答說：「我所以不見皇帝，正是爲了將兄弟託付給他。我憑姿色容貌，得到皇上的寵幸。以色事人，色衰而愛弛，愛弛則恩絕。皇上過去喜歡我，是因爲我容貌姣美。現在疾病毀了我的容貌，皇上見了必然厭惡。那樣，他還會關照我的兄弟嗎？」

李夫人的話是很有見地的。她所概括的「色衰而愛弛，愛弛則恩絕」的經典之論，道出了歷代后妃失寵的基本規律。

李夫人的疾病沒有治好，很快死了。漢武帝痛悼不已，特意恩封她的三個兄弟。有個方士見漢武帝時時思念李夫人，胡說能攝李夫人的魂魄前來相會。夜晚時分，方士張燈燭，設帷帳，讓一女子扮作李夫人模樣，來回走動，而請漢武帝坐於遠處觀望。漢武帝見那女子酷似李夫人，愈添愁思，提筆寫下兩句詩來：「是邪？非邪？立而望之，偏何姍姍來遲？」後來，漢武帝還爲李夫人寫了悼賦《秋風辭》，那是一篇感情深沉的戀歌和悲歌。

再有尹婕妤和邢美人爭寵後宮，因爲勢單力薄，也沒有對衛子夫構成多大的威脅。而鈎弋夫人的出現，使衛子夫眞正遇到了強勁的對手。從此，她境況日下，由盛轉衰，一發而不可收拾。

鈎弋夫人姓趙，河間（今河北獻縣）人，體態優美，姿色嫵媚。她自小有個毛病，兩手皆拳，指頭不能伸展。一次，漢武帝巡狩經過河間，聽說了這個奇女，予以召見。他抓著趙女的雙手，一邊撫摩，一邊端詳，結果奇蹟出現，趙女的手指竟然伸直了，而且手裡各握著一只玉鈎。漢武帝隨即寵幸趙女，封她爲拳夫人，帶回長安，進位婕妤，居鈎弋宮，故又稱鈎弋夫人。

鈎弋夫人乖巧伶俐，深得漢武帝寵愛。太始三年（西元前九四年），鈎弋夫人喜生一子。這年，漢武帝已經六十四歲。據說，鈎弋夫人懷孕十四個月才生下兒子。漢武帝根據古代堯帝也是十四個月才出生的傳說，認爲這是貴兆，便把鈎弋夫人的住處稱做「堯母門」，把兒子稱做「鈎弋子」。這個鈎弋子，便是後來的漢昭帝劉弗陵。漢武帝老來得子，興高采烈，樂不可支。他一直誇獎鈎弋子長得像自己，所以格外疼愛。當然，鈎弋夫人的身價隨之與日俱增，地位大大提高。

這時，太子劉據已經長大。劉據自小受到良好的教育，心地善良，性格溫和，待人處事相當謹慎。他對父皇好大喜功，連年征戰，持反對態度，屢屢進諫，由此造成了父子之間的隔閡。元狩六年（西元前一一七年），霍去病英年早逝。元封四年（西元前一〇七年），衛青也撒手人寰。衛子夫和劉據失去了賴以榮寵的靠山，頓時陷入了罪惡勢力的包圍之中。

征和元年（西元前九二年），京城長安爆發了一場驚人的「巫蠱」之禍。漢武帝晚年迷信多病，老是魂不守舍，心神不寧。他懷疑有人利用「巫蠱」加害於他，所以特別任用奸佞之臣江充爲繡衣使者，專門偵察和懲治膽敢搞「巫蠱」的人。

江充與劉據有隙，那是由一件小事引起的。漢武帝一次巡幸甘泉宮（今陝西淳化境），江充隨行。劉據派家使前去請示事項，家使的車馬誤行於皇帝車馬專用的馳道上，江充將其拘捕。劉據派人說情，請江充釋放家使，特別叮囑不要把事情報告漢武帝。江充爲了表現自己，如實向漢武帝作了彙報。漢武帝稱讚江充說：「人臣就當如此！」江充因此大見信用，威震京師。

江充爲人詭詐，陰險地分析了當時的形勢：在以漢武帝爲支點的天平上，一端是皇后衛子夫和太子劉據，另一端是鈎弋夫人和鈎弋子。由於漢武帝的偏愛，天平顯然向鈎弋夫人和鈎弋子方面傾斜的。因此，自己要識時務，看準人，見風使舵，方能長久富貴。他把想法付諸行動，衛子夫和劉據就遭了殃。

江充首先拿衛子夫的姐夫公孫賀開刀。公孫賀時任丞相，兒子公孫敬聲動用了北軍軍費。江充據此大做文章，又給公孫賀父子扣上了搞「巫蠱」的罪名，致使公孫賀全家慘死，並被滅族。衛青的兒子衛伉和皇家公主等受到株連，坐死者達數百人。

征和二年（西元前九一年），漢武帝帶著鈎弋夫人和鈎弋子去甘泉宮避暑。江充買通江湖術士，誣稱皇宮中有「巫蠱」氣。漢武帝下令追查。江充仗著皇帝的一紙詔書，將整個皇宮掘地三尺，尋找「巫蠱」，就連皇后和太子的寢宮也不能倖免。經過預謀和策劃，江充栽贓陷害，果眞從太子宮中挖出了桐木人和寫有咒語的布帛。這些物證若送到漢武帝那裡，劉據必死無疑。劉據的老師石德告訴他說：「當務之急，只有假託聖命捕殺江充，否則太子難免要成爲又一個扶蘇（秦始皇長子）。」劉據實在無路可走，只好照石德的話去做，假托聖命，捕殺了江充。

這樣一來，事情鬧大了。漢武帝接到報告，皆爲一面之詞，都說太子謀反，意在奪權。漢武帝大怒，不分青紅皀白，即命丞相劉屈氂（氂，讀作毛）發兵捉拿太子，鎮壓叛亂。劉據再假托聖命，調集兵馬，釋放囚徒，發給兵器，迎戰劉屈氂。雙方大戰於長安，死了數萬人。最後，因力量懸殊，劉據大敗，帶著妻子、兒子逃匿湖縣（今河南靈寶）。劉屈氂緊追不捨。劉據及妻子、兒子皆自殺。

衛子夫得知事變原委，猶如晴天霹靂，五內俱焚，放聲大哭。漢武帝派人來收去皇后的璽綬，使衛子夫徹底地絕望了。她再沒有一個親人，遂用一條白綾，結束了自己的生命。

陳阿嬌和衛子夫，一個來自貴族，一個來自平民，一個有嬌貴的傲氣，一個有艷麗的容貌，她們從不同的角度登上皇后的寶座，到頭來卻是殊途同歸，命運同樣的淒涼，同樣的悲慘。那位鈎弋夫人也是樂極生悲。漢武帝死前決定立鈎弋子劉弗陵爲太子，擔心主少母壯，重演呂后篡權的舊事，殘忍地將她賜死。

上官女

幼女皇后，少女太后

西元前八七年，漢武帝駕崩。太子劉弗陵繼位，是為漢昭帝，時年八歲。遵照漢武帝的遺囑，大將軍霍光、車騎將軍金日磾（磾，讀作敵）、左將軍上官桀等輔政。其中，霍光為第一輔政。

漢昭帝已經失去生母鈎弋夫人，生活不能自理。好在他有一個姐姐，封鄂邑蓋長公主，經霍光等同意，長公主住進皇宮，負責照料小皇帝的飲食起居。這個長公主生性淫蕩，長期同兒子的賓客丁外人私通，醜聞傳遍朝野。霍光樂於成人之美，乾脆奏告漢昭帝，詔令丁外人也搬進皇宮居住，專門伺候鄂邑蓋長公主，使其偷雞摸狗的勾當合法化。

霍光和上官桀是兒女親家，上官桀兒子上官安的妻子正是霍光的女兒。上官安夫婦生有一個女兒，人稱上官女，年方二歲。上官女的祖父和外祖父俱為輔政大臣，她自然有著繁花似錦的前程。

四年以後，漢昭帝十二歲。鄂邑蓋長公主張羅著，要為弟弟娶個皇后。她看中了周陽氏的女兒，既美貌又聰穎，正是皇后的合適人選。上官桀、上官安父子得知這一消息，迅速行動起來，他們一心想讓上官女成為皇后。霍光大權在握，說話舉足輕重。於是，上官父子懇請霍光說合，促成這門親事。他們特別強調，上官女也是霍光的外孫女，她若成為皇后，對於上官和霍家都有好處。

霍光考慮漢昭帝和上官女年齡太小，還不到婚嫁的時候，所以主張不用著急，不妨過幾年再說。上官桀和上官安可不願錯過機會，求霍光不成，轉而去走鄂邑蓋長公主的後門。

鄂邑蓋長公主不是和丁外人私通嗎？而丁外人恰又與上官安關係親密。上官安於是登門拜訪丁外人，請他說服長公主，立即娶上官女為皇后。上官安許諾說，事成之後，一定設法使丁外人晉封侯爵。

丁外人滿心歡喜，積極在長公主耳邊吹風，要她當機立斷，盡快迎娶上官女為皇后。鄂邑蓋長公主一切都聽情夫的，當即讓漢昭帝頒詔，迎娶上官女入宮，封為婕妤。一個月後，上官婕妤正式被立為皇后。這時，上官女僅僅六歲。這樣小的幼女當皇后，在中國后妃史上恐怕是僅有的。

上官女當了皇后，上官安就是皇帝的岳父，封桑樂侯，食邑一千五百戶，升任車騎將軍，日以驕淫。進而，上官桀、上官安不忘對丁外人的許諾，積極活動，敦促漢昭帝封丁外人為列侯。可是，霍光從中阻撓，以無功無德為由，堅持反對封丁外人為侯。這樣，上官父子仇恨霍光，彼此間產生了深刻的矛盾。

上官安、丁外人和鄂邑蓋長公主串通一氣，準備殺害霍光，廢漢昭帝，擁立上官桀爲皇帝。有人問上官安說：「這樣一來，我們拿上官皇后怎麼辦？」

上官安窮凶極惡地回答說：「逐麋（麋，讀作迷，麋鹿）之狗，還顧兔邪？」在他的心目中，皇權是「麋」，女兒是「兔」，爲了追逐皇權，他這條「狗」是根本不顧女兒死活的。

第一次，他們僞造漢昭帝哥哥、燕王劉旦的信件，誣稱霍光謀反，沒有成功。接著，上官桀親自出面，勾結劉旦，謀殺霍光，企圖奪取權力。霍光及時發覺了敵人的陰謀，先發制人，予以嚴厲的鎮壓。鄂邑蓋長公主、丁外人、劉旦皆自殺，上官桀、上官安被滅族，避免了一場血腥的政變。年幼的上官皇后與陰謀無關，保住了皇后的地位。

元平元年（西元前七四年），二十二歲的漢昭帝患絕症而死。十六歲的上官皇后成了寡婦。漢昭帝無子，霍光決定漢武帝孫子、昌邑王劉賀爲皇帝。這樣，上官皇后就被尊爲皇太后。

劉賀是個紈袴子弟，荒淫無恥，穢亂後宮，在位二十七天，就做了一千一百二十七件荒唐事。霍光只好將他廢黜，迎立漢武帝曾孫劉詢爲皇帝，是爲漢宣帝。這樣，上官太后就被尊爲太皇太后。

十六歲的少女，正值花一般的年齡，花一般的歲月。然而，可憐的上官女從皇后到太后到太皇太后，沒有青春，沒有歡樂，有的只是孤獨、寂寞和不堪回首的往事。她面對皇宮的高牆深院，形如一具木偶，失去了思想和靈魂，百無聊賴，枉度光陰。漢元帝建昭二年（西元前三七年），她無聲無息地死去，終年五十二歲。

上官女的一生具有典型意義。她是祖父和父親權欲薰心的犧牲品。封建專制主義殘酷地扼殺人性和毀滅人性，於此可見一斑。

許平君和霍成君

謀殺自殺，命喪黃泉

漢昭帝死得突然，弄得大臣們措手不及。霍光千找萬找，意外發現流落民間的劉詢，遂擁立他爲帝，是爲漢宣帝。

劉詢說起來是漢武帝的曾孫。漢武帝兒子劉據，納史良娣爲妃，生兒子史皇孫。史皇孫納王夫人，生了兒子劉詢。劉詢出生數月，「巫蠱」之禍爆發，他的祖父祖母、父親母親皆死，他亦被收監，瀕臨死亡。廷尉監邴吉可憐這個嬰兒，讓兩個女犯人給他餵奶，使他得以活命。後遇大赦，劉詢因是劉氏宗室，歸於掖廷養視，人稱「皇曾孫」。

劉詢雖是皇曾孫，但人微位賤，沒有人看得起他。他在掖廷，只能和暴室（織染作坊）頭目許廣漢住在一起。許廣漢有個女兒叫許平君，許嫁歐侯氏爲妻。不想臨婚前夕，歐侯氏暴死。許平君的母親悲嘆女兒命苦，找了個算命先生給女兒算命，結論竟是「大貴」。許母因此轉悲爲喜，望眼欲穿，單等貴婿出現。

掖廷令張賀當年曾是劉詢祖父劉據的家吏，頗爲劉詢的婚事操心。他聽說許廣漢的女兒成年待嫁，主動登門說媒，讓許平君嫁給劉詢。許母看不出劉詢有什麼出息，堅決反對這樁婚事。許廣漢倒是開通，不在乎劉詢的落拓。這樣，劉詢和許平君喜結良緣。一年後，許平君便生了兒子劉奭（奭，讀作示）。

誰也沒有想到，劉詢能突然成爲皇帝。許平君果眞「大貴」了，被封爲婕妤。這使許母好不難堪，悔不該當初小瞧了女婿。這時，霍光任大司馬大將軍，掌握朝廷的大權。霍光有個小女兒霍成君，年輕貌美。經人做媒，霍成君亦成爲漢宣帝的妃嬪，地位居許平君之後。

一個許平君，一個霍成君，到底立誰爲皇后？漢宣帝頗費躊躇。朝廷百官畏忌和巴結霍光，都主張立霍成君爲皇后。霍光的妻子也積極活動，一時到處都是立霍成君爲后的呼聲。但是，漢宣帝畢竟是在社會底層生活過的人，珍惜患難夫妻的感情，所以經過愼重考慮，還是立了許平君爲皇后。

皇后的崇高名號沒有給許平君帶來福氣，相反卻招來了禍殃。而禍殃的根子正是漢宣帝的岳母之一，霍光的妻子。

霍妻是個陰險狠毒的女人。她見霍成君敵不過許平君，眞是又氣又恨。她要幫助女兒打垮情敵，遂定下一條惡毒的計策。恰遇許平君懷孕生病，爲其治病的是女醫淳于衍。淳于衍的丈夫有心當安池監，苦於無人推薦，就慫恿老婆去向霍妻求情，企圖打通霍光的關節。霍妻覺得這是極好的機會，滿口答應，但要淳于衍做一件事：幫助毒殺許平君。毒殺皇后，這是何等大事？淳于衍害怕，猶豫不決。怎奈霍妻軟硬兼施，由不得淳于衍不從。這樣，淳于衍就在湯藥中放置毒藥，致使許平君不明不白地走上了黃泉路。

許平君死因，漢宣帝毫不知情，霍成君順順當當地當了皇后。許皇后為人恭敬節儉，深受宮人的愛戴；而霍皇后卻驕奢淫逸，輿駕侍從成群結隊，賞賜官屬的錢帛以千萬計。兩人相比眞有天壤之別。漢宣帝對於新皇后的揮霍無度不聞不問，認為皇后嘛，自當有皇后的派頭和氣度。

轉眼過去三年光景，漢宣帝專寵霍皇后，早把許皇后忘了個乾淨。西元前六八年，霍光病故。次年，漢宣帝立了劉奭為太子。

劉奭乃許平君所生，他被立為太子，使霍光的妻子感到非常惱火。她吃不下飯，睡不著覺，甚至嘔血。她怒沖沖地說：「劉奭是許平君生的兒子，母賤子賤，他怎能成為太子？日後，我家霍成君生了兒子，難道反而封王不成？」

霍妻心腸歹毒，故技重演，唆使女兒設法毒殺太子。霍成君迫於母命，同時也為自身考慮，屢召太子賜食，準備在食物中下毒。可是，太子的飲食必先由侍從試嘗，以確保安全。霍皇后害怕暴露自己，所以遲遲不敢下手。霍妻急得像熱鍋上的螞蟻，搓手跺腳，想不出什麼好的辦法。

善有善報，惡有惡報。不久，霍妻毒殺許皇后罪行和霍成君毒殺太子的企圖，被人揭露了出來。漢宣帝如夢初醒，萬沒想到自己的丈母娘和皇后竟是這樣的人。他下令調查此事，從嚴懲處。霍妻狗急跳牆，乾脆發動霍氏家族，謀反作亂。漢宣帝倒不含糊，果斷地發兵鎮壓，把霍妻及謀反者一網打盡，斬首示眾。

時局變化得太突然太嚴酷。霍成君嚇得心驚肉跳，欲哭無淚。這時，漢宣帝命人前來宣布聖旨，說：「皇后迷惑失道，與其母密謀，欲害太子，無人母之恩，不宜奉宗廟，不可承天命。著令退避別宮。」

「退避別宮」，就是廢去皇后名號、打入冷宮的意思。霍成君一下子傻了懵了，許久許久說不出話來。她是霍光的女兒，霍光輔佐三代皇帝，位極人臣，顯赫了整整二十年。而她原指望當皇后，能夠長久地享受榮華富貴，不想受母親指使，犯下了不可饒恕的罪過。她在冷宮裡敖過了十二個年頭，覺得世事寂寞，生活無趣，遂以自殺結束了生命，也走上了黃泉路。

漢宣帝除立了許、霍兩位皇后外，還寵幸華、張、衛、王四位婕妤。他記取太子險遭毒害的教訓，決定在四位婕妤挑選一人，負責照料劉奭。王婕妤心地善良，品行端正，有幸當選。於是，漢宣帝立王婕妤爲新的皇后。這位王皇后姿色平平，任務就是照料太子。漢宣帝對她比較冷淡，稀見無寵。後來，她一度被尊爲太后和太皇太后，活了七十多歲才死去。

王政君

「婦人之仁，悲乎」

西元前四九年，漢宣帝劉詢駕崩。太子劉奭繼位，是爲漢元帝。漢元帝登基三個月，即立嬌妻王政君爲皇后。

王政君通稱元后，在西漢後期算是個舉足輕重的女人。她經歷漢宣帝、漢元帝、漢成帝、漢哀帝、漢平帝、漢孺子皇帝六朝，盡力爲娘家爭權，「家凡十侯，五大司馬，外戚莫盛焉」。最後導致王莽篡漢，建立新朝。漢高祖建立的西漢王朝，實際上就斷送在她的手裡。

王政君，魏郡元城（今河北大名東）人。父親王禁貪財好色，不修廉隅。母親李親心狠性妒，改嫁他人。王政君兄弟姐妹十二人，基本上是在自力更生的情況下長大的，誠知生活的艱難和寶貴。

王政君長到十四、五歲的時候，姿色艷麗，聰明賢慧。她先許嫁一戶人家，可是尚未過門，男方暴死。接著，東平王用重金聘她爲妾，行將大婚，東平王又一命嗚呼。因此，當地人冷眼相看王政君，都說她有「剋夫」的命。

王禁也覺得奇怪，想起李親當初懷孕時「夢月入懷」的徵兆，特請算命先生給女兒算命。算命先生掐掐算算，驚呼說：「呀！你家千金當大貴，貴不可言！」王禁大喜，從此著力培養王政君，聘請老師，教以琴棋書畫和歌舞禮儀，決心育出一株「大貴」的搖錢樹。恰逢漢宣帝詔令廣采美女充實後宮。王政君以其出色的容貌和才藝，順利地進入皇宮。是年，她十八歲。

王政君初進皇宮，只是個普通的宮女。當時，劉奭還是太子，吃喝玩樂，不務正事。劉奭寵幸愛妃司馬良娣，視若心肝寶貝。不想司馬良娣突然病死，死前留下話說：「妾死非天命，乃有人用巫蠱殺我。」劉奭因此悲傷染病，鬱鬱寡歡。他遷恨於所有的妻妾，以爲是她們害死了他的愛妃。

漢宣帝得知這一情況，命王皇后另外物色貌美藝精的女子侍奉太子。王皇后遵命照辦，精心挑選，確定了五名少女，供太子選擇。王政君就是其中的一個。

這一天，劉奭入宮拜見王皇后。王皇后命五名少女陪侍太子。少女們知道陪侍意味著什麼，刻意梳妝，穿紅著綠，戴金佩銀，花團錦簇，光彩奪目。五人當中，四人打扮得花枝招展，飄香溢彩，唯獨王政君身著素服，略施脂粉，盡量顯示出身段、容貌的自然美，淡雅中透出妖冶和俏麗，恰似清水出芙蓉，特具風韻。

劉奭惦記著死去的司馬良娣，提不起精神。他向王皇后請安後，便準備離去。王皇后趕緊說：「這五個人當中，你倒是喜歡誰呀？」劉奭心不在焉，隨嘴說：「哪個都可。」其時，王政君站的位置距離劉奭最近，加之衣飾別致，王皇后以爲「哪個都可」就是指她。這樣，王政君就被送進太子宮。當夜，劉奭和王政君成了夫妻，巫山雲雨，極盡歡情。

劉奭宮中有妻妾十餘人，幾年裡卻無一人生育。王政君得幸，一夜之間竟懷了身孕。這使劉奭喜出望外。甘露三年（西元前五一年），王政君生了兒子劉驁，她的身價頓時大增。

兩年後，劉奭繼位當了皇帝，他就是漢元帝。漢元帝立劉驁爲太子，封王政君爲婕妤。僅過三天，王婕妤就晉升爲皇后。她的父親王禁官特進，叔叔王弘官長樂衛尉。王禁培養女兒，開始得到了回報。王政君是靠機遇和兒子而成爲皇后的，隨著歲月的流逝，漢元帝對她逐漸冷淡和疏遠了。漢元帝重用宦官石顯等人處理朝政，自己則縱情聲色，肆意作樂。他的後宮美女如雲，無法一一御幸，遂令畫工給美女畫像，然後根據畫像的美醜決定取捨。有心計的宮人爲了得到皇帝寵愛，千方百計賄賂畫工，請將自己畫得天上的仙女一般。著名美女王昭君秉性剛毅，拒不賄賂畫工，所以畫工故意將她畫得很醜，以致漢元帝根本不知道王昭君的美貌。王昭君不願老死宮中，適逢匈奴單于要求漢朝和親，她便主動請行，願意遠嫁匈奴。王昭君臨行，漢元帝方才發現她的容貌爲後宮第一，且悔且恨。王昭君走後，漢元帝把那些昧著良心的畫工全殺了。

王政君對於漢元帝新寵不絕倒不介意，事實上她也無力干預。漢元帝不怎麼喜歡劉驁，這卻是她的一大心病。今日的太子，就是明日的皇帝，一旦劉驁失去太子地位，那麼後果則是不堪想像的。其時，漢元帝正寵幸傅昭儀，傅昭儀生有兒子劉康。劉康已封定陶共王，多才多藝，深受漢元帝寵愛，「坐則側席，行則同輦」。漢元帝幾次放出話來，說要廢黜劉驁，改立劉康爲太子。對此，王政君又憂又懼，寢食難安。幸虧侍中史丹反對廢立太子，劉驁的太子名號算是有驚無險。

漢元帝的寵妃中還有個馮婕妤，生有兒子劉興。皇帝的后妃講究賢淑婉麗，而這個馮婕妤卻很剛猛果決。一次，漢元帝帶領后妃去觀看鬥獸表演，自己落座，眾人環列左右。但見兩隻黑熊在場地裡東奔西突，凶猛無比。忽然，一隻熊躥出圍欄，撲向漢元帝的座位。這意想不到的變故把所有人嚇壞了，一個個大呼小叫，自顧逃命。危急時刻，只有馮婕妤跨到漢元帝前面，張開雙臂，當熊而立，保護皇帝。眾多的衛士反應過來，趕緊向前，刀砍劍刺，將熊殺死。

事後，漢元帝問馮婕妤說：「那個時候，他人都去逃命，你卻捨命護朕，這是爲何呢？」馮婕妤回答說：「猛獸傷人，撲倒一人就會停下來吃肉。臣妾死不足惜，皇上君臨天下，可不能有任何閃失啊！」馮婕妤的話使漢元帝嗟嘆不已。因此，漢元帝對她倍加寵幸，進封她爲昭儀，其地位與傅昭儀相等。

西元前三三年，漢元帝駕崩。太子劉驁繼位，是爲漢成帝。王政君成爲太后，開始插手朝政。她和歷史上的許多后妃一樣，十分注重發展外戚的勢力，經由其手，王氏子弟陸續顯貴，盤根錯節，逐漸把持了朝廷的大權。漢成帝在位二十六年駕崩。其後，王政君以太皇太后身分臨朝，直接決策軍政大事，主持皇帝廢立。漢哀帝劉欣、漢平帝劉衎（衎，讀作刊）、漢孺子皇帝劉嬰都是由她推上皇位的。不管誰當皇帝，王政君必抱一條宗旨：依靠外戚和重用外戚，竭力維護王氏家族的利益。正是這樣的宗旨，最終導致了王莽篡權。

王莽是王政君的侄兒，爲人奸詐而善權謀。他自小認定，要得出人頭地，飛黃騰達，必須走姑母這條捷徑。因此，他使出渾身解數，以僞裝爲武器，盡力騙取王政君的好感和信任。他僞裝恭儉，僞裝誠實，僞裝謙遜，僞裝正直，從小小的黃門郎起步，官運亨通，節節高升。

永始元年（西元前十六年），封新都侯。不久升爲騎都尉、光祿大夫、侍中。綏和元年（西元前八年），由於王政君的提拔，他終於登上了漢朝權勢最高的大司馬大將軍寶座。

漢哀帝時，祖母傅昭儀、母親丁姬分別被尊爲太皇太后和皇太后，傅氏和丁氏外戚得勢，不可一世。王政君雖然也是太皇太后，但漢哀帝不是她的親孫子，庶不敵嫡。小不忍則亂大謀。王政君採取以退爲進的策略，讓王莽辭去大司馬大將軍職務，以避傅、丁外戚的鋒芒。漢哀帝在位五年病死，王政君命立九歲的漢平帝。王莽復出，仍任大司馬大將軍，總攬朝政，權傾內外。接著，王政君又立王莽的女兒爲漢平帝的皇后，王莽的威權更盛。

王莽老謀深算，八面玲瓏，表面謙恭有禮，暗裡收買人心，加快了篡權的步伐。元始元年（西元一年），王政君迫於群臣所「請」，效法西周成王封周公的故事，封王莽爲安漢公，另加太傅之職。此外，她還把官吏任免、升遷的大權統統交給王莽，使得王莽「權與人主侔」。

對於王莽來說，「權與人主侔」不是目的，他的眞正目的是自己當「人主」。好在王政君處處偏袒和庇護著他，他想的做的都能得心應手，無不順利。西元四年，王莽官拜宰衡，位上公。次年，王政君親臨朝殿，盛讚王莽功德無量，加封九錫之禮。「九錫」是古代帝王賜給功勛卓著的諸侯或大臣的九件器物：車馬、衣服、樂則、朱戶、納陛、虎賁、弓矢、鈇鉞（鈇鉞，讀作夫越，兵器）、秬鬯（秬鬯，讀作巨唱，黑黍釀製的酒）。凡受九錫之禮的人，必篡權無疑。

王莽在姑母王政君的卵翼下，距離垂涎已久的皇位只有一步之遙了。這時，年老昏聵的王政君，尚不覺悟，仍然相信王莽。事實上，她也不能控制和駕馭她的侄兒了。元始六年（西元六年），王莽毒死漢平帝，鼓動王政君，立了年僅兩歲的劉嬰為孺子皇帝。王莽攝政，稱攝皇帝。王莽的官署稱「攝省」，府第稱「攝宮」和「攝殿」。王莽進而稱「假皇帝」，即代皇帝的意思。他再唆使黨羽連篇累牘地上書，進呈所謂的「祥瑞」和「符命」，呼籲「假皇帝當為眞」。居攝三年（西元八年）十一月，王莽這個野心家、陰謀家終於撕下僞裝，身穿龍袍，頭戴金冠，在一幫狐群狗黨的簇擁下，登上未央宮前殿，由「假皇帝」變成了眞皇帝。他宣布，廢漢國號，建國號為新。

王政君眼睜睜地看著王莽篡國，漢朝滅亡，新朝建立，心裡不知是什麼滋味。王莽擔心他的新朝名不正言不順，派了叔伯兄弟王舜，向姑母索要傳國璽。那傳國璽是秦始皇用稀世珍寶和氏璧製作的，象徵著國家權力，漢朝皇帝代代相傳。王舜畏畏縮縮地去見王政君，拐彎抹角地說明來意。王政君氣得渾身哆嗦，指著王舜的鼻子罵道：「你們王家父子宗族依靠劉漢家的力量，富貴累世，不思圖報，反而趁便利時，竊取其國，豬狗不如！天下還有你們這樣的兄弟嗎？王莽既然廢漢立新，就該自作玉璽，爲何向我索要那個不祥之物？我是劉漢家的一個老寡婦，早晚就死，想把傳國璽帶進棺材，竟然不能。眞是……」她過於激動，罵著罵著，已經泣不成聲，左右侍從亦唏噓垂淚。

王舜受王莽指使，不以「豬狗」爲恥，軟中帶硬地說：「太后如此，臣無話可說。但新皇帝一心要得到傳國璽，太后能將它保住嗎？」

王政君知道傳國璽確實保不住，遂將它取出，使勁摔在地上，說：「我老了，馬上就要去見閻王了，你們王氏兄弟，怕是要滅族的！」她用力過猛，以致傳國璽被摔去了一角。

王莽得到傳國璽，樂得眉開眼笑。當即在未央宮漸臺舉行酒宴，慶賀自己篡權竊國，取得的輝煌勝利。

漢朝滅亡，新朝誕生。

王政君爲了表明自己是「漢家的老寡婦」，堅持佩戴漢朝太皇太后的璽綬。這使王莽感到難堪，王政君這樣做，等於不承認新朝的合法性。王莽的黨羽上書說：「皇天廢漢而立新，太皇太后不宜再稱尊號，當隨漢廢，以奉天命。」此話正中王莽下懷，王莽親自將奏書送給姑母。王政君看後，冷笑說：「此言是也。我已是老廢物，你說，該拿我怎麼辦吧？」王莽觀言察色，聽出了姑母話裡的意思，趕忙討好地說：「這是逆臣之言，罪當誅。」結果，那個拍馬屁的黨羽白白地丟了性命。

一計不成，再生一計。冠軍侯張永替王莽出了個新招：假造一方銅璧，上刻「太皇太后當爲新室文母太皇太后」的字樣，詭稱這是新出土的「符命」。這一回，王莽來個先斬後奏，先用詔書將「符命」頒告天下，造成既成事實，然後選擇吉日，強行給王政君奉上「新室文母太皇太后」的璽綬。這樣一來，不管王政君願意與否，她就成了新朝的太皇太后。

王政君心情鬱結，悶悶不樂。她想到歷時二百多年的漢朝斷送在自己手裡，常有一種負罪之感。王莽爲了討她的歡心，想了不少辦法。其中一條是拆毀漢元帝的陵廟，新建一座長壽宮，供王政君居住。一天，王莽陪王政君參觀長壽宮，王政君得知長壽宮建在她丈夫陵廟的舊址上，大驚失色，痛哭流涕，說：「漢家宗廟，皆有神靈，你們怎能將它拆毀呢？」她由此想到王莽的爲人，悄聲告訴左右侍從說：「此人對神靈大不敬，在位還能長久嗎？」

始建國五年（西元一三年），王政君懷著憂鬱和遺憾，告別了人世，享年八十四歲。王政君，對娘家王氏，爭權不遺餘力，算得上是功臣；而對夫家劉氏，斷送江山，失去宗廟，算得上是罪人。班固在《漢書》裡用一句話評價了這個女人：「婦人之仁，悲乎！」

趙飛燕和趙合德

姐妹專寵，樂極生悲

漢成帝劉驁爲太子時，漢元帝關心兒子，挑選了大司馬車騎將軍、平恩侯許嘉的女兒爲太子妃。劉驁新婚，歡悅無限，以致漢元帝受到感染，喜謂左右說：「酌酒賀我！」他喝得大醉，左右皆稱萬歲。

西元前三三年，劉驁成爲皇帝，太子妃許氏自然成爲皇后。許皇后美麗聰慧，開始很受皇帝寵愛，然其所生的一兒一女，皆早夭，這決定了她可悲的命運。恰遇當時天下災異頻繁，以太后王政君爲首的王氏家族以「無繼嗣」爲由，百般責難許皇后。漢成帝年輕，一切聽任太后和諸舅擺布，決定裁斷皇后的費用開支。許皇后不服，專門上書皇帝，要求增加費用。漢成帝亦答書，表示愛莫能助。皇帝與皇后，爲物質待遇問題打起了筆墨官司，實屬罕見。

許皇后失寵，最主要的原因還在於漢成帝另有新愛。先有個班婕妤，貌美性靈。漢成帝非常喜歡，經常和她一起乘車在後宮遊樂。班婕妤的侍女叫李平，也有幾分姿色，漢成帝一度將她封爲婕妤，賜姓衛。可是沒過多久，這兩位婕妤也失寵了。

漢成帝是個好色成性的皇帝。一次，他在姐姐陽阿公主家中宴飲，看到歌妓趙飛燕身材苗條，姿容艷麗，能歌善舞，身輕若燕，大爲欣賞，隨即將她帶回宮中，日夜宣淫。趙飛燕說，她還有個妹妹叫趙合德，比自己還要漂亮。漢成帝大喜，立刻召趙合德進宮，大加寵幸。一時間，趙氏姐妹俱封婕妤，貴傾後宮。

一個趙飛燕，一個趙合德，以其出色的容貌迷住了漢成帝。漢成帝神魂顛倒，如醉如痴。趙氏姐妹出身微賤，但工於心計，不甘心處於婕妤的地位。爲此，她倆睜大眼睛，窺測動向，尋找晉升的機會。

許皇后失寵，姐姐許謁憤憤不平。許謁爲幫妹妹出氣，暗用「巫蠱」，詛咒漢成帝以及他所寵愛的美人。那位衛婕妤出於妒恨，亦參與其事。鴻嘉三年（西元前一八年），趙飛燕發覺了這一秘密，予以告發。王政君和漢成帝大怒，將有關人等下獄拷問。結果，許皇后被廢黜，許謁被斬首。衛婕妤爲免一死，自請到長信宮侍奉太后。許皇后在淒清寂寞的冷宮中待了九年，再因一起事件受到牽連，服毒自殺。衛婕妤在長信宮中百無聊賴，作賦自悼，哀嘆天命，只求「歸骨於山足兮，依松柏之餘林」。

趙氏姐妹擊敗了情敵，越發顯得顯貴。不久，漢成帝立趙飛燕爲皇后，趙合德升爲昭儀，她們的父親趙臨受封成陽侯。隨著時間的推移，漢成帝寵幸趙合德更甚於趙飛燕。他讓趙合德居住於昭陽殿，其殿豪華奢麗，「中庭彤朱，殿上髹（髹，讀作休，塗）漆，砌若銅沓，黃金塗，白玉階，壁帶往往爲黃金釭（釭，讀作剛，環狀飾物），函藍田璧，明珠、翠羽飾之，自後宮未嘗有也」。

趙氏姐妹專寵後宮，歷時十餘年，享盡了人間的榮華富貴。但是，她們始終沒能爲皇帝生個龍子，而對漢成帝嬪妃凡懷孕者，則暗下毒手，將她們迫害致死。綏和元年（西元前八年），定陶共王劉欣至京師覲見漢成帝，其祖母傅氏用重金賄賂趙氏姐妹。她倆聯手，同時向漢成帝大吹枕邊風，劉欣因而被立爲太子。據此可見，她倆的神通可謂大矣。

俗話說，物極必反，樂極生悲。趙氏姐妹爬得越高，注定跌得越重，摔得越慘。綏和二年（西元前七年），漢成帝突然暴死，朝野嘩然。太后王政君懷疑是趙合德毒殺了皇帝，命王莽進行調查。趙合德有口莫辯，自知逃脫不了干係，畏懼自殺。

趙合德自殺，事情必然牽扯到趙飛燕。漢哀帝劉欣在位期間，她尚能得到傅太后的保護。漢哀帝一死，她的厄運隨之到來。王莽給王政君上了一道奏書，並通過漢平帝聖旨的形式，宣布說：「前皇太后（指趙飛燕）與昭儀（指趙合德）俱侍帷幄，姐妹專寵，圖謀不軌，殘滅繼嗣，有違國母之義。令貶居北宮。」一月後，又頒詔說：「皇后自知罪惡深大，失卻婦道，無共養之禮，而有虎狼之毒。宗室之怨，海內之仇也。今廢皇后爲庶人，徙居後園。」趙飛燕聽了詔令，自知榮華富貴如過眼煙雲，一切皆成夢幻，又羞又恨，亦自殺。

漢成帝的許皇后自殺了，趙昭儀自殺了，趙皇后也自殺了。這僅僅是她們的罪過嗎？回答是否定的。在黑暗的封建社會，后妃說到底只是帝王的玩物而已，而在殘酷的宮廷鬥爭中，她們又往往首當其衝地成爲別人爭權奪利的犧牲品。萬惡的封建制度，吞噬了多少活生生的女性！

漢平帝王皇后

少女守寡，死前說：「何面目以見漢家！」

西元前一年，九歲的中山王劉衎（衎，讀作刊）當了皇帝，是爲漢平帝。劉衎是漢元帝的庶孫，王政君以太皇太后的身分臨朝決事，實際大權掌握在王莽手裡。

王莽其時正野心勃勃，積極擴張勢力，準備篡奪劉漢江山。他爲了掩人耳目，仿效當年霍光的故事，一心想將自己的女兒嫁給漢平帝爲皇后。那樣他就是皇帝的岳父，岳父還會跟女婿爭長論短嗎？

王莽慫恿王政君爲漢平帝選立皇后。王政君以爲王莽一片好心，遂頒了一道選后的聖旨，全國爲之轟動。大批攀龍附鳳之徒爭相推薦，成千上萬的美女被送進皇宮，以供挑選。其中有不少王氏家族的閨秀，要姿色有姿色，要才藝有才藝。這種情況出乎王莽的意外，他的女兒條件一般，哪裡競爭得過別人？他眼珠子一轉，有了主意，趕緊上書王政君，說：「王氏女子無德無才，不宜與衆女並采。」

王政君以為王莽出以公心，至眞至誠，果然命令頒詔說：「王氏女，朕之外家，其勿采。」

看來，漢平帝的皇后不會姓王了。然而，問題並沒那麼簡單，因為王莽直接操縱著選后活動，活動得按照他的意志進行。他讓黨徒唆使不明眞相的庶民、諸生、郎吏等，前往皇宮，守闕上書，每天達到千餘人。公卿大夫亦多方奔走，異口同聲地說：「安漢公（指王莽）盛勛堂堂，今選皇后，怎能將王氏女排除在外？我等強烈要求安漢公女為天下母！」王莽假意派人制止，誰知守闕上書者越來越多，群情激憤，大有一種不達目的，誓不罷休之勢。

王政君不明底細，說：「事情怎會弄成這樣呢？」她召集群臣計議。群臣眾口一詞，盛讚王莽女兒。王莽假惺惺地說：「各位先別下結論，不妨看看我女兒再說。」王政君同意，派人前去察看。所派之人都是王莽串通好了的，回報說：「安漢公之女漸漬德化，有窈窕之容，宜承天序，奉祭祀。」

經過這樣一場鬧劇，王莽的女兒終於被立為皇后。當年，她十三歲。王莽政治上和經濟上雙雙得利，僅聘禮就收錢三十萬緡。他升任宰衡，位上公，兩個兒子封侯，更加寵顯。

可憐的王皇后只榮耀了一年多，王莽就將女婿漢平帝毒死，另立了個孺子皇帝。王皇后十五歲，少女守寡，被尊為皇太后。居攝三年（西元八年），王莽徹底撕下偽裝，廢孺子皇帝為定安公，自己當皇帝，建立新朝。王太后改稱定安公太后，當然得佩戴新朝的璽綬了。

改朝換代以後，這位年輕守寡的王太后「婉靜有節操，自劉氏廢，常稱疾不朝會」。她鄙視和痛恨父親，篡奪了劉漢江山不說，而且還殘酷地毒殺了她的丈夫。王莽擔心女兒過於悲傷，有心讓她改嫁，改其名號為「黃皇室主」。王莽還讓一個姓孫的公子前去「問疾」，意在為她改嫁牽線搭橋。可是，黃皇室主心裡想著劉漢，想著丈夫，無意改嫁。孫公子大獻殷勤。她怒而不見，還命人鞭笞了孫公子的侍從。

王莽篡漢，忙於所謂的「改制」，再也不關心他的寶貝女兒了。黃皇室主生活上富裕，精神上空虛。地皇四年（西元二十三年），綠林、赤眉軍攻進長安，殺死王莽，焚燒未央宮。黃皇室主痛心疾首，投火而死。死前說了一句讓人心碎的話：「何面目以見漢家！」這表明，她是反對王莽篡權的，具有一定程度的正義感。

王莽王皇后
形如童使，涕泣失明

西元八年，王莽篡漢，當了皇帝，建立新朝。他的皇后也姓王，通稱王氏。

王氏出身於豪門，曾祖父王訢曾當過漢朝的丞相，封宜春侯。王訢的孫子叫王咸，王氏就是王咸的女兒。當王莽爲大司馬大將軍的時候，王氏勤勞樸素，爲王莽僞裝恭儉贏得了聲譽。漢成帝綏和元年（西元前八年），王莽母親患病。公卿列侯巴結王莽，紛紛派他們的夫人向王母問疾請安。這些夫人爲了顯示身分，無不盛裝粉飾，雍容華貴。王氏在家中迎接她們，穿的是日常的衣服，幾乎沒戴什麼首飾，而且裙子很短，只能遮住膝蓋。那些高貴的夫人見了，皆以爲她是王莽家的童使，即供使喚的奴僕。經詢問，方知她就是大司馬大將軍夫人。客人們無不吃驚，心想王莽也忒詭詐，自己位極人臣，卻讓妻子這樣寒酸，豈不是糟蹋人嗎？

從這件小事，可知王氏的爲人。她在家中沒有什麼地位，形如童使而已。

王氏在成爲皇后之前，共生過四個兒子：王宇、王獲、王安、王臨。王獲一次喝醉酒，誤殺了自家的一個僕人。王莽爲了表示自己的「公直」，卻逼王獲自殺，以命抵命。王宇因散布流言惑眾，也被王莽毒死。王獲、王宇的性命，換來了王莽「大義滅親」之類的美名，使許多人爲之歌功頌德。王氏卻是悲痛欲絕，傷心兩個兒子，以致「涕泣失明」，成了瞎子。

王莽稱帝時，王宇、王獲已死，王安患病，王臨意外地被立爲太子。王莽表面上道貌岸然，暗地裡猥瑣骯髒。他見王皇后雙目失明，遂勾引王皇后的貼身侍女原碧，宣淫成姦。王臨是個花花公子，見原碧饒有姿色，也就學父親的樣子，幹起了偷雞摸狗的勾當。原碧只是個侍女，人微位賤，夾在皇帝和太子中間，誰都得罪不起，只能忍辱蒙羞，曲意逢迎，供王莽父子淫樂。

王臨和原碧通姦，唯恐姦情敗露，落得和王宇、王獲同樣的下場。他爲了自保，也是爲了早當皇帝，所以就與人密謀，企圖殺害王莽。王莽老奸巨猾，發現了兒子的密謀，毫不留情地廢了他的太子名號，貶爲統義陽王。

王臨被廢遭貶，心甚怏怏。適遇王皇后患病，王臨想回京師看望母親，寫信給王莽說：「父皇要求兒子極嚴，我的兩個哥哥都是三十歲死的，我今年也是三十歲，怕是也要死了，懇望在我死前能看一看母親。」

王莽讀信，以爲王臨會耍什麼花樣，根本不予理睬。地皇二年（西元二十一年），王皇后病死。王莽拒不通知王臨，將王皇后草草埋葬。

王皇后死後，王莽收審原碧，嚴刑拷問。原碧一個弱女子，經不起三拷六問，於是便把和王臨通姦以及王臨謀殺王莽的事和盤托出。王莽窮凶極惡，殺了原碧，並賜王臨毒酒，令其自盡。王臨選擇了以劍自刎的結局，他的妻子亦自殺身亡。王莽害怕自己及兒子的醜事外揚，把所有知情者包括審案的人員在內，盡行殺害，手段極爲殘忍。

同月，王安也病死，王莽面臨著斷子絕孫的境地。這時，他想起先前愛幸過的侍女增秩、懷能、開明三人。增秩生子王匡，懷能生子王興，開明生女王捷。起初，他懷疑王匡、王興、王捷不是自己的親骨肉，所以打心眼裡不喜歡他們。王臨死後，他也就顧不了許多，把王匡、王興視爲皇子，大行封賞，以繼承王氏香火。

王莽是個好色之徒。他當了皇帝後，曾派出博采淑女使九十餘人，分行天下，廣徵美女。他還用藥染其鬚髮，假裝年輕，淫樂後宮，無所節制。王皇后死後，他又立了個史皇后，「聘黃金三萬斤，車馬奴僕，雜帛珍寶，以巨萬計」。同時另立和嬪、美御、和人三人，嬪人九人，美人二十七人，御人八十一人，完全恢復了古代的后妃制度。

就在王莽立史皇后的當年，綠林、赤眉軍攻陷長安，殺死王莽，新朝滅亡。其時，王莽後宮尚有宮女數千人，備立掖庭。這些受欺騙受凌辱的女孩子多麼渴望過正常人的生活，可是社會黑暗，世道不寧，她們的渴望怎能實現呢？

陰麗華和郭聖通

禮讓引起怨恨

西元二十五年，劉漢宗室、南陽豪強劉秀奪取了綠林、赤眉農民起義軍的勝利果實，即位稱帝，定都洛陽（今河南洛陽），建立了東漢王朝。劉秀是爲東漢光武帝。

劉秀原有兩個妻子，一叫陰麗華，一叫郭聖通。陰麗華，南陽新野（今河南新野）人，姿色艷麗，光彩照人。劉秀早聞其名，聽說過她的美貌，心馳神往。後來，劉秀到長安，見過服飾華美、威武雄壯的治安官兵執金吾，非常羨慕。他由衷地發出感嘆，說：「仕宦當作執金吾，娶妻當得陰麗華。」更始元年（西元二十四年），劉秀娶陰麗華爲妻，實現了兩大願望中的一個。當時是戰爭環境，十九歲的陰麗華在婚後仍居新野。

郭聖通，眞定藁（藁，讀作稿，今河北柏鄉）人。出身於望族豪門，其父郭昌娶西漢景帝第七代孫、恭王劉普的女兒，生下郭聖通。更始二年（西元二十四年），劉秀到眞定，敬重郭昌夫婦，又娶郭聖通爲妻。

劉秀當了皇帝以後，把兩個愛妻接到洛陽，封作貴人。兩個貴人，到底立誰爲皇后呢？光武帝頗費思量。按照常規，自己娶陰麗華在前，娶郭聖通在後，當然應當立陰麗華爲皇后。但是，陰麗華沒有生子，而郭聖通卻在建武元年（西元二十五年）生了兒子劉強，母以子貴，似乎也應當立爲皇后。他考慮再三，遲遲拿不定主意。

關鍵時刻，陰麗華表現出了崇高的品質，認爲郭貴人生有皇子，理應成爲皇后。至於自己，當不當皇后無所謂。光武帝欣賞陰麗華這種禮讓皇后的風格和氣度，於建武二年（西元二六年），宣布立郭聖通爲皇后，劉強爲太子。郭皇后之兄郭況、從兄郭竟、從弟郭匡等沾著皇親，俱封列侯。

但是，光武帝的感情更偏向於陰麗華。建武四年（西元二十八年），陰麗華生了兒子劉莊，她在光武帝心目中的地位更加提高。光武帝每次外出巡幸，陰麗華總是隨行，而將郭皇后留在洛陽。建武九年（西元三十三年），一夥強盜劫殺了陰麗華的母親鄧氏和弟弟陰訢，這使光武帝非常悲憤。他專門頒詔說：「朕微賤之時，娶於陰氏，因將兵征伐，遂各別離。幸得安全，俱脫虎口。以貴人有母儀之美，宜立爲后。而固辭弗敢當，列於媵妾。朕嘉其義讓，許封諸弟。未及爵土，而遭患逢禍，母子同命，愍傷於懷。」他命追封陰麗華父親陰陸爲宣恩哀侯，弟弟陰訢爲宣義恭侯，弟弟陰就承襲陰陸的爵號，入朝爲官。

郭聖通雖爲皇后，但不受寵愛，心裡漸漸生出怨恨。暗地裡，她埋怨光武帝，同時也咒罵陰麗華。隨著時間的推移，光武帝逐漸看清了郭皇后的爲人，心胸狹窄，不足以母儀天下。建武十七年（西元四十一年），光武帝下了決心，廢黜郭皇后，劉強跟著倒楣，丟掉了太子名號。

就在廢郭皇后的詔書中，光武帝宣布立陰麗華爲皇后。陰皇后自小生於鄉里良家，七歲喪父，如今一躍而成爲皇后，誠惶誠恐。她卻不以皇后爲榮耀，盛氣凌人，相反變得更加恭儉、持重和仁慈。她沒有什麼嗜玩，也不喜笑謔，眞心誠意地侍奉光武帝，照料兒子劉莊。她的品行受到人們的稱讚，歷史學家譽之爲「賢后」。

郭聖通被廢後，光武帝並沒有爲難她。她隨兒子中山王劉輔一起居住，稱中山太后。劉輔徙封沛王，她則稱沛太后。光武帝對她的哥哥郭況一如既往，照樣寵信。郭況官至大鴻臚，家中豪富，人稱「金穴」。郭聖通的母親去世時，光武帝親自臨喪，表現出了一個開明皇帝的襟懷。

建武二十八年（西元五十二年），郭聖通死。五年後，光武帝駕崩。再過七年，陰麗華亦死。按照封建禮制，廢后不能和皇帝合葬。所以，郭聖通單葬於芒山（今河南洛陽北），陰麗華和光武帝合葬於原陵（今河南孟津西）。

東漢明帝馬皇后
婉靜賢明，德冠後宮

西元五十七年，東漢光武帝駕崩，三十歲的太子劉莊繼位，是為東漢明帝。太子妃馬氏被封為貴人。兩年後，馬貴人成為馬皇后。

馬皇后，扶風茂陵（今陝西興平）人。她的父親馬援是一代名將，受封伏波將軍，南征北戰，軍功顯赫。她的生母宋揚姑早死，繼母藺氏患有精神病。因此，她十歲的時候就開始操持家務，知道世事的複雜和生活的艱辛。

馬氏有四個哥哥，兩個姐姐。她小時候經常害病。算命先生給她算過命，驚呼說：「此女雖有患狀而當大貴，兆不可言也。」家裡人不信，另找人給她相面，結論是：「我必為此女稱臣！」

算命、相面只能給人一種精神寄託和安慰。馬氏十餘歲時面臨的情況，實在讓人沮喪。馬援病死疆場，受到政敵的誣陷，死後蒙怨，甚至不能及時安葬。權貴們群起而攻之，馬援的兒女飽受欺凌，過著提心吊膽的日子，不知道會出現什麼樣的不測風雲。

這年，朝廷下令爲太子、諸王選妃。馬氏的從兄馬嚴出於義憤，斷然給光武帝上書，說：「馬援有三女，大者十五歲，中者十四歲，小者十三歲。儀狀髮膚，中等以上。皆孝順小心，婉靜有禮。她們若能應選入宮，馬援不朽於黃泉矣！」

光武帝念及馬援所建立的功勛，派人考察馬氏三姐妹。結果，「小者十三」的馬氏，以出色的容貌和過人的聰穎中選。

馬氏應召入宮，先侍奉陰皇后，恭敬謹慎，端莊沉穩。劉莊已被立爲皇太子，每天都向陰皇后請安，非常喜歡馬氏的爲人。於是，陰皇后拍板，馬氏成了太子妃。劉莊即皇帝位，馬氏被封爲貴人。

漢明帝劉莊當然還有其他嬪妃，其中賈姬已生子劉炟（炟，讀達）。漢明帝非常愛幸馬貴人，所以決定將劉炟交給她撫養。他告訴馬貴人說：「女人不一定都要自己生子，撫養他人的兒子也是一樣的。」馬貴人牢記皇帝的話，精心撫育劉炟，視如親生。因此，劉炟敬愛馬貴人，母子間建立了深厚的感情。

馬貴人自幼飽讀詩書，熟悉古代帝王和后妃的故事。她知道，帝王貪戀美色永遠不會滿足，不應指望他們會有什麼專一的愛情。所以，她一反后妃爭寵奪愛的通病，常以「皇嗣未廣」爲由，建議皇帝更多地寵幸其他嬪妃。她的通情達理和寬宏大度，深得漢明帝好感，其他嬪妃也由衷地對她表示感激和欽佩。因而，馬貴人以廣有人緣著稱，婉靜賢明，德冠後宮，很快被立爲皇后。

馬皇后既正宮闈，愈加謙肅，並以自己的言行舉止影響和感化皇帝。漢明帝心胸比較狹窄，性情急躁，好用刑罰，受株連者甚廣。馬皇后從不直接指責皇帝，而是在他心情好的時候，婉言相勸，說痛處，常常潸然落淚。漢明帝有所感悟，「夜起彷徨，爲思所納」。朝廷一些難以斷決的大事，漢明帝只要告訴皇后，她總能「分解趣理，各得其所」。因此，漢明帝認定，自己能有這樣一位「賢內助」，實是一種幸運一種福氣。

馬皇后在生活上也是深居簡出，力戒浮華。她常穿一件大練衣服，裙子不繡花邊。每月初一和十五，眾嬪妃按例要向皇后請安。她們見皇后衣服簡陋，幾乎不戴首飾，暗暗發笑。馬皇后坦然地說：「人分三六九等，重要的在內心而不在外表。我的衣服都是雜繒做的，這種雜繒雖然粗糙，但容易染色，適用著哩！」眾嬪妃聽了她的話，肅然起敬，自愧不如。

一次，漢明帝帶領后妃們去畫館觀看古人的畫像。漢明帝看到舜帝身旁有娥皇和女英二妃陪侍，不禁心血來潮，開玩笑地說：「舜帝眞有艷福。若有娥皇和女英那樣的美人陪侍朕，那該多開心哪！」馬皇后笑而未答。接著來到堯帝的畫像前，馬皇后說：「堯帝眞是偉大。難怪歷朝歷代的官吏和百姓，都想讓他們的帝王都能像堯帝那樣呢！」

漢明帝聽出了皇后話裡的寓意，滿臉通紅，很不好意思。由此，漢明帝更加敬重馬皇后，「寵敬日隆，始終無衰」。

西元七十五年，漢明帝駕崩。太子劉炟繼位，是爲東漢章帝。馬皇后成爲皇太后，身分更加尊貴。一些利祿之徒爭相逢迎，主張給馬太后的兄弟賜爵封侯。馬太后堅決反對，一針見血地說：「凡持這種主張的人都是爲了獻媚，以便從中撈到好處。」並說：「我爲天下母，而身服粗衣，食不求甘，左右侍從也只穿帛衣，不用香薰之飾。我這樣做，是爲了給國人做個樣子啊！我的兄弟不能因爲我而享有特權。」

建初四年（西元七十九年），漢章帝背著馬太后，硬封三個舅舅馬廖、馬防、馬光爲列侯。馬氏兄弟知道馬太后的脾氣和秉性，堅辭不受。漢章帝無法，改封諸舅爲空有爵號而無食邑的關內侯。即便如此，馬太后也不同意。她語重心長地說：「聖人教化，方法不同，這是因爲人的性情、志趣不同的緣故。我年輕時，只羡慕竹帛，做什麼事都拼著命。現在老了，但仍日夜警惕，居不求安，食不念飽。希望永遠這樣，以不負先帝。所以，我總是開導兄弟，要堅持操守，不至於瞑目之日，有所遺恨。」

這番肺腑之言，使漢章帝和馬氏兄弟內心受到強烈的震撼。馬廖等受封關內侯以後，退職歸家，老老實實地當了平民。

漢明帝死後，馬太后親自撰寫《顯宗（即漢明帝）起居注》，書中有意不寫外戚的功勞。其兄馬防在漢明帝生病的時候，曾日夜侍候，精心料理，參與醫藥等事。但馬太后在書中隻字未提。漢章帝說：「舅舅侍奉先帝，時間長達一年，起居注不記一筆，怕是說不過去吧！」馬太后說：「我不想讓後世知道先帝寵信外戚，所以不寫。」

封爵不要，有功不錄。在封建時代，能做到這一點，那是很不容易的。

建初四年（西元七十九年），馬太后患病，臥床不起。病間，她不信巫祝庸醫，嚴禁替自己禱告和祭祀天地。六月病卒，終年四十歲。她是一位賢德的皇后，恭儉，開通，豁達，所以向被認爲是封建后妃的楷模之一。

東漢章帝竇皇后

設計圈套，嫉妒殺人

東漢章帝劉炟的皇后竇氏，扶風平陵（今陝西咸陽西北）人。她出身名門，曾祖父竇融是東漢的開國功臣之一。竇融的兒子竇穆，竇穆的兒子竇勛。竇勛尚光武帝的孫女沘（沘，讀作比）陽公主，竇氏就是竇勛和沘陽公主的女兒。當竇氏幼年的時候，祖父和父親皆獲罪死，家境艱難。

竇氏天資聰穎，六歲能書，人皆奇之。十多歲時，長得婷婷玉立，婉約端莊，見者無不驚羨。她還有個妹妹，也很嬌艷嫵媚。建初二年（西元七十七年），朝廷選美，竇氏姐妹同時進入皇宮，進止有序，風容甚盛。馬太后予以召見，非常喜歡，竇氏姐妹因此「稱譽日聞」。建初三年（西元七十八年），漢章帝經馬太后同意，將竇氏姐姐立爲皇后，妹妹封爲貴人。

竇皇后「性敏給，傾心承接」，很快獲得漢章帝的歡心，大受寵幸，專固後宮。但是，她得寵數年，卻一直沒生兒子，這犯了皇后之大忌。漢章帝另外還寵幸宋貴人和梁貴人，宋貴人生子劉慶，梁貴人生子劉肇，劉慶被立爲太子。宋、梁貴人均有兒子，竇皇后大爲嫉妒，擔心自己總會有失寵的一天。因此，她在母親沘陽公主的支持下，設置圈套，陷害她心目中的敵人。

竇皇后首先對付宋貴人。她在宋貴人身邊安插了自己的親信，偵伺宋貴人的過失。一次，宋貴人給家中人寫信，讓送一隻兔子來，供她餵養解悶。竇皇后抓住這件事大做文章，一口咬定宋貴人在皇宮裡養兔，意在搞「巫蠱」，詛咒皇帝以及皇帝親愛的人。漢章帝開始並不介意，怎奈竇皇后日夜讒陷，不由他不信。他漸漸地疏遠和冷淡了宋貴人，宋貴人由此產生怨恨，彼此間的隔閡愈來愈深。建初七年（西元八十二年），漢章帝一道詔書，命將宋貴人打入冷宮，並以「失惑無常，恐襲其母凶惡之風」爲由，將太子劉慶廢爲清河王。宋貴人受了侮辱，又羞又惱，飲鴆自殺。

劉慶既廢，劉肇成爲太子。竇皇后容不得別人的兒子成爲太子，又將毒手伸向劉肇的生母梁貴人。建初八年（西元八十三年），她卑劣地命人作「飛書」（匿名信），誣衊梁貴人的父親梁竦居心不軌，企圖謀反，致使梁竦無辜被誅殺，家屬徙邊。這樣，梁貴人就成了罪女，漢章帝很難再對她寵幸如初。梁貴人憂鬱氣憤，很快斃命。

竇皇后採用非常手段，置了敵人於死地，從此「宮房惵息，后愛日隆」，她完全把持了和主宰著後宮的一切。

西元八十八年，漢章帝駕崩。太子劉肇繼位，是爲東漢和帝，時年十歲。竇皇后升任皇太后，臨朝稱制，開東漢后妃干政之先河。后妃干政，必用外戚。竇太后的兄弟竇憲、竇篤、竇景、竇環等俱封高官顯爵，掌握了朝廷的軍政大權。永元四年（西元九十二年），竇氏外戚密謀叛亂，奪取最高權力。漢和帝利用宦官的力量，先發制人，盡誅竇氏外戚。五年後，竇太后也一命嗚呼。

竇太后的靈柩未及安葬，梁貴人的姐姐梁嫕（嫕，讀作意）上書漢和帝，陳述梁貴人冤死之情，激起朝臣們的強烈義憤。太尉張酺、司徒劉方、司空張奮等聯名上書，要求削奪竇太后的尊號，不令與漢章帝合葬。其他官員也紛紛上書，支持這個意見。但是，漢和帝生性柔弱，不想把事情做得太絕，頒詔說：「竇氏雖不遵法度，但太后沒有什麼大錯。」他還是舉行了隆重的葬禮，將竇太后葬於漢章帝的敬陵（今河南洛陽東南）。作爲對生母的報答，他追謚梁貴人爲恭懷皇后，並重新安葬，以慰亡靈。

鄧綏

以獨特方式征服了皇帝

東漢自有了漢章帝竇皇后臨朝決事的先例，緊步其後塵者不乏其人。漢和帝劉肇的鄧皇后便是其中的一個。

漢和帝登基時十歲，朝政大權實際上掌握在竇氏外戚手裡。永元四年（西元九十二年），漢和帝從掖庭中選擇一位陰姓女子，封作貴人。陰貴人是光武帝皇后陰麗華哥哥陰識的曾孫女，姿色婉麗，生性聰慧，很受漢和帝的寵愛。四年後，她被立爲皇后。

陰氏從貴人到皇后，基本上是無阻無攔，一帆風順。然而，隨著另一個美人鄧綏的到來，她很快失寵，進而被廢，落了個悲慘的結局。

鄧綏是東漢初太傅鄧禹的孫女，自小聰明伶俐。一次，她的祖母太傅夫人給她剪髮，剪刀誤傷其後頸，非常疼痛。但她卻忍住眼淚，硬是不吭聲。左右侍女說：「既然疼痛，你該喊叫呀！」鄧綏說：「祖母奶奶愛我才給我剪髮，我一喊叫，豈不傷了老人家的心嗎？」

看！她多能體貼老人哪！

鄧綏六歲時能讀史書，十二歲時通曉《詩經》《論語》等典籍。她的母親教訓她說：「你一個女孩家，不習女工，專好讀書，難道想當博士不成？」因此，全家人都戲謔地稱她爲「博士」或「諸生」。她的父親鄧訓賞識女兒的才學，經常和她討論一些問題。她呢？每每引經據典，無不說得頭頭是道。

就在陰氏被封作貴人的那一年，鄧綏也被選進皇宮。適逢父親鄧訓病故，她不得不推遲入宮時間，居家服喪，晝夜號泣，終日不食，致使花容月貌變得十分憔悴。守喪三年，鄧綏十五歲，再次應選入宮。這時，她已恢復了常態，天姿國色，嬌美鮮麗。漢和帝喜愛這個美人，次年即封她爲貴人。

鄧綏不僅姿色出眾，而且心計過人。她對陰皇后恭肅謙敬，言行有度；對普通宮人平等相待，皆加恩惜。每當宴會之際，眾嬪妃競自修飾，打扮得花枝招展，珠光寶氣。唯獨鄧綏穿平常衣服，戴普通首飾，淡淡梳妝，秀雅樸素。皇帝問事，她總是推讓，不敢先於陰皇后發表意見。一旦說話，必有精采獨到之處。因此，漢和帝格外喜歡鄧綏，曾感嘆地說：「修德之勞，乃如是乎！」

鄧綏以獨特的方式征服了皇帝，征服了後宮。大家異口同聲地稱讚她的德行，議論說：「鄧貴人總有一天會當皇后，母儀天下。不信？那就走著瞧！」

陰皇后面對一個強大的競爭對手，深深地感到了威脅。她一時驚慌失措，不知該怎樣應付。爲了保住皇后的地位，她只能求助神靈，竟與外祖母鄧朱一起，搞起了「巫蠱」，詛咒鄧貴人。一次，漢和帝生病，而且病得不輕。陰皇后幸災樂禍，私下對人說：「好！皇帝生病，她鄧綏就難得生兒子。她生不了兒子，就不能成爲皇后。這，眞是老天保佑啊！」

鄧貴人人緣極好，陰皇后的話很快傳到她的耳中。她見漢和帝，流著淚委屈地說：「臣妾竭誠盡力以事皇后，竟然不被理解，反而受到咒罵。這樣下去，臣妾還能待在宮裡嗎？乾脆一死算了！」說著，假意就要尋死。漢和帝命人阻止，好言撫慰，風波得以平息。

漢和帝的病並無大礙，很快就痊癒了。永元十四年（西元一〇二年），陰皇后作「巫蠱」之事被人揭露出來。漢和帝大怒，命人從嚴查究。結果，鄧朱被斬首。陰皇后被廢去皇后名號，打入冷宮。整個陰氏外戚受到株連，有人死於獄中，有人遠徙邊地。陰氏宗族裡凡當官者，皆罷職回歸田里。

陰皇后既廢，當然還得立新皇后。漢和帝頒詔說：「皇后之尊，與朕同體，承宗廟，母天下，豈易哉！唯鄧貴人德冠後庭，乃可當之。」鄧貴人雖然辭讓再三，但還是當上了皇后。

鄧皇后初立，德行頗佳。當時，各方國向朝廷進貢，競上珍玩之物成爲時尚，耗費巨大。鄧皇后認爲奢侈之風有害無利，悉令禁止，改爲適當進貢一些紙墨即可。漢和帝主張重封鄧氏外戚。鄧皇后表示反對，說：「外戚封賞，寧缺勿濫。」所以在漢和帝朝，除了鄧皇后之兄鄧騭（騭，讀作質）官虎賁中郎將外，鄧氏外戚其他成員均任一般官職，並不顯達。

鄧綏當了兩年皇后，漢和帝駕崩。漢和帝長子劉勝患病，鄧綏只能擁立出生三個多月的皇子劉隆繼位，自己以皇太后身分臨朝稱制。這時，她深感不依靠外戚的力量難以駕馭時局，故而提拔鄧騭爲車騎將軍，其他兄弟鄧京、鄧悝、鄧弘、鄧閶等也得到重用，鄧氏外戚一下子顯赫起來。

鄧太后臨朝期間，頒布過一道詔書，說：「皇帝年幼，承統鴻業，我姑且暫時佐助德政。要知道，治國之本，道化在前，刑罰在後。」爲此，她命赦免了大批囚犯，遣散了許多掖庭宮人，使其恢復平民的生活。漢和帝在世時寵幸過周貴人和馮貴人等，她對她們相當寬容，給予了豐厚的賞賜。

鄧太后在處理一些繁難問題時，頭腦冷靜，方法得宜。一次，宮中失竊，大量珠寶丟失，價值連城。許多人主張由刑部出面追查，懲治罪犯。鄧太后擔心株連無辜，不予同意，只主張用「親閱宮人，觀察顏色」的辦法，造成一種心理壓力，促使盜竊珠寶的人投案自首。漢和帝的親侍吉成，被人告發搞了「巫蠱」，詛咒皇帝，被下獄審訊。鄧太后以爲，吉成侍候皇帝，一貫忠誠，沒有作案的動機。於是，她親自召來吉成和告發人，讓他們當面對質。結果弄清了事情的眞相，吉成受人陷害，無罪；告發人純屬誣告，受到了應有的懲罰。

這兩件事的處理，大大提高了鄧太后的威信。宮中之人無不嘆服，以爲神明。

劉隆只當了八個多月的皇帝就死了。鄧太后和鄧騭經過商量，決定擁立漢章帝的孫子、清河王劉慶的兒子劉祜爲皇帝，是爲東漢安帝。漢安帝時年十三歲，鄧綏仍以皇太后身分臨朝決事。

漢安帝在位期間，鄧太后對於外戚的態度，思想上是矛盾的。她曾頒詔告訴大臣們說：「每覽前代外戚，假借威權的大有人在，甚至濁亂奉公，禍害國人。這是執法懈怠造成的，不足仿效。今車騎將軍鄧騭等雖懷敬順之志，而宗門廣大，姻親不少，賓客奸猾，多於禁憲。所以，一定要明加檢敕，勿相容護。」總結外戚之患，她似乎公正賢明；然而在實際中，她又行不由衷。永初二年（西元一〇八年），鄧騭征伐西羌打了敗仗，非但沒有降職，反而升任大將軍。鄧騭諸弟也不斷升遷，把持了朝廷的各重要部門。鄧氏外戚，一時光震都鄙（京城）。

鄧氏外戚顯貴薰灼，鄧太后既感到高興，又感到擔憂。她曾對從兄鄧豹、鄧康說：「今世貴戚食祿之家，溫衣美飯，乘堅驅良，而面牆術學，不識臧否（否，讀作痞；臧否，好壞），斯故禍敗所從來也。」鄧氏家族後來的毀滅，驗證了鄧太后的這個預見。

永寧二年（西元一二一年），鄧太后在位二十年後病卒，終年四十一歲。同年，漢安帝依靠宦官的力量，將以鄧騭爲首的鄧氏外戚全部誅滅。

閻姬

嫉妒狠毒，貪權戀勢

西元一〇六年，十三歲的劉祜當了皇帝，是爲東漢安帝。八年後，漢安帝從掖庭中挑選一位美女，封爲貴人，甚是寵愛，未滿一年，即立她爲皇后。

這位皇后叫閻姬，滎陽（今河南滎陽）人，出生於官宦世家，生性刁鑽。她成爲皇后後，專房固寵，容不得皇帝另有所愛。漢安帝原先寵幸一個李姬，並生了皇子劉保。閻皇后出於嫉妒，視李姬和劉保爲眼中釘肉中刺，必欲除之而心安。爲此，她買通宮中宦官，神不知鬼不覺地將李姬鴆殺了。漢安帝只當李姬病死，絲毫也沒有懷疑是皇后下了毒手。

永寧元年（西元一二〇年），漢安帝立劉保爲太子。閻皇后深知劉保當太子意味著什麼，所以處心積慮地設法構陷太子。宮廷鬥爭靠實力靠陰謀。閻皇后撒嬌耍潑，硬讓漢安帝重封重賞閻氏外戚。她的父親官侍中，封北宜春侯。父死，她的哥哥閻顯嗣襲爵位。閻顯及其弟弟閻景、閻耀、閻晏並爲卿校，典禁軍，掌握了皇家衛隊的領導權。她的幾個侄兒當時只有七八歲，也都當上了黃門侍郎。

延光元年（西元一二二年），閻皇后和諸兄弟秘密謀劃，勾結大長秋江京、中常侍樊豐等人，惡意中傷，詆毀劉保，把他說得一無是處。漢安帝稀里糊塗，不辨眞假，皇后說什麼，他就信什麼。於是宣布廢去劉保的太子名號，貶爲濟陰王。

閻皇后不費吹灰之力，就除去了李姬和劉保，滿心喜悅，好不舒坦。延光四年（西元一二五年）春天，漢安帝外出巡幸，閻皇后等隨行。途中經過葉縣（今河南葉縣南），漢安帝突然得病，什麼事情也沒有安排，竟嗚呼哀哉。

漢安帝猝死，出乎所有人的意外。閻皇后顧不上悲痛，首先想到的是權力，是誰來繼承皇位。她和閻顯諸兄弟及江京、樊豐等緊急磋商，認爲無論如何不能發喪。因爲皇帝駕崩在外，京城的官員若得知消息，搶立劉保爲皇帝，那樣就會相當被動。他們想到秦始皇死後的情況，仿效而行，秘不發喪，車載皇帝屍體，只說皇帝患病，快馬加鞭，馳回洛陽。回到洛陽的第二天，他們才告天請命，宣稱皇帝幾天前就駕崩了。

國不可一日無君。閻皇后主持選立新皇帝。漢安帝只有一個兒子劉保，那是閻皇后最痛恨最仇視的人，當然不能立爲皇帝。更何爲閻皇后一心想效法前朝的竇皇后和鄧皇后，也能臨朝稱制，發號施令哩！她和閻顯等選來選去，最終選定漢章帝的孫子、北鄉侯劉懿，擁立此人當了皇帝，是爲東漢少帝。

劉懿年幼，不懂世事。閻皇后被尊爲皇太后，臨朝稱制，實現了孜孜追求的夙願，東漢文學家蔡邕的《獨斷》記述當朝政的情況：「少帝即位，太后即代攝政，臨前殿，朝群臣。太后東面，少帝西面。群臣奏事上書，皆爲兩通，一詣太后，一詣少帝。」閻太后的地位和皇帝沒有什麼兩樣，她喜得心花怒放，樂不可支。

閻太后臨朝，閻氏外戚紅得發紫。閻顯官大將軍，閻景官衛尉，閻耀官城門校尉，閻晏官執金吾，兄弟權要，氣焰薰灼。他們招降納叛，結黨營私，排斥異己，殺戮忠良，製造了無數冤假錯案，整個朝廷被搞得烏煙瘴氣。

誰知好景不長，劉懿在位僅二百多天就死了。閻太后面對這突如其來的變故，一時亂了手腳。下一步該怎麼辦？到底立誰爲皇帝？她一面故技重演，秘不發喪，一面趕緊和閻顯、江京、樊豐等密商，準備在劉氏宗室裡另尋一個幼兒立爲皇帝。只有這樣，閻太后才能繼續臨朝稱制。

然而，這只是一廂情願的如意算盤。就在閻太后等密謀的時候，中常侍孫程等十九名宦官，以迅雷不及掩耳之勢，發動宮廷政變，殺死閻氏兄弟及江京、樊豐之輩，擁立濟陰王劉保當了皇帝。劉保即東漢順帝。

漢順帝登基，閻太后的命運可想而知。她被打入冷宮，昔日的氣勢、威風蕩然無存。閻氏外戚盡被誅殺，她成了道道地地的孤家寡人。得勢的顯赫和失勢的冷落形成強烈的反差。她又氣又恨，一年後無聲無息地死去。

梁妠

一年多立了三個小皇帝

西元一二五年，漢順帝劉保登上皇位的時候，只有十一歲。三年後，他從掖庭中選擇兩個美女，封作貴人。這兩個貴人均是乘氏侯梁商的親人，一是其妹，一是其女。也就是說，梁氏姑侄二人同時成爲漢順帝的嬪妃。

梁商的女兒叫梁妠（妠，讀作納），自幼聰慧，善女工，好讀書，九歲時能背誦《論語》等典籍。她崇尚歷史上的烈女，曾將她們畫像，置於閨房，以作爲學習的榜樣。

梁妠十三歲的時候，因其美貌和姑姑一起被選進皇宮。方士茅通善於相面，見了梁妠，驚拜在地，說：「此女所謂日角偃月，相之極貴，臣所未嘗見也。」太史爲之占卜，亦是大吉大利。鑒於此，漢順帝毫不猶豫地封了梁妠爲貴人，特別寵愛。陽嘉元年（西元一三二年），漢順帝立這位梁貴人爲皇后。梁商因此升任大將軍，輔佐妹夫加女婿的皇帝

論容貌、才學和人品，梁妠正位宮闈，當之無愧。她成爲皇后後，頭腦比較清醒，律己

頗嚴。梁商也算本分，人稱「良弼」。然而，梁商的兒子、梁皇后的哥哥梁冀卻是個厲害角色，暴恣非法，唯恐天下不亂。他長相醜陋，先天口吃，曾官河南尹，無惡不作。永和元年（西元一四一年），梁商死，梁冀升任大將軍，梁冀的弟弟梁不疑接任河南尹，梁氏兄弟開始把持了朝政。

西元一四四年八月，三十歲的漢順帝突然病死。梁皇后無子，她只能立虞美人所生的兒子劉炳爲皇帝，是爲東漢沖帝。漢沖帝時年兩歲，梁皇后以皇太后身分臨朝稱制。漢沖帝短命，在位五個月患病夭折。梁太后與梁冀謀劃，在劉氏宗室裡挑選了劉纘爲皇帝，是爲東漢質帝。漢質帝時年八歲，梁太后依然臨朝稱制。漢質帝年齡雖小，秉性卻很聰慧，不滿梁冀專橫跋扈。一天在朝堂上，當著文武百官的面，他指著梁冀說：「此跋扈將軍也！」

梁冀正大紅大紫，怎能容得小皇帝這樣無禮？他氣急敗壞，派人在煮餅中下毒，凶狠地將漢質帝毒死。西元一四六年六月，梁太后和梁冀再次謀劃，又立了個十五歲的劉志爲皇帝，是爲東漢桓帝。

一年多時間內，東漢走馬燈似的換了三個小皇帝。他們都是梁太后和梁冀定策禁中，擅自選立的。他們這樣做，目的只有一個，即由梁太后臨朝聽政，由梁冀掌握實權，從而爲梁氏外戚謀取最大的利益。

和平元年（西元一五〇年），三度臨朝的梁太后患了重病，不得不宣布歸政於漢桓帝。病中，她將漢恆帝、梁冀和朝廷大臣叫到一起，頒詔說：「朕私自忖度，身體一天不如一天，恐怕再不能和公卿們共事了。今以皇帝和大將軍兄弟託付給各位，望各位自勉之。」這裡，她把皇帝和梁冀兄弟看得同等重要，希望能夠得到大臣們的鼎力支持。兩天後，梁太后離開人世，死年四十五歲。

漢桓帝親政，梁冀專權，絲毫不加收斂，甚至派人暗殺漢桓帝的岳母。漢桓帝忍無可忍，於延熹二年（西元一五九年）聯絡宦官單超等，發動羽林軍一千多人，趁其不備，突然包圍梁冀的府邸，收取了梁冀的大將軍印綬。梁冀自知作惡太多，難逃一死，畏罪自殺。梁冀黨徒三百餘人及梁氏外戚數十人伏誅。此舉使「官府市里鼎沸，數日乃定，百姓莫不稱慶」。

梁妠生前想過會有這樣的結局嗎？她若地下有知，又該如何評價自己的功過呢？

梁女瑩、鄧猛女、竇妙

爭風吃醋，鬱悶而死

西元一四六年，漢桓帝劉志由梁太后和梁冀扶持，登上了皇位。此人在位二十一年，荒淫腐朽，縱情聲色，博采宮女至五六千人。他先後立過三位皇后，三個皇后都愛爭風吃醋，都是鬱悶而死，有著驚人的相似之處。

第一個皇后姓梁名女瑩，是梁太后和梁冀的妹妹，建和元年（西元一四七年）被立爲皇后，僅聘禮就花了黃金二萬斤。從她的身分可想而知，她成爲皇后是梁太后和梁冀一手促成的，漢桓帝沒有自主的餘地。她正位宮闈以後，依仗哥哥和姐姐作靠山，把皇帝占爲私有，專房獨寵，不允許漢桓帝臨幸其他嬪妃。而且生活非常奢侈，宮幄形麗，服御珍華，巧飾制度，兼倍前世。她和姐姐梁太后一樣，婚後長期不能懷孕生子。因此，漢桓帝對她敬而遠之，既不親熱，也不冷淡，暗地裡和其他嬪妃倒很火熱。嬪妃中有人懷了孕。梁皇后嫉妒憤恨，發現懷孕的嬪妃，一律加以殺害，鮮得全者。

梁皇后物質生活極端富裕，精神生活卻很貧乏。漢桓帝長大成人，憎恨梁氏外戚，逐漸地疏遠了梁皇后。梁皇后是在溫室裡生長的一株嫩苗，經不起風霜雨雪。延熹二年（西元一五九年），她因爭風吃醋而失寵，進而害病，鬱悶而死。一個月後，梁氏外戚遭到了毀滅性的打擊。

漢桓帝的第二個皇后叫鄧猛女，是漢和帝皇后鄧綏侄兒鄧香的女兒。鄧猛女早年喪父，母親改嫁梁紀，她隨之改姓梁。梁紀又是梁冀之妻孫壽的舅舅，孫壽見舅舅庶女長得鮮麗嬌媚，遂鼓動梁紀將她獻進皇宮當采女。漢桓帝喜愛這個采女，大加寵幸。梁女瑩死，梁氏外戚覆滅，漢桓帝立即將她立爲皇后，命其改姓薄。不久，有司奏明，皇后本是鄧香之女。漢桓帝說：「好啊！」於是，皇后恢復本姓——鄧。

鄧猛女成爲皇后，死去的父親被追封爲侯，其弟及鄧氏宗族數十人皆入朝爲官。這位鄧皇后和已死的梁皇后一樣，恃尊驕忌，爭風吃醋，缺少母儀風範。漢桓帝還寵幸郭貴人。鄧皇后視郭貴人爲情敵，肆意詆毀；郭貴人視鄧皇后爲仇寇，竭力讒陷。兩個女人明爭暗鬥，各不相讓，把個後宮攪得亂七八糟。漢桓帝非常惱火，延熹八年（西元一六五年），他不得不把鄧皇后廢了，將她打入冷宮。鄧皇后又氣又恨，鬱悶而死。

鄧皇后被廢，漢桓帝又立了第三個皇后竇妙。竇妙出身於官宦世家，姿色平平。漢桓帝雖然立她爲皇后，但卻不寵愛，使之徒有皇后的名號而已。漢桓帝真正寵愛的是田聖等采女，他和她們打情罵俏，淫樂無度。永康元年（西元一六七年），漢桓帝生病，一次就將田聖等九名采女全部封爲貴人。接著絕命，遺留下了無數的深宮怨女。

漢桓帝駕崩，十二歲的漢靈帝劉宏繼位。竇皇后成爲皇太后，臨朝稱制。竇太后也是個爭風吃醋的主兒，早對田聖等恨得咬牙切齒。當漢桓帝的靈柩尚未安葬時，她迫不及待地下令，將田聖殺死。她進而要殺害漢桓帝寵幸過的所有嬪妃，以解心頭之恨。中常侍管霸、蘇康等苦苦相勸，那些嬪妃算是暫時保住了性命。

竇妙當了皇太后，同樣要依靠外戚的力量來維持統治。她任用父親竇武爲大將軍，掌握了朝政大權。竇武爲了鏟除異己，誅滅宦官，結果反被宦官殺害，滅族。宦官們容不得竇太后人五人六，發號施令，將她遷居洛陽南宮的雲臺。熹平元年（西元一七二年），竇太后亦鬱悶而死。

漢靈帝何皇后

鴆殺王美人，自己亦被鴆殺

西元一六七年，漢桓帝劉志駕崩，無子。皇太后竇妙、大將軍竇武一手敲定，立了漢章帝玄孫、解瀆侯劉宏爲皇帝，是爲東漢靈帝。漢靈帝時年十二歲，三年後大婚，選中一個姓宋的美女，封爲貴人。次年，宋貴人被立爲皇后。

宋皇后，扶風平陵（今陝西咸陽西北）人，忠厚老實，古板正經，除了饒有幾分姿色以外，其他方面沒有贏人之處。所以，她成爲皇后後，只是個擺設，得不到皇帝的寵愛。漢靈帝荒淫好色，喜歡風流輕佻的女人。一群宮姬投其所好，賣弄風騷，故而深得漢靈帝的歡心。那些宮姬恃寵弄勢，競相讒毀皇后。致使宋皇后成了眾人攻擊和嘲笑的對象，沒有一點兒威信。

漢靈帝在位期間，宦官的勢力非常強大。其中，中常侍王甫尤爲陰險。宋皇后的姑母是渤海王劉悝的王妃。王甫曾經誣告劉悝結黨營私，覬覦皇位。結果，劉悝自殺，其妃亦冤死於獄中。王甫做賊心虛，時時擔心事情暴露，宋皇后會治他的誣告之罪。他爲了自保，遂和太中大夫程阿串通一氣，共構宋皇后在宮中搞「巫蠱」，詛咒皇帝。這本來是莫須有的罪名，但漢靈帝因爲不愛宋皇后，所以來了個順水推舟，既不詢問，也不調查，頒詔宣布廢黜宋皇后，並將她打入冷宮。宋皇后一肚子的冤屈和苦衷，無法申辯，很快憂死。她的父親和兄弟均受到株連，盡被殺害。

光和三年（西元一八〇年），漢靈帝又立了個何皇后。何皇后出身屠戶，屬於社會下層人物。她的父親何眞神通廣大，以重金賄賂朝廷選美的官員，硬是讓女兒進了皇宮。何眞再使手段，竟然讓女兒成了漢靈帝的貴人。何貴人得寵，生了兒子劉辯。這樣一來，她的身價大增，所以被立爲皇后。

何皇后生性刁鑾，凶悍頑劣，後宮莫不震懾。漢靈帝另外還寵幸王美人，王美人已懷身孕。何皇后出於嫉妒，放出話來，王美人若生下兒子，她就要王美人母子的命。王美人畏懼何皇后的淫威，不得不服藥打胎。大概是藥量不足的緣故，打胎未果。光和四年（西元一八一年），王美人還是生下了兒子劉協。何皇后氣壞了，說話算話，凶惡地鴆殺了王美人。至於劉協，她想下手殺害，卻苦於沒有機會。

王美人出身於官宦之家。祖父王苞當過中郎將，父親王勉官至侍中。王美人不僅身材苗條，姿色出眾，而且聰明伶俐，擅長書法。漢靈帝得知她被何皇后鴆殺，不由勃然大怒，說：「這個悍婦，怎敢殺朕美人？」他決定廢黜何皇后。怎奈何皇后早已買通宦官，宦官們異口同聲地爲她求情，反說了王美人的許多不是。漢靈帝受群小包圍，只得作罷。他可憐劉協自幼失母，格外思念王美人。爲此，特作了《追德賦》和《令儀頌》，表達和寄託自己的哀思。

西元一八九年四月，漢靈帝病死。劉辯繼位，是爲東漢少帝。何皇后被尊爲皇太后，臨朝稱制。何太后無德無才，只能重用何氏外戚。這時，何眞已死，何太后的哥哥何進升任大將軍，掌握了朝政大權。何進也沒有什麼本事，自不量力，謀求誅殺宦官。宦官先發制人，輕而易舉地殺了何進。司隸校尉袁紹發兵誅殺宦官，死者達二千餘人。何太后的母親舞陽君及弟弟何苗等均被亂軍殺害。九月，河西豪爲董卓趁機率兵開進洛陽，廢漢少帝爲弘農王，改立劉協爲皇帝，是爲東漢獻帝。當劉辯被廢黜走下朝殿的時候，「太后鯁涕，群臣含悲，莫敢言」。

董卓掌權，凌虐朝廷，絕不會憐憫和姑息何太后。他將她打入永樂宮，遷徙永安宮，接著將她鴆殺。這個屠戶出身的皇后和太后，當初鴆殺了王美人，到頭來自己也落了個被鴆殺的結局，豈非報應？

伏壽和曹節

心向漢朝，回天無力

東漢獻帝劉協在位期間，東漢名存實亡。各地軍閥割據，豪強兼併，都想「挾天子以令諸侯」。漢獻帝只是軍閥、豪強爭奪和玩弄的棋子而已，沒有任何威儀。

漢獻帝即位時只有九歲。初平元年（西元一九〇年），董卓將他挾持，從洛陽西遷長安。這時，董卓從掖庭中選了個美人叫伏壽，作爲漢獻帝的貴人。

伏壽，琅玡東武（今山東諸城）人，出身於官宦世家。先祖伏湛當過大司徒。父親伏完官侍中，襲爵不其侯；母親是漢桓帝的女兒，封陽安公主。

興平二年（西元一九五年）漢獻帝十五歲，伏壽被立爲皇后。這時，董卓已被王允、呂布殺死，漢獻帝被控制在董卓部將李傕、郭汜手裡。李傕和郭汜又起內訌，互相攻殺，長安死人以萬計。一些忠於朝廷的官員趁亂護著漢獻帝，逃歸洛陽。途中，漢獻帝東躲西藏，根本顧不了伏皇后。伏皇后只由一名侍女陪同，徒步而行。逃難之時，伏皇后手裡還抱著兩匹細絹，艱難跋涉，走得很慢。衛將軍董承發現這一情況，氣惱地說：「都什麼時候了，還稀罕兩匹細絹？逃不了性命，細絹頂個屁用！」董承命士兵奪了細絹，扔於路邊，催促快逃命。伏皇后和侍女捨不得細絹，堅持要抱著走。士兵以刀以劍相威脅，誤傷了侍女，鮮血濺了伏皇后一身，這才作罷。一路上，伏皇后和侍女沒有吃的，只能採摘山果充饑，好不狼狽。

漢獻帝回到洛陽，騎都尉曹操利用武力，將他劫持，遷都至許（今河南許昌東）。從此，漢獻帝完全被曹操所控制，全無半點自由。曹操後任丞相、魏王，集軍政大權於一身，漢獻帝成了地地道道的傀儡皇帝。漢獻帝除伏皇后外，還寵幸一個董貴人。董貴人之父就是董承。董承不滿曹操專權，暗中聯絡朝臣，謀殺曹操。曹操大怒，殺了董承，進而要殺董貴人。董貴人已懷身孕，漢獻帝爲之求情。曹操不爲所動，硬是將董貴人殺了。

曹操專橫暴戾，伏皇后看得清清楚楚。她內心深感畏懼，悄悄寫信給伏完，懇請父親能爲國家除害，謀殺曹操。伏完勢單力薄，不敢貿然行事。建安十九年（西元二一四年），伏皇后寫信的事情暴露，曹操怒不可遏，威逼漢獻帝廢黜伏皇后。漢獻帝支吾搪塞。曹操遂假托聖旨，說伏皇后「陰懷妒害，包藏禍心，不可以承天命，奉祖宗」，收取其皇后璽綬，繼而派兵捉拿。伏皇后膽戰心驚，命人緊閉宮門，自己藏到宮牆的夾壁裡。曹操的士兵破門而入，搜出伏皇后。伏皇后披頭散髮，赤著雙腳，被人押著，惶恐走過漢獻帝跟前。

她看著丈夫皇帝，淚流滿面，可憐兮兮地說：「不能復相活邪？」

漢獻帝不敢正面看伏皇后一眼，無可奈何地說：「我亦不知命在何時！」

曹操下令，將伏皇后打入冷宮，幽禁致死。伏皇后所生的兩個兒子，皆被鴆殺。伏氏家族成員百餘人坐死。

曹操殺害伏皇后另有緣由，那就是為了他的三個女兒。此前一年，即建安十八年（西元二一三年），曹操為了嚴密控制漢獻帝，不惜將三個女兒曹憲、曹節、曹華，一起送進皇宮，充當漢獻帝的嬪妃。聘禮相當可觀，僅布帛、錦緞就有五萬匹。一個權臣，三個女兒同時成為皇帝的嬪妃，歷史上是不多見的。這表明曹操是把女兒當作政治籌碼，透過她們達到專權攬勢的目的。至於女兒的婚姻是否美滿是否幸福，他是根本不予考慮的。

曹氏三姐妹進宮後，俱封貴人。漢獻帝最喜歡曹節，所以伏皇后死後，曹節被立為皇后。曹操專斷朝政。漢獻帝無所事事，只能待在後宮和后妃們尋歡作樂，渾渾噩噩，得過且過。

轉眼到了元康元年（西元二二〇年），曹操死，其子曹丕任丞相、魏王。十月，曹丕廢漢獻帝為山陽公，自立為帝，改國號為魏，東漢滅亡。曹丕派人向曹節索要漢朝的傳國璽。曹節心裡眷戀漢朝，對於哥哥的要求不予理睬。如此三番五次，曹節非常傷感，手捧傳國璽，看了又看，熱淚縱橫，說：「天不祚爾！」她毫無辦法，只能將傳國璽交出。

曹節失去了皇后名號，改稱山陽公夫人。魏明帝青龍二年（西元二三四年），山陽公劉協死。景初元年（西元二三七年），曹節亦死。

伏壽和曹節，身為皇后，並無惡跡。她們心向漢朝，回天無力，其人其事，帶有一定的悲劇色彩。

魏文帝甄妃

天生麗質，紅顏薄命

東漢末年，著名政治家、軍事家、文學家曹操封魏王，任丞相，並沒有當皇帝。西元二二〇年，曹操死。其子曹丕襲魏王位，任丞相。曹丕不滿足於魏王的名號，遂廢了東漢獻帝，自己稱皇帝，改國號爲魏，定都洛陽，他就是魏文帝。魏文帝追謚曹操爲武皇帝。

魏文帝的嫡妻甄氏，中山無極（今河北定縣）人。甄氏家族曾是一個顯赫的家族，西漢末的甄邯官至太保，是朝廷最有權勢的高官之一。東漢時，這個家族逐漸衰敗，甄氏的父親甄逸只當到上蔡（今河南上蔡）的縣令。甄逸生有三個兒子和四個女兒，其中最小的女兒就是甄氏。甄氏三歲的時候，父親病故，母親張氏含辛茹苦，將幾個兒女撫養成人。

甄氏長得聰明美麗，婉約嫻靜。有個方士給她相面，說：「此女貴不可言！」鑒於此，張氏給予甄氏以嚴格的封建文化教育，使之養成知書識禮，溫柔敦厚，穩重文靜的品格。

一次，街上來了一班雜技藝人，吹吹打打，表演雜技，轟動鄰里。家裡人都擁上閣樓觀看，高聲喝采。唯獨甄氏端坐著繡花，神情專注，旁若無事。兄弟姐妹們喚她上樓看熱鬧。她很嚴肅地說：「雜耍之類，不是女孩兒家應當觀看的。」儼然一副封建淑女的模樣。

甄氏九歲以後，愛上了讀書寫字，常用哥哥的硯臺筆墨。哥哥們戲謔地說：「你呀，當習女工，不當舞文弄墨。讀書作文是我們男人的事，你摻和進來，難道想當女博士不成？」甄氏回答說：「聽說古代賢女，沒有不學前世成敗以爲自己鑒戒的。我不讀書，怎麼會知道古代的事呢？」哥哥們聽了她的話，暗暗欽佩妹妹的志氣和見識。

甄氏十餘歲的時候，天下大亂，連年饑荒，民不聊生。她的母親和哥哥從長遠考慮，趁機變賣部分家產，買進一些金銀珠寶。甄氏反對這樣做，別有見地地說：「亂世不宜積攢寶物，匹夫無事，懷璧有罪。現在，窮苦民眾都在挨餓，我們應當購買糧食賑濟窮人，廣施恩惠，這才是正道。」張氏和兒子覺得她的話很有道理，購買糧食，賑濟災民，因而在當地贏得了美好的名聲。

甄氏十四歲時，二哥甄儼病死。甄氏心地善良，敬重寡嫂，關心侄兒，慈愛甚篤。張氏對於兒媳、孫子管束嚴厲，致使晚輩常有誠惶誠恐之感。甄氏規勸母親說：「哥哥不幸早逝，嫂子年輕守節，拉扯著兒子，內心很苦。母親應當體諒嫂子，待之當如婦，愛之宜如女，讓他們母子感到家的溫暖。」她說得非常動情，以致於淚流滿面，哽咽無聲。張氏大受感動，從此改變了對於兒媳和孫子的態度，還讓甄氏和兒媳一起居住，姑嫂寢坐相隨，恩愛親密，好得就像一個人。

甄氏姿容艷麗，品德賢淑，一時遠近聞名，前來說媒的媒人不絕於門。當時，軍閥袁紹割據、把持著冀州（今河北）一帶。他聽說轄內有甄氏這樣一個品貌超群的姑娘，當即派人替其次子袁熙求婚。袁氏是當地第一豪族，四世三公，權勢薰灼。於是，十七歲的甄氏便成了袁熙的妻子、袁紹的兒媳。甄氏婚後盡力侍奉婆婆劉夫人，孝敬賢慧，因此極受寵愛，婆媳關係至爲融洽。當袁熙出爲幽州刺史時，劉夫人捨不得讓兒媳離開，特意將她留下陪伴自己，住於鄴城（今河北臨漳西南）。

建安五年（西元二〇〇年），爆發了著名的官渡之戰，曹操和袁紹兩大軍閥展開激戰，結果曹操打敗了袁紹。建安七年（西元二〇二年），袁紹吐血而死。袁紹的長子袁潭和少子袁尚之間又起了內訌，互相攻殺。袁熙爲人平庸，面對兄弟內訌，沒有任何作爲。建安九年（西元二〇四年），曹操的大軍圍攻鄴城。八月，鄴城被攻破。袁府中劉夫人和甄氏依偎在一起，驚恐萬狀，哆哆嗦嗦，聽任命運的擺布。

這時，一位青年將領直入袁府內室。甄氏緊緊伏在劉夫人膝上，渾身發抖，不敢抬頭。青年將領說：「劉夫人不必害怕，請這位新人抬起頭來。」劉夫人讓甄氏抬頭。青年將領一見，頓時目瞪口呆，因爲他見到的是一位美若天仙的少婦，由於受了驚嚇，且嬌且憐，顯得格外的妖冶和嫵媚。許久，青年將領才說：「請問她是……」劉氏夫人說：「她是我的兒媳婦，袁熙之妻。」青年將領高興地說：「好哩！我包你們平安無事！」

這位青年將領正是曹操的長子曹丕，時任中郎將。他早就聽說過甄氏的美貌，對袁熙能夠擁有這樣一個美人羨慕不已。如今見甄氏比想像的還要美貌，心裡充滿喜悅和興奮。他立刻去見曹操，提出要娶甄氏爲妻。其實，曹操也早聽說甄氏的美貌，有意納爲姬妾，不想讓兒子捷足先登，快了自己一步。他心甚怏怏，只得順水推舟，答應了曹丕的要求。

這樣，甄氏就從袁熙的妻子變成了曹丕的妻子。曹丕青年英武，各方面的條件遠遠勝過袁熙。甄氏嫁得這樣一個如意郎君，恰也心滿意足。她憑藉封建禮儀的精蘊，使出善解人意的本領，取悅丈夫，孝敬公婆，關愛弟妹，施惠下人，方方面面做得周全而得體，因而曹氏全家都很喜歡這個新成員。

甄氏嫁給曹丕的次年，便生了兒子曹叡，接著又生了一個女兒，後來封東鄉公主。曹操有了孫子，曹丕有了長子，更是歡喜不盡。建安十六年（西元二一一年），曹操西征關中，嫡妻卞夫人等隨行。途中，卞夫人生病，留於孟津（今河南孟津東北）。甄氏擔心婆婆的病情，焦慮憂怖，晝夜涕泣。侍女們告訴她說：「卞夫人病已好轉，不妨事的。」她猶不信，說：「夫人在家，每次生病，總會歷時很久。這次怎麼會很快好轉呢？不對，你們是在騙我！」直到卞夫人親自寫信給她，說身體確已康復，她才有了笑臉。越年，卞夫人回到鄴城。甄氏前去問候請安，悲喜交加。卞夫人深受感動，說：「你眞是個孝順媳婦啊！」

建安二十一年（西元二一六年），曹操東征，卞夫人、曹丕帶著曹叡、東鄉公主隨行，甄氏因病留住鄴城。第二年大軍歸來，卞夫人見甄氏面色紅潤，精神煥發，說：「怪了，媳婦和兒女分別這麼長時間，你難道不想他們嗎？瞧你臉色這樣好，好像沒事兒似的。」甄氏笑著回答說：「我的兒子、女兒有爺爺、奶奶疼著護著，我何用操心？」這話說得非常得體，曹操和卞夫人聽了，很覺受用。

甄氏比曹丕年長五歲，且是再嫁之婦。她受到曹丕的寵愛，除了天生麗質、姿容出眾外，而且有一套撫慰、籠絡曹丕的辦法。她不像有的女人熱衷於爭風吃醋，將丈夫占爲私有。相反，她倒是鼓動曹丕多多寵幸其他的姬妾。她說：「古代帝王子孫茂盛，那是因爲姬妾眾多的緣故。但願夫君廣求淑媛，以豐繼嗣。」她對於曹丕的其他姬妾，抱著一種寬容的態度，從不得罪任何人。曹丕原有一姬任氏，曾經得寵。甄氏走紅後，曹丕莫名其妙地要休掉任氏。甄氏不解緣由，說：「任氏出身望族，容貌和德行都說得過去，夫君爲何要休掉她呢？」曹丕說：「任氏性情狷急，常嫌我心志不專，前後不一，我討厭這種女人。」甄氏聽後，流著淚替任氏求情，說：「妾受敬遇之恩，人所共知。夫君若將任氏趕走，別人會以爲妾心胸狹窄，容不得姐妹。這樣，妾就要上懼見私之譏，下受專寵之議，很難做人。所以，還請夫君三思。」甄氏這番話沒能阻止曹丕休掉任氏，但從中可見甄氏謙和、溫順的氣度。

建安二十二年（西元二一七年），曹操進封爲魏王。其後，圍繞王位繼承人問題，曹操的兒子們展開了激烈的鬥爭。在這場鬥爭中，甄氏沒有全力支持丈夫，這導致了她後來悲慘的結局。

曹操共有二十五個兒子，其中，卞夫人親生的曹丕、曹彰、曹植三兄弟，都有資格繼承王位。三兄弟中，論年齡，曹丕居長；論軍功，曹彰爲最；論才華，曹植出類拔萃。知子者莫若父。曹操根據多年的觀察知道，曹彰乃一介武夫，有將帥之氣概，無治國之才能，難以成爲自己的接班人。而曹丕、曹植，心高志雄，才幹出眾，可當大任。按照封建禮制，曹丕是長子，自當立爲王太子。但曹操偏愛曹植，愛他才華橫溢，文思敏捷，詩名蓋世。當初，曹操在漳河上修建一座銅雀臺，曾命諸兒吟詩作賦，以試其才。曹植出口成章，當場作了膾炙人口的《銅臺賦》，辭藻之華美，文采之飛揚，使得曹丕等相形見絀，望塵莫及。所以，曹操有心立曹植爲太子，但又顧忌禮制和人心，遲遲拿不定主意。

曹操遲遲不立太子，曹丕最感到惱火。他嫉恨弟弟曹植，同時埋怨父親曹操，進而也遷恨於妻子甄氏。他以爲，父親曾經屬意甄氏，自己娶她爲妻，等於是搶奪了父親的心上人，父親能不氣惱？加之，甄氏進了曹家以後，左右逢源，八面玲瓏，對於曹氏兄弟之爭採取不偏不倚的態度，而且還努力周旋和調解，避免使兄弟間的矛盾公開化和尖銳化。這在曹丕看來，簡直不可原諒，自己的妻子不幫自己爭奪王位，那麼她還算是妻子嗎？

曹丕覺得甄氏不是自己爭權的幫手，相反倒可能是個不利因素。因此，他開始冷淡她和疏遠她，另尋紅顏知己。恰有一個郭氏，迎合曹丕的心理，積極支持丈夫爭奪王位。她，很快取代了甄氏在曹丕心目中的地位，深得歡心，大受寵幸。

郭氏，安平廣宗（今河北威縣東）人。爲人陰險，極富心計。她的父親曾經稱讚說：「這是我家女中王。」由此，她的名字便叫郭女王。郭女王成爲曹丕的姬妾，野心很大，一心想當「女中王」。因此，她屢屢替曹丕出謀劃策，討好曹操，陷害曹植，成爲曹丕爭權的得力高參和內助。建安二十二年（西元二一七年），曹操終於作出決定，立曹丕爲王太子。曹丕如願以償，更加器重郭女王。

曹操健在，曹丕還不敢公開把甄氏怎麼樣。甄氏名義上被立爲太子妃，實際上卻不享有太子妃的待遇。三年後，曹操死，曹丕繼爲魏王，接著廢漢建魏，當了皇帝，是爲魏文帝。這時的魏文帝乃天下至尊，沒有必要再裝模做樣、遮遮掩掩了。他住到洛陽，封郭女王爲貴嬪，又新封了李貴人和陰貴人，卻沒給甄氏任何名號，讓她獨自留住鄴城。

甄氏受到如此不公正的待遇，心裡非常痛苦。她雖然怨恨丈夫，但眷愛之情依然如故。爲此，她寫了一首《塘上行》的詩，以抒情懷。詩云：

蒲生我池中，其葉何離離。
傍能行仁義，莫若妾自知。
爲了爍黃金，使君生別離。
念君去我時，獨愁常苦悲。
想見君顏色，感結傷心脾。
念君常苦悲，夜夜不能寐。
莫以豪賢故，棄捐素所愛。
莫以魚肉賤，棄捐葱與薤。
莫以麻枲賤，棄捐菅與蒯。

出亦復苦愁，入亦復苦愁。
邊地多悲風，樹木何修修。
從君致獨樂，延年壽千秋。

詩中的薤，讀作謝；枲，讀作徙；菅，讀作尖；蒯，讀作快的第三聲。它們均爲植物名稱。甄氏通過一系列的比喻，描寫了自己遭到「棄捐」的「苦悲」心境，也抒發了自己熱愛丈夫的忠貞感情，流露出了強烈的身世慨嘆。沒料想，這首詩竟給她帶來了殺身之禍。

春風得意的魏文帝，在郭貴嬪的蠱惑下，正在尋找除去甄氏的機會。他讀了《塘上行》，攻其一點，不及其餘，認爲詩中「有怨言」。黃初二年（西元二二一年），他遣使至鄴城，賜甄氏死。甄氏呼天不應，叫地不靈，含恨自盡。死年四十歲。

魏文帝和郭貴嬪，逼死甄氏猶不解恨，不僅不按禮儀安葬，還令「披髮覆面，以糠塞口」。這是他們心虛的表現，害怕甄氏的冤魂索命，因而採用極端的手段，以起「鎮邪」的作用。甄氏，一位美貌賢淑的女人，結局竟這樣悲慘，正應了一句老話：紅顏薄命。

甄氏死後，魏文帝欲立郭貴嬪爲皇后。許多大臣上書表示反對，說：「若使賤人暴貴，臣等恐後世下陵上替，開張無度，亂自上起也。」但是，魏文帝以爲郭貴嬪有功於自己，應當得到回報，所以硬是立了她爲皇后。郭皇后沒有生過兒女。魏文帝讓她母養曹叡，以利培養彼此間的感情。然而，曹叡已經十七歲，知道事情的來龍去脈，不僅不愛庶母，反而懷有一種仇恨情緒。這樣一來，魏文帝防著兒子，遲遲不立曹叡爲太子。

一次，魏文帝帶著曹叡到野外打獵，發現一隻母鹿和兩隻幼鹿。魏文帝連發兩箭，將母鹿和一隻幼鹿射死，命曹叡射殺另一隻幼鹿。曹叡開弓，怎麼也不肯放箭。魏文帝催促說：「快放箭呀！」曹叡說：「父皇已殺其母，兒臣不忍復殺其子。」說罷，淚流滿面，淒苦萬分。此情此景，使魏文帝的心靈受到強烈的震動。他想到甄氏的慘死，似乎有所悔悟。事後不久，即立曹叡為太子。

黃初七年（西元二二六年），魏文帝駕崩。曹叡繼位，是為魏明帝。魏明帝深深懷念生母甄氏，追謚她為文明皇后，並用皇后的禮儀重新予以安葬，別立寢廟，布告天下。郭皇后被尊為皇太后，地位尊崇，內心裡卻惴惴不安。青龍三年（西元二三五年），魏明帝向郭太后詢問生母被害的經過。郭太后心裡發慌，強詞奪理地說：「她是被先帝殺害的，為什麼要責問我？況且，你身為人子，追仇死父，難道要為前母而枉殺後母嗎？」魏明帝知道眼前的後母正是殺害生母的凶手之一，也就不顧她是什麼皇太后，斷然下令將她殺死，並叮囑殯者：「披髮覆面，以糠塞口。」郭女王，一個陰險凶惡的女人，當了十餘年的「女中王」，終於命歸西天，死後一如甄氏死後遭遇的情景，也算是報應。

現在再來說說民間流傳的曹植與甄氏的愛情故事。曹植作過一篇《洛神賦》，賦中描寫了一位艷麗絕倫的美女：

其形也，翩若驚鴻，婉若游龍。榮曜秋菊，華茂春松。彷彿兮若輕雲之蔽月，飄搖兮若流風之回雪。遠而望之，皎若太陽升朝霞；迫而察之，灼若芙蕖出綠波。穠纖得衷，修短合度。肩若削成，腰如約素。延頸秀項，皓質呈露。芳澤無加，鉛華弗御。雲髻峨峨，修眉聯娟。丹脣外朗，皓齒內鮮。明眸善睞，靨輔成權。瓌姿艷逸，儀靜體閑。柔情綽態，媚於語言。奇服曠世，骨象應圖。披羅衣之璀璨兮，珥瑤碧之華琚。戴金翠之首飾，綴明珠以耀軀。踐遠游之文履，曳霧綃之輕裾。微幽蘭之芳藹兮，步踟躕於山隅。於是忽焉縱體，以遨以嬉。左倚彩旄，右蔭桂旗。攘皓腕於神滸兮，采湍瀨之玄芝。

據傳，賦中所寫的美女就是甄氏。最早將《洛神賦》和甄氏聯繫在一起的是唐代學者李善。他在注釋《洛神賦》時寫道：「魏東阿王（指曹植）漢末求甄逸女，既不遂，太祖（指曹操）回於五官中郎將（指曹丕）。植殊不平，晝思夜想，廢寢與食。黃初中入朝，帝（指魏文帝）示植甄后玉鏤金帶枕，植見之不覺泣。時已爲郭后（指郭女王）讒死，帝亦尋悟，因令太子（指曹叡）留宴飲，仍以枕賚植。植還，度轘軒，少許時，將息洛水上，思甄后，忽見女來，自云：『我本託心君王，此心不遂，此枕是我在家時從嫁，前與五官中郎將，今與君王。遂用薦枕席，歡情交集，豈常詞能具？爲郭后以糠塞口，令披髮，羞將此形貌重睹君王耳。』言訖，遂不復見。所在遣人獻珠於王，王答以玉珮。悲喜不能自勝，遂作《感甄賦》。後明帝見之，改爲《洛神賦》。」

這段注釋生動有趣，極富浪漫情調。然其牽強附會，不足憑信。因爲甄氏再嫁曹丕時已經二十三歲，而當時曹植才十三歲，很難設想他們叔嫂之間會產生什麼戀情。當然，曹植筆下的洛神當有所本，洛神的美麗和多情，肯定有甄氏的影子。

孫桂香

才捷剛猛，驕貴奢侈

東漢末年的劉備，早期靠織草鞋、賣草席謀生，進而靠鎮壓黃巾起義起家，建立了一支獨立的武裝力量。後來在諸葛亮的輔佐下，東聯孫權，北拒曹操，占有了富庶的西南地區。西元二二一年，劉備繼魏文帝曹丕之後稱帝，定國號爲漢，史稱「蜀漢」或「蜀」，定都成都（今四川成都）。劉備是爲蜀漢昭烈帝。

劉備在稱帝之前「數喪嫡室」，表明他曾有過多位妻子。後來在戰亂中闖蕩天下，身邊主要有甘夫人和糜夫人。甘夫人，沛縣（今江蘇沛縣）人。糜夫人，東海朐縣（今江蘇連雲港西南）人。建安年間，劉備曾任豫州牧，先娶了甘夫人，甘夫人生子劉禪，小名叫阿斗；繼娶了糜夫人，糜夫人之兄糜竺獻出大量家產，充做軍資。劉備起事之初，沒有固定的地盤，屢打敗仗。甘夫人和糜夫人先後被呂布和曹操俘擄，但總是有驚無險，最終平安無事。建安十二年（西元二〇七年），劉備南奔荊州（今湖北江陵一帶）。曹操率領精銳騎兵在後面追襲。在當陽長阪坡（今湖北當陽東北），劉備再次丟失了妻子和兒子。幸虧常勝將軍趙雲出生入死，拼命廝殺，方使甘、糜夫人和劉禪保住了性命。

建安十三年（西元二〇八年）爆發了著名的赤壁之戰。戰後，劉備在荊州一帶初步站穩了腳跟，並占領了江南四郡土地。在當時那種特定的條件下，東吳的孫權「畏之，進妹固好」，即將自己的妹妹進獻給劉備，互結友好，共同抗擊北方的曹操。這樣，劉備在甘夫人和糜夫人死後，就又有了孫夫人。孫夫人據說名叫孫桂香，年輕貌美，精通武藝，是一個相當厲害的女人。

孫、劉聯姻帶有強烈的政治色彩。加之，孫夫人性格剛猛，驕奢不羈。這決定了他們的婚姻不可能有美滿的結果。

《三國志．蜀書．法正傳》載：「妹（指孫夫人）才捷剛猛，有諸兄之風，侍婢百餘人，皆親執刀侍立，先主（指劉備）再入，衷心常凜凜。」閨房之中，那樣多的侍婢，人人手執兵器，劉備能不「凜凜」嗎？諸葛亮曾經說：「主公在公安（今湖北公安），北畏曹操之強，東憚孫權之逼，內則懼孫夫人生變於肘腋之下。當斯之時，進退狼跋。」也就是說，劉備當時有「三怕」：北畏曹操，東憚孫權，內懼孫夫人。尤其是這個「內懼」，隨時都有可能「生變於肘腋之下」，讓人防不勝防。因此，劉備的「狼跋」之狀是可想而知的。

建安十六年（西元二一一年），劉備西征益州（今四川廣漢北）。這時，孫夫人擺出孫權妹妹的派頭，「驕豪，多將吳吏兵，縱橫不法」。對此，劉備是有防備的，特把愛將趙雲留下，掌管內事，以防不測。孫權聽說劉備西征，立即派人迎接妹妹回歸東吳。孫夫人爲了鉗制劉備，自己回歸不說，居然還將劉備的長子劉禪帶走。孫夫人還吳是情理中的事，然而她要帶走劉禪，顯然是別有用心。危急時刻，諸葛亮指派趙雲和張飛，勒兵截於江上，硬是奪回劉禪，保住了劉備的後嗣。

孫夫人還吳後的情況如何，史無記載，不得而知。不過，劉備對於她的離去毫不介意，相反倒是產生了一種安全感，深以爲快。劉備攻取了益州以後，很快忘記了孫夫人，另娶了一位吳夫人。

吳夫人原是豪閥劉焉的兒媳，劉瑁的妻子，頗有幾分姿色。劉瑁中年病死，吳氏寡居，飽受寂寞之苦。劉備既定益州，孫夫人回歸東吳，有人做媒，讓劉備納吳氏爲夫人。劉備藉口自己和劉瑁同宗，故作推辭。法正等人舉春秋時期晉文公納子圉的故事，說明帝王的婚姻沒有那麼多的講究。於是，劉備就納了吳氏爲夫人。劉備稱帝，吳夫人被冊立爲皇后。爲此，專門頒發了詔書，說：「朕承天命，奉至尊，臨萬國。今以吳氏爲皇后，遣使持節丞相（諸葛）亮授璽綬，承宗廟，母天下，皇后其敬之哉！」章武三年（西元二二三年），劉備駕崩。太子劉禪繼位，是爲蜀漢後主，後世所說的「扶不起的阿斗」，便指此人。吳皇后成爲皇太后，於延熙八年（西元二四五年）病故，謚曰穆皇后。

吳大帝潘皇后

無德無才，嫉妒刻薄

魏文帝曹丕、蜀漢昭烈帝劉備各自稱帝，號令一方。東吳的孫權不甘落後，也於西元二二二年稱帝，定國號爲吳，定都建業（今江蘇南京），是爲吳大帝。

至此，魏、蜀、吳三國鼎立的局面正式形成。

孫權的嫡妻謝夫人是會稽山陰（今浙江紹興）人，起初深受愛幸。後來，孫權又納了徐夫人，欲讓謝夫人位居其下。謝夫人極不樂意，由是失寵，憂鬱而死。

徐夫人，吳郡富春（今浙江富陽）人。她是孫權姑母的孫女，初嫁同郡人陸尙。陸尙病死，孫權時任討虜將軍，見徐氏姿容艷麗，遂納爲夫人。其時，孫權已有長子孫登，孫登生母出身微賤，孫權改將孫登交給徐夫人撫養。不久，孫權又寵幸步夫人。徐夫人大爲嫉妒，出言不遜，因而失寵，被廢處吳地（今江蘇蘇州）。十多年後，孫權自稱吳王，立孫登爲王太子。孫登辭曰：「本立而道生，欲立太子，宜先立后。」孫權說：「后在哪裡？」孫登說：「在吳地。」

孫權聽了這話，無言以對。孫登不忘徐夫人的養育之恩，請立徐夫人爲王后。許多臣僚也是這個意思，請立徐夫人爲王后。但是孫權屬意於步夫人，拒絕了兒子和臣僚的意見。徐夫人亦憂鬱而死。

步夫人，臨淮淮陰（今江蘇淮陰）人。她以嬌艷嫵媚的容貌，得幸於孫權，寵冠後宮。步夫人心胸比較寬廣，從不嫉妒丈夫另有所愛，因此博得很好的口碑。她生了兩個女兒：長女名魯班，字大虎，先嫁周瑜之子周循，後改嫁全琮；次女名魯育，字小虎，先嫁將軍朱據，後改嫁劉纂。孫權稱帝以後，曾想立步夫人爲皇后，但是許多大臣反對，理由是她沒生兒子，難以母儀天下。不過，皇宮裡的人都把步夫人當做皇后，她的親戚上書亦稱「宮」，視她如皇后。步夫人後來病死。孫權追認她爲皇后，並頒詔稱讚她的品德：「內教修整，禮儀不愆（愆，讀作牽，過失），寬容慈惠，有淑懿之德。」

孫權的夫人中還有兩個王氏。第一個王夫人生子孫和，地位僅次於步夫人。赤烏五年（西元二四二年），孫和被立爲皇太子，孫權有心立王夫人爲皇后。可是孫權的姐姐全公主素與這個王夫人有隙，經常詆毀她的爲人。孫權一次生病。全公主進讒說：「王夫人面露喜色，盼著她的兒子孫和早早繼位哩！」孫權因此大怒，嚴厲斥責了王夫人。王夫人當皇后之事也就胎死腹中。第二個王夫人生子孫休。孫和爲太子時，孫權的嬪妃多數徙居外郡。這個王夫人徙居公安，後來死在那裡。

孫權又有一個袁夫人，乃東漢末年軍閥袁術之女。袁夫人性格開朗，有節行而無子。孫權想將其他妃姬的兒子交給她撫養，她婉言拒絕，不願自找麻煩。步夫人死後，孫權曾想立袁夫人爲皇后。但是，她以無子爲由，固辭不受。看來，這位袁夫人很有個性，待人處事自有一套原則，絕不隨波逐流。

孫權夫人眾多，眞正被立爲皇后的只有潘氏。潘氏，會稽句章（今浙江余姚東南）人。其父曾爲小吏，坐事早死。她與姐姐受到牽連，被沒入掖庭，充當織室的宮女。潘氏豆蔻年華，姿色鮮麗。孫權偶然發現此女，予以召幸。潘氏遂懷身孕，生子孫亮，被封爲夫人。赤烏十三年（西元二五〇年），孫權最終確定立孫亮爲皇太子。母以子貴，潘夫人得以成爲皇后。這位潘皇后出身微賤，無德無才，然其生性奇妒，脾氣暴躁，且有野心。她容不得後宮有比她美貌和比她走紅的女人，因此對袁夫人等極盡讒陷之能事，甚至企圖殺害她心目中的情敵。即使對饒有姿色的宮女，也很刻薄和狠毒。一次，孫權患病。潘皇后迫不及待地向人詢問西漢呂雉專權的故事。其用心非常露骨，她想在孫權死後，以皇太后身分臨朝決事，專斷國政。

潘皇后的嫉妒和野心，激起了宮人的仇恨。一天，她伺候孫權過於疲勞，和衣而臥，睡得很死。宮人們抓住這個機會，聯手採取行動，七手八腳，硬是將她縊殺了。孫權事後詢問皇后的死因。宮人們一口咬定她是中惡斃命。孫權不信，派人調查，弄清了事情的眞相。結果，參與縊殺潘皇后的宮人，全部被處死。

吳大帝孫權對待后妃和皇嗣，態度極不嚴肅，喜新厭舊，見異思遷，幾次廢立太子。正如《三國志．吳書．妃嬪傳》評價的那樣：「遠觀齊桓（指春秋時期的齊桓公），近察孫權，皆有識士之明，傑人之志，而嫡庶不分，閨庭錯亂，遺笑古今，殃流後嗣。」神鳳元年（西元二五二年），孫權駕崩，孫亮繼位，吳國開始走向衰亡。

楊艷和楊芷

姐妹皇后，一妒一弱

天下大勢，合久必分，分久必合。西元二六五年，司馬炎代魏自立，改國號爲晉（西晉），定都洛陽，是爲晉武帝。十五年後，晉滅吳，三國分裂的局面結束，中國重新歸於統一。

晉武帝皇后姓楊名艷，字瓊芝，弘農華陰（今陝西華陰）人。其母趙氏早死，其父楊文宗將她送於舅家撫養。楊艷長大，資質艷麗，聰明婉約，精於女工，還善書法，遠近知名。晉王司馬昭聽說其人，爲兒子司馬炎聘爲妻子。楊艷婚後生了一個兒子和三個女兒，兒子名叫司馬衷，智商低下，是個白痴。司馬炎另寵一姬審氏。楊艷爲了爭寵，又將表妹趙粲引入宮中，當了司馬炎的愛妾。司馬炎開國建晉，楊艷被立爲皇后，審氏被封爲美人，趙粲被封爲夫人，司馬衷則被立爲太子。

楊艷生性非常嫉妒，時時擔心晉武帝另有新歡。泰始年間，晉武帝詔令廣選良家少女，充實後宮。一時之間，成千上萬的美女雲集洛陽，供皇家挑選。楊艷主動要求承擔選美的任務。然而，她的私心極重，害怕美女進宮，自己失寵，所以在選美的過程中，只選身材修長、皮膚白淨、姿色平平的女子，而對妖冶媚麗的女子一概不選。晉武帝看中大臣卞藩的女兒，說：「卞女最佳，端莊清秀，宜進宮掖。」楊艷說：「卞藩三世后族，其女不可枉以卑位。」她的意思是說，皇帝這次選的是嬪妃，卞女出身后族之家，哪能委屈了人家呢？這次選美，共選了李、胡、臧、馮、左、諸葛氏六人，符合楊艷所定的條件，她們均被晉武帝封爲貴嬪。

泰始十年（西元二七四年），楊艷患了重病。這時，晉武帝正寵幸胡貴嬪。楊艷擔心自己死後，晉武帝會立胡貴嬪爲皇后，那樣勢必危及太子司馬衷的地位。所以，她死前頭枕晉武帝的腿上，請求說：「臣妾叔父之女楊芷，年輕貌美，希望皇上能立她爲皇后。這樣，我們的兒子有個依靠，臣妾死亦瞑目。」她邊說邊哭，悲情切切。晉武帝不好違背楊艷的臨終託付，故而在楊艷死後，果眞立了楊芷爲皇后。

楊芷，字季蘭，小字男胤。她成爲皇后，父親楊駿飛黃騰達，出任車騎大將軍。這時，太子司馬衷已經大婚，太子妃叫賈南風，一個醜陋而凶悍的女人。賈南風戟殺宮人，引起晉武帝的憤怒。晉武帝準備廢去賈南風，將其打進冷宮。楊芷心地善良，性格柔弱，好心地勸諫晉武帝說：「賈妃之父賈充有功於社稷，不應以小惡而掩其大德。」這使賈南風保住了太子妃的名號。然而，賈南風卻記恨於楊芷，恩將仇報。太熙元年（西元二九〇年），晉武帝病重。楊駿利用柔弱的楊芷，炮製皇帝遺詔，取得了輔政的地位。晉武帝駕崩，司馬衷繼位，是爲晉惠帝。賈南風成爲皇后，楊芷成爲皇太后。楊駿輔政，掌握了朝政大權。賈南風控制司馬衷，依靠司馬宗族和賈氏外戚的力量，殺了楊駿，再以楊芷與楊駿合謀作亂爲由，將其廢爲庶人，接著斷其飲食，使其餓死。

晉武帝是中國歷史上有名的荒淫好色的皇帝。他在滅了吳國以後，將吳末帝孫皓後宮的數千名美女掠到洛陽，充作自己的嬪妃。以致晉朝的後宮群雌粥粥，宮人將近萬人。嬪妃太多，晉武帝御幸無所適從，於是發明一種方法：自己乘坐羊車，「恣其所之，至便宴寢」。有的嬪妃爲了得到皇帝的寵幸，特意在寢宮門前放置竹葉，澆灑鹽水，以引誘拉車的羊停下來吃竹葉舔鹽汁，這樣也就留住了皇帝。萬名女性爭寵一個男性，這是絕對非人道的現象，由此可見晉武帝的後宮生活，多麼黑暗和腐朽！

晉武帝於皇后之外，曾經相當寵愛胡貴嬪，使胡貴嬪的侍御、服飾等僅次於皇后。胡貴嬪乃將門之後，父親胡奮官鎮軍大將軍。一次，晉武帝和胡貴嬪玩樗蒲（樗，讀作初；樗蒲，古代一種搏戲）的遊戲，爲爭奪籌碼，胡貴嬪誤傷了晉武帝的手指。晉武帝變臉，斥責說：「你眞是將門之種！」胡貴嬪反唇相譏，說：「北伐公孫，西拒諸葛，難道不是將門之種？」這是說晉武帝祖父司馬懿當年攻打公孫瓚和諸葛亮的事，意在揶揄司馬氏是靠武力起家的。晉武帝沒有料到胡貴嬪伶牙利齒，話語尖刻，竟然「甚有愧色」。胡貴嬪敢於這樣公開頂撞皇帝，也夠潑辣和大膽的了。

晉武帝的嬪妃絕大多數是不幸的，心情抑鬱，境況悲苦。如貴嬪左芬，乃《三都賦》作者左思之妹。她其貌不揚，卻有文才，進宮以後一直不受寵愛，只能靠寫詩作賦來打發百無聊賴的時光。她的代表作是《離思賦》：

生蓬户之廁陋兮，不閑習於文符。不見圖畫之妙像兮，不聞先哲之典謨。既愚陋之寡識兮，謬忝（忝，讀作舔，有愧於）廁於紫廬。非草苗之所處兮，恆怵惕以憂懼。懷思慕之忸怛（忸怛，讀作紐達，畏懼）兮，兼始終之萬慮。嗟隱憂之沉積兮，獨鬱結而靡訴。意慘憒而無聊兮，思纏綿以增慕。夜耿耿而不寐兮，魂憧憧而至曙。風騷騷而四起兮，霜皚皚而移庭。日暗曖（暗曖，讀作暗愛，昏暗）而無光兮，氣懰（懰，讀作劉，美好）栗以洌清。懷愁戚之多感兮，患涕淚之自零……

這篇賦寫得情真意切，內蘊深厚，生動而感人地抒發了皇帝嬪妃淒楚、苦悶而又無可奈何的心情。左芬傳於後世的有二十餘篇文賦和兩首詩歌，她是一位出色的文學家。

賈南風

醜陋凶悍，專權亂政

晉朝惠帝司馬衷是個白痴，之所以能當皇帝，只因爲他是晉武帝司馬炎的長子，皇后楊艷親生。晉武帝早就看出他智商低下，難當大任，有心另立太子。楊皇后卻說：「立嫡以長不以賢，豈可動乎？」這樣，晉武帝死後，司馬衷就順順當當地當了皇帝。

晉惠帝的皇后賈南風卻是十分厲害，長相醜陋，性格凶悍，嫉妒，好淫，無德無才，居然控制晉惠帝，專斷國政達十一年之久。她在專權期間，除了爲自己和以她爲中心的小集團謀取最大利益外，於國計民生幾乎沒有做任何一件像樣的事情。

賈南風，平陽（今山西臨汾）人。其父賈充是晉朝的開國功臣之一，官拜車騎將軍；其母郭槐是賈充的後妻，生性悍妒。郭槐生有二女，長女叫賈南風，次女叫賈午。賈南風長得異常醜陋，身材低矮，皮膚粗黑，五官不成比例，面目猥瑣而猙獰。當司馬衷十三歲的時候，晉武帝和楊皇后張羅著爲太子選妃。晉武帝屬意於征東大將軍衛瓘的女兒，而楊皇后接受了賈充和郭槐的賄賂，主張選他們的女兒。晉武帝說：「衛氏女有五可，賈氏女有五不可。衛氏種賢而多子，美而長白；賈氏種妒而少子，醜而短黑。」楊皇后不以爲然，堅持要選賈氏女。爲此，她還鼓動大臣荀顗、荀勖等人，異口同聲地稱讚賈氏女的美德。晉武帝無奈，只好同意兒子娶賈氏女爲妃。

賈充和郭槐有兩個女兒，賈南風根本不具備當太子妃的條件，所以當時確定的是司馬衷娶賈午。可是，賈午年齡偏小，身體纖弱，連新娘的禮服都穿不起來。泰始八年（西元二七二年），司馬衷大婚，賈充和郭槐陰險地來個姐妹易嫁，讓賈南風頂替賈午，瞞天過海，堂而皇之地進了皇宮，當了太子妃。

賈南風比司馬衷大兩歲，生性詭詐，利用司馬衷白痴的特點，牢牢地控制了東宮。許多大臣主張晉武帝改立太子。晉武帝自己也對太子缺少信心。一次，晉武帝召集百官，親自出題，測試司馬衷的智力。試題送達東宮，要司馬衷筆答回奏。司馬衷面對試題，不知所云，無法回答。賈南風深知這次測試意味著什麼，非常著急，趕緊請人代替司馬衷答題。那人答題多引古義，之乎者也，深奧難懂。近侍張泓看出了門道，說：「太子不學無術，朝野盡知。如果答題過於深奧，必然引起皇帝懷疑，弄巧成拙。依我看，不如直來直去，問什麼答什麼，盡量簡單通俗，這樣才不會露出破綻。」賈南風心領神會，說：「是呀，就該這樣！那麼就由你來代答好了，事成之後，富貴與汝共之。」

張泓素有小才，據題回答，不引古義，很快完成了答題。賈南風讓司馬衷抄寫了一份，密封呈給晉武帝。晉武帝看那答題，字跡雖然潦草，但意思還算明白，心中暗喜。他將答題讓大臣們傳閱。大臣們滿腹狐疑：白痴太子的學業，怎麼突然大有長進了呢？

賈南風坐鎮東宮，不允許司馬衷私幸其他宮姬。司馬衷偷雞摸狗，致使一個宮姬懷了身孕。賈南風聞訊大怒，召來宮姬，親手將她殺死，未出世的嬰兒墜地，血肉模糊，隨之夭折。晉武帝得知這件事，赫然震怒，執意廢去賈南風的太子妃名號，將她打入冷宮。其時，楊艷皇后已死，楊芷繼爲皇后。楊芷出於好心，替賈南風求情。充華趙粲也出來幫腔，說：「妒是女人之常情。賈妃年紀尚輕，做事莽撞，時間久了，相信她會變好的。願陛下察之。」此外，大臣荀顗、荀勖等也竭力從中斡旋，終於使晉武帝消除了怒氣，賈南風得以不廢。

太熙元年（西元二九〇年），晉武帝駕崩。太子司馬衷繼位，是爲晉惠帝。賈南風成爲皇后，拉虎皮作大旗，渴望攫取權力，直接發號施令。當時，太后楊芷的父親楊駿受命輔政，官任太傅和車騎大將軍等職，掌握著朝廷大權。賈南風不能容忍這種情況的存在，以晉惠帝的名義，聯合司馬宗室和賈氏外戚的力量，誣陷楊駿蓄意謀反，發兵攻殺楊駿，誅其親族、黨羽數千人。太后楊芷爲救父親，在布帛上寫了「救太傅者有賞」數字，射向城外。據此，賈南風認定楊芷和楊駿合謀作亂，將楊芷囚禁，並將楊芷的母親龐氏逮捕下獄。她說：「皇太后陰漸奸謀，圖危社稷，飛箭繫書，邀募將士，同惡相濟，自絕於天。」她的本意要將楊芷處以極刑，只是由於朝臣的反對，改而廢爲庶人，而對龐氏，則決定處斬。楊芷爲救母親，披頭散髮，哀號不已，甚至上表兒媳，自稱「臣妾」，懇請保全龐氏性命。然而，賈南風全無人性，硬是將龐氏殺了。楊芷家破人亡，痛不欲生。窮凶極惡的賈南風全不憐憫楊芷，下令斷絕楊芷的飲食，以致楊芷被活活餓死。楊芷死後，賈南風命在死人嘴裡塞進穀糠，屍身趴伏，並在薄棺裡放置許多符書和藥物，草草埋葬。她以為這樣做，楊芷到了陰間，就不會申冤告狀。這真是做賊心虛，欲蓋彌彰。

楊駿死後，汝南王司馬亮和老臣衛瓘繼為輔政。賈南風同樣不能容忍這種情況的存在，矯詔晉惠帝弟弟、楚王司馬瑋，命他殺死司馬亮和衛瓘。司馬瑋奉命照辦，殺了兩位輔政。可是，他完成任務後，自己則落了個擅殺大臣、圖謀不軌的罪名。原來，這兩道詔令都出自賈南風之手，她利用司馬瑋殺害了司馬亮和衛瓘，轉手又殺害了司馬瑋。

賈南風陰險狡詐，鏟除了自己專權道路上的所有障礙，進而重用族兄賈模、從舅郭彰、外甥賈謐（賈午之子，襲賈充後嗣）等人，把持朝政，恣逞淫威。賈南風生了三個女兒，沒有生下兒子。晉惠帝所立太子司馬遹乃宮人謝玖所生。賈南風對於謝玖和司馬遹母子非常痛恨，派出親侍，千方百計引誘司馬遹學壞。司馬遹自己也不爭氣，整日鬥雞走狗，驅車跑馬，嬉遊無度。他在東宮開闢一處地方，模仿洛陽的集市，讓宦官、宮女買賣糧食蔬菜、油鹽醬醋、雞鴨魚肉等，從中收取市稅。他有一手過硬的功夫，以手掂肉，便知肉的斤兩，分毫不差。

司馬遹不務正業，頹廢墮落，正是賈南風所希望的結果。然而，她始終沒有生子，這成了她的心病。經過精心謀劃，她假裝懷孕，然後將妹妹賈午新生的兒子抱進皇宮，謊稱是他親生。這樣，她便可以謀殺司馬遹。元康九年（西元二九九年），賈南風使出手段，讓宮女將司馬遹灌醉，誘使他寫下一篇意欲搶班奪權的反書，大意是說：「皇帝和皇后應當自己結束性命，不然，我就親手結束他們……」

司馬遹爛醉如泥，沒有寫完。賈南風命人續齊，然後呈給皇帝。晉惠帝是個白痴，信以爲眞，詔令賜司馬遹死。司馬宗室成員意識到其中的陰謀，反對糊里糊塗地就賜太子死。於是，司馬遹被廢爲庶人，囚禁於洛陽城外的金墉城，再遷徙至鄴城。賈南風必欲斬草除根，派遣親信殺害了司馬遹。司馬遹死時只有二十三歲，他的生母謝玖、太子妃王惠風，以及兒子等，同時被殺害。

賈南風利用有其名而無其實的晉惠帝，操縱國柄，興風作浪，爲所欲爲。她的長相非常醜陋，作風卻很淫蕩。她除了和太醫令程據長期私通外，還常派人到市井上尋找美男子，騙入宮中，供她玩弄，玩弄過後便殺之滅口。《晉書．后妃傳》記述了這樣一件奇事：「洛（水）南有盜尉部小吏，端麗美容止，既給廝役，忽有非常衣服。眾咸疑其竊盜，尉嫌而辯（審訊）之。賈后疏親欲求盜物，往聽對詞。小吏云：『先行逢一老嫗，說家有疾病，師卜云宜得城南少年厭（厭，讀作壓，古代一種巫術，壓制）之，欲暫相煩。於是隨去，上車下帷，內簏箱中，行可十餘里，過六七門限，開簏箱，忽見樓闕好屋。問此是何處，云是天上。即以香湯見浴，好衣美食將入。見一婦人，年可三十五六，短形青黑色，眉後有疵。見留數夕，共寢歡宴，臨出贈此眾物。』聽者聞其形狀，知是賈后，慚笑而去，尉亦解意。」

賈南風每次淫欲得到滿足以後，必殺美男子，唯獨這個盜尉部的小吏，因年輕英俊，得免一死，實屬萬幸。

賈南風專權亂政，倒行逆施，終於激起天怒人怨。司馬宗室的趙王司馬倫、梁王司馬肜、齊王司馬冏等，為了維護司馬氏的正統統治，於永康元年（西元三〇〇年）四月發動政變，率兵進攻皇宮，逼迫晉惠帝將賈南風廢為庶人。司馬冏逮捕賈南風。賈南風氣焰不斂，狠狠地責問晉惠帝說：「我是皇后，別人讓你廢我，你也同意廢我？」她對沒有及早除掉司馬倫和司馬肜悔恨不已，說：「繫狗當繫頸，今反繫其尾，何得不然！」

賈南風被囚禁於金墉城。當月，司馬倫和司馬肜等假托聖旨，用金屑酒賜賈南風死。賈氏外戚及其黨羽盡被誅滅。

賈南風死了，隨之爆發了司馬宗室爭權奪利的「八王之亂」。晉朝出了個白痴皇帝司馬衷，同時出了個齷齪皇后賈南風。這不能不說是中國封建社會的一大悲哀。

賈南風死後，晉惠帝又立了個皇后叫羊獻容。光熙元年（西元三〇六年），晉惠帝被東海王司馬越毒死，羊獻容成了寡婦。十年後，晉朝滅亡。前趙皇帝、匈奴貴族劉曜俘擄了羊獻容，並將她立為皇后。劉曜非常得意，一次詢問羊獻容說：「哎！我和你的那個白痴皇帝相比，怎麼樣啊？」羊獻容乖巧地回答說：「陛下和他怎能相提並論？陛下乃是開闢基業的聖主，而他不過是亡國亡家的懦夫。他有妻子、兒子，連同他自身，三者都不能庇護，雖然貴為皇帝，妻子、兒子卻蒙羞受辱，難保性命。那時，臣妾實在不想活了，做夢也沒想到會有今天。臣妾出身名門，心想世界上的男人大概都像那個死鬼吧？自從侍奉陛下以後，方知天下還有眞正的大丈夫！」劉曜聽了這番話，樂得眉開眼笑，說：「是啊！我是聖主，那個白痴是懦夫，他怎能和我相比呢？」

王法慧、陳歸女、張貴人

嗜酒，娼家，弒君

司馬炎建立的晉朝滅亡後，司馬睿於西元三一七年又建立一個晉朝，定都建康（今江蘇南京）。史學家通常稱前者爲西晉，後者爲東晉。東晉立國江南地區，嚴格地說，它只是個地方政權。

東晉第九個皇帝叫司馬曜，於西元三七二年登基，即東晉孝武帝。他在位期間，爆發了著名的淝水之戰，宰相謝安以謝石、謝玄爲將，率兵八萬，打敗了前秦苻堅的八十七萬大軍，創造了歷史上以少勝多、以弱勝強的輝煌戰例。

孝武帝的皇后姓王名法慧，其父王蘊爲官清廉，很有名氣。王法慧的弟弟王恭，在謝安手下效力，精明能幹。王恭常在謝安跟前說及他的父親和姐姐，以致謝安熟知王蘊和王法慧，說：「若帝納后，有父者，唯蔭望如王蘊乃可。」接著，謝安爲孝武帝選立皇后，首先想到的便是王蘊的女兒王法慧。他派人前去調查，發現王法慧姿容美麗，舉止端莊，的確是皇后的合適人選。中軍將軍桓沖等直截了當地說：「王法慧天性柔順，四業（婦德、婦言、婦功）充備，宜以德配元，母儀天下。」眾口一詞，人人稱讚王法慧。因此，寧康三年（西元三七五年），王法慧成了孝武帝的皇后。

王法慧的容貌確實鮮麗，然其品德卻不怎麼樣。她有兩大毛病，一是嗜酒，二是嫉妒。王蘊就有好酒的惡習，王法慧比起父親來，有過之而無不及。她當了皇后後，貪戀皇家美酒，整日酣飲，經常醉得不省人事。孝武帝深感不快，但又不便說什麼。因爲皇后很有背景，百官矚目，得罪於她就是得罪世家豪族，那可不是鬧著玩的。孝武帝在皇后那裡得不到樂趣，轉而寵幸其他的嬪妃，宣淫縱欲。王法慧醉後醒來，必先打聽皇帝的去向，得知皇帝在別的寢宮過夜，總是醋勁大發，吵鬧不休。孝武帝忍無可忍，一天專門把岳父王蘊召進宮中，並說皇后的過失，要他嚴厲地管束女兒。王蘊聽說女兒如此失德，不成體統，深以爲愧，免冠謝罪。事後，王蘊將女兒狠狠地訓斥了一頓。從那以後，王法慧雖然有所收斂，但嗜酒的毛病一直未改，二十一歲時便死去。

王法慧之死，使孝武帝精神上得到解脫，他很快寵愛上了陳歸女。陳歸女出身娼家，姿色艷美，能歌善舞，被封爲淑媛。她爲孝武帝生了兩個兒子——司馬德宗和司馬道文，二人後來都當了皇帝，即東晉安帝和恭帝。當時，孝武帝有心立陳歸女爲皇后。但東晉王朝門閥觀念極強，凡事都講究出身。孝武帝欲立娼家之女爲皇后，遭到文武大臣的強烈反對。太元十五年（西元三九〇年），陳歸女病死，被追贈爲夫人。晉安帝登基後，追謚她爲安德皇后。

陳歸女死後，孝武帝一度相當悲痛，鬱鬱寡歡。但後宮畢竟有數千名粉黛佳麗，他很快又移情於張貴人。張貴人年輕貌美，聰明伶俐，且能說會道，極善逢迎。孝武帝一下子被她迷住，朝朝相隨，夜夜相伴，連國事也懶得過問了。他將朝政交給弟弟司馬道和大臣桓玄去決斷，自己則和張貴人「溺於酒色，殆爲長夜之飲……醒日既少，而旁無正人」。

福過致禍，樂極生悲。大元二十一年（西元三〇六年）九月的一天，孝武帝和張貴人等嬪妃共飲於後殿。張貴人已經飲了很多酒，難以再飲。孝武帝仍要張貴人飲酒，張貴人婉言推辭。孝武帝覺得掃興，開玩笑地說：「你今天如敢違抗聖命，我可要定你的罪。」張貴人恃寵而嬌，說：「臣妾偏偏不飲，看陛下到底能定何罪？」孝武帝醉眼朦朧，樂得再氣一氣張貴人，說：「你不用嘴硬。論年齡，你已近三十歲，我完全可以廢了你。我的後宮裡有的是年輕貌美的佳人，她們誰不比你強？」說著，他故意去親近別的嬪妃，親親這個，摟摟那個。整個後殿，歡聲笑語四起。

孝武帝說的只是一句戲言，不想張貴人卻認了眞。她見孝武帝當眾羞辱自己，尤其是『我完全可以廢了你』那句話，實在讓她心驚。她以爲皇帝金口玉言，看來自己即將面臨被廢黜的厄運了。因此，她非常氣惱和憤恨，頓時起了殺心。孝武帝已經熟睡。張貴人喚來幾名心腹宮女，命她們殺害皇帝。宮女們不敢答應。張貴人嚴詞厲色，聲稱要將她們全部處死。宮女們無奈，只能照辦，七手八腳，將孝武帝縊殺。

次日早晨，皇宮裡傳出驚人的消息：皇帝駕崩了。孝武帝時年三十五歲，年富力強，怎麼會突然駕崩了呢？很多人心存疑問，但誰也不明底細，不敢說三道四。當時，最有權力過問皇帝死因的有三個人：孝武帝之母李太后、皇弟司馬道、太子司馬德宗。然而，這三個人或年老，或昏聵，或無暇顧及，都沒有過問和追究。這樣，一件天大的欺君案，竟然不了了之。

袁齊嬀和潘淑媛

皇后不及嬪妃，愛子致帝喪命

西元四二〇年至五八九年，是中國歷史上的南北朝時期。南朝包括宋、齊、梁、陳四個朝代，均建都建康（今江蘇南京）。其中，宋朝爲武帝劉裕所建，第三個皇帝爲文帝劉義隆。宋文帝在位三十年，最後死於宮闈之亂。

宋文帝的皇后姓袁名齊嬀（嬀，讀作歸），陳郡陽夏（今河南太康）人。她的父親袁湛官光祿大夫，母親出身微賤，家境比較貧寒。劉義隆初封宜都王時，納袁齊嬀爲王妃。袁齊嬀生了一兒一女，兒子叫劉劭，女兒叫劉英娥。劉義隆登基後，袁齊嬀成爲皇后，大見愛幸。這位皇后關心娘家，經常請求丈夫給予賞賜，以接濟父母生活。宋文帝崇尚節儉，每次賞賜不是很多，或三五萬錢，或十餘匹絹。這些對於袁齊嬀說來，已是相當奢侈的了。她將所有的賞賜，統統給了父母。

宋文帝後宮還有很多嬪妃。他忽然心血來潮，仿效晉武帝司馬炎的做法，退朝後也乘坐羊拉的車子，在宮中轉悠，羊車停在那裡，他就在那裡寢息。嬪妃中有個潘淑媛，年輕貌美，極有心機。她在自己的寢宮門前潑灑了一些鹽水，拉車的羊經過這裡，便停下來舔食鹽汁。宋文帝也就下車，步入她的寢宮。潘淑媛懂得獲取皇帝歡心的訣竅，有意把房間收拾得非常乾淨，布置得非常雅致，錦帷爲帳，薰爐飄香，舒適而又溫馨。宋文帝大喜，說：「羊都爲你徘徊，何況人乎？」

因此，宋文帝幾乎天天在潘淑媛宮中過夜，潘淑媛一時愛傾後宮。宮中傳說，皇帝賞賜給潘淑媛的金銀珠寶無法計算，只要潘淑媛提出要求，皇帝有求必應，從來沒有拒絕過。

皇后袁齊嬀眼紅潘淑媛的得寵，對於宮中的傳說將信將疑。一次，她想試試潘淑媛的能耐，請求潘淑媛在皇帝跟前要三十萬緡錢的賞賜，以接濟自己的父母。潘淑媛滿口答應，僅過一夜，三十萬緡錢便送到了袁皇后的手裡。潘淑媛還說：「皇后需要什麼，儘管開口，只要是皇宮裡有的，我都能讓皇帝賞賜給我。」

袁皇后見潘淑媛這樣得寵，自己遠遠不及，非常傷心。從此，她假托生病，不再侍奉皇帝。她因憂鬱而成疾，假病變成眞病，而且越病越重。宋文帝聞訊趕來看她，握著她的手，問這問那。她久久地凝視丈夫，什麼話也沒有說，然後生氣地拉著被角，將頭緊緊蒙住。幾天後，袁皇后居然一命嗚呼。

宋文帝對於皇后之死深感悲痛。他召來學士顏延之，命其作一篇哀策，以寄託悼思。在哀策裡，他親筆加上了「撫存悼亡，感今懷昔」八個字，表達了一種慰藉死者的心情。

所謂「撫存」，是指撫愛袁皇后留存於世的兒子劉劭和女兒劉英娥。宋文帝立劉劭爲太子。這個劉劭，出身皇家，成爲太子，自恃尊貴，目空一切，天不怕地不怕，凶頑而暴戾。他認爲母親袁齊媯是因潘淑媛而死，而且母親死後，潘淑媛又總管了後宮事務，儼若皇后。因此，他從內心裡仇恨潘淑媛。潘淑媛有個兒子叫劉濬（濬，讀作俊），嬌生慣養，好動喜亂，視劉劭爲心目中的「英雄」，主動與之交結，兩個活寶成爲最投機最親密的摯友。還有劉英娥，封東陽公主，驕橫刁蠻，不知天高地厚。劉英娥有個貼身婢女叫王鸚鵡，輕佻放蕩，沒個正經。王鸚鵡認識女巫嚴道育，將之引見給劉英娥。嚴道育略通法術，劉英娥覺得有趣，約爲知己。劉劭、劉濬常到劉英娥住處玩耍，王鸚鵡的情夫陳天興、宦官慶國也參加進來。這樣，劉英娥、劉劭、劉濬、王鸚鵡、嚴道育、陳天興、慶國等一幫烏合之眾，臭氣相投，自覺不自覺地結成了一個秘密的惡少集團，爲非作歹，大幹壞事。這個惡少集團，開始只是讓嚴道育作法，保佑他們所幹的壞事不致敗露。進而又讓嚴道育裝神弄鬼，詛咒皇帝早日命歸西天，改由他們的頭頭劉劭繼承大位。只有劉劭當了皇帝，他們的活動才可以不受約束，無法無天。

世上沒有不透風的牆。不久，宋文帝發現了兒女們的秘密，不禁勃然大怒，決意處死劉劭、劉濬、劉英娥，另立太子。他將自己的想法告訴了潘淑媛。潘淑媛大驚失色，說：「他們可是皇上的骨血啊！處死他們，於心何忍？」宋文帝說：「他們利用巫術，詛咒朕死，大逆不道，豈能容忍！」

宋文帝顯然是下定決心了。潘淑媛心愛自己的寶貝兒子，悄悄通知劉濬，命他設法逃命。劉濬講究哥們義氣，把情況如實轉告劉劭和劉英娥。劉劭、劉英娥知道大禍臨頭，心急火燎。劉劭倒不害怕，說：「反正是一死，與其坐以待斃，不若搶先發難，掙個魚死網破！」劉劭、劉濬、劉英娥爲了自保，當即決定發動宮闈之變，只有如此，方可保命。

宋文帝對兒女的計劃一無所知。元嘉三十年（西元四五三年）二月的一天早晨，劉劭、劉濬率領東宮衛士二千餘人，藉口入宮討賊，強行進入皇宮，直撲宋文帝的寢殿。宋文帝夜間和大臣議事，剛剛睡下。劉劭指揮親信張紹之等，猛撲過去，沒費什麼力氣，便將宋文帝殺死。宋文帝死後，劉劭當了皇帝。

宋文帝劉義隆的后妃除了袁齊媯和潘淑媛外，還有兩個嬪妃需要提及。一人是路惠男，受封淑媛，生子劉駿。劉劭、劉濬殺了宋文帝以後，劉駿以武陵王的身分負責討逆，殺死劉劭和劉濬，自己當了皇帝，即宋孝武帝。這個劉駿好酒好色，尊生母路惠男爲皇太后，常在太后房中臨幸宮女，使得太后聲名狼藉。後來，她還當了太皇太后，企圖鴆殺宋明帝劉彧。鴆殺未果，反而被劉彧鴆殺。再一人是沈容姬，先封美人，繼封婕妤。她是劉彧的生母，死於宋文帝之前，劉彧登基後，追贈她爲宣太后。

劉楚玉和劉英媚

皇帝淫亂，姐姑嬪妃

南朝宋前廢帝劉子業是文帝劉義隆的孫子，孝武帝劉駿的兒子。此人在位僅半年時間，死時不過十七歲。然而，他荒誕不經，淫亂無恥，將嫡胞姐姐和姑母納爲嬪妃，宣淫縱欲，落下千古罵名。

劉子業七歲的時候，就被孝武帝立爲太子，並納妃何令婉。何令婉爲太子妃五年，患病而死。劉子業又納了一個路妃。路妃雖然美貌，但不討劉子業的喜歡。劉子業眞正喜歡的是他的嫡胞姐姐劉楚玉，姐弟二人過從甚密，關係曖昧。

劉楚玉封山陰公主，長得很美，生性淫蕩。劉楚玉成人後，嫁給何戢（戢，讀作集）爲妻，何戢因此成爲駙馬都尉。這使劉子業大爲懊惱，怏怏不樂。大明八年（西元四六四年），孝武帝死，劉子業繼位。劉子業登基後所做的第一件事，便是將劉楚玉召回宮中，日則同餐，夜則同宿，一姐一弟，形若夫妻。他倆整日在宮中嬉遊玩樂。或將數百名宮女結合起來，四處「捉鬼」；或讓宮監和宮女脫光衣服，裸體追逐。禮儀盡失，天昏地暗，烏煙瘴氣。劉楚玉還是個恣淫無度的女人，以玩弄男性爲最大的快樂。一次，她跟劉子業說：「妾與陛下雖男女有殊，俱托體先帝。陛下後宮有數百人，妾唯駙馬一人，事不均平，一何至此？」劉子業說：「你要均平，好辦！」他立即下令，爲劉楚玉選美男子三十餘人，充當面首，供其淫樂。

劉子業寵幸姐姐，並沒有給姐姐封什麼名號。更爲荒唐的是他又將姑母納入後宮，封爲貴嬪夫人。他的姑母叫劉英媚，乃宋文帝劉義隆的第十個女兒。劉英媚姿色艷美，饒有風韻，受封蔡大長公主，年齡比劉子業大得多，早嫁何邁爲妻。劉子業登基後，在召回姐姐的同時，也將姑母召回宮中，封爲貴嬪夫人，而且還準備立爲皇后。劉子業欲立姑母爲皇后，於情於理說不過去。爲此，他耍了個花樣：謊稱劉英媚進宮後就得暴病身亡，然後隨便賜死一個宮女裝進棺材，命人穿著喪服，打著喪幡，煞有介事地潛進何邁家中。何邁爲妻子辦理了喪事，發現棺材裡的妻子原來是假的，而劉英媚仍然活著，已被劉子業霸占。他恨得咬牙切齒，暗地裡積極活動，聯絡好友，準備謀殺皇帝。不想事情敗露，劉子業凶惡地將何邁殺死。

何邁一死，劉子業更加膽大妄爲。他將劉英媚喬裝打扮，改姓謝，爲之配備了極其豪華的車馬儀仗，規格等同皇后。但是，劉英媚最終並沒能當上皇后，因爲說到底，她是劉子業的姑母，自覺名不正言不順，喪風化，亂人倫，愧對祖宗。劉子業無奈，只好冊立被冷淡了多年的路妃爲皇后。

需要指出的是劉子業寵幸姐姐和姑母，並非他的發明，而是重覆了父親孝武帝劉駿的做法。劉駿在位期間，就曾把巧言令色的堂姐、南郡王劉義宣之女，納爲嬪妃，封作淑儀。史載：「帝（指孝武帝）密取之，寵冠後宮，假姓殷氏，左右宣洩者皆死，故當時莫知所出。」封建皇帝亂倫喪德，寡廉鮮恥，於此可見一斑。

王貞風和陳妙登

拒看裸體，借力生子

南朝宋前廢帝劉子業占據皇位荒淫無恥的時候，他的叔父劉彧封湘東王。劉子業畏忌這個長得非常肥胖的叔父，曾惡作劇地改封劉彧爲「豬王」，扒光他的衣服，讓他學豬的模樣在地上打滾，並爬到槽邊舔吃豬食。劉子業在位半年，劉彧的部屬發動政變，將劉子業殺害。劉彧因此當了皇帝，是爲南朝宋明帝。

宋明帝爲湘東王的時候，所納的王妃王貞風，琅玡臨沂（今山東臨沂）人。宋明帝登基，王貞風被立爲皇后。宋明帝和前朝皇帝劉駿、劉子業一樣，尖刻猜忌，荒淫無恥。他曾將宮女以及他的姑母、姐妹集中起來，命他們脫光衣服，裸體相逐，以爲笑樂。王皇后爲人正派，拒看這種下流的場面，以扇遮臉，默默無言。宋明帝正樂得前仰後合，以爲皇后這樣做，是拂逆自己的興致。他斥責說：「看你，眞是一副窮酸相！今共作笑樂，而你以扇遮臉，這是什麼意思？難道故意跟朕過不去嗎？」王皇后從容地回答說：「笑樂之事，方法很多。陛下讓宮女、姑母、姐妹裸體相逐，不成體統。此事若傳到宮外，陛下何以治理天下？」宋明帝正在興頭上，見皇后竟敢違背自己的意志，怒不可遏，嚴詞喝斥，當眾將她驅逐出現場。

王皇后由此失寵，鬱鬱寡歡。事後，她的哥哥、揚州刺史王景文無限感慨地說：「妹妹在家不過是個弱女子，想不到當了皇后，竟如此剛正，難得難得。」

宋明帝的嬪妃中，有一人叫陳妙登，經歷頗有意思。陳妙登，京師建康人，出身於屠戶家庭。宋孝武帝劉駿在位的時候，陳妙登因姿色艷麗被選進後宮。可是，孝武帝的嬪妃眾多，無暇臨幸這位出身微賤的女子，轉而將她賜給弟弟劉彧。

劉彧當了皇帝，陳妙登被封為貴妃，其地位僅次於皇后王貞風。誰知時過不久，宋明帝突然將陳妙登賞賜給心腹李道兒做妾，引起了朝野的廣泛議論，沒有人知道其中的原因。陳妙登改嫁李道兒，很快懷了身孕。這時，宋明帝又將陳妙登接回皇宮，仍封貴妃。陳妙登臨盆分娩，生下一個兒子，取命劉昱。劉昱是宋明帝的長子，不久被立為太子。這時，人們恍然大悟：原來，宋明帝患有陽痿，皇后、嬪妃等都沒有生育，他將陳妙登賜給李道兒，實際上是借力生子，不然，他的皇位將無人繼承。劉昱長大後，知道自己的生父姓李，並不忌諱，經常自稱「李統」或「李將軍」，暗示自己就是李道兒的兒子。

泰豫元年（西元四七二年），宋明帝病死，太子劉昱繼位，是為宋後廢帝。王貞風被尊為皇太后，陳妙登被尊為皇太妃。劉昱和前廢帝劉子業一樣，性格乖戾，尤好殺戮，一天不殺人就感到不自在不過癮。王貞風作爲太后，屢屢規勸劉昱，要他實行仁政，體恤官民。劉昱嗤之以鼻，說：「仁政？仁政多少錢一斤？我是皇帝，皇帝殺官殺民，天經地義，你管得著嗎？」一次，王貞風送給劉昱一把羽毛扇。劉昱見羽毛扇土里土氣，生氣地丟在地上，說：「這個破玩意兒，要它何用？」他嫌太后礙手礙腳，頓起殺心，意欲鴆殺王貞風。劉昱的侍從及時勸阻，王貞風得以保住性命。

劉昱在位五年，被親侍楊玉夫、楊萬年等殺害。宋順帝劉準時，陳妙登和王貞風相繼病故。

何婧英和潘貴妃

淫蕩驕奢，均遭殺害

西元四七九年，宋朝權臣蕭道成廢黜宋順帝，自立爲帝，改國號爲齊。蕭道成出身布衣，一度指望兒孫們能以宋朝爲鑒，成就萬世基業。不想事與願違，他的後代和宋朝多數皇帝一樣，荒淫無恥，致使齊朝只存在了二十四年便滅亡。

齊朝的第三個皇帝蕭昭業，是蕭道成的孫子，在位僅一年，史稱郁林王。此人在位時間雖短，醜行穢事卻是不少。當時，齊武帝蕭賾（賾，讀作責）的皇后王寶明，被尊爲皇太后，寡居寂寞。蕭昭業關心這位太后，一次就給她置面首三十餘人，「前代所未有也」。他的父親蕭長懋，寵愛姬妾霍氏。他竟與霍氏私通，改其姓爲徐，直到臨死之前，還與霍氏在床上淫樂。蕭昭業所立的皇后姓何名婧（婧，讀作靜）英，也是個生性淫蕩、忝不知恥的女人。蕭昭業爲南郡王的時候，常與流氓無賴二十多人共衣食，同臥起。何婧英選擇其中美貌者，隨時通姦，尋求刺激。蕭昭業的書童馬澄，年少色美。何婧英看中這個少年，百般引逗，迫使馬澄就範。她和馬澄交歡以後，二人常扳手腕取樂。蕭昭業站在一邊，吶喊助興。再有女巫的兒子楊珉之，長得高大魁偉，相貌堂堂。何婧英「尤愛悅之，與同寢處，如伉儷」。後來，楊珉之獲罪當殺。蕭昭業和何婧英相對垂淚，說：「楊郎好年少，無罪過，何可枉殺？」蕭昭業登基後，何婧英貴爲皇后，恣意淫蕩，越發不可收拾。史載當時的情況是：「齋閣通夜洞開，內外混雜，無所分別。」

皇帝皇后如此荒淫，能有好結果嗎？權臣蕭鸞指使黨徒，率兵入宮，將蕭昭業和何婧英一起殺死。

蕭昭業死後，歷海陵王蕭昭文、齊明帝蕭鸞，西元四九八年，蕭寶卷當了皇帝，史稱東昏侯。蕭寶卷熱衷於捕捉老鼠和表演雜技，重用奸佞，魚肉百姓，致使朝政一塌糊塗。他所立的皇后叫褚令璩（璩，讀作渠），長期無寵。他心目中的理想皇后是像他姐姐山陰公主那樣的美人，曾多次感嘆地說：「若得如山陰公主，無恨矣！」不過，他的嬪妃中倒有一人，姓潘，姿色艷美，玲瓏乖巧，因而大受寵幸，封爲貴人。

潘貴人生性嬌貴，喜愛奢侈。蕭寶卷盡力滿足她的奢求，花樣百出。齊宮原先就有許多宮殿，潘貴人嫌其陳舊。於是，蕭寶卷一道聖旨，大興土木，專門爲之修建了神仙、永壽、玉壽三座新的宮殿，雕樑畫棟，金碧輝煌，飾以金璧，塗以麝香，錦幔珠簾，窮極綺麗。宮殿裡用黃金鋪地，雕刻成蓮花圖案。他讓潘貴妃在圖案上來回行走，拍手喝采說：「此步步生蓮花也！」潘貴妃穿的衣服，戴的首飾，都是當時最珍貴最高級的，無不價值連城。皇家府藏不足供用，就到市場購買，一隻琥珀釧，其價高達一百七十萬緡錢。爲使潘貴妃高興，蕭寶卷又別出心裁，命在宮苑裡開設店肆，模仿集市上的樣子，買賣貨物。潘貴妃當市令，自己當錄事，宮監和宮女爲買賣價格發生爭吵，由市令和錄事當場處罰。此外，蕭寶卷還命在宮苑裡開鑿一條水渠，渠中置畫船，渠邊設碼頭，碼頭一帶開設酒店和肉鋪。他讓潘貴妃坐在船上，自己赤膊拉縴，宮監和宮女們齊唱酸不溜溜的歌曲。玩累玩膩了，他們就在碼頭停息，飲酒吃肉，不亦樂乎。時有一首民謠專門譏諷皇帝和貴妃的荒唐，說：「閱武堂，種楊柳，至尊屠肉，潘妃酤酒。」

蕭寶卷和潘貴妃驕奢淫逸，享樂無度，其國覆滅，勢在必然。永元三年（西元五〇一年），權臣蕭衍發動政變，將蕭寶卷和潘貴妃殺死。那位不受寵愛的皇后褚令璩，被廢爲庶人。

丁令光和吳淑媛

春米經受折磨，兒子來路不正

南朝梁武帝蕭衍以僞裝勤奮、節儉、信佛而馳名，人稱「菩薩皇帝」。他活了八十六歲，在位四十七年，最後因縱恿包庇皇家子弟，被活活餓死。

梁武帝的皇后郗徽，出身於官宦世家。父親郗曄在宋朝官太子舍人，母親是宋文帝劉義隆之女潯陽公主。郗徽自小受到良好的教育，讀史傳，學書法，且精女工，德容兼美，十幾歲時很有些名氣。宋後廢帝劉昱曾想納她爲皇后，齊安陸王蕭緬曾想納她爲王妃。但她心高氣傲，皆以自己有病爲藉口，婉言辭絕。後來，她看中了老實的蕭衍，自願嫁給蕭衍爲妻。她爲蕭衍生了三個女兒，於蕭衍官任雍州刺史時病故。西元五〇二年，蕭衍滅齊，建立梁朝，追贈她爲德皇后。

梁武帝對於結髮妻子郗徽似乎懷有感情，所以在稱帝以後，一直沒立皇后。他所納的嬪妃很多，知名的有丁貴嬪、阮修容、吳淑媛、董昭儀、丁充華、葛修容等。這裡單說丁貴嬪和吳淑媛的事蹟。

丁貴嬪叫做丁令光，樊城（今湖北襄樊）人。據說，丁貴嬪在出生的時候有神光之異，紫氣滿屋，故父親給她取了個「令光」的名字。她十四歲時，原定嫁給鄉人魏益德，將婚。蕭衍時鎮樊城，聽說丁令光姿色出眾，硬是花費數倍的聘禮，從魏益德手中將她奪為己有，充作小妾。當時，郗徽是蕭衍的嫡妻，出於嫉妒，想方設法折磨這個年輕貌美的小妾。她讓丁令光每天舂米五斛。丁令光不聲不響，恭敬小心，按時完成舂米的任務。她的忍耐和等待，最終得到了回報。天監五年（西元五〇二年），梁武帝封她為貴嬪，典章禮儀，與皇妃相同。丁令光出身不算高貴，而且吃過苦頭，所以成為貴嬪後不好華飾，不寵外戚，待人接物，平易誠實，廣有人緣。梁武帝信佛，她也跟著信佛，吃齋禮拜，至為虔誠。她為梁武帝生了三個兒子：蕭統、蕭綱、蕭續。其中，蕭統曾為太子，世稱「昭明太子」，擅長詩文，編撰《文選》三十卷，對於後世文學的發展產生了重大影響。蕭統繼梁武帝之後當了皇帝，是為梁簡文帝。

吳淑媛，原是齊東昏侯蕭寶卷的嬪妃，饒有姿色。梁武帝建國，遂將她納入後宮，封為淑媛，甚是寵愛。吳淑媛進宮後七個月就生了兒子蕭綜。那麼，這個蕭綜的生父到底是誰？沒有人能說得清楚。梁武帝倒不介意，權當蕭綜是自己的兒子，照樣喜歡。後來，吳淑媛失寵，內心充滿怨恨。她告誡蕭綜說：「你是娘到蕭家七個月生下的，怎能跟其他皇子相比呢？不過，你現在是太子（指蕭統）的次弟，幸保富貴。但有一點必須記住，任何時候都不要洩露自己的身世。」據此，蕭綜意識到自己肯定不是梁武帝的兒子，來路不正，暗裡進行了一系列的罪惡活動，最後叛國投降了北魏。史書上說蕭綜「處秦政（指秦始皇嬴政）之疑，懷負尺之志，肆行狂悖，卒致奔立」。就是指他的身世存在著疑問，他和蕭梁政權不一條心，最終「奔立」——投降了北魏。蕭綜叛國，吳淑媛罪責難逃，致被鴆殺，結局很不光彩。

沈婺華和張麗華

儉約皇后，奢靡貴妃

南朝最後一個政權是陳霸先建立的陳朝，陳朝最後一個皇帝叫陳叔寶，史稱陳後主。陳後主是個荒淫透頂的皇帝，追求物質享受和精神放縱，腐朽不堪，導致亡國，最後當了隋軍的俘虜。

陳後主的皇后姓沈名婺華，吳興武康（今浙江德清）人。母親是陳武帝陳霸先之女會稽穆公主，早死。父親沈君理含辛茹苦，將女兒撫養成人。陳叔寶爲太子時，聽說沈婺華美貌可人，聘爲太子妃；陳叔寶即帝位，沈婺華被立爲皇后。沈皇后性格端靜，聰敏強記，涉獵經史，擅長書翰，具有多方面的才能。同時，注重節儉，生活上幾乎沒有什麼特別的嗜好。她當了皇后不久，沈君理病故。爲了替父親守喪，她憂居別殿，哀毀逾禮。這使陳後主大爲惱火。陳後主趁機寵幸貴妃張麗華，命其總後宮之政。張麗華的地位頓時超過了沈皇后。

張麗華，論氣質、愛好、習慣等，與沈婺華迥然不同。她出身平民，父兄皆以織席謀生。然而，她卻天生麗質，身材苗條，肌膚雪白，眉眼傳情，楚楚動人。她十歲的時候，應選入宮，成爲龔良娣的侍女。幾年後，時爲太子的陳叔寶發現了這個大美人，悅而召幸。張麗華懷孕，生子陳深。陳叔寶格外歡喜，即帝位後即封張麗華爲貴妃。

張貴妃漸漸得寵，沈皇后泰然處之。她不想和別人爭風吃醋，唯以閱讀史書和解釋經典爲樂趣。她也不趕時髦，身居儉約，衣服無錦爲之飾，飲食無奢華之費，左右近侍，不過十餘人。她對陳後主荒於酒色、不恤政事的行爲感到擔憂，多次上書進行勸諫。可是，陳後主根本不聽，甚至想廢黜沈婺華，改立張麗華爲皇后。沈皇后見皇帝如此德行，也就不再吭聲，一切聽天由命。

張麗華侍奉陳後主，乖巧玲瓏，曲意盡心。陳後主一次因病住承香殿，只由張麗華一人伺候，皇后和其他嬪妃非經許可，不准入內。後來，陳後主寵幸的嬪妃還有龔、孔貴嬪，王、李美人，張、薛淑媛，以及袁昭儀、何婕妤、江修容等。他爲了和嬪妃們盡情享樂專門在光明殿前新建起臨春、結綺、望仙三座閣樓。史載三座閣樓的情況是：「高數十丈，並數十間。其窗牖（牖，讀作有）、壁帶、懸楣、欄檻之類，皆以沉檀香爲之，又飾以金玉，間以珠翠，外施珠簾，內有寶床寶帳。其服玩之屬，瑰麗近古未有。每微風暫至，香聞數里，朝日初照，光映後庭。其下積石爲山，引水爲池，植以奇樹，雜以花藥……」陳後主、張麗華及眾多的嬪妃，與一些文人、狎客之流，整日在其間濫飲嬉戲，賦詩高歌。花天酒地中炮製出來的詩賦，大都是格調低下的劣作。陳後主卻以劣爲佳，取其中特別艷麗的，或命樂工，或親自譜曲編舞，挑選成百上千的宮女演唱，以大型樂器伴奏，輕歌曼舞，醉生夢死。陳後主自作的靡靡之音《玉樹後庭花》就產生在此時，後世常用作亡國之音的比喻。

張麗華長有一頭烏黑的長髮，光可鑒影。她容色端麗，進止閒華，每瞻視眄睞，光彩溢目，勾人魂魄。清晨，她臨檻梳妝，長髮散開，好像黑色的瀑布，遠處遙望，飄若神仙。張麗華不僅姿容艷美，而且極有心計，善伺人主顏色，把個陳後主迷得神魂顛倒，如醉如痴。有時宦官奏事，他不是將張麗華抱在懷中，就是讓張麗華坐在膝上，含含糊糊地決斷。不明白處，張麗華略加指點，無不清晰。因此，陳後主寵愛張麗華，視她爲第一紅顏知己，遠勝皇后，冠絕後宮。

后妃得寵必然干政。進而，張麗華與孔貴嬪聯手，勾結和籠絡宦官李善度、蔡臨兒等，逐漸把持了一部分朝政。於是，張、孔之權，薰灼四方，宗族親里，多被引用，大臣宰執，亦從風而靡，以致朝廷上下，賄賂公行，賞罰無常，百官懈怠，人心離散，到處一片亡國景象。

福盡禍至，樂極生悲。陳後主和張麗華等驕奢淫樂，結局可想而知。禎明三年（西元五八九年），北方的隋朝文帝楊堅，命兒子楊廣率兵伐陳，攻克陳都建業。陳後主、張麗華和孔貴嬪爲了保命，鑽進一眼枯井中藏身。隋軍發現了他們的下落，呼喚他們投降。陳後主等不敢回答。隋軍揚言要向井裡塡石頭。陳後主等這才答應，讓上面用繩子將他們吊出枯井。隋軍丟下繩子，吊出來的竟是一男二女三個人，罵道：「皇帝這樣荒唐，國家焉能不亡！」

楊廣命將張麗華和孔貴嬪就地斬首。陳後主則被作爲亡國之君，押解至長安（今陝西西安）。隋文帝鄙視陳後主，將他囚禁於洛陽。十五年後，陳後主病死，以典型的荒淫皇帝而載進史冊。皇后沈婺華亦被擄至長安。她後來出家爲尼，號觀音，直到唐太宗貞觀初年才去世。

北魏道武帝后妃

當皇后必鑄金人，立太子先殺其母

東晉末年，北方鮮卑族拓拔氏迅速崛起。西元三八六年，十六歲的拓拔珪號召舊部，重興代國，改國號爲魏，都平城（今山西大同），史稱北魏。拓拔珪是爲北魏道武帝。

拓拔珪年輕英武，當了皇帝後馳騁大漠，南征北戰，建立了卓越的功勛。因爲他如此英雄，所以遠近部落的酋長，大小國家的首領，紛紛前來結好，許多人還進獻美女，積極聯姻，以求政治上有所依靠。拓拔珪愛好女色，來者不拒，全部笑納，以致後宮群雌粥粥，花枝招展，流香溢彩。

拓拔珪的嫡妻劉氏，是其部族酋長劉庫仁的侄女，劉眷的女兒。拓拔珪建魏，封劉氏爲夫人。劉夫人生有一兒一女，兒子叫拓拔嗣，女兒封華陰公主。劉夫人精明能幹，善理內政，深得拓拔珪的寵愛，在後宮中享有很高的威信。按說，她應該成爲皇后。然而，鮮卑族祖傳的規矩，使她與皇后的名號失之交臂，進而被處死，讓人扼腕嘆息。

這是什麼樣的規矩呢？那就是：凡是皇后人選，必須親手鑄造金人（銅人），鑄成者爲吉，表明受命於天，可立爲皇后；鑄不成者爲凶，表明天命不容，不能當皇后。拓拔珪非常信任劉夫人，還請來能工巧匠，幫她鑄造金人。可是不知什麼原因，劉夫人居然沒有鑄成金人。這樣，她盡管有很多優勢，但皇后卻是當不成了。

劉夫人不能當皇后，那麼由誰正位宮闈呢？拓拔珪選來選去，選中了慕容氏。慕容氏是後燕皇帝慕容寶的幼女，拓拔珪攻伐後燕，擄掠了慕容氏。慕容氏年輕貌美，舉止閒雅，性情溫柔。拓拔珪亦封她爲夫人。劉夫人鑄金人失敗，左丞相拓拔儀等請立慕容夫人爲皇后。拓拔珪表示同意，但要慕容夫人先鑄金人。慕容夫人心靈手巧，一下子就將金人鑄成了。拓拔珪大喜，立即將慕容夫人立爲皇后。

劉夫人和其他的嬪妃不願意接受這個事實。因爲慕容氏的年齡最小，進宮的時間最短，未見有什麼德行，怎麼能成爲皇后呢？她們出於嫉妒，少不了竊竊私語，評頭論足，採用各種手段，攻擊和詆毀新皇后。閒言碎語自然會吹進拓拔珪的耳中，拓拔珪很不樂意，尤其是對劉夫人，漸漸產生了惡感。

拓拔珪共有十個兒子，其中長子拓拔嗣乃劉夫人所生，忠厚仁義，最有資格被立爲太子。但是，拓拔珪不大放心劉夫人，拓拔嗣一旦繼位當了皇帝，劉夫人勢必成爲皇太后，那時，她會善待自己心愛的慕容皇后嗎？他思索了很久，最後想出了一條切實有效的辦法。這天，他在朝會上宣布：「後宮所生子，凡被立爲太子的，其母皆賜死。」同時宣布：立長子拓拔嗣爲太子，賜劉夫人即日自盡。

詔令一出，群臣嘩然。拓拔嗣首先明白過來，「撲通」跪地，放聲痛哭，表示寧可不當太子，也不願意失去母親。大臣們也紛紛進言，竭力爲劉夫人求情。

拓拔珪已經打定了主意，告訴兒子拓拔嗣說：「漢武帝晚年，將立幼子劉弗陵爲太子，先令其母鉤弋夫人自殺。你知道這是爲什麼嗎？爲的是不讓婦人干預國政。你現爲太子，將繼大位，所以朕要仿效漢武帝的做法，爲你消除婦人干政和外戚專權的隱患呀！」

原來，拓拔珪立太子先殺其母是跟漢武帝學的。倒楣的是劉夫人，她只能飲鴆自盡。拓拔嗣非常傷心，一天夜裡微服出走，離開了皇宮。這使拓拔珪大惑不解，心情沮喪。加之，拓拔珪平時親近女色毫無節制，服用各類丹藥不得其法，元氣大傷，身體虛弱，又遇自然災害，民眾造反等。拓拔珪整日煩躁不安，心神恍惚。久而久之，他終於精神失常，近乎瘋癲了。或數日不食，或通宵不眠，歸咎群下，喜怒乖常。有時獨自說話，就像鬼神附體，沒完沒了。朝臣奏事，他會突然想起對方昔日的過錯，立命推出去斬首。左右近侍，表情略有變化，喘氣不夠均勻，走路的姿勢或說話的聲音有所異樣，他都會疑神疑鬼，莫名其妙地將他們處死。他殺了人不讓埋葬，屍體堆積於朝殿的一側，任其腐爛生蛆，汙穢不堪。這樣一來，弄得人人畏懼，百官懈怠，盜賊猖獗，處處恐怖。天賜六年（西元四〇九年），拓拔珪的另一個兒子拓拔紹出面，結束了這種可怕的局面。

拓拔紹的生母賀氏，是拓拔珪母親賀太后的妹妹，也就是拓拔珪的姨母。賀氏已經嫁人，人到中年，卻依然娉娉婷婷，獨具風韻。拓拔珪鬼使神差，十分喜愛這個早已嫁人的姨母。他請母親賀太后促成好事。賀太后說：「不行！因爲你的姨母姿色太美，女人過於漂亮，是禍不是福啊！況且，她已嫁人，你拿你的姨夫怎麼辦呢？」拓拔珪不聽母親的勸說，指派親信殺了賀氏的丈夫，硬是將她抬進宮中，占爲己有。一年後，賀氏生了兒子拓拔紹。

拓拔紹一年年長大，性格凶狠暴戾，極不安分。他經常劫剝行人，殺害牛、羊、豬等牲畜，以爲笑樂。他雖然被封爲清河王，身分尊貴，然而所言所行不加檢點，形同地痞無賴。一次，他見一孕婦，竟殘忍地剖其腹，以觀察腹中胎兒的情狀。拓拔珪得知其事，氣得火冒三丈，命人將拓拔紹倒懸井中，險些要了他的性命。因此，拓拔紹對於父皇沒有絲毫感情，有的只是仇視和怨恨。隨著拓拔珪的瘋癲，拓拔紹的仇視和怨恨有增無減。一天，拓拔珪又無緣無故地對賀氏大發脾氣，將她關了起來，而且揚言要將她處死。賀氏嚇得心驚肉跳，趕緊買通侍女，通知兒子尋求對策。拓拔紹本來就恨拓拔珪，這時爲救母親，也是爲了自己能當皇帝，斷然採取了行動。他連夜召集幾名心腹宦官，逾宮犯禁，直撲拓拔珪的寢殿，輕易地就將拓拔珪殺死了。

北魏道武帝寵愛賀氏，生了凶子，終致大逆，三十六歲死於非命，可悲可嘆。拓拔紹殺了父親，原想嘗嘗當皇帝的滋味。可是，拓拔嗣及時回到京城，受到臣民的擁戴，搶先登基即位。賀氏和拓拔紹被抓獲，等待他們母子的是兩個字的詔令：賜死。拓拔紹一死，拓拔嗣鬆了口氣，因爲他少了一個敵人，多了一分安全。

北魏文成帝馮皇后
盛年守寡，兩度臨朝

西元四五二年，北魏第五個皇帝拓拔濬登基，是爲文成帝。這年，拓拔濬十二歲。他的生母久閭氏早死，撫養他的保姆常氏，先被尊爲保太后，繼被尊爲皇太后。

拓拔濬登基五年後，常太后決定爲之冊立皇后。其時，拓拔濬的後宮已有多位嬪妃，如馮氏、李氏、曹氏、沮渠氏等。其中，以馮氏最有心機，封爲貴人。

馮氏，長樂信都（今河北冀縣）人。她的父親馮朗曾任秦州、雍州刺史，因罪被殺。父罪殃及兒女，馮氏十餘歲時被沒入掖庭，充當宮女。馮氏的姑母恰是拓拔濬爺爺、太武帝拓拔燾的昭儀，馮昭儀積極活動，使得侄女進了拓拔濬的後宮，並被封爲貴人。馮貴人聰明伶俐，同時又有姑母的指點，竭力討好常太后。常太后命她鑄造金人，她鑄造得非常順利。常太后大喜，於是便立了馮貴人爲皇后。

馮皇后正位宮闈以後，經常考慮一件大事，那就是道武帝拓拔珪傳下來的規矩：立太子先殺其母。這個規矩太殘忍了，想來讓人心驚肉跳。她反覆思量，決定在自己沒有生育之前，懇請皇帝先立太子，只要及早立了太子，那麼自己就可以避免先被殺害的命運了。

馮皇后的考慮相當周密，因爲拓拔濬十四歲的時候就有了長子拓拔弘，其母爲李氏。李氏姿容艷麗，品德賢淑，已封貴人。按照規定，拓拔弘應由皇后撫養，所以馮皇后成了拓拔弘的庶母。馮皇后沾沾自喜，瞅準時機，鼓動常太后，讓皇帝早立太子。拓拔濬尚未成年，並不急於安排皇嗣。怎奈常太后嘮嘮叨叨，他也只好答應，並把事情交給常太后去辦。

一天，常太后在內宮設宴，招待李貴人。常太后突然向李貴人道喜，說：「你有福氣，你的兒子拓拔弘將成爲太子啦！」李貴人聽了這話，猶如五雷轟頂，茫然無措。因爲她知道，兒子的太子名號是要用自己的生命換取的，這意味著自己活不成了。她沉默不語，她欲哭無淚。常太后能夠理解李貴人內心的痛苦，說：「你把家人的姓名和地址寫下來吧，我和皇帝會關照他們的。」事情不容商量，常太后命李貴人飲鴆自殺。李貴人呼天搶地，憤恨地說：「這是什麼世道？這是什麼規矩？兒子當太子，先要殺母親。一邊是生母，一邊是庶母，孰親孰疏？孰重孰輕？天哪！我就是不明白這個理呀！」然而，她憤恨，她不平，又有何用呢？一杯鴆酒下肚，李貴人身亡。

李貴人死時，拓拔弘不滿兩歲。不久，拓拔弘被立爲太子，仍由馮皇后撫養。馮皇后驚喜交加，一切均按她預定的計劃進行。

拓拔濬在位十四年病死，十二歲的拓拔弘順順當當地當了皇帝，是爲北魏獻文帝。拓拔弘尊死去的生母李貴人爲元皇后，尊庶母馮皇后爲皇太后。這時，馮太后年僅二十四歲。皇家慣例，國有大喪，三日內要將駕崩皇帝的生前御物在靈堂火化。馮太后想到拓拔濬給予自己的恩愛和好處，想到自己守寡的未來，痛苦萬分，哭著喊著撲入火中。左右侍女將她抱住，很久很久，她才甦醒過來。

拓拔弘初立，朝政大權掌握在丞相乙渾手中。乙渾貪戀權勢，培植私黨，翦滅異己，根本不把年輕的皇帝和太后放在眼裡。馮太后意識到，大權旁落，十分危險，爲江山社稷著想，必須除去乙渾。爲此，她表面不動聲色，暗裡悄悄與心腹宦官王遇、張祐密議，並說服內殿宿衛長、殿中將軍元郁站到了自己一邊。然後，她採取了堅決的行動，命拓拔弘僞裝生病，宣召乙渾進宮議事。乙渾貿然進宮，預先埋伏的元郁等率領武士，猛撲上去，將之擒獲，就地斬首，夷滅三族。

誅殺乙渾，表現出了馮太后的精明和能耐。拓拔弘年齡尚小，馮太后果斷地擔負起臨朝聽政的重任。期間，她依靠有名望的大臣高允、源賀、閭秀等人的輔佐，斷決朝政，井然有序。

皇興元年（西元四六七年），拓拔弘有了皇子拓拔宏。馮太后看到皇帝已經長大，能夠獨立行事，遂歸政於拓拔弘，自己回到後宮，躬親撫養寶貝孫子。她雖然做了祖母，可是畢竟正在盛年，難耐寡居的寂寞。她變愛貌美體壯的宿衛監李弈，二人同吃同宿，不拘形式，一時引起很多的議論。拓拔弘知道了這件事，認爲這是淫行，有損皇家體面。但是，他又不好拿馮太后怎麼樣，只能遷恨於李弈，藉故將李弈殺了。事後，他又覺得後悔，因爲馮太后待他勝過生母，皇帝可以擁有眾多的嬪妃，那麼太后擁有一個情夫，又有何妨呢？

馮太后失去情夫，心裡暗暗懷恨，表面仍不動聲色。拓拔弘盡力裝出孝順的樣子。馮太后不爲所動，等待著報復的機會。一時間，皇帝和太后之間的關係十分緊張。延興元年（西元四七一年），拓拔弘見無法求得太后的諒解，自覺無趣，乾脆採取了一個驚人的舉動：將皇位讓給太子拓拔宏，自己當了太上皇。其時，拓拔弘十八歲。這樣一個年輕的太上皇，在中國歷史上是絕無僅有的。

拓拔弘當了太上皇，過著苦行僧一樣的生活。儘管如此，馮太后仍然記恨於他。承明元年（西元四七六年），馮太后以一杯毒酒，結束了拓拔弘的性命。

拓拔宏即帝位，年僅五歲。馮太后成了太皇太后，再次擔負起臨朝聽政的重任。應該說，馮太后是有政治才幹的。她在聽政期間，主持制定了俸祿制、均田制、三長制等，進一步推動了北魏的封建化進程，鞏固了北魏的統治秩序。

馮太后的日常生活比較儉樸，不好華飾，不好美味，唯普通衣服和飲食而已。對待下人也比較寬容，沒有盛氣凌人的架勢。一次，廚師進獻晚粥，粥碗裡意外落進一隻蚰蜒。她剛準備吃粥，發現蚰蜒，嚇了一跳。拓拔宏站在一邊伺候，看到這種情形，勃然大怒，喝令侍衛將廚師推出斬首。馮太后予以制止，笑著說：「算了，廚師又不是故意的，何必小題大做呢？」她有時也發脾氣，甚至命令打人，一打就是幾十鞭子。然而，事過之後很快就忘了，一切如初，該賞賜的照樣賞賜。宮監、宮女熟知太后的秉性，因此樂於聽她使喚，爲她服務。

馮太后對於政敵更是敢於碰硬，毫不手軟。拓拔弘的岳父李惠，曾參與殺害李弈。馮太后懷恨在心，以莫須有的叛國罪，族滅其家。李欣是李惠的同謀，也被處以極刑。《北史》記載：「太后多智，猜忍，能行大事，殺戮賞罰，爲之俄頃，……是以威福兼作，震動內外。」這是符合當時的情況的。

馮太后威福兼作，必然引起一些人的反對。蘭台御史張求、天官寺主持法秀等，忠於死去的拓拔弘，秘密聯絡朝臣，企圖利用一年一度的建醮法會，趁馮太后前往天官寺進香的機會，發動政變，囚禁或殺害馮太后。馮太后提前獲得了政變的情報，先發制人，逮捕所有策劃政變者，全部斬首，夷滅三族，受牽連而被處斬的達三四千人。

馮太后雖說是太皇太后，但年齡畢竟不大，春心依舊蕩漾，所好者唯一「色」字。繼李弈之後，她又嬖愛上王睿、李沖二人。王睿出入臥內，數年便爲宰輔，賞賜無數，金書鐵券，獲得不死之詔。李沖見寵帷幄，賞賜以億萬計。李沖嫁女，馮太后親自主婚，禮儀及陪送的嫁妝勝過皇家公主，時人稱「太后嫁女」。據此，人們懷疑，李沖的女兒，極有可能是馮太后的私生女。

馮太后迷戀男色，最後竟然不顧國格，愛上了南朝齊國的使臣劉纘。劉纘身材魁偉，儀態俊美，風度翩翩。馮太后一見傾心，遂在內宮設宴示愛。劉纘生性風流，樂得與北魏的太后同床共枕。他這樣做，通過大吹「枕邊風」，對於自己完成使命，只有好處沒有壞處。

太和十四年（西元四九〇年），馮太后由拓拔宏陪同，登臨方山（今山西大同北）遊覽。她眺望蒼翠的山巒和清澈的河流，感慨地說：「舜葬蒼梧（今湖南寧遠東南），二妃（指娥皇和女英）不從，豈必遠祔（祔，讀作付，合葬）山陵，然後爲貴哉？吾百歲後，神其安此。」她的意思是自己死後，不必與丈夫拓拔濬合葬，單葬在方山一帶即可。這或許是因爲她變愛的男人很多，死後恥於去見拓拔濬的緣故吧？此後不久，馮太后病死，死年四十九歲。拓拔宏遵其所囑，將太皇太后安葬於方山的永固石室中。

馮妙蓮、馮珊、馮媛
皇姨后妃，姐妹爭寵

北魏孝文帝元宏（原名拓拔宏）是南北朝時期一位出色的皇帝，在位二十八年，大力實行一系列的改革，促進了中國北方各民族的融合，推動了社會的發展。然而，元宏的婚姻生活非常不幸，充滿悲劇色彩。

元宏登基時年僅五歲，馮太后鏟除丞相乙渾，臨朝執政。元宏十餘歲時，馮太后做主，替其納林氏爲妃。林氏，平涼（今甘肅平涼）人。父親林勝曾任平涼太守，因罪被殺。林氏及一個妹妹受到株連，沒入掖庭，充當宮女。林氏姿容艷麗，性格溫柔，因而被馮太后看中，成爲皇妃。一年後，林妃生了兒子元恂，這決定了她的悲慘命運。因爲元恂是元宏的長子，將成太子，按照祖制，立太子必須先殺其母。元宏非常寵愛林妃，央求馮太后手下留情，赦免林妃一死。可是馮太后執意不從，堅持要按祖傳的規矩辦事。可憐的林妃，年紀輕輕，就被毒死。死後謚曰貞皇后。然而，這貞皇后的榮耀，對於她又有什麼意義呢？更無情的是，後來元恂獲罪被賜死，殃及生母，林妃不僅被取消了貞皇后的謚號，而且被追廢爲庶人。林妃若地下有知，她會甘心嗎？

馮太后執意處死林妃別有用心，那就是讓她的侄女當皇后。馮太后的哥哥叫馮熙，官居太傅，位高權重。馮熙的妻子是文成帝拓拔濬的姐姐博陵長公主，生有兩個兒子和一個女兒，女兒叫馮媛。馮熙的愛妾常氏也生有兩個女兒，姐姐叫馮妙蓮，妹妹叫馮珊。北魏馮家，滿門貴盛，爲京城第一豪族。馮妙蓮、馮珊、馮媛三姐妹，花容月貌，青春煥發，更爲馮家增添了光彩。馮家歷來有和皇家聯姻的傳統。馮太后一心想讓自己的侄女成爲皇后，自然不能讓林妃活在世上。

林妃死後，馮太后帶著皇帝元宏，駕幸馮熙府中遊園賞花，並參加馮熙精心籌辦的家宴。宴間，馮太后命馮妙蓮、馮珊、馮媛分別給皇帝敬酒，眞意在於用美色打動皇帝的心。馮家姐妹妖冶秀麗，貌若天仙，舉手投足，盡顯風情。元宏看看這個，瞧瞧那個，不禁心猿意馬，情搖神奪。馮太后詢問元宏說：「我的三個侄女，皇帝看中誰呀？你看中誰，誰就跟你進宮去，可好？」元宏回答說：「三位皇姨，我都喜歡，聽憑太后做主。」馮太后笑著說：「皇帝好大的胃口！喜歡三位皇姨，豈不是要把她們都納入後宮？」

元宏爲何稱馮家姐妹爲「皇姨」呢？這是因爲元宏是馮太后的孫子，馮妙蓮等則是馮太后的侄女，他們之間隔著輩分呢！馮太后考慮，馮媛乃馮熙嫡妻博陵長公主所生，理當成爲皇后，只是馮媛才十三歲，眼下還不宜進宮，作爲權宜之計，可讓馮妙蓮和馮珊先行進宮，以侍奉皇帝。

這樣，經過一番隆重的禮儀，馮妙蓮和馮珊就進了皇宮，俱封貴人。元宏寵愛這兩個貴人，稱馮妙蓮是「風韻自饒，嫵媚艷麗」，稱馮珊是「媚而不佻，靜而不滯」。相比之下，她更寵愛馮妙蓮。因爲馮妙蓮生性輕浮，愛美愛俏，聰敏活潑，善解人意。元宏和她在一起，總有一種難以名狀的樂趣。

馮妙蓮和馮珊得到皇帝恩寵，分沾雨露，生活優裕，歡快無比。可是好景不長，三年後，馮珊因難產玉殞香銷，馮妙蓮也患了咯血病，臥床不起。恰在這時，皇宮裡又來了個絕代美人高氏。高氏，祖籍北海（今山東濰坊），生於高麗（今朝鮮古國之一），因高麗內亂，舉家遷徙龍城（今河北朝陽）。此女年方十四歲，身段窈窕，肌膚雪白，長髮粉面，明眸皓齒，美艷絕倫。元宏歡喜不盡，大加寵幸，柔情蜜意，恩恩愛愛，早將馮家姐妹忘了個乾淨。

馮妙蓮看到皇帝另有新寵，心中無限傷感，病情越來越重。馮太后關心皇帝的身體，命送馮妙蓮回娘家休養。行前，元宏爲之送行，答應等她病癒後仍然接她回宮。

太和十四年（西元四九三年），統治北魏二十多年的馮太后病故，元宏親政。元宏天性純孝，堅持爲太后服喪三年，禁酒斷肉，不近女色。太和十七年（西元四九三年）終喪，太尉元丕等會奏說：「後宮無主，請正內位。」元宏記得，馮太后生前已擇定馮熙的幼女馮媛爲皇后，於是舉行禮儀，迎娶馮媛進宮，正位中宮，立爲皇后。隨後，元宏開始實施他的政治抱負，遷都洛陽，革新鮮卑族舊俗，統一使用漢語穿著漢服，制作禮樂，就連「拓拔」姓也改成了「元」姓。進而，他率兵南征南朝的齊國，力圖統一天下。期間，皇后馮媛給予他有力的支持，率先到了新都洛陽，爲反對遷都的守舊勢力做出了榜樣。

馮皇后端莊嚴謹，不苟言笑。元宏對他是敬有餘而愛不足。這時候，他又想起了馮媛的姐姐馮妙蓮，那個俏麗輕狂的女人，實在讓他著迷。

馮妙蓮回到娘家以後，居住在家廟之中，靜心調養，病情大見好轉。她很快恢復了健康，精力充沛，心情亢奮。她忍受不了獨居之苦，竟與一個侍童勾搭成姦。她的母親常氏體諒女兒的寂寞，非但沒有責備她，反而替她遮掩，甚至提供方便。元宏得知馮貴人身體康復，兌現前言，立即派遣內侍接她回宮。馮妙蓮嚮往皇宮的豪華生活，一腳踢開了侍童，風風光光地到了洛陽。元宏審視心愛的貴人，但見她越顯豐滿，風韻不減。當夜，二人重溫舊夢，大有久別勝過新婚之感。馮妙蓮使出手段，盡力侍奉皇帝，綢繆不盡，情絲綿綿。元宏身心大快，很快封馮妙蓮爲昭儀，使其地位僅次於皇后馮媛。

馮媛和馮妙蓮同父異母，雖是姐妹，但感情況不融洽。在馮媛看來，馮妙蓮乃父親的愛妾所生，屬於「側出」，身分比較低賤。在馮妙蓮看來，自己早於馮媛進宮，深受皇帝寵愛，若非一場疾病，恐怕早就當上了皇后，哪有你馮媛的份？因此，馮媛和馮妙蓮自恃其長，暗中較勁。而今，馮媛是皇后，馮妙蓮是昭儀。按照禮儀，馮妙蓮和其他嬪妃一樣，每月朔望，都要參拜皇后，行執妾禮。馮妙蓮心高氣傲，拒絕參拜皇后，即使在後宮聚會的場合，也裝模做樣，擺出一副桀驁不馴的架勢，意在與皇后平起平坐，不甘低三下四。馮媛看在眼裡，恨在心裡，只是爲了顧全大局，總是一忍再忍，避免和姐姐發生公開的衝突。

馮妙蓮觀察和分析宮中的形勢，意識到自己面臨兩個情敵：一是馮媛，一是高夫人。她奢望能當上皇后，所以必須除去這兩個女人。

馮妙蓮決定各個擊破，先對付馮媛，再對付高夫人。馮妙蓮注重打扮，愛梳時髦的髮式，愛穿別致的衣服，極盡嫵媚之態，以討皇帝的歡心。在皇帝跟前，她大吹「枕邊風」，編造馮媛的各種壞話，讒構百端。謊言重覆多遍就會變成「眞理」。元宏儘管英明，怎奈馮妙蓮天天吹風，夜夜吹風，不由他不上當受騙。太和二十年（西元四九六年），他終於做出決定：廢黜馮媛，貶爲庶人。馮媛鳴冤叫屈，然而這又有什麼用呢？

還是這一年，太子元恂因違聖命獲罪，也被廢去太子名號，貶爲庶人。太子既廢，高夫人所生的兒子元恪成爲新的太子。馮妙蓮有心仿效姑母馮太后，請求撫養元恪，以便日後也能臨朝聽政。其時，高夫人和元恪正在外地，奉元宏之召，返回洛陽。馮妙蓮抓住這個機會，派出心腹宦官，於途中埋伏，出其不意地將高夫人刺殺。元恪少年喪母，自然而然地歸馮妙蓮撫養。

馮妙蓮使用手段，輕而易舉地除去了兩個情敵，也爲正位宮闈掃清了障礙。次年，她如願以償地當上了皇后。

元宏在位的最後幾年，多次率兵南征，多數時間在前線度過。新立的馮皇后獨處深宮，空守帷幄，寂寞難耐，就又犯起了老毛病，公然和宦官高菩薩私通。高菩薩長得高大魁偉，儀表堂堂，其實是個未閹的男人，地地道道的假宦官。馮妙蓮愛高菩薩的雄壯，高菩薩愛馮妙蓮的輕狂。二人開始只是偷偷摸摸，遮人耳目；後來欺他皇帝長年在外，膽子越來越大，公開淫亂，無所顧忌。這對男女自有一些籠絡人心的辦法，利用小恩小惠收買了左右侍從。所以宮監和宮女們樂得睜一隻眼閉一隻眼，聽任他們汙穢宮闈，宣淫縱欲。

元宏有個妹妹，封彭城公主。彭城公主得知馮皇后的淫行，非常氣憤。她是一個寡婦，年齡二十開外，姿色相當美麗。馮熙的兒子也就是馮妙蓮的弟弟馮夙，垂涎彭城公主的美貌，存心想娶之爲妻。彭城公主討厭和憎恨馮家，一口回絕。馮妙蓮依仗皇后身分，強令彭城公主改嫁馮夙，而且擇定了婚期。彭城公主孤立無援，迫不得已，只好女扮男妝，連夜出走，前往汝南（今河南汝南）尋找哥哥皇帝。元宏乍見妹妹，十分驚詫，待詳細詢問，方知皇后逼婚及淫亂之事。他簡直不敢相信自己的耳朵，自己鍾愛的馮妙蓮怎能做出這樣的醜事呢？然而，妹妹說的有根有據，他又不能不信。他經過考慮，決定暫不聲張，先行調查，再作定奪。

馮妙蓮發現彭城公主去了汝南，知道事情不妙，嚇得心驚膽戰，寢食不安。她自覺大禍即將臨頭，頓時一籌莫展，只能去找母親常氏商量。常氏爲救女兒，召來一個巫婆，命她作法，詛咒元宏，許諾說：「只要你能咒死皇帝，保佑皇后臨朝聽政，我即使傾家蕩產，也在所不惜。」

元宏迅速回到洛陽，逮捕了高菩薩及其幫凶雙蒙等人，嚴刑拷問，俱得實情。

這使他精神上受到了強烈的刺激，他萬沒想到，自己寵幸的皇后竟是一個忝不知恥的淫蕩女人。接著，他嚴厲地審問馮妙蓮。馮妙蓮支支吾吾，矢口否認和高菩薩的姦情。元宏命高菩薩前來對質，高菩薩一一招認。元宏斥責馮妙蓮說：「你這個淫婦，事已至此，還有什麼話說？」馮妙蓮面紅耳赤，請求皇帝摒退左右，聽她一人密訴情由。元宏害怕馮妙蓮行凶，命侍衛白整持刀侍立，但要用棉花緊塞耳孔，不許聽到馮妙蓮的聲音。然後，馮妙蓮扭扭捏捏，招認了以往的所有醜惡行徑。

元宏倒是顯得相當的平靜。事後，他召來兩個弟弟，指著馮妙蓮，說：「這個女人，過去是你們的嫂子，現在已是外人，無需迴避。」接著又說：「這個妖婆，恨不得用刀子戳了我，凶狠著哪！你們可簡單地問明情況，但不要爲難她。」沉默片刻，再補充說：「馮家的女人不能廢逐，就讓她在宮裡冷坐著吧。她若有心，自己會死的。你們可別以爲，我對她還有什麼情分。」元宏起身，瞪了馮妙蓮一眼，說：「好自爲之吧。」然後和兩個弟弟離去。馮妙蓮這時才明白自己犯了不可饒恕的過錯，放聲大哭，可惜一切已經太晚了。

馮妙蓮回到自己的宮中「冷坐」。元宏原指望她因羞恥而「自死」的，誰知馮妙蓮偏偏不想「自死」，諸事照舊。一天，元宏派宦官向她詢問一件私事，她愛理不理，說：「我還是皇后，皇帝有事，叫他當面問我，用得著奴才來傳話嗎？」元宏聽了回報，勃然大怒，召來常氏，命她教訓她的女兒。常氏也恨女兒水性楊花，體面全無，拿起棍棒，恨恨地揍了女兒一頓。此後，馮妙蓮被軟禁於宮中，行動不得自由，但皇后的名號一直未廢。

太和二十三年（西元四九九年），元宏在南征途中患病。他自知身心勞瘁，死日將至，召來弟弟、彭城王元勰，囑託後事。他說：「馮后久乖陰德，自絕於天，我死後可令她自盡，葬以后禮，以掩馮門之大過。」說完便駕崩，死年三十三歲。

元勰遵從哥哥皇帝的旨意，命白整給馮妙蓮送去毒藥，令其自盡。馮妙蓮卻不想死，大喊大叫，說：「皇帝愛我，不會叫我自盡，這是諸王存心不良，要殺我。」白整忠實地執行命令，採取強制手段，硬給她灌下了毒藥。她死後，元勰按照皇后的禮儀，將她埋葬，算是「掩」了「馮門之大過」。

當年被廢黜的皇后馮媛早已出家當了尼姑，萬事皆空，心如槁木。她聽說皇帝和馮妙蓮的死訊，只是長嘆一聲，合掌念道：「阿彌陀佛！」這是慶幸？是詛咒？是惋惜？是嘲笑？除她以外，恐怕沒有人能說得清楚。

胡充華

毒殺親生兒子，擅立女嬰為帝

北魏孝文帝駕崩以後，太子元恪繼位，是爲宣武帝。元恪在位期間，北魏經遷都洛陽後的數十年經營，國內形勢趨於安定，統治階級的生活迅速腐化起來。

元恪登基時十六歲，後宮嬪御未備。朝臣們舉薦，太尉于烈之弟于勁的女兒，年方十四歲，德容兼備，宜選入宮。元恪同意，於是于勁的女兒進了皇宮，被封爲貴人。于貴人穩重文靜，溫和寬容，一時大受寵幸。景明二年（西元五〇一年），她被冊立爲皇后。于皇后生了皇子元昌，元昌三歲時夭折。接著，皇宮裡傳出一個驚人的消息：于皇后暴死了。其時，于皇后還不滿二十歲，怎麼會突然暴死呢？宮禁事秘，外人無法知曉。不過，世人都說她是被高貴嬪謀殺了的。

高貴嬪是元恪生母高夫人的侄女。高夫人長得非常美貌，曾經極受孝文帝元宏的寵愛。高夫人的哥哥叫高偃，高貴嬪就是高偃的女兒。高女和她的姑母一樣，天生麗質，妖冶嫵媚。元恪見後，歡喜不盡，迎娶進宮，封為貴嬪。高貴嬪生性嫉妒，既得皇帝寵愛，就容不得于皇后的存在，所以下了毒手。應當說，高貴嬪的手段相當高明，謀殺了于皇后卻沒有留下任何痕跡，以致死無對證，誰也奈何她不得。于皇后死，高貴嬪補缺，順理成章地當了皇后。高皇后正位宮闈，更加嫉妒，獨占皇帝，專房固愛，其他嬪妃稀得進御。這位厲害的皇后，控制後宮七年多，最後死於胡太妃之手。

胡太妃名叫胡充華，史稱宣武靈皇后。她的一生，大起大落，極富戲劇性。

元恪初即帝位的時候，洛陽城內有個姓胡的尼姑到處化緣講道，很有名氣。這個尼姑在化緣講道的同時，經常炫耀她的侄女胡充華，如何如何美貌，如何如何聰穎，乖巧玲瓏，具有大貴之相。她和皇宮的宮監和宮女混得很熟，所以她的炫耀很快傳到了皇帝的耳朵裡。元恪感到好奇，命尼姑帶領胡充華前來見面。及至見面，果然名不虛傳，胡充華的姿色、秉性確實非比一般。元恪大喜，即將胡充華留在後宮，封為世婦，時時御幸。不久，胡充華懷孕了，這給她的飛黃騰達提供了機遇。

當時，元恪尚無子嗣。他得知胡充華懷孕，內心充滿喜悅，因為有了兒子，就等於有了太子。北魏祖傳的規矩是立太子先殺其母，所以嬪妃們都很畏懼，不願首先懷孕生子。胡充華的見識高人一等，說：「姐妹們的想法不合情理，我們怎能害怕自身一死，而令皇帝斷絕子嗣呢？」別人勸她考慮懷孕生子的後果。她不予理會，相反常常幽夜獨誓，祈求上蒼賜給她一個兒子，若此，自己即使一死，恰也值得。

胡充華臨盆，果然生了個兒子。元恪欣喜萬分，替兒子取名叫元詡，親自挑選最可靠最穩當的保姆予以看護和照料。不久，元恪立元詡爲太子。他第一次打破了北魏祖傳的規矩，不僅沒有殺害胡充華，反而將她晉升爲貴嬪。

延昌四年（西元五一五年）正月，三十三歲的元恪病死。太子元詡繼位，是爲孝明帝。元詡時年六歲，尊高皇后爲皇太后。這時，高太后又搬出祖制，企圖將胡充華處死。中給事劉騰等人保護胡充華，將她藏到別處，並派重兵保護，使之倖免於難。時過一月，元詡尊胡充華爲皇太妃，她又公開露面。這時的胡充華已非昔日的胡充華。她是皇帝的生母，擁有皇太妃的尊號，再不畏懼任何人。她督促兒子皇帝，頒發一道聖旨，廢了高太后，命其到瑤光寺爲尼姑，接著又以天文有變、后妃當禍爲藉口，派人將高太后毒死。八月，胡太妃搖身一變，成爲皇太后，並臨朝稱制，掌握了國家的最高權力。開始，朝臣稱她爲「殿下」，稱其旨意爲「令」。進而，改「殿下」爲「陛下」，改「令」爲「詔」。她自己則稱「朕」，儼若一個女皇帝。

一朝權在手，便把令來行。胡太后親覽萬機，手筆斷決，很有一些政治才幹。她無視女人不得參與祭祀祖先的傳統禮儀，堅持到祭禮現場，以布幔自障，觀看皇帝和大臣的祭祀活動。她改葬元恪的生母高夫人，禮儀本應由元詡主持，而她堅持由自己主持，引起了許多人的異議。她有多種愛好，愛出宮訪察民情，愛登山遊覽風景，愛參加歌舞宴會，愛當面策舉孝廉，愛評論官員政績，愛組織臣僚賦詩，等等。這些，都給古板的朝廷帶來了一定程度的鮮活氣象。

最有趣的是這位太后還擅長射箭，箭技當屬一流。一次，胡太后駕幸西林園，突然命侍臣比試射箭，獲勝者重賞。侍臣射罷，她亦來了興致，命在遠處懸一銅錢，作爲射的，然後引弓搭箭，弓響箭飛，竟然準確無誤地射中了錢孔。侍臣歡呼雀躍，她也洋洋得意。還有一次駕幸雞頭山，她又射興大發，從頭上取下一支玉簪作爲射的，命文武百官和侍衛們比試射箭，誰射中玉簪，玉簪就歸誰。玉簪乃太后頭上的飾物，至爲神聖，誰敢膽大包天，射中射的？最後還是太后親自引射，一箭就射中了。眾人高呼萬歲，聲浪震撼山谷。

胡太后好玩好動，有時還愛搞點惡作劇，戲弄朝臣。一次，她帶領皇帝、嬪妃、公主、朝臣一百多人，參觀皇家儲存錢帛的倉庫——左藏，但見錢帛堆積如山，五光十色。她一時興起，命令眾人說：「你們都去背帛背絹，背多背少，那些帛絹就是你們的。」命令一下，大家爭先恐後，紛紛攘攘，搶著背負上等帛絹，最多的竟背了二百多匹，少的也背了一百多匹。唯有兩人例外，一是長樂公主，背了二十匹；一是侍中崔光，背了兩匹。胡太后詢問二人爲何不多背一些。二人回答說：「分外之物，取之不義。」胡太后欣賞二人的品行，大加稱讚。陳留公李崇和章武王元融，貪圖小利，拼命多背，結果摔倒在地上，一人扭了腰，一人崴了腳。胡太后大罵二人沒有出息，有傷體面，命將他倆背的帛絹予以沒收，以示懲戒。

胡太后也有胡太后的煩惱，那就是她盛年寡居，難耐宮闈寂寞。好在她有權有勢，尋找情侶極爲容易。最早，她和大將楊大眼之子楊白花私通，歡情無限。可是，楊白花突然投奔了南朝，二人間的私情就此了斷。接著，她又愛上皇叔、太尉元懌，明來暗去，形如夫妻。這本來並不算什麼大事，然而權臣元叉和宦官劉騰卻據此大做文章，認為胡太后行為淫亂，有辱母儀，公然發動政變，逮捕太后，並逼她歸政於皇帝元詡，然後將她囚禁於北宮，嚴加看守。太后的情夫元懌，則被處死。

胡太后臨朝多年，培植了許多爪牙親信。他們積極活動，全力挽救主子。僧敬、張車渠、奚康生等，企圖謀殺元叉和劉騰，復奉胡太后臨朝。但他們的力量太小，沒有成功，自己反而被殺害。

眨眼間數年過去，胡太后遭囚禁，有點灰心，但沒有絕望，隨時準備東山再起。孝昌二年（西元五二六年），劉騰死了。元叉得意忘形，防範北宮有所鬆懈。一天，元叉外出遊獵，胡太后買通侍衛，召來兒子元詡，以出家為尼相威脅，騙得元詡的同情。元詡解除了對母親的囚禁。胡太后重獲自由，立即和丞相元雍等密議，設計奪了元叉的兵權，隨之又免了元叉的官職，削籍為民。

胡太后再次臨朝，賜死元叉，戮屍劉騰。幾年的囚禁生活，使胡太后吃盡了苦頭，倍感權力的重要。她決心利用權力，盡情喜樂，彌補昔日的損失。她又變愛上了三個情夫：鄭儼、李神和徐紇。鄭儼穢亂宮掖，勢傾海內。李神和徐紇恃寵弄權，十二年內，位總禁要。《北史》記述當時的情況是：胡太后「手握王爵，輕重在心，宣淫於朝，為四方之所穢」，致使「朝政疏緩，威恩不立，文武解體，所在逆亂，土崩魚爛」。表明北魏曾經出現過的清平景象已不復存在。

這時，元詡已經長大成人。母后熱衷於把持權力，使他感到不滿；母后的淫行穢事，更使他感到難堪。這種不滿和難堪必然會流露出來，聰明的胡太后豈能沒有覺察？漸漸的，她對兒子產生了戒心，尤其憎恨兒子身邊的親信。密多、谷會、紹達等人，都是元詡的近侍。胡太后略施手段，便將他們一一殺害。這樣一來，胡太后和元詡之間，母子不和，嫌隙屢起，矛盾越來越深。

鄭儼爲人詭詐。他擔心胡太后有朝一日歸政於元詡，自己必有殺身之禍，因而積極鼓動胡太后率先下手，殺害元詡，另立一個小皇帝，以便長久地臨朝稱制。胡太后權迷心竅，同時也恨元詡，完全同意鄭儼的意見。孝昌四年（西元五二八年），胡太后得知元詡致信豪酋爾朱榮，欲借爾朱榮之手奪回權力。她赫然震怒，決定毒殺親生兒子。恰恰元詡的潘妃生了個女兒，胡太后借此大做文章，謊稱潘妃生的是皇子，大赦天下，改元武泰。一個月後，她以一杯毒酒，結果了元詡的性命，對外則宣稱皇帝得暴病而死。次日，她懷抱潘妃所生的女嬰登上皇位，煞有介事地宣布說：「太子即位，百官跪拜。」文武大臣不明底細，一起跪地，高呼萬歲。此後數日，就在人們慶賀新帝登基的時候，胡太后又頒下聖旨，說前些天所立的不是皇子而是皇女，皇女不能繼承大統，今宜更擇嗣君。更擇的結果，不滿三歲的臨洮王元釗被立爲皇帝。數日之內，皇女變皇子，又是大赦，又是改元，新帝登基，百官朝賀，忽然皇子又變成皇女，更擇新帝。這眞是曠古奇聞，荒唐透頂，世人無措，天下愕然。

胡太后毒殺皇帝，玩弄朝政，激起天怒人怨。爾朱榮得知洛陽的變亂，統領大軍，渡過黃河，直撲京城。胡太后沒有料到這種情況，嚇得心慌意亂，無計可施，帶領宮眷，削髮爲尼。四月，爾朱榮兵進洛陽，活捉了胡太后和元釗。胡太后懷著求生的欲望，要向爾朱榮訴說事情的原委。爾朱榮拂衣而起，厲聲說：「少得囉嗦！」他命將胡太后和元釗扔進黃河，活活淹死。

威風一時的胡太后死得很不光彩。以此爲轉折，北魏走上了衰亡之路。

乙弗氏和郁久閭氏

「百萬之衆為一女子舉也」

北魏後期，各種矛盾激化，導致了國家的崩潰。西元五三四年，這個腐朽的政權發生分裂：豪強高歡擁立元善見爲皇帝，建都鄴城（今河北臨漳西南），史稱東魏；宇文泰擁立元寶炬爲皇帝，建都長安（今陝西西安），史稱西魏。

西魏文帝元寶炬是京兆王元愉的兒子，曾封南陽王。他在爲王期間，已經立了乙弗氏爲王妃。乙弗氏出身顯貴。她的先祖爲西北地區少數民族吐谷渾的酋帥，居青海，號青海王。她的祖父歸附北魏，官拜定州刺史，封西平公。其後，三代皆尙北魏公主，成爲外戚世家。她的父親乙弗瑗當過兗州刺史，母親爲北魏孝文帝元宏之女淮陽長公主。乙弗氏從小嬌生慣養，聰明文靜，人見人愛。長大後，更是姿色出眾，清純鮮麗，光彩照人。當時，元寶炬爲皇家貴冑，乙弗氏爲豪門佳麗，雙方家長一撮合，這對青年男女遂成就了美好姻緣。乙弗氏成爲王妃，生了兒子元欽，更見寵愛。元寶炬當了皇帝，乙弗氏理所當然地成爲皇后，元欽成爲太子。乙弗皇后雖然貴崇，但是性好節儉，不愛奢侈，吃的是粗茶淡飯，穿的是普通衣服，絕少珠寶珍玩。她還寬容大度，沒有女人常有的那種刻薄和嫉妒。因此，元寶炬非常敬重自己的皇后。

敬重歸敬重，喜新厭舊是皇帝的通病和本性。此後，西方蠕蠕族酋帥阿那環勢力強大，不斷向東方擴展地盤，屢犯東魏和西魏的邊境。東魏和西魏的國力有限，爭相結交阿那環，互通婚姻，以示友好。元寶炬尤爲積極，將一宗女封作公主，嫁給阿那環的弟弟塔寨；阿那環則將長女郁久閭氏嫁給元寶炬，條件是郁久閭氏必須成爲西魏的皇后。元寶炬得知郁久閭氏容貌姣美，且有才智，欣然同意，並派扶風王元孚爲使臣，前往迎接郁久閭氏。

元孚奉旨，迎接郁久閭氏歸魏。蠕蠕族習俗，以東向爲貴。所以一路上安營紮寨，郁久閭氏的帳篷，門都東向，問事和進食，也一律面東而坐，絕不含糊。她的嫁妝有大車七百乘，駿馬萬匹，駱駝千隻，服飾珍玩無數。這是一支高貴而豪華的迎親隊伍和送親隊伍，浩浩蕩蕩，蔚爲壯觀。及入魏境，元孚請示郁久閭氏說：「中原習俗，以南向爲貴，你是否面南而坐呀？」郁久閭氏回答說：「不！我未見魏主，還是蠕蠕族的女子，還得面東而坐。」元孚領略到郁久閭氏的倔強和固執，搖頭苦笑，無言以對。

郁久閭氏到達長安。這時，元寶炬面臨一大難題。他已答應阿那環，郁久閭氏嫁給自己，必須立爲皇后，而事實上，他早就立了乙弗皇后，此事如何處理？他權衡利害得失，覺得郁久閭氏年輕貌美，且是公主，其父阿那環統治著蠕蠕族，實力強大，得罪不起，自己要在乙弗氏和郁久閭氏二人間選其一，只能選後者而棄前者。因此，他作出決定：廢黜乙弗皇后，令其出家爲尼；改立郁久閭氏爲皇后，由其正位中宮。

郁久閭皇后時年十四歲，驕奢刁蠻，猜忌嫉妒。她對已經出家爲尼的乙弗氏仍不放心，必欲將之置於死地，方能徹底消除隱患。爲此，她多次想殺害乙弗氏，只是措施不力，未能得手。元寶炬還算有點良心，設法保護原皇后。爲安全起見，他命乙弗氏遷居秦州（今甘肅天水），同其兒子武都王元戊一起生活。元寶炬對於乙弗氏還是懷有感情的，悄悄命她蓄髮，允諾時機成熟時仍然接她回宮。

元寶炬牽掛和關照乙弗氏，引起了郁久閭皇后的極度不快。大統六年（西元五四〇年），她派人密告父親，要他統率大軍，進攻西魏，施加壓力，迫使元寶炬處死乙弗氏。阿那環容不得女兒受半點委屈，果然率領十餘萬兵馬，號稱百萬，侵犯魏境，勢如破竹。大軍壓境，元寶炬慌了手腳，無可奈何地說：「豈有百萬之眾爲一女子舉也？」

他無力抵抗岳父阿那環的進攻，迫不得已，只好答應要求：派中常侍曹寵持聖命，去秦州，令乙弗氏自盡。乙弗氏一肚子怨屈，哭泣著對曹寵說：「但願至尊享千萬歲，天下康寧，死無恨矣！」她喚來兒子元戊，與之訣別，神情悲苦，話語淒愴，左右侍從垂涕，莫敢仰視。接著，她親手爲數十名侍女削髮，讓她們出家爲尼。最後進入內室，以棉被蒙頭，窒息而死，死年三十一歲。

乙弗氏死了，郁久閭皇后達到了目的。她實指望長久地坐穩皇后的寶座，可是做賊心虛，反覺心神不寧。不久，她懷孕即將臨盆，常做惡夢，所夢都是乙弗氏披頭散髮，帶領一幫面目猙獰的惡鬼，向她索命。每次夢醒，她都是大汗淋漓，心驚肉跳。這一天，她終於生小了孩子，她也死了。孩子是男是女，她不知道。是年，她才十六歲。

李祖娥

身陷淫窟，飽受凌辱

西元五五〇年，東魏的權臣高洋廢黜東魏孝靜帝元善見，自立爲帝，改國號爲齊，史稱北齊。高洋即爲北齊文宣帝。這個皇帝狂暴昏悖，荒淫無恥，嗜酒好色，酒勁上來，往往人性泯滅，獸性大發，什麼樣的壞事和醜事都做得出來。

高洋是鮮卑族人，東魏時曾封太原公。期間，趙郡（今河北趙縣）漢族人李希宗有個女兒叫李祖娥，德容兼備，被高洋看中，娶爲妻子。大概是民族不同的緣故，高洋對於李祖娥相當敬重，夫妻關係還算和睦。高洋當了皇帝，將立皇后。臣屬異口同聲，聲稱李祖娥是漢族女子，不能成爲國母。但是，高洋考慮李祖娥是嫡妻，力排眾議，堅持將她立爲皇后。皇后，名號是尊貴的。然而，由於高洋的荒唐，把富麗的皇宮變成汙穢的淫窟，致使李皇后非但沒有享受到任何榮耀，反而飽受了凌辱，最後不得不出家爲尼。

高洋稱帝以後，宣淫縱欲，忝不知恥。他侮辱庶母爾朱氏，爾朱氏不從，他憤怒地將爾朱氏殺死。他姦淫嫂子元氏，理由是「我兄曾姦我婦，我今需要報復」。他將高姓的女子聚集於宮中，慫恿部下隨意強暴，而且自作示範，引爲笑樂。他的生母婁氏斥責兒子傷風化，亂人倫，必遭天譴。他勃然大怒，狠狠地鞭笞婁氏一頓，甚至揚言要將婁氏改嫁胡人。

高洋天生淫心，凡他看中的女人，無一能逃脫魔掌。清河王高岳嬖愛一個姓薛的妓女，薛女饒有姿色，輕狂放蕩。高洋發現，硬是將薛女搶入宮中，朝夕歡娛，樂不可支，立刻封她爲嬪。薛嬪有個姐姐，長相也很媚麗。高洋一併將之納入後宮。薛氏姐妹雙雙得寵，以爲有了身價，懇請皇帝封她們的父親爲司徒公。高洋寵幸薛氏，只是爲了發洩獸欲，哪會恩及她們的家庭？一次酒後，他莫名其妙地下令，用鋸子將薛嬪的姐姐鋸死，隨後又肢解其屍體，扔於荒野。

又有王氏姐妹，姐姐已嫁丈夫崔修。妹妹風姿綽約，被高洋納入後宮，封爲嬪。姐姐一次進宮看望妹妹，高洋遂將姐姐姦淫。更甚者，他還多次前往崔修家中，當著崔修的面淫辱其妻。崔修不敢冒犯皇帝，甘心受辱。因此，高洋破格提拔崔修爲尚書郎。

還有大臣段韶之妹，花容月貌，多才多藝。高洋一道旨意，並令段韶將妹妹送進皇宮。段韶的妻子元氏送小姑子進宮，嘻嘻哈哈，要鬧洞房，玩笑開得大了些。高洋懷恨在心，一次竟對段韶說：「我會殺了你老婆！」段韶回家告訴妻子。元氏嚇得丟魂失魄，只能逃到高洋生母婁太后處尋求庇護，藏匿數年，直到高洋死後才敢露面。段韶的妹妹憑著姿色和才藝，一度深得高洋的寵愛，被封爲昭儀。

皇后李祖娥生活在這樣一個環境裡，面對的是這樣一個丈夫，耳聞目睹，盡是汙濁和齷齪的穢事，她內心的痛苦是可以想見的。高洋雖然敬重皇后，而對皇后的家人，卻是無禮之至。一次酒後，他踉蹌著闖進岳母家中，嚇唬李皇后的母親，以箭射她的面頰，又無端地抽了她一頓馬鞭。李皇后的姐姐是魏親王元昂的王妃，姿容端整，很有風韻。高洋垂涎李姐的美貌，幾次藉故去元昂府中過夜，恣意調戲李姐。後來，他一心想將李姐納入後宮，封爲昭儀，但又顧忌元昂，計無所出。爲了達到目的，他乾脆宣召元昂進宮，一陣亂箭，將其射殺。李姐在府中設置靈堂，祭奠丈夫。高洋急不可待，假裝前去弔唁，就在靈堂，強行地將李姐姦汙了。李皇后得知事情的原委，忍無可忍，去找婁太后，表示願意讓位於姐姐。婁太后出面干預，高洋這才打消了封李姐爲昭儀的念頭。

天保十年（西元五五九年），高洋因淫樂過度而一命嗚呼。太子高殷繼位，是爲北齊廢帝。李皇后移居昭信宮，稱昭信皇后。一年後，高洋的弟弟高演毒殺了高殷，自己稱帝，是爲北齊孝昭帝。兩年後，高演病死，高洋的另一個弟弟高湛繼位，是爲北齊武成帝。

這個高湛和高洋一樣荒淫無恥。他登基後，威逼李皇后淫亂，凶狠地發話說：「若不許我，必殺汝子！」

李皇后的兒子叫高紹德，時封太原王。李皇后爲了兒子，只能含羞忍辱，委身於小叔子皇帝。不久，李皇后懷了身孕。高紹德回家看望母親。李皇后自覺羞恥，避而不見。高紹德不能體諒母親的苦衷，譏諷說：「你當我不知道嗎？你是肚子大了，不敢見我。」李皇后聽了兒子的話，又羞又愧，無地自容。後來，她生了個女兒，卻不報告高湛，含羞將其溺死。

高湛得知其事，暴跳如雷，手握鐵鋸，怒斥李皇后說：「汝殺我女，我何不殺汝兒？」說罷，他召來高紹德，當著李皇后的面，將其活活打死，李皇后發瘋似的大喊大叫，撲向兒子的屍身。高湛愈加震怒，扒光李皇后的衣服，掄起馬鞭，猛打猛抽，直打得李皇后遍體鱗傷，鮮血淋漓，暈死過去。高湛以爲她死了，命人將她裝進絹袋裡，載出皇宮，扔進一條水渠……

然而，李皇后生命頑強，並沒有斷氣。有個好心的老人救了她，使她漸漸康復。李皇后從切身經歷中深刻地感受到了皇宮的血腥和恐怖，萬念俱灰，了無生趣。在一個月黑風高的夜晚，她走進妙勝寺，當了尼姑，以擺脫塵世的恥辱和痛苦。

封建社會的后妃，無一不是帝王的玩物。帝王對於她們，喜則淫之，怒則鞭之，厭則棄之，恨則殺之。這在北齊的後宮中，有著血淋淋的例證。

楊麗華、朱滿月、元樂尚、陳月儀、尉遲繁熾

五位皇后，四個尼姑

北周是鮮卑族宇文氏奪取西魏天下而建立的地方政權。北周前三個皇帝是三兄弟：孝閔帝宇文覺、明帝宇文毓、武帝宇文邕。第四個皇帝是宇文邕之子宇文贇（贇，讀作雲），是爲北周宣帝。此人在位時間不足一年，但所立皇后之多，堪居歷代帝王之最。

武帝宇文邕朝，宇文贇被立爲太子。太子納妃，娶的是杜國大將軍、大司馬楊堅的女兒，名叫楊麗華。楊麗華出身於官宦世家，年輕貌美，很受宇文贇的寵愛。但是，宇文贇又不可能只愛一個女人，他要尋求新的刺激。其時，東宮裡還有許多標致的女子。他興之所致，隨意召幸了兩人：朱滿月和元尚樂。朱滿月，吳郡（今江蘇蘇州）人，其父因罪被殺。元尚樂，洛陽人，其父元晟官職不高。朱、元二女同歲，同年入宮當宮女，同時負責太子的飲食起居。宇文贇占有貼身的宮女，可以說是近水樓臺先得月，得來全不費功夫。朱滿月得幸，懷孕生子宇文闡，身價大大提高。元尚樂跟朱滿月相好，跟著沾光。二人同時成了宇文

贇的合法妻子。

宣政元年（西元五七八年）六月，宇文贇當了皇帝。一月後，冊立楊麗華爲皇后，封朱滿月和元尚樂爲皇妃。宇文贇爲帝，追求享樂，耽於酒色，連例行的早朝都懶得舉行。當時還是南北朝時期，除北周外，另有陳朝、後梁、高昌諸國。宇文贇自我吹噓自我陶醉，認爲自己是天下第一皇帝，所以自稱天元皇帝。他稱天元皇帝，皇后楊麗華則稱天元皇后。

宇文贇荒廢政務，全部心思放在花樣翻新方面。古書上有「坤儀比德，土數唯五」一句話。據此，宇文贇崇尚「五」這個數字，認爲它是吉祥、福瑞的象徵，凡事必須有「五」。那麼，推及到後宮，他決定同時立五位皇后。次年，宇文贇自稱天元大皇帝，楊麗華稱天元大皇后。朱滿月和元尚樂也成爲皇后，分別稱天元帝后、天皇后、天大皇后和天右皇后、天右大皇后。另外新立兩個皇后：陳月儀爲天中大皇后，尉遲繁熾爲天左大皇后。

陳月儀，穎川（今河南開封）人，大將軍陳山提之女，因姿色姣美應選入宮，受封德妃。尉遲繁熾，蜀國公尉遲迥的孫女。她已嫁西陽公宇文溫，一次以宗婦身分進宮拜謁皇后。宇文贇見其美貌，留於宮中，逼而淫之。接著，宇文贇借故殺了宇文溫全家，獨獨留下尉遲繁熾，封爲貴妃。爲了湊夠「五」，宇文贇晉升陳德妃和尉遲貴妃爲皇后。

宇文贇同時立五位皇后，只是別出心裁，沒有任何實質性的意義。五位皇后中，楊麗華秉性柔婉，心地寬宏，不忌不妒，享有崇高的威信。但是，宇文贇昏暴乖戾，喜怒無常，動輒大發脾氣，斥責皇后。一次因一件小事，宇文贇又火冒三丈，要將楊麗華治罪。楊麗華自覺問心無愧，據理陳說，舉止泰然。不想，楊麗華越是不亢不卑，宇文贇越覺得惱火，最後竟莫名其妙地要將楊麗華賜死。好心的宮女迅速跑出宮去，把情況報告楊麗華的父親楊堅和母親獨孤氏。獨孤氏慌忙入宮，跪地向女婿請罪，叩頭流血。宇文贇這才消了火氣，收回了成命。

大成元年（西元五七九年）二月，宇文贇突然決定禪位於年僅七歲的太子宇文闡，於次年五月病死。他所立的五位皇后頓時成了寡婦，境遇淒涼。五人中，除了楊麗華外，其餘四人都看破紅塵，先後出家，當了尼姑。朱滿月號法淨，元尚樂號華勝，陳月儀號華光，尉遲繁熾號華道。佛龕青燈，木魚聲聲。她們只能憑藉這些，麻醉和解脫自己，打發難挨的時光。

獨孤伽羅
性尤妒忌，並非爭風吃醋

西元五八一年，北周勛戚權臣楊堅受禪稱帝，建立隋朝，是爲隋文帝。隋朝新建一座大興城（今陝西西安）作爲國都，奠定了唐朝長安城的基礎。西元五八九年，隋朝滅陳朝，從而結束了東晉以來的分裂局面，中國重新歸於統一。

隋文帝皇后是鮮卑族人，複姓獨孤，名伽羅。獨孤伽羅的父親獨孤信是北周的大司馬，姐姐是北周明帝宇文毓的皇后，女兒是北周宣帝宇文贇的皇后，一家顯貴之盛，莫與爲比。獨孤伽羅十四歲的時候，長得亭亭玉立，端莊秀媚，而且性格溫和，謙恭有禮，被父母視爲掌上明珠。獨孤信經過再三挑選，選定隋國公楊忠之子楊堅作爲女婿，鄭重地把女兒嫁到了楊家。楊堅智勇兼備，文武雙全。新婚之夜，英雄美人，天作地合，恩愛無比。楊堅信誓旦旦向獨孤伽羅許諾說：「今生今世，除你以外，我絕不再愛別的女人，誓無異生之子。」獨孤伽羅深感幸福，從此全身心地支持丈夫的事業，同甘苦，共患難，殫精竭慮，無怨無悔。

北周末年，宮廷鬥爭異常尖銳。獨孤伽羅叮囑楊堅說：「大事如此，騎獸之勢，必不得下，唯有堅持，方能笑到最後。」楊堅因此受到鼓舞，沉著冷靜地應付各種複雜局面，最終奪得了的政權，建立了隋朝。

隋文帝開國，獨孤伽羅理所當然地成爲皇后。獨孤皇后內擅宮闈，外預朝政，表現出了一定的才幹。隋文帝遵守承諾，除皇后外，「虛嬪妾之位，不設三妃」。這使獨孤皇后非常感動，須知至尊至貴的皇帝能這樣做，那是很不容易的。她無微不至地關心和照料丈夫的生活，每天總是按時陪送丈夫臨朝，迎接丈夫退朝。隋文帝遇有難決之事，徵詢皇后的意見。她隨時匡諫，別有見地，所言皆合皇帝的心意。因此，隋朝開國之初，萬象更新，人們並稱皇帝和皇后爲「二聖」。

獨孤皇后主持後宮事務，通情達理，深明大義。隋文帝總結北周因奢靡而亡的教訓，說：「自古帝王，未有奢侈而長久者。」獨孤皇后完全贊同丈夫的觀點，崇尚節儉，並以身作則，率先垂範。一次，突厥進貢一匣明珠，價值八百萬緡錢。幽州總管陰壽，勸她將明珠留於宮中，供自己使用。她說：「這種華貴珠寶，不是我所需要的。現在，百業待舉，百廢待興。我看，不如將明珠賣掉，獎賞那些有功的將士。」又一次，隋文帝治病，需用胡粉一兩，尋遍整個皇宮，也沒有尋到。這表明，獨孤皇后治理後宮，注重「簡樸」二字，皇宮中根本沒有胡粉之類的稀罕之物。

獨孤皇后管束外戚至爲嚴厲。她的兄弟中，沒有人靠裙帶關係而飛黃騰達的，自然也就不存在外戚干政弄權的問題。她的表兄崔長仁，違法當死。隋文帝顧及皇后的情面，欲赦其罪。獨孤皇斷然地說：「國家之事，焉可顧私？」結果，崔長仁被斬首伏法。

獨孤皇后全心全意地輔助丈夫，隋初出現的「開皇之治」，自有她的一份功勞。她爲隋文帝生了五個兒子：楊勇、楊廣、楊俊、楊秀、楊諒。隋文帝喜愛這些兒子，一次曾心得意滿地說：「前世天子，溺於嬖幸，嫡庶忿爭，遂有廢立，或至亡國。朕旁無姬侍，五子同母，可謂眞兄弟也，豈有此憂哉？」

隋文帝和獨孤皇后感情篤厚，那是因爲隋文帝當初的誓言在起作用。隋文帝遵守誓言，唯皇后正室，旁無私寵。獨孤皇后認爲夫妻關係至爲神聖，雙方應當相親相愛，絕對忠誠。可是突然有一天，情況發生了讓人意想不到的變化。

大凡皇帝，無不自私，無不好色。隋文帝也不例外，天下至尊的地位和權力，決定了他不可能有專一的愛情觀念和婚姻觀念。一次，隋文帝駕幸仁壽宮（今陝西麟游縣境），發現一名宮女尉遲氏，身材修長，面如滿月，柳眉杏眼，唇紅齒白，而且談吐不凡，鶯語燕聲。他被她的姿色和氣質所迷，當夜召幸，卿卿我我，極盡男女之歡。隋文帝回京師，亦將尉遲氏帶回大興城，別宮安置。獨孤皇后很快知道了這件事，經打聽，知道尉遲氏乃叛臣尉遲迥的孫女，尉遲迥死後，尉遲氏被沒入宮掖，充當宮女。她意識到，皇帝寵幸叛臣的孫女，那是一件很危險的事情，尉遲氏若起歹心，謀害皇帝，讓人防不勝防。因此，她趁隋文帝上朝的時候，果斷地派人將尉遲氏殺了。

隋文帝退朝，發現獨孤皇后殺害了心愛的新寵，怒氣沖天，卻又無從發洩，只得騎了一匹大馬，馳出宮去，不擇路徑，信馬狂奔，一股氣馳了三十多里，進入了怪石嶙峋的終南山（今陝西西安南）……

皇帝生氣出走，獨孤皇后嚇壞了。她召來大臣高熲（熲，讀作炯）和楊素，並說了事情的原委。高熲和楊素心急火燎，飛馬緊追，直抵終南山下，找到皇帝，勸其回宮。隋文帝唉聲嘆氣，說：「朕貴爲天子，竟不得自由，眞是……」高熲和楊素含笑勸解，無非是「女人家，頭髮長見識短，皇上不必計較」之類的老話。他們在山中待了一天，半夜時分才回到皇宮。這時，獨孤皇后還坐在燈下，苦苦等待，見了皇帝，流淚請罪。高熲和楊素好說歹說，促使隋文帝怒氣稍解，端起酒杯，一陣痛飲。

這件事給予獨孤皇后強烈的刺激和打擊。她體認到，封建的禮教綱常只是針對女人而言，帝王法定一夫多妻，自己無力改變這種制度。自己的丈夫儘管有山盟海誓，但卻沒有任何意義，面對撩人的美色，他會把誓言忘得乾乾淨淨。她由此感受到了人情的淡薄和虛假，內心十分痛苦，一下子變得蒼老了許多。仁壽二年（西元六〇二年），獨孤皇后懷恨而死，死年五十九歲。

正統的史學家記述獨孤皇后，總愛稱她爲「妒婦」，說她「性尤妒忌」。這恐怕有失公允。在隋文帝和獨孤皇后的婚姻生活中，隋文帝負心，獨孤皇后癡情，虧理的是前者而非後者。隋文帝寵幸尉遲氏，是帝王的本性所致，違背了當初所發的誓言。獨孤皇后殺害尉遲氏，可以說是一種政治行為，旨在維護皇帝的健康和安全。獨孤皇后死後，隋文帝立即「置貴人三員，增嬪至九員，世婦二十七員，御女八十一員」，完全恢復了傳統的后妃體制，以致縱欲過度而染病。病危之際方有悔悟，說：「假若皇后健在，朕何至於此？」由此可見，獨孤皇后之「妒」，不應理解為女人的爭風吃醋。她嚴格要求和約束丈夫，只是希望丈夫遵守承諾，體現了一種坦誠，一種關愛，一種責任，絕不是一個「妒」所能概括的。

獨孤皇后生前的行為也有失當之處，那就是過分溺愛次子楊廣。隋文帝開國後，即立長子楊勇為太子。楊勇既有「寬仁和厚」的優點，又有「率意任情」的缺點，但無「矯飾之行」，比較誠實。隋文帝和獨孤皇后為之納妃元氏，而他卻偏愛姬妾雲氏。獨孤皇后歷來反對男人多寵，由此對楊勇產生了偏見。元氏突發心臟病而死，獨孤皇后竟懷疑太子殺害了太子妃。相比之下，楊廣善於偽裝，為了奪取太子之位，極盡矯柔做作，以騙取父母的歡心，進而全力攻擊和詆毀楊勇，甚至誣衊楊勇蓄意殺害自家兄弟。獨孤皇后溺愛楊廣，絕對相信楊廣的話，所以多次鼓動隋文帝廢長立幼，改立楊廣為太子。同時指使丞相楊素等人，提出廢立太子的動議。開皇二十年（西元六〇〇年），隋文帝受到來自各方面的蠱惑，貿然地頒布聖旨，宣布說：「太子之位，實為國本，若非其人，不可虛立。皇太子勇，仁孝無聞，親昵小人，委任奸佞，著廢為庶人。」楊勇遭到軟禁，想要申辯，卻無法見到父親，一次只能爬上大樹，向著皇宮方向，大喊冤屈。楊素等趁機誣陷說：「楊勇神智昏亂，似癲鬼附身，顯然是不可救藥了。」就這樣，楊勇被廢，楊廣如願以償地當了太子。

獨孤皇后死後，隋文帝廣置後宮，特別寵幸宣華夫人陳氏和容華夫人蔡氏。陳氏乃南朝陳宣帝陳頊之女，聰穎敏慧，姿藝無雙。陳朝滅亡，她被擄掠至大興城，隋文帝一見傾心，楊廣亦垂涎三尺。獨孤皇后死，隋文帝立刻將陳氏納入後宮，封爲貴人，號稱宣華夫人。宣華夫人一時專房擅寵，主斷內事，六宮莫與爲比。蔡氏也因饒有姿色，得到隋文帝的寵愛，號稱容華夫人。

仁壽四年（西元六〇四年）四月，隋文帝最後一次駕幸仁壽宮，宣華夫人、容華夫人和楊廣等隨行。是年，隋文帝六十四歲，突然患病，而且病情非常嚴重。楊廣大喜，一面透過楊素，加快籌備登基即位事項；一面淫性大發，意欲逼姦庶母宣華夫人。宣華夫人不從，把情況報告了隋文帝。隋文帝這時方才看清了楊廣的眞實面目，說：「畜生何堪付大事？獨孤皇后誤我！」他又想到被廢的楊勇，說：「眞是冤枉了我兒啊！」

然而，這已無濟於事了。凶惡的楊廣指使親信張衡，殺害皇帝。隨著一聲慘叫，隋文帝命歸西天，鮮血飛濺，以致病榻前的屏風都被染紅了。

宣華夫人和容華夫人被隔離在另外的房間裡。楊廣派人通知她們說：「皇上駕崩了。」宣華夫人說：「事變矣！」接著，楊廣派人給宣華夫人送來一隻金匣，金匣上有楊廣親筆寫的封條。宣華夫人以爲金匣裡裝的是毒藥，遲遲不敢打開。伺候的宮女一再催促，她才哆嗦著打開金匣，誰知裡面裝的竟是一枚金光閃閃的同心結！宮女們不由地鬆了口氣，說：「得免死矣！」

當夜，楊廣便將庶母宣華夫人姦淫了。容華夫人同樣受到了凌辱。接著，楊廣將楊勇賜死，自己堂而皇之地登上了皇帝的寶座。

隋煬帝蕭皇后

早年孤苦，中年尊崇，晚年淒涼

隋煬帝楊廣是頂著弒父、淫母、殺兄的惡名而登上皇帝寶座的。即位以後，好大喜功，恣意享樂，揮霍無度，殘害百姓，是中國歷史上屈指可數的昏君、暴君之一。

隋煬帝的皇后蕭氏，是後梁明帝蕭巋（巋，讀作虧）的女兒。後梁是南朝蕭梁的後續地方政權，占地狹小，都江陵（今湖北井陵）。創建者爲宣帝蕭詧（詧，讀作察）。蕭巋是蕭詧的兒子，於西元五六二年至五八五年在位。蕭巋後期，稱臣於隋文帝，年年進貢，歲歲來朝。因此，隋文帝和蕭巋得以結爲兒女親家。

蕭巋的女兒蕭氏出生於農曆二月。江陵一帶風俗，二月生女，最不吉利。鑒於此，蕭氏很小的時候，蕭巋就將她送給族叔蕭岌撫養。蕭岌夫婦亡故，蕭氏轉移至舅舅張柯家中。張柯家境貧寒，身無換洗衣，家無隔夜糧。童年的蕭氏沒有歡樂，辛苦操持，過著有上頓沒下頓的困窘生活。轉眼十四年過去，蕭氏在逆境中長大。這時的她美麗端莊，綽約婉靜，猶如一朵鮮艷的山花。有人勸蕭巋將女兒接回居住。蕭巋迷信，沒有答應，說：「她是二月生的，命相不好，就讓她在外面自生自滅吧。」

這一年，隋文帝和獨孤皇后，爲十六歲的次子、晉王楊廣選妃，選來選去，選中了後梁明帝蕭巋的女兒。蕭巋共有四個女兒，其中三個女兒俱封公主。古時男女婚配，先需占卜，結果吉利者，方可聯姻。媒人將楊廣和蕭家三位公主的的生辰八字合在一起占卜，均得凶兆，使人大失所望。這時，有人想起了最小的女兒蕭氏。再經占卜，竟是大吉大利的吉兆。這樣，貌美性柔的蕭氏意外得福，出嫁楊廣，成了隋朝的晉王妃。

蕭妃長期生活在民間，成爲王妃以後，注重節儉，不愛奢華。這正合隋文帝和獨孤皇后的心意，他們非常喜歡這個兒媳。楊廣新婚燕爾，也很疼愛妻子。蕭妃深深感到滿足一心侍奉丈夫，孝敬公婆。很快，她生了兩個兒子，一個叫楊昭，一個叫楊暕。女人有了兒子，那是眞正的幸福。此後，蕭妃全身心地呵護兒子，決心做一個最出色的賢妻良母。

這期間，楊廣開始了爭奪太子位的陰謀和鬥爭。他利用獨孤皇后的溺愛，培植個人勢力，不擇手段地攻擊和詆毀楊勇。終於，楊勇被廢，楊廣當了太子。獨孤皇后死後，楊廣急不可待地想當皇帝。於是，他喪盡天良，窮凶極惡地殺害父親，姦淫庶母，賜死兄長，登上皇位，是爲隋煬帝。蕭妃，全然不知丈夫所做的惡事和醜事，被立爲皇后，地位尊崇，生活優裕。

隋煬帝即位後，立刻暴露出荒淫奢靡、腐朽殘忍的本性。他爲了追求個人的享樂，負其富強之資，思逞無厭之欲，營造洛陽，廣建宮室；開鑿運河，巡遊江都（今江蘇揚州）；窮兵黷武，兵伐高麗（今朝鮮半島古國之一）；巡行邊地，誇耀聲威。動輒征伐民工幾百萬，花費的錢財難以數計。比如他巡遊江都，乘坐的龍舟長二十餘丈，高三層，隨行的船隻數千艘，船隊綿延二百餘里，僅拉船的縴夫就有八萬多人，兩岸還有騎兵護衛，旌旗蔽日，鼓樂震天。龍舟駛過，香聞十里，五百里內的地方官員進獻美食，稍微遲疑，就有可能被罷職或殺頭。

隋煬帝的享樂是以勞動人民的血汗爲代價的。黎民百姓不堪重負，揭竿而起，天下騷然。蕭皇后目睹隋煬帝的失德行爲，憂心忡忡，屢加勸諫。然而，隋煬帝剛愎自用，把皇后的勸諫當作耳邊風，根本不予理睬。蕭皇后自知不能改變丈夫的觀念和作風，無可奈何，自作一篇《述志賦》，聊以自慰。賦云：

承積德之餘慶，備箕帚於皇庭。恐修名之不立，將負累於先靈。乃夙夜而匪懈，實寅懼於玄冥。雖自強而不息，亮愚蒙之所滯。思竭節於天衢，才追心而弗逮。實庸薄之多幸，荷隆寵之嘉惠。願立志於恭儉，私自兢於誡盈。孰有念於知足，苟無希於濫名。夫高居而必危，慮處滿則防溢。知恣誇之非道，乃攝生於沖謐。嗟寵辱之易驚，尚無爲而抱一。履謙光而守志，且願安乎容膝。珠簾玉箔之奇，金屋瑤台之美。雖時俗之崇麗，蓋吾人之所鄙……

蕭皇后透過《述志賦》，表達了自己「恭儉」、「誡盈」的志趣，批評了當時「恣誇」、「崇麗」的風氣。這大大不合隋煬帝的胃口。隋煬帝讀了此賦，絲毫沒有收斂的意思，相反，荒淫奢靡，變本加厲。史書記載當時的情況是：「東西行幸，靡有定居。所至，唯於後宮流連沉湎，惟日不足。招迎老嫗，朝夕共肆醜言；又引少年，令與宮人穢亂。不軌不遜，以為娛樂。」

花天酒地，醉生夢死。——這就是隋煬帝的生活。大業七年（西元六一一年），北方各地爆發了農民大起義。大業十二年（西元六一六年），隋煬帝第三次巡遊江都，農民大起義的烽火，已經燃遍黃河流域。隋煬帝預感到末日將至，奢侈腐化更無節制。他到江都後，命揚州總管王世充盡選江南美女送進宮中，分住一百多房，美其名曰「迷宮」。他整天泡在迷宮裡，輪流到各房去飲酒，欣賞歌舞，放浪形骸，尋歡作樂。一天，他引鏡自照，嘿然而笑，說：「好頭顱，誰當砍之？」蕭皇后流淚嘆息。他說：「嘿！還是痛痛快快地飲酒吧！不管怎樣，朕不失為長城公，卿亦不失為沈后。」

「長城公」，是南朝後主陳叔寶亡國後的封號；「沈后」，指陳叔寶的皇后沈婺華。

隋煬帝只顧自己享樂，全然不關心兒女。蕭皇后所生的兒子楊昭和楊暕，一人留守京師，一人留守洛陽。楊昭早被立為太子，期間赴江都看望父母，因旅途勞累，暴死。隋煬帝毫不介意，改將留守京師的重任交給了年僅十二歲的孫子、楊昭之子楊侑。蕭皇后喪子心痛，哭得呼天搶地，死去活來。

大業十三年（西元六一七年），太原留守李淵起兵反隋，攻占大興城，臨時擁立楊侑為帝。遠在江都的隋煬帝，依然擁妃抱姬，縱情聲色。次年三月，以右屯衛將軍宇文化及為首的皇家禁軍醞釀發動兵變，形勢非常緊張。有人報告蕭皇后說：「外間傳言，很多人意欲謀反。」蕭皇后說：「這話我跟皇上說過多次，可是他不相信。這樣吧，你直接報告皇上好了。」那人把情況報告隋煬帝。誰知隋煬帝勃然大怒，呵斥說：「這事是你該說的嗎？」說完，命侍衛將報告情況的人拉出去斬了。

隋煬帝如此暴戾，蕭皇后深感心寒。她知道，局面已經無可挽回了，只能聽天由命。此後，又有人報告蕭皇后說：「禁軍交頭接耳，說的都是謀反之事。」蕭皇后搖頭嘆氣，說：「天下事弄成這個樣子，大勢已去，不可救了。你也不必報告皇上，報告了只會枉送性命。」

三月丙辰日，宇文化及指揮叛軍，一面縱火，一面衝進行宮。隋煬帝化妝藏匿，還是被叛軍抓獲。叛軍將領歷數了隋煬帝的種種罪惡，用一條綢巾，將他勒死。宇文化及權且立隋煬帝的第三個兒子楊浩爲帝，自封丞相，專斷一切。

隋煬帝死了，蕭皇后蒙受了一系列災難和屈辱，境遇淒涼。她被宇文化及挾持，於兵荒馬亂之中，北返洛陽。途中，宇文化及毒殺了楊浩，自稱皇帝，建國號爲「許」。由農民起義起家進而成爲地方軍閥的竇建德，攻殺了宇文化及，蕭皇后轉入竇建德之手。竇建德妻子曹氏生性悍妒，害怕丈夫迷上美貌的蕭皇后，所以竭力威脅竇建德，逼迫蕭皇后出家爲尼。蕭皇后無路可走，只能服從安排。就在這時，一位公主的出現，使蕭皇后的經歷又多了一分曲折。

早在隋文帝時，隋朝和匈奴和親，隋文帝以宗女義城公主嫁匈奴啓明可汗。大業三年

（西元六〇七年），啓明可汗和義城公主到大興城朝賀隋煬帝。義城公主會見蕭皇后，雙方互相傾慕，結下了深厚的情誼。啓明可汗死後，按照匈奴習俗，義城公主又嫁給其子始畢可汗，甚受寵愛。而今，義城公主聽說隋煬帝被殺害，蕭皇后被挾持，憂心如焚，徵得始畢可汗的同意，親自到竇建德處，要將蕭皇后接到匈奴去。竇建德早與匈奴交往，提不出反對的理由。這樣，蕭皇后就隨義城公主，一路顛簸，到了漠北。

西元六一八年，李淵建立唐朝，隋朝滅亡。蕭皇后的兒子楊暕、孫子楊侑、楊侗等相繼被殺害，她已沒有一個親人。她在荒涼苦寒的漠北住了十年，只能靠吃齋念佛打發時光。貞觀四年（西元六三〇年），唐太宗李世民得知隋朝的國母流落在匈奴，大發感慨，特派專使，前去匈奴，迎接蕭皇后返回故國，定居長安（今陝西西安）。貞觀年間，政治清平，經濟發展，一派大治景象。然而，這一切對於蕭皇后來說，已經沒有意義。她無所謂喜也無所謂憂，無所謂樂也無所謂悲，深居簡出，粗茶淡飯，於貞觀二十一年（西元六四七年）悄然死去。

唐高祖竇皇后

射箭招得如意郎君

隋失其鹿，天下共逐。太原留守李淵計高一籌，率先進兵關中，奪得楊氏江山，建立了唐朝，是爲唐高祖。唐高祖仍以大興城爲國都，只是將它的名稱改爲長安，由此開創了一個輝煌王朝的輝煌基業。

唐高祖從軍從政，成就偉業，原因是多方面的。其中，他的嫡妻竇氏有著一定的功勞。竇氏，京兆平陵（今陝西咸陽西北）人。她的父親竇毅，北周時任定州總管，封神武公。母親宇文氏是北周武帝宇文邕的姐姐，封襄陽長公主。據說，竇氏剛出生的時候，頭髮就長過頸項，三歲的時候，頭髮竟等同身高。她自小讀書，過目不忘，表現出了極高的天賦。因此，周武帝十分喜愛這個外甥女，將她收養於皇宮，並她提供了優裕的生活條件和良好的教育環境。

竇氏漸漸長大，聰敏多智，凡事都有自己獨到的見解。周武帝的皇后是突厥可汗的女兒，因為沒有生育，所以不受寵愛，周武帝對之非常冷淡。竇氏悄悄地告訴舅舅說：「現在，國家未安，外虜且強。舅舅應當好生對待皇后，以求和睦。家和萬事興。這樣，南方的陳朝和關東的北齊，才不敢小瞧我國，滋生事端。」周武帝聽了大為驚奇：一個少女竟能如此高瞻遠矚，說出這樣精闢之語，眞不簡單！他聽從外甥女的意見，改變了對皇后的態度，努力與突厥友好，從而保持了國內的穩定，最終攻滅了北齊，統一了北方，國家版圖擴展到長江北岸。

周武帝的兒子宣帝宇文贇、孫子靜帝宇文闡昏庸無能，耽於酒色。西元五八一年，北周滅亡，隋朝建立。竇氏深感痛心，撲到床上大哭，說：「可恨我不是男兒，不能拯救舅家之禍！」父親竇毅嚇得急忙捂住女兒的嘴，說：「我的小祖宗！這話可不敢亂說，讓別人聽了去，可是要誅家滅族的！」

隋朝的時候，竇家安分謹慎，過著貴族的豪華生活。竇氏十四五歲，娉娉婷婷，才貌雙全。竇毅夫婦鍾愛女兒，說：「此女有奇相有灼見，我們得給她物色個出色的夫婿。」竇氏說：「我的夫婿嘛，必須志向高遠，武藝精通，非此不嫁。」

志向高遠，武藝精通，這是竇氏擇婿的條件。一時間，登門求婚的美男闊少踏破門檻，絡繹不絕。可是，怎樣檢驗他們的志向和武藝呢？竇毅夫婦苦思冥想，最後從比武招親的成例中得到啓發。他們在自家的大門上畫了兩隻孔雀，明確宣布說：「欲娶小女，前提條件是比試射箭，於五十步開外，每人許射兩次，兩箭均中孔雀眼睛者，方予考慮。」

射箭招親，別出心裁，整個京城，爲之轟動。垂涎竇氏美色和人品的美男闊少，一個個使出渾身解數，報名射箭。可是，他們的箭技太差，不是射空了，就是射偏了。連著數日，誰也沒有射中孔雀的眼睛。這種情況，使人大爲掃興。

這天，又來了個青年軍士，二十歲左右，身材魁偉，眉宇軒昂，一身戎裝，盡顯瀟灑和幹練。他於五十步開外站定，全神貫注，彎弓搭箭，只聽得「嗖嗖」兩聲響，兩支箭直直地飛向大門，不偏不倚，恰中兩隻孔雀的眼睛。圍觀的人齊聲發出歡呼，喝彩說：「好箭法！好箭法呀！」

竇毅夫婦大喜，趕忙請軍士入內，設宴款待。經詢問，方知軍士姓李名淵，字叔德，隴西成紀（今甘肅秦安西北）人。他乃將門之後，祖父李虎是西魏的柱國將軍，父親李昞是北周的安州總管。李淵亦已從軍，血氣方剛，年輕有爲。他們當即決定，將女兒竇氏嫁給李淵爲妻。竇氏躲在帷幔後面偷看了李淵，見他英俊威武，滿心歡喜。接下來便是舉行「六禮」（納采、問名、納吉、納徵、請日、親迎），熱熱鬧鬧，竇氏成了李淵的妻子。

竇氏透過射箭招得如意郎君，心滿意足，欣喜萬分。她是個精明能幹的女子，操持家務，侍奉丈夫，孝敬公婆，禮待下人，博得了所有人的稱讚。她喜歡讀書，還擅長書法，模仿李淵的筆跡，唯妙唯肖，能夠以假亂眞。她爲李淵生了四個兒子：李建成、李世民、李玄霸、李元吉。四個兒子均非等閒之輩。尤爲難得的是，竇氏具有政治頭腦，見識常有過人之處。隋煬帝大業年間，李淵官任扶風太守，私人蓄有許多優良駿馬。竇氏提醒丈夫說：「當今皇上好大喜功，酷愛名馬。你私蓄這些駿馬，皇上能不猜忌嗎？依我看，你最好將一些駿馬獻給皇上，那樣只有好處沒有壞處。」李淵不以為然，遲遲沒有行動。果然，隋煬帝責怪下來，要將李淵治罪。李淵誠惶誠恐，趕緊獻馬賠罪，另外還進獻了許多鷹犬異狗之類。因此，隋煬帝轉怒為喜，很快提拔李淵當了將軍。這使李淵無限感慨，他曾流著淚對兒子們說：「我若早聽你們母親的話，恐怕早就當上將軍了，哪會等到今天？」

竇氏一生辛勞，並未能看到李淵登上皇位。大業八年（六一二年），竇氏病故，終年四十五歲。西元六一八年，李淵建立唐朝，追謚嫡妻為穆皇后。唐太宗和唐高宗時，分別追尊她為太穆皇后和太穆神皇后。《謚法解》云：「布德執義曰穆，中情見貌曰穆。」一個「穆」字，概括了竇氏的高尚品行。

唐高祖在位期間，沒立皇后，嬪妃卻有很多很多。如萬貴嬪、尹德妃、郭婕妤、劉婕妤、張婕妤、宇文昭儀、王才人、魯才人、張美人、楊美人、莫嬪、崔嬪等，其中以尹德妃和張婕妤最受寵幸。當時，唐高祖所立的太子是李建成，李世民封秦王。尹德妃和張婕妤等為了自身的利益，千方百計地巴結和討好太子。李建成則利用她們，在唐高祖耳邊吹風，攻擊和詆毀李世民。唐高祖昏暗不明，使得李氏兄弟之間的矛盾迅速激化，從而爆發了著名的「玄武門之變」。最後，李世民取得了勝利，成為唐朝的第二個皇帝。

長孫惠

唐太宗的「賢內助」

中國歷史上的后妃，許多人不甘心充當點綴品。她們關注朝廷大事，關注國計民生，放眼高爲深院外面的世界，經常給帝王出謀劃策。每當這時，她們的聰明才智多會放射出耀眼的光芒。唐太宗李世民的皇后長孫惠，就是這樣的一個例子。

長孫惠，洛陽人，鮮卑族。出生於官宦世家，高祖、曾祖、祖父在西魏、北周時，均爲高官顯爵。父親長孫晟在隋朝時任右驍衛將軍，建有一系列的軍功。長孫晟之兄長孫熾，與李淵關係親密，聽說過李淵嫡妻竇氏的故事，驚嘆不已。竇氏生了四個兒子。長孫熾經常跟弟弟長孫晟說：「竇氏明睿，其子必奇，應當圖爲婚姻。」經請媒人說合，長孫晟十三歲的女兒長孫惠嫁給了李淵和竇氏的次子李世民。

李淵建立了唐朝，立長子李建成爲太子，封次子李世民爲秦王，四子李元吉爲齊王。李建成當了太子，「資簡弛，不治常檢，荒色嗜酒，畋獵無度，所從者皆賭徒大俠」。而李世民統領大軍，東征西討，相繼平定薛仁杲、劉武周、宋金剛、竇建德、王世充等割據勢力，功冠天下。他的麾下，聚集了一大批英雄豪傑，要文有文，要武有武，無不出類拔萃。

李建成面對功勛顯赫、威望很高的李世民，深感太子的地位受到了威脅。所以，他和齊王李元吉串通一氣，蒙蔽父親唐高祖，利用庶母各嬪妃，竭力攻擊和詆毀李世民，甚至企圖加以殺害。李世民忍無可忍，遂和親信房玄齡、杜如晦、尉遲恭、長孫無忌等密謀，毅然發動了「玄武門之變」。

長孫惠時為秦王妃，積極參與這次政變，和房玄齡等一起制訂了「奇謀密計」。政變開始後，李世民給將士授甲，她「親慰勉之，左右莫不感激」。武德九年（西元六二六年）六月庚申日，李世民率兵埋伏於玄武門，射殺了李建成和李元吉，政變獲得成功。八月，唐高祖遜位，李世民登基當了皇帝，是為唐太宗。長孫惠自然而然地成為皇后。

長孫皇后身為國母，最注重簡樸，不愛奢華。她沒有幾件像樣的衣服，只戴普普通通的首飾，基本上沒有什麼珍玩之類的異物。飲食也比較簡單，力戒鋪張和浪費。她不干預政事，一旦干預，其意見多有精闢之處，絕非常人可比。

長孫皇后的胞兄長孫無忌，早與唐太宗結下生死之交，亦是「玄武門之變」的功臣。唐太宗非常信任這位國舅，時時引入臥內，商談軍國大事。這使長孫皇后感到不安。她誠懇地對唐太宗說：「臣妾身處皇宮，尊貴已極，不願私親再在朝中擅權。漢朝呂氏、霍氏外戚亂政的先例，當以為戒。」唐太宗任命長孫無忌為尚書僕射，處於朝廷中樞之位。長孫皇后認爲這樣不妥，專門派人告訴哥哥，務要辭去這個顯要的職銜。長孫無忌照辦，改任其他職務。長孫皇后欣賞哥哥的明智之舉，「喜見顏間」。長孫皇后還有個異母兄長長孫安業，爲人尖刻。長孫無忌和長孫惠童年時代，曾被長孫安業趕出家門。長孫皇后對於這件往事雖然很難忘懷，但出於姐弟情分，仍然關照長孫安業，使之當上了監門將軍。然而，這個長孫安業劣習不改，酗酒鬧事，甚至參加了李常孝的謀反活動，按罪當誅。長孫皇后經過反覆考慮，決定爲長孫安業求情，說：「長孫安業罪死無赦。可是，此人歷來與臣妾有隙，族人皆知。皇上依法將他斬首，別人會說臣妾挾嫌報復，這恐怕有損於皇上的名聲。所以，這事還需斟酌。」唐太宗覺得皇后的話不無道理，改將長孫安業處以流放邊地。

長孫皇后對於親生的兒女要求嚴格。她生有三個兒子和一個女兒：李承乾、李泰、李治和長樂公主。李承乾已被立爲太子，其乳母遂安夫人愛講排場愛圖闊氣，常嫌東宮器物簡陋，時時要這要那，永不滿足。長孫皇后告誡遂安夫人說：「爲太子者，患在德不立，名不揚，何患無器物用邪？」唐太宗的嬪妃很多，嬪妃的兒女也多。長孫皇后對於她們及其兒女顯得寬厚仁慈，從不爭風吃醋。嬪妃中有人生病，她總是親自過問和照料，甚至節省自己的藥費和膳費，給生病的嬪妃送去關懷和溫暖。豫章公主幼年喪母，長孫皇后將她接到自己宮中撫養，視如親生，疼愛備至。

貞觀六年（西元六三二年）發生的一件事，最能體現長孫皇后的品行。這一年，長樂公主出嫁。唐太宗喜愛這個女兒，命令有司給她準備了豐厚的嫁妝，其價值超出其他公主的一倍。大臣魏徵對此提出異議，認爲長樂公主雖是長孫皇后親生，但她的嫁妝不應特殊，特殊了必有親疏之嫌和厚薄之分，有違定制。唐太宗將魏徵的話告訴長孫皇后。長孫皇后大爲感動，說：「臣妾常聽陛下稱讚魏徵，不知其故。今觀其引禮義以諫陛下，方知他眞乃社稷之臣也！臣妾與陛下爲結髮夫婦，曲盡恩禮。但臣妾每次說話的時候，必先看看陛下的臉色，不敢輕犯威嚴。而魏徵作爲臣屬，敢於直言力諫，非常難得，陛下不可不從。」說罷後，她請唐太宗賞賜給魏徵四百匹絹和四百緡錢，並捎話給魏徵說：「聞公正直，今乃見之，故以相賞。公宜常秉此心，勿轉移也。」

魏徵歷來以敢於犯顏直諫著稱，唐太宗也享有從諫如流的美譽。但是，唐太宗也有氣量小的時候，一次退朝竟恨恨地說：「朕非要殺掉這個鄉巴佬不可！」

長孫皇后詢問緣由。唐太宗說：「魏徵唄！他常在朝廷上給朕難堪，使朕蒙受羞辱。」長孫皇后不便再問，退至內殿，特地穿戴皇后的服飾，恭立於庭。唐太宗不解其故，問其原因。長孫皇后鄭重地說：「臣妾聽說，主明臣直。今見魏徵正直，由此可見陛下賢明。臣妾特向陛下致賀。」她的舉動，使唐太宗有所領悟，從此再不提說要殺魏徵的話了。

貞觀十年（西元六三六年），已經病了兩年的長孫皇后，病情越發嚴重。太子李承乾熱愛母親，想請父親實行大赦，爲之祈福；還想讓道士作法，保佑母親康復。長孫皇后搖頭拒絕，說：「死生有命，非人力所能改變。祈福、作法之類，都是騙人的把戲。我沒做惡事，何必信那一套東西呢？況且，赦令乃國家大事，佛道只是方士之術，不可輕易爲之。記住，千萬不要因爲我而亂了國家大法！」李承乾把這些話告訴父親和一些大臣，眾人無不欽佩長孫皇后的見識。這時，宰相房玄齡遭人陷害，被貶徙外地。長孫皇后臨終之時，仍牽掛著這位功臣，請求唐太宗說：「玄齡久事陛下，參預奇計密謀，若不是大罪過，切勿棄之。」她反對外戚的權力過重，說：「臣妾家以恩澤進寵，無德而祿，容易因此招禍，請不要再給家人封官晉爵，他們以現行官職奉朝就足夠了。」她還關心死後的喪事，說：「臣妾生無益時，死不可厚葬，願因山爲壟，不用起墳，不用棺槨，器以瓦木，約費送終就行了。」最後，她叮囑唐太宗說：「陛下納忠容諫，勿聽讒言，省游獵，罷作役，體恤黎民，臣妾死無恨矣。」長孫皇后死時，只有三十六歲。

長孫皇后生前寫過一本名爲《女則》的書，用以自律和自勉。唐太宗在她死後讀了這本書，越發哀慟，告訴群臣說：「此書可用垂後。朕看到此書，想到內失良佐，哀不可已！」「良佐」，用後世的話說，就是「賢內助」的意思。長孫皇后短暫的一生，的的確確充當了唐太宗的「賢內助」，默默地爲「貞觀之治」做出了貢獻。

唐太宗的嬪妃中，徐惠略有名氣。徐惠酷愛讀書，擅長辭賦，先爲才人，轉升充容。貞觀末年，軍旅勤興，宮室廣建，民眾勞苦，負擔沉重。對此，徐惠頗有感觸，曾給唐太宗上過一篇奏疏，直抒己見，予以勸諫。疏中說：「有道之君，以逸逸人；無道之君，以樂樂身。技巧爲喪國斧斤，珠玉爲蕩心鴆毒，侈麗纖美，不可以不遏。」這樣的詞語，出自一個嬪妃的筆下，誠屬難得。唐太宗喜愛徐惠的才華，給予她特別優厚的賞賜。唐太宗死後，徐惠哀而成疾，拒絕服藥，說：「皇帝待我情深意厚，我當爲犬馬，到陰間去伺候他。」結果緊接著唐太宗而死，死年二十四歲。

唐太宗在位二十三年，文韜武略，功業顯赫，爲中國古代帝王中的佼佼者。然其後宮生活，亦多荒淫之處。他在「玄武門之變」中，殺死了弟弟李元吉。李元吉妻子楊氏，體態豐盈，姿容艷美。他頓生憐香惜玉之心，竟將弟媳納入後宮，封爲愛妃。楊氏給他生了個兒子李明，封作曹王。長孫皇后死後，他曾想立楊氏爲皇后。只是由於魏徵等人的極諫，立后之事方才作罷。再就是長孫皇后死後一年，唐太宗年近四十歲，卻又納了個十四歲的少女爲才人，理由是她長得很美，豆蔻年華，光彩照人。這個少女便是武則天，不久將成爲左右唐王朝的風流人物。

武則天

挑戰世俗，赫赫女皇

中國的奴隸社會和封建社會，歷來以男性爲主宰，所有帝王幾乎是清一色的男性。西元七世紀，居然有位女性站出來向世俗挑戰，顛倒乾坤，呼風喚雨，堂而皇之地登上了皇帝的寶座，稱孤道寡，發號施令，所作所爲絲毫不比男性遜色。這位女性便是武則天——中國歷史上唯一的女皇帝。一千多年來，人們對她儘管存在著很多的非議，但又不得不承認，她有雄心，有才智，有魄力，畢生爲權力而拼搏，從而把她的名字寫進了中華英傑的史冊。

武則天，并州文水（今山西文水）人。其父武士彠（彠，讀作月）是個富商，當年資助過唐高祖李淵，因功封應國公。貞觀十一年（西元六三七年），武則天十四歲，唐太宗聞其貌美，選入宮中爲才人，賜號武媚，人稱媚娘。媚娘姿色媚麗，性格卻很剛強。一次，唐太宗得一烈馬，名曰獅子驄，桀驁難馴。媚娘自請馴馬。唐太宗頗爲驚詫，說：「你如此纖弱，如何馴得烈馬？」媚娘說：「臣妾只需三物：一硬鞭，二鐵杖，三匕首。它不馴，先用硬鞭抽打它的身體；鞭而不馴，就用鐵杖猛擊它的頭顱；杖而不馴，就用匕首割斷它的咽喉。」唐太宗見媚娘性格勝過烈馬，驚嘆說：「好！氣概可嘉！」

貞觀二十三年（西元六四九年），唐太宗駕崩。太子李治繼位，是爲唐高宗。按照定制，武則天出居感業寺，削髮當了尼姑。武則天時年二十六歲，春心勃發，精力旺盛，怎能忍受得了佛門的寂寞和清苦？然而，命運如此安排，忍受不了又能怎樣呢？

不想，這時卻出現了一個意外的機會。原來，唐太宗生病期間，武則天和太子李治經常在病榻前伺候。李治比武則天年輕四歲，但在李治的眼中，武則天簡直就是天上仙女的化身：身材苗條，體態勻稱，眼含秋水，臉似朝霞，青絲高挽，光可鑒影。他常常偷偷地窺視武則天，武則天當然有所覺察，回報以甜甜的一笑。這一笑，足以傾城傾國，使得李治目迷意奪，心蕩神搖。只是因爲她是他的庶母，他才控制了情緒，沒有做出越禮的舉動。

唐高宗當了皇帝，腦海裡時時浮現武則天窈窕的身段和倩麗的面影。永徽三年（西元六五二年），唐太宗三周年忌日，唐高宗借給先皇祭奠爲名，專程來到感業寺，會見武則天。這天，武則天刻意梳妝，雖無鮮服華飾，但樸素之中越顯清秀，眉似柳葉，面如桃花，娉娉婷婷，風韻撩人。二人見過，她早已淚流滿腮，喃喃訴說清冷之苦，隱約含有傾慕和相思之意。唐高宗面對尤物，神魂顛倒，當即表態說：「且莫難過，一有機會，朕就接你回宮。」

唐高宗和武則天的這次見面，成爲武則天起死回生的轉捩點。唐高宗回宮，把情況告訴了王皇后。王皇后，并州祁（今山西祁縣）人，文靜婉淑，唐高宗爲晉王時納爲妃，再爲太子妃，進而成爲皇后。當時，唐高宗還寵幸蕭淑妃。王皇后無子，而蕭淑妃卻懷了身孕。這樣，皇后和淑妃爭寵，劍拔弩張，水火不容。王皇后得知皇帝眷戀武則天，不禁大喜，立即派人通知武則天，命她蓄髮，很快就會接她回宮，她要和她聯手，共同對付蕭淑妃。

數月後，武則天重新回到皇宮。唐高宗慕念這位庶母已經多年，當夜臨幸。武則天使出手段，曲意侍奉皇帝。二人顛鸞倒鳳，如膠似漆，歡情無限。武則天立刻博得了唐高宗的寵愛。王皇后亦頻頻進言，盡力推崇武則天。於是永徽五年（西元六五四年），唐高宗根本不顧納先皇嬪妃而引起的責難，斷然地封武則天爲昭儀。

武則天時來運轉，工於心計，詭變無窮。她在皇宮裡初步站穩腳跟，極善籠絡下人，很快建立了一個反應快捷的信息網路。王皇后正和蕭淑妃爭寵，武則天堅定地站在王皇后一邊，二人合力攻擊和詆毀蕭淑妃。唐高宗薄情寡意，蕭淑妃完全失寵了。

武則天知道，自己和王皇后之間只是暫時的結盟，王皇后之所以倚重自己，只是把自己當作擊敗情敵的一種助力，而自己一旦得寵，王皇后就又會像對待蕭淑妃一樣來對待自己。況且，扳倒蕭淑妃也不是自己的最終目的，自己的最終目的是要扳倒王皇后，取而代之。因而，武則天注目的對象，已不再是蕭淑妃，而是王皇后。

武則天在唐高宗心目中的地位越來越高。王皇后頓時有所領悟，意識到拉武則天打蕭淑妃，實是一個錯誤，一大失策。她懊悔不及，轉而又寄希望於蕭淑妃，共同的利害關係使她們化敵爲友，只有聯合起來，才能對付新崛起的武則天。武則天異常精明，洞察一切，爲了自身的利益，凶狠地把矛頭指向了王皇后。

武則天新生一個女兒。唐高宗十分喜愛。王皇后受著好奇心的驅使，多次到武則天寢宮，察看那個可愛的女嬰。這天，王皇后剛剛離去，武則天竟殘忍地將親生的女兒掐死，隨後用被子蓋好，裝出若無其事的樣子。唐高宗回宮，興高采烈地看望女兒，不想揭開被子一瞧，發現可憐的嬰兒鼻青嘴紫，氣息全無。武則天號啕大哭，尋死覓活。唐高宗詢問宮人。宮人回答說，只有王皇后剛剛來過。唐高宗怒不可遏，認定王皇后是殺害女兒的凶手，說：「皇后竟敢對一個幼小的生命下此毒手，可惡可恨！」他不問青紅皂白，召來王皇后，嚴厲訓斥。王皇后有口莫辯，只能一個勁地說：「臣妾冤枉，臣妾冤枉！」

這件事鬧得沸沸揚揚，朝野盡知。唐高宗由此產生了廢黜王皇后，改立武則天為皇后的念頭。王皇后出身名門，素無大過，廣有人緣。當唐高宗提出廢立皇后的想法時，元老重臣紛紛表示反對。長孫無忌、褚遂良、韓瑗、來濟等反對尤烈。長孫無忌是唐高宗的舅舅，受命輔政，說話舉足輕重。唐高宗為使舅舅改變態度，私下給長孫無忌送去十餘車珍寶絹帛，而且親幸其府邸，提拔長孫無忌的三個兒子為朝散大夫。武則天也積極活動，讓母親楊氏拜訪長孫無忌，充當說客。然而，長孫無忌為人剛正，不為所動，依然堅持反對廢立皇后。唐高宗和武則天在元老重臣跟前碰壁，改而尋求寒族官員的支持。司空李勣（勣，讀作績）說：「廢立皇后乃陛下家事，何需詢問外人？」中書舍人李義府則說：「農夫有了好的收成，都想換個妻子。皇帝貴為天子，擁有四海，廢一后，立一后，有什麼值得大驚小怪的？」這促使唐高宗堅定了廢立皇后的決心。

永徽六年（西元六五五年）六月，武則天爲了當上皇后，採取了一個凶險的步驟。她精心策劃，密派心腹，刻製木人，置於王皇后的寢宮，然後報告唐高宗，說王皇后和其母魏國夫人柳氏，私作「巫蠱」，詛咒皇帝。唐高宗派人搜查，果然從王皇后宮中搜出木人，上面寫著自己的名諱及生辰八字，頭、胸、腳部都扎滿了針刺。唐高宗怒火沖天，立即頒詔：囚禁王皇后，削去柳氏封號，免去王皇后舅舅柳奭中書令職務。寒族官員李義府、許敬宗、袁公瑜等推波助瀾，大肆鼓噪，主張廢立皇后。是年十月，唐高宗頒詔宣布：王皇后和蕭淑妃俱廢爲庶人，打入冷宮，其家屬流放嶺南（今廣東、廣西一帶），改立昭儀武則天爲皇后。

王皇后接旨，心情還算平靜，說：「陛下萬年。昭儀承恩，我死定了。」蕭淑妃接旨，破口大罵，說：「武氏狐媚，反覆至此！我死後爲貓，使武氏爲鼠，我當扼其喉以報！」這話傳到武則天的耳中，她下令把宮中的貓全部殺死，並禁止以後再養貓。

十一月一日，唐高宗爲武則天舉行了隆重的冊后典禮。武則天盛裝端坐，接受文武大臣和外國使節的朝賀。這是一個激動人心的時刻。武則天利用詭詐技倆和血腥手段，如願以償地登上了皇后的寶座。

武則天當了皇后，大刀闊斧地做她想做的一切事情。唐高宗生性懦弱，回想起王皇后和蕭淑妃昔日的恩愛，頓生憐憫之心。一天，他悄悄地來到冷宮，但見宮門禁錮，只在牆隙留一小孔，用於遞送飲食，以維持王皇后和蕭淑妃的生命。他惻然傷情，透過小孔呼喚王皇后和蕭淑妃，說：「皇后、良娣（蕭淑妃曾封良娣）無恙乎？今安在？」王皇后和蕭淑妃聽出皇帝的聲音，無限傷感，淚如雨下，嗚咽著說：「妾等以罪被棄為婢，安得尊稱耶？」唐高宗默然。王皇后又說：「陛下幸念疇日，使妾死更生，復見日月，乞請將此宮改名為『回心院』。」蕭淑妃說：「武氏狐媚，且有野心，陛下務要防備！」唐高宗不想讓她們失望，說：「朕即有處置。」

唐高宗看望王皇后、蕭淑妃之事，武則天當天就得到報告。她擔心王、蕭捲土重來，決定斬草除根，於是派出心腹，將王皇后和蕭淑妃各打一百杖，然後砍去她們的手和腳，丟進酒甕中，狠狠地說：「令二嫗骨醉！」就這樣，王皇后和蕭淑妃被折磨致死。武則天心猶不甘，命改王皇后姓「蟒」，蕭淑妃姓「梟」，以解心頭之恨。

武則天殘酷地殺害了王皇后和蕭淑妃以後，又著手懲治那些反對過她的元老重臣。韓瑗、來濟、褚遂良，接著是長孫無忌，相繼被罷職，一貶再貶，流放邊地。而對支持她的寒族官員，則大加提拔，委以重任。李義府和許敬宗等，先後當上了宰相。武則天為了鞏固自己的地位，進一步抬高身價，命令修改《氏族志》，更名為《姓氏錄》，把「武」姓尊為天下第一姓。她還親自主持祭祀大典，禱告天地；准予家鄉并州父老晉見皇后，凡八十歲以上的老人，均授予「郡君」的稱號。這些措施，不僅提高了武則天的威信，而且為她以後的發展奠定了堅實的基礎。

顯慶五年（西元六六〇年），唐高宗患了眼病和風濕病，身體日見衰弱。此後，百官奏事，都由武則天代爲批閱和決斷。史載：「后性明敏，涉獵文史，處事皆稱旨，由是始委以政事，權與人主侔（侔，讀作眸，等同）矣。」權利的欲望沒有止境。武則天雖然「權與人主侔矣」，但並不以此爲滿足。因此，她繼續爲權力而拼搏，渴望有朝一日，能夠當上名副其實的「人主」。

武則天的野心日益膨脹，引起了唐高宗的警覺。麟德元年（西元六六四年），武則天爲了獨攬大權，竟將道士郭行眞召入宮中，命作「巫蠱」，詛咒皇帝。宦官王伏勝告發了這件事。唐高宗無比憤怒，宣召西台侍郎上官儀，命其草擬詔書，以「專恣，海內失望，不可承宗廟」爲由，準備廢去武則天的皇后名號。武則天立刻得到報告，火速來見唐高宗，滿臉凶相和殺氣。唐高宗嚇得手足無措，把責任統統推給上官儀，說：「是他……他……」武則天橫眉怒目，一把將上官儀草擬的詔書撕得粉碎。接著，以謀反罪，將上官儀和王伏勝斬首。從此以後，武則天加強了對唐高宗的控制，每日朝會，唐高宗坐於前殿，武則天垂簾於後，「政無大小，皆與聞之。天下大權，悉歸中宮。黜徙、殺生，決於其口，天子拱手而已。中外謂之『二聖』。」進而，唐高宗稱「天皇」，武則天則稱「天后」。

武則天由才人而尼姑，由尼姑而昭儀，而皇后，而稱聖，而稱天后，堂堂國母，勢如一尊。然而，她意猶未足，還要去后稱帝，做一個堂堂正正的眞天子。唐高宗晚年多病，爲確保李氏皇統，意欲傳位給兒子。武則天實際上已經執掌皇權，豈肯輕易放棄？因而，圍繞皇位問題，武則天又和自己的丈夫、兒子展開了角逐，宮廷鬥爭趨於白熱化。

唐高宗共有八個兒子，其中武則天親生的四人：李弘、李顯、李賢、李旦。李弘自小喜愛讀書，心地仁慈，顯慶元年（西元六五六年）被立爲太子。唐高宗多次誇獎李弘「仁孝，賓禮大臣，未嘗有過」，有心禪位於他。武則天存心想當女皇，容不得太子羽翼豐滿，於上元二年（西元六七五年），以一杯毒酒鴆殺了李弘。

李弘死，李賢成爲太子。李賢容止端嚴，性格夙敏，官至雍州牧、涼州大都督。他成爲太子後，監國處事，斷決明審，百官稱讚。他還兼富文史才能，召集儒生共注《漢書》，聲譽日隆。當時，宮中傳言，李賢並非武則天親生，而是唐高宗和武則天姐姐韓國夫人偷情所生的兒子。李賢對此將信將疑。這使武則天極度惱火，於是於調露二年（西元六八〇年），隨便找了個藉口，將李賢廢爲庶人，流放巴州（今四川巴中）。後來，李賢有感而發，寫了一篇《黃臺瓜詞》，詞中有「瓜熟子離離」等諷喻之語。武則天大怒，逼令李賢自盡。

李賢廢，李顯成爲太子。李顯的兒子叫李重照，破例被立爲皇太孫。唐高宗這樣做，目的只有一個，就是要保持李家王朝的連續性，防止外姓人篡權。說白了，就是爲了防止武則天篡權。

弘道元年（西元六八三年），在位三十四年的唐高宗駕崩。太子李顯繼位，是爲唐中宗。武則天成爲太后，掌握了所有的朝政大權。李顯在位僅僅五十五天，就被武則天廢爲廬陵王，放逐房州（今湖北房縣）。隨後，武則天立了最小的兒子李旦爲皇帝，是爲唐睿宗。武則天規定，李旦名爲皇帝，但只能居於深宮，不准過問朝政。從此，政無大小，統由武則天裁決，史稱「武后稱制」。這時，她距離嚮往和垂涎的女皇寶座僅有一步之遙了。

爲了這一步，武則天又拼搏了六年。載初元年（西元六九〇年），她終於廢了李旦，自己稱帝。九月九日，她以六十七歲高齡，頭戴金冠，身穿龍袍，高傲地登上東都洛陽的則天樓，告示天下：中國歷史上唯一的女皇帝——神聖皇帝正式登基，改唐國號爲「周」，建元天授，以李旦爲皇嗣，賜姓武，洛陽改稱神都。

武則天從皇后到皇帝，整整拼搏了三十六年。期間，她和元老重臣抗爭，和丈夫兒子抗爭，和傳統勢力抗爭，剛強果敢，堅忍不拔。爲了達到目的，不知殺害了多少人。實踐證明，她是強者，是勝者，憑藉劍與火，踏著血與淚，攀上了權力的頂峰。

武則天稱帝，史稱「武后革命」。接著，她採取了一系列的改革措施，維護和鞏固至高無上的皇權統治。她新造了十二個文字，第一個字爲「曌」（曌，讀作照），寓意日月當空照，用作自己的名字。她尊崇武姓，重用侄兒武承嗣、武三思等，或擢爲宰相，或拔爲將軍，把持各重要部分。臣屬凡有功者，均賜姓武。天下凡姓武者，免去所有租賦。就連她的家鄉文水，也改稱武興縣。她用鐵的手腕，嚴厲鎮壓李氏諸王的反抗，打擊舊的門閥勢力，絕不手軟。她重用酷吏，鼓勵告密，努力鏟除各種潛在的威脅。酷吏周興、來俊臣、索元禮等，都是狠毒無比、殺人如麻之輩。當這些酷吏完成了特定的任務之後，武則天就又翻手委罪於鷹犬，借用他們的頭顱，來緩解日趨緊張的新的矛盾。周、來、索三人最後均被處死，落得可恥的下場。

武則天堅決地鏟除舊朝廷的勢力，同時注意培植新朝廷的骨幹力量。爲此，她不拘一格，廣延人才，「籠四方豪傑自爲助，雖妄男子，言有所合，輒不次官之，至不稱職，尋亦廢誅不少縱，務取實才眞賢」。她特別重視科舉，親自主持殿試，選拔的「實才眞賢」，文如李昭德、魏元忠、杜景儉、狄仁傑、姚崇、宋璟、張柬之，武如唐休景、婁師德、郭元振等，或爲宰相，或爲邊將，爲新建的周朝免於內憂外患，做出了重大的貢獻。

關於選用人才問題，武則天和狄仁傑之間有過一次對話。武曰：「安得一奇士用之？」狄曰：「陛下求文章資歷，今宰相李嶠、蘇味道足矣。豈文士齷齪，不足與成天下務哉。」武曰：「然。」狄曰：「荊州長史張柬之雖老，宰相才也。用之必盡節於國。」

武則天於是起用張柬之爲洛州司馬。一天，武則天又讓狄仁傑薦舉人才。狄曰：「臣嘗諫張柬之，未用也。」武曰：「遷之矣。」狄曰：「臣諫宰相而爲司馬，非用也。」武則天微微點頭，似有所悟。隨後，武則天連連提拔張柬之，直至宰相。張柬之爲相後，果有建樹。這件事情，最能體現武則天的政治方略，量才爲用，務求眞賢。

武則天在稱制和稱帝期間，另一方面的追求，就是縱情聲色，恣意享樂。她最早寵愛一個體格健壯的男人叫馮小寶，爲使馮小寶能夠自由出入宮禁，她命他削髮爲僧，出任白馬寺主持，並讓女兒太平公主駙馬薛紹認他爲義父，馮小寶因此改姓改名，稱薛懷義。薛懷義本質上屬於無賴之徒，依仗武則天的寵幸，炙手可熱，橫行不法，就連武承嗣、武三思也要讓他三分。他繼任輔國大將軍，封鄠（鄠，讀作戶）國公，越發驕恣張狂，居然縱火燒毀了富麗堂皇的明堂。武則天迫於群臣的壓力，只好指派太平公主將他杖殺。

武則天還長期和御醫沈南璆（璆，讀作求）私通。後來又有張昌宗、張易之兄弟，成爲她的男寵。張氏兄弟身材偉岸，儀表堂堂，而且極善逢迎。武則天視二人爲心肝寶貝，養在深宮，百般恩寵，從中尋求最大的刺激和樂趣。

武則天政治上尊崇，生活上奢靡，都達到了女人的極致程度。然而，晚年的她也有苦悶和困惑的時候。她辛辛苦苦創建了武周政權，自然希望這個政權能夠天長地久。那麼，自己死後，到底該由誰來繼承皇位呢？她可以將皇位傳給武承嗣或武三思，但他倆畢竟只是侄兒，並非親生兒子，況且這兩個侄兒作惡太多，很難使天下人臣服，弄得不好，必然會引發內亂。她的親生兒子倒有兩人還活著，那就是李顯和李旦。自己若將皇位傳給他倆，那就等於恢復了李唐王朝，武周政權也就不復存在。一邊是內侄，一邊是親子，到底該立誰爲太子，傳位於何人？這個問題攪得她心煩意亂，寢食不安，狐疑難定。

關鍵時刻，還是狄仁傑幫助武則天解爲了疑難。狄仁傑語重心長地說：「太子，天下本，本一搖，天下危矣。姑侄和母子，孰疏孰親？陛下自然明白。陛下立親子爲太子，則千秋萬歲後常享宗廟；若立侄兒爲太子，宗廟不祔（祔，讀作付，死者附祭於先祖）姑母。敬請陛下明察。」

狄仁傑的話，深深地打動了武則天。她終於作出決斷，於聖曆二年（西元六九九年），召回放逐的兒子李顯。皇嗣李旦禮讓兄長。於是，李顯重新被立爲太子。

後來，大臣吉頊拜見武則天，誠懇地提出建議，說：「夫皇子和外戚，有分則兩安。今太子再立，而外家諸王並封，陛下何以和之？貴賤親疏不明，是驅使必爭，臣知兩不安矣！」武則天仔細琢磨吉頊的話，覺得不無道理。可是，讓她在皇子和外戚之間，明顯地分出個親疏貴賤來，卻又很難。作爲權宜之計，她只能採取「和」的辦法：將李氏和武氏子弟召至廟堂，共同祭告天地，宣誓彼此相依，互不殺戮，並立下鐵券，藏於史館。

然而，權力之爭從來都是你死我活的。李氏子弟和武氏子弟絕不會因一紙誓言而相安無事。神龍元年（西元七〇五年）正月，八十二歲的武則天臥病在床。宰相張柬之等率領文武百官，進入皇宮，殺死武則天的男寵張昌宗、張易之等人，擁立李顯即位，恢復了唐的國號和原先的制度，但仍稱武則天爲則天大聖皇帝。

這年十一月，武則天病危。唐中宗李顯前去探視。武則天交代說：「你要保全武氏家族啊！」說著，眼角流出淚來。她停了停，又說：「我已八十有二，別人做不到的事情，我都做到了，還有什麼不滿足的呢？回憶往事，好像做夢一樣。此後，不必稱我爲皇帝，仍然稱我爲皇后，就叫則天大聖皇后吧！我這輩子殺了很多人，當時不殺不行哪！先帝后妃，還有褚遂良、韓瑗、來濟等人的家屬，就全赦免了吧！」武則天的女兒太平公主也在跟前，淚流滿面。她叮嚀女兒說：「你是我最喜愛的女兒，像我一樣的聰明。但是你要記住，千萬莫爲聰明所誤。」

這些話，算是武則天的遺囑。壬寅日，武則天駕崩。武則天預料到世俗會對自己褒貶不一，評價迥異。所以死前特別叮囑，在她歸葬的乾陵（今陝西乾縣梁山），建一無字碑，碑上不刻一字，功過是非，留待後人評說，留待歷史評說。

武則天當了十五年皇帝，加上垂簾干政和臨朝稱制二十年，實際統治中國三十五年。這段時間，上承「貞觀之治」，下啓「開元盛世」，是中國歷史上比較興旺發達的時期。今天，我們用歷史唯物主義觀點來衡量，完全有理由說，武則天是一位非凡的女性，傑出的政治家。她當皇帝本身，就是驚天動地之舉，更何況治國有方，馭人有術，採取多種措施，維護了國家統一和社會安定，促進了經濟和文化的發展。她是婦女界的驕傲，她的名字可與秦皇漢武、唐宗宋祖並列，在中國歷史上占有光輝的一頁。

唐中宗韋皇后
空做了一場女皇夢

唐中宗李顯當過兩次太子兩次皇帝。自然，他的妻子韋氏也就當過兩次太子妃兩次皇后。

李顯是唐高宗和武則天的第二個兒子，初封趙王，改封英王。他在爲英王時，曾納趙氏爲妃。趙氏，父親叫趙環，官定州刺史；母親是唐高祖李淵的女兒，封常樂公主。常樂公主和唐高宗是姑侄關係，因爲趙氏嫁給李顯，姑侄關係又成了親家關係。武則天不喜歡趙氏，恰遇趙環獲罪被罷職，她便遷恨於兒媳，命將趙氏囚禁，關在一間黑暗的房子裡，派人每天送去一頓飯，僅夠活命而已。不知過了多少天，奴婢聽房裡沒有一點動靜，打開房門一看，發現趙氏早死，屍體都腐爛了。堂堂王妃，活得稀里糊塗，死得也稀里糊塗。

趙妃死，李顯並不傷心，因爲他很快當了太子，又納了韋氏爲太子妃。韋氏，京兆萬年（今陝西西安）人。家境一般，姿色美麗，讀書不多，卻有幾分見識。弘道元年（西元六八三年），唐高宗駕崩，李顯繼位，是爲唐中宗。韋氏被立爲皇后，心高氣滿。唐中宗和韋皇后自不量力，企圖組成自己的勢力集團。時爲太后的武則天大怒，毫不猶豫地將在位僅五十五天的唐中宗廢爲廬陵王。韋皇后尚未從得意中清醒過來，就被降爲王妃。他們夫婦被貶出長安，先放逐均州（今湖北均縣），繼遷於房州（今湖北房縣），在那裡一住就是十二年。

房州，地理偏僻，人煙稀少。李顯和韋妃待在那裡，過著普通人的平淡生活。他們又生了個女兒，名叫「裹兒」，即日後不可一世的安樂公主。李顯當過太子，當過皇帝，實在受不了被冷落被遺棄的苦頭。加之，武則天派人監視著他的言行，隨時都有可能要他的性命。他感到害怕，更感到絕望，「每使至，帝（指李顯）輒恐，欲自殺」。相比之下，韋妃倒是鎮定從容，經常勸導丈夫說：「福禍無常，世事難料。我們爲什麼急於死呢？留得青山在，不怕沒柴燒。老天長眼，我們或許會有出頭之日。」每當這時，李顯總會覺得韋妃是他的安慰，他的寄託，他的依靠。他不止一次地向韋妃許諾說：「一朝見天日，不相制。」就是說，東山再起之日，韋妃可以爲所欲爲，自己對她不加任何限制。

這一日終於到來了。聖曆二年（西元六九九年），武則天經狄仁傑的開導，派人接回李顯，冊立爲太子。韋妃，再度成爲太子妃。原先山窮水盡，突然柳暗花明。李顯和韋妃滿心喜悅和振奮，樂得不知如何是好。

李顯寬厚有餘，威武不足，缺少男人的陽剛氣概，諸事均需韋妃指點。韋妃分析了當時朝中的形勢，告訴李顯說；「你爲太子，最重要的是要精心侍奉母皇，務要討得她的歡心。

爲此，必須全力結交好三個人，即太平公主、武三思和上官婉兒。太平公主是母皇的愛女，母皇年事已高，凡事皆和公主商量，公主的話猶如聖旨。武三思是母皇的侄兒，身爲外戚，位高權重，文武百官大多仰承他的鼻息。上官婉兒是母皇的貼身女官，掌理詔令文書，她手中的一支筆，可以決定人的生死榮辱。」

李顯心領神會，按照韋妃的吩咐去做，果然取得很好的成效。武三思時官尙書，權勢薰灼，早與上官婉兒私通。李顯結交武三思，武三思常與韋妃見面，二人眉來眼去，很快勾搭成姦。接著，兩家聯姻，李顯和韋妃把長女永泰公主嫁武承嗣之子武延基，把次女安樂公主嫁武三思之子武崇訓。李氏子弟和武氏子弟和睦相處，正是武則天所期盼的。武則天見李顯能夠領會自己的意圖，格外歡喜。

韋妃事事如願，春風得意。不久，她的兒子、女兒、女婿圖謀不軌，使她陷入被動的境地。李顯和韋妃的兒子名叫李重照（一名李重潤），唐高宗時曾被立爲皇太孫。李重照和永泰公主、武延基關係親密，常在一起談論宮中的穢聞醜事。他們對祖母皇帝武則天嬖愛男寵張昌宗、張易之兄弟特別反感，揚言要活捉「二張」，將之處死。不想，他們的談論被人告發。武則天火冒三丈，立命將孫子李重照、孫女永泰公主、孫女婿武延基杖殺。這是一場平地風波，李顯和韋妃防不勝防，擔心受到牽連，嚇得像是熱鍋上的螞蟻，寢食不寧。不過還好，武則天這次只懲治了孫子、孫女、孫女婿，並未誅連他們的父母。李顯和韋妃懸著的心終於落了地，只是武承嗣死了兒子，鬱悶不樂，很快斃命。

神龍元年（西元七〇五年），張柬之等發動宮廷政變，擁立唐中宗李顯復位，韋妃重新當了皇后。唐中宗當初許諾：「一朝見天日，不相制。」因此，韋皇后放開手腳，封賞外戚，營結私黨，穢亂宮闈，不受任何約束。唐中宗即位的次日，她就提出要追封她死去的父親韋玄貞和哥哥韋洵、韋浩等為王，唐中宗照辦。她又提出要重用情夫武三思為宰相，唐中宗照辦。她還提出讓從兄韋溫、韋湑等掌握軍權，唐中宗還是照辦。唐中宗唯韋皇后之命是從，韋皇后大為滿意和開心。漸漸的，她也效法婆婆武則天，每日朝會，唐中宗坐於前殿，她則垂簾坐於後面，指手畫腳，屢屢干預起朝政來。

韋皇后和武三思，一是皇后，一是宰相，且是兒女親家，彼此交往更加熱火，通姦偷情，無所顧忌。他們經常盤腿對坐，賭錢為樂。唐中宗則站在一邊逗趣，還幫助二人清點籌碼。接著，武三思又把情婦上官婉兒推薦給唐中宗。上官婉兒雖非絕色，卻也妖嬈可人，加之天性韶警，文才出眾，唐中宗自是喜愛，封為昭容。其時，皇帝、皇后、宰相、昭容，兩個男人和兩個女人，交相淫亂，汙穢不堪。

上官婉兒妙筆生花，負責起草詔書，竭力推崇武氏，貶抑李氏。武三思把持朝政，將張柬之等一大批功臣排擠出朝廷，重用「五狗」（五個鐵杆心腹），飛揚跋扈。還有那個安樂公主，依仗父皇、母后和公公的權勢，野心勃勃，強逼唐中宗立她為皇太女，甚至要將昆明池霸為私有。韋皇后不服徐娘半老，於武三思之外，又與西域僧人慧范，宣淫縱欲。

這夥醜類沆瀣一氣，狼狽為奸，禍國殃民，激起了太子李重俊的義憤。李重俊並非韋皇后親生，韋皇后意欲當女皇，正視李重俊為一大障礙。因此，皇后和太子之間的矛盾日益尖銳起來。神龍三年（西元七〇七年），年輕氣盛的李重俊，聯合左羽林將軍李多祚、李思沖等，假托聖命，調動羽林軍千餘人，包圍宰相府邸，殺死武三思、武崇訓父子及其黨徒，然後率兵進宮，捕殺韋皇后、上官婉兒、安樂公主等人。唐中宗和韋皇后聽說太子謀反，嚇得驚慌失措，計無所出。上官婉兒害怕皇帝把自己交給太子，煽動說：「我死且不要緊，但太子必然還要皇帝和皇后的性命。」倉皇之中，唐中宗帶著皇后、昭容和公主，登上玄武門的城樓避難，命令右羽林將軍劉景仁等阻擊太子。上官婉兒鼓動皇帝，直接向謀反的羽林軍喊話。唐中宗冒著危險，站在城樓上高聲說：「羽林軍將士們！你們都是朕的臣屬，有事可以商量，為什麼要謀反作亂呢？你們應當趕快覺悟，反戈以擊逆臣賊子，事定之後，必有重賞！」這一招果真靈驗。謀反的羽林軍人心動搖，喪失鬥志，倒戈殺死李多祚和李思沖。李重俊看到大勢不妙，獨自策馬逃跑。他逃至終南山下，終被部下殺害。

事變平定，一切又恢復了平靜。唐中宗照樣過著荒淫無恥的生活。韋皇后失去情夫武三思，改與常侍馬秦客、光祿少卿楊均淫亂。上官婉兒則與崔湜私通。安樂公主成了寡婦，改嫁武承嗣之子武延秀。後宮內外，穢淫荒怠，烏煙瘴氣。

一些正直的大臣對此表示憤慨。許州司馬參軍燕欽融冒死上書唐中宗，揭發韋皇后干預朝政、淫亂宮闈的醜行。唐中宗不大相信，宣召燕欽融當面詢問。燕欽融慷慨陳詞，一件件，一樁樁，說得有根有據。唐中宗瞠目結舌，無言以對。韋皇后得到密報，派人抓住燕欽融，當著唐中宗的面，將他活活摔死。

唐中宗得知韋皇后淫亂的醜事，心裡很不是滋味。他想廢掉韋皇后，卻又念及當初他們共同經歷的苦難，猶疑不決。韋皇后敏銳地覺察到了唐中宗的態度，急忙與女兒安樂公主和心腹宗楚客密議，尋求對策。景龍四年（西元七一〇年）五月，韋皇后和安樂公主喪盡天良，命馬秦客在餅中放置毒藥，凶狠地毒殺了唐中宗。唐中宗臨死的時候，方知他心愛的皇后和女兒，竟是殺害他的凶手，可悲可嘆。

韋皇后和安樂公主毒殺了皇帝，心裡有鬼，秘不發喪，加緊布置，讓韋氏外戚率領禁軍，控制了京城的各重要部門，這才宣布唐中宗已經駕崩。韋皇后製作僞詔，擁立唐中宗最小的兒子李重茂爲皇帝，由她以皇太后身分臨朝稱制，相王李旦執掌政務。臨朝稱制，只是韋皇后的一個緩衝之計，接下來，她準備廢黜或殺死李重茂，自己當皇帝，日後再將皇位傳給安樂公主。女皇，一個多麼誘人的尊崇名號！她美滋滋地想像著，自己即將成爲第二個武則天，百官朝拜，山呼萬歲，那是何等氣派何等風光啊！

正當韋皇后得意忘形做著女皇夢的時候，李旦的兒子李隆基和姑母太平公主結成了聯盟。他們決心鏟除權欲薰心的韋皇后及其黨羽，恢復唐朝的正統統治。李隆基精明英武，氣度不凡。太平公主身分顯貴，一言九鼎。這兩人聯手，足以置韋皇后於死地。就在唐中宗死後的第十八天，在太平公主的支持下，李隆基率兵發動宮廷政變，攻入皇宮。韋皇后匆忙逃往飛騎營。半路上，恰遇李隆基的士兵。士兵們刀劍並起，韋皇后人頭落地。李隆基下令捕殺韋皇后的黨羽，上官婉兒、安樂公主、武延秀、宗楚客等，均被斬首。

政變取得勝利。隨後，由太平公主出面，逼迫李重茂讓出皇位，擁立唐睿宗李旦第二次當了皇帝。李旦第一次當皇帝，只是個傀儡，實際大權掌握在母親武則天手裡。第二次當皇帝純粹屬於意外，立李隆基爲太子，讓太平公主參與朝政。兩年後，他將皇位禪讓給太子。李隆基登基，唐朝進入了「開元盛世」的新時期。

江采蘋和楊玉環

風流浪漫，艷絕人寰

唐玄宗李隆基又稱唐明皇，是中歷史上著名的風流皇帝。他於西元七一二年登基，在位四十四年，於西元七六二年病死，活了七十八歲。唐玄宗爲帝，分前後兩個時期。前期勵精圖治，任用賢相，改革弊政，使社會經濟和文化事業高度發展，出現了「開元盛世」——中國封建社會鼎盛的標誌。後期驕奢淫逸，縱情聲色，荒於朝政，重用奸臣，導致了「安史之亂」，從而使唐朝歷史經歷了一大轉折，迅速由興盛走向了衰敗。

史載，唐玄宗共有兒子三十人，女兒二十九人，孫子孫女三四百人，由此可以想見他的嬪妃之多。唐玄宗的嬪妃中，只有兩人留下了姓名，那就是梅妃江采蘋和貴妃楊玉環；其他人有姓無名，如武惠妃、劉華妃、趙麗妃、錢妃、皇甫妃、楊貴嬪、高婕妤、柳婕妤、郭順儀、武賢儀、鍾美人、盧美人、王美人、閻才人、陳才人、鄭才人等。這些嬪妃從精神到肉體，均屬於唐玄宗一人，其職責就是侍奉皇帝，使皇帝的私欲得到最大的滿足。唐玄宗在位期間，正式冊立的皇后只有王氏。王氏，同州下邽（今陝西渭南）人。父親叫王仁皎，俗稱阿忠。唐玄宗曾封臨淄王，因見王氏美貌，聘以為妃。

王妃算是嫡妻，所以唐玄宗即位後，即立王妃為皇后。王皇后性格沉穩，不苟言笑，而且沒有生子，這不合唐玄宗的胃口。唐玄宗另外寵幸歌舞伎人出身的趙麗妃、皇甫妃、劉才人等，她們都生了兒子。王皇后貴為皇后，卻受冷落，很不甘心，一次流著淚說：「陛下獨不念阿忠脫紫半臂易斗麵，為生日湯餅邪？」這是一件往事，王皇后的父親阿忠曾以身上穿的衣服換取麵粉，為女婿做生日麵條（湯餅）吃。唐玄宗聽後，「憫然動容」，可是一轉身就又忘了個乾淨。他的心裡牽掛著武惠妃，那是他早期最鍾愛的妃子。

武惠妃是武則天侄兒武唯良從子武攸止的女兒。武攸止在武則天時封恆安王，貴盛顯赫。李隆基和太平公主聯手發動宮廷政變，盡誅韋氏和武氏外戚，發現武攸止女兒姿色媚麗，獨獨留她性命，當夜臨幸。武氏生子李瑁，這是李隆基第十八個兒子。唐玄宗即位，封武氏為惠妃，格外寵愛。

開元三年（西元七一五年），王皇后還沒有生子，唐玄宗只好將趙麗妃所生的兒子李瑛立為太子，其他兒子陸續封王。皇后無子，這是第一大忌。唐玄宗逐漸產生了廢黜王皇后的念頭。他跟心腹姜皎密議此事。不想姜皎嘴長，無意中把皇帝的想法洩漏了出去。唐玄宗大怒，立即將姜皎處死。王皇后意識到自己的地位難保，憂心忡忡。她的哥哥王守一多事，從江湖術士那裡討得一個方子，取一霹靂木片刻上巫語，讓王皇后隨身佩戴，胡謅說：「佩戴這種木片，必能生子，生子可比武則天。」

武惠妃時時注視著王皇后的舉動。她偵察到王皇后佩戴刻有巫語的木片，立刻報告皇帝，誣陷皇后大搞「巫蠱」。唐玄宗赫然震怒，親自勘問皇后，接著頒詔宣布說：「皇后天命不佑，華而不實，有無將之心，不可以承宗廟，母儀天下，其廢爲庶人。」事情涉及到王守一，王守一被賜死。

王皇后被廢，武惠妃洋洋得意，以爲皇后的位置非己莫屬。唐玄宗的確也想立武惠妃爲皇后，可是大臣們異口同聲地表示反對。御史潘好禮上書說：「武氏外戚，天人共憤。武惠妃乃武三思的侄女，豈可正位中宮，母儀天下？若此，朝廷威儀何在，皇上體面何在？」其時，唐玄宗尚未昏憒，接受了朝臣們的意見，暫且將立后之事擱置不提。

武惠妃急於想當皇后，轉而謀求廢立太子，走「母以子貴」的捷徑。爲此，她勾結奸相李林甫和宦官高力士，請他們出面，鼓動唐玄宗廢黜李瑛，改立自己的兒子李瑁爲太子。李瑁已封壽王，聰明伶俐，深得唐玄宗的喜愛。當時，太子李瑛和兩個弟弟鄂王李瑤、光王李琚關係要好。武惠妃、李林甫、高力士等據此大做文章，誣衊太子和二王營結私黨，圖謀不軌。唐玄宗偏聽偏信，竟要廢黜太子和二王。中書令張九齡據理力諫，說：「太子、諸王日受聖訓，天下共慶。陛下享國久遠，子孫繁衍，奈何一日廢棄三子？」他列舉了歷史上晉獻公、漢武帝、晉惠帝、隋文帝廢立太子的教訓，接著說：「今太子無過，二王賢。父子之道，天性也，雖有失，尚當掩之。唯陛下裁赦。」唐玄宗聽了這番話，似有所悟，收回成命。

武惠妃心猶不甘，於開元二十五年（七三七年）精心設計了一個圈套。一面謊稱宮中有賊，派人傳召李瑛、李瑤、李琚，命火速率兵進宮捉賊；一面，她又飛告皇帝，說太子和二王謀反，正率甲兵而來。唐玄宗急忙派人察看，果如其言。唐玄宗大駭，詢問身旁的李林甫說：「該當如何？」李林甫假惺惺地說：「陛下家事，臣屬不宜干預。」唐玄宗當即頒詔，說：「太子瑛、鄂王瑤、光王琚，同惡均罪，並廢爲庶人。」隨後，他命將三個兒子處死。

李瑛、李瑤、李琚冤死，是武惠妃玩弄權術和陰謀的結果。此後，李瑁未能當上太子，她也未能當上皇后。她害人心虛，惡夢纏身，時時覺得李瑛等厲鬼向她索命。她陷入沒完沒了的驚恐之中，身心俱裂，開元二十四年（西元七三六年）一命嗚呼。

唐玄宗的後宮，佳麗無數，粉黛如雲。這時，他早就寵愛上了另一個美人江采蘋。江采蘋，閩地莆田（今福建莆田）人。父親叫江仲遜，世代爲醫。江采蘋九歲的時候，便能誦讀《詩經》，十餘歲時長得花容月貌，妖冶鮮麗，遠近聞名。開元十四年（西元七二六年），宦官高力士奉命去閩地選美，選中了十六歲的江采蘋，帶回長安。唐玄宗見她，淡妝雅服，姿態明秀，豐神楚楚，秀骨姍姍，以爲是仙女下凡，驚羡不已，臨幸，歡樂無比。唐玄宗自此專寵江采蘋，「長安大內、大明、興慶三宮，東都大內、上元兩宮，幾四萬人，自得妃，視如塵土。」江采蘋酷愛梅花，寢宮周圍，悉植梅樹，自書「梅亭」二字，懸於醒目之處。寒冬臘月，梅花開放，她簡約梳妝，流連花下，賞花賦詩，怡然自樂。先後作有《梅花》《蕭蘭》《梨園》《鳳笛》《玻杯》《剪刀》，《綺窗》七賦，文筆優美，意境清麗。唐玄宗十分欣賞江采蘋的美貌和才氣，高興地封她爲梅妃。

唐玄宗平生喜愛音樂歌舞，調集全國最出色的音樂家、歌唱家、舞蹈家和戲曲家，創建梨園，作爲他們活動的場所。梅妃在梨園學習，愛吹白玉笛，愛跳《驚鴻舞》，技藝超群。一天，唐玄宗宴請兄弟諸王，宴間和梅妃玩鬥茶的遊戲，梅妃贏了。唐玄宗笑著告訴諸王說：「她呀，簡直就是梅精。吹白玉笛，跳《驚鴻舞》，滿堂光輝。今日鬥茶，又勝朕矣！」

梅妃趕忙說：「草木之戲，誤勝陛下。設使調和四海，烹飪鼎鼐（指治理國家），萬歲自有憲法，賤妾何能較勝負邪？」這話說得非常得體。唐玄宗樂得哈哈大笑，說：「梅妃，朕之至愛也！」

唐玄宗寵愛梅妃江采蘋，理當有個美好的結局。然而，隨著又一位美人進宮，後宮乃至整個國家的秩序失去了平衡。

唐玄宗生性風流，恨不得將天下所有的美女都占爲己有。開元二十八年（西元七四〇年），唐玄宗在驪山腳下的華清宮（今陝西臨潼境），回想起死去的武惠妃，心情抑鬱。宦官高力士爲使皇帝開心，趁機進言說：「皇上知道壽王妃楊玉環嗎？那可是天下第一美人，絕世無雙，宜充掖庭。」唐玄宗兒女眾多，聽說過這個兒媳，卻未見過其人。他頓時來了興致，說：「是嗎？那就宣她進宮，朕要見見。」這一見不要緊，由此引出了一段更加浪漫和荒唐的愛情故事。

楊玉環，蒲州永樂（今山西永濟）人，生於開元七年（西元七一九年）。父親楊玄琰早逝，叔父楊玄珪將她撫養成人。她自小受到良好的教育，天資聰穎，悟性很強，通曉音律，擅長歌舞。及長，妙齡麗質，艷壓群芳。她十六歲時，嫁唐玄宗和武惠妃的兒子壽王李瑁，成爲王妃。夫妻二人相親相愛，感情篤厚。當高力士召她進宮的時候，她知道這意味著什麼，內心裡不禁湧起一股衝動激情。李瑁不敢違抗聖命，眼睜睜地看著愛妃登車而去。

華清宮裡錦帷繡帳，燈火輝煌。唐玄宗審視楊玉環，但見她體態豐腴，骨肉婷勻，眉不描而黛，髮不漆而黑，頰不脂而紅，唇不塗而朱，果然是沉魚落雁，閉月羞花，傾國傾城。他從未見過這樣的美人，喜得心跳血湧，意蕩神搖。他命楊玉環坐下，問其技藝。楊玉環回答說略知音律和歌舞。唐玄宗命其吹笛。楊玉環吹響玉笛，清音繚繞，逸韻悠揚。唐玄宗命其歌舞。楊玉環邊歌邊舞，歌如鶯聲，舞似飛天。堂堂天子恍入仙境，如醉如痴。當夜，他留兒媳侍寢，顛鸞倒鳳，極盡男女之歡。這一年，唐玄宗五十五歲，楊玉環二十一歲。

唐玄宗強占了兒媳，實是一件醜聞。唐玄宗自欺欺人，假意讓楊玉環自請爲道士，入居南宮，賜號「太眞」。最難堪的還是李瑁，失去嬌妻，還得忍氣吞聲。不久，唐玄宗命左衛部郎韋昭訓將女兒嫁給李瑁爲妃，算是對兒子的補償。

楊玉環是中國古代四大美女之一，「回眸一笑百媚生，六宮粉黛無顏色」。

唐玄宗自從得了這個尤物，更加沉湎聲色，日夜尋歡。楊玉環使出手段，曲意逢迎，越見恩寵。白居易《長恨歌》描述當時是情況是：

雲鬢花顏金步搖，
芙蓉帳暖度春宵。
春宵苦短日高起，
從此君王不早朝。
承歡侍宴無閒暇，
春從春遊夜轉夜。
後宮佳麗三千人，
三千寵愛在一身。

楊玉環雖然號稱太眞，但宮中人知道她的身分，一律稱她爲娘子。天寶四年（西元七四五年）八月，唐玄宗不顧什麼倫理綱常，毅然地冊立楊玉環爲貴妃，地位僅次於皇后。當時，因爲沒有皇后，所以楊貴妃就是事實上的皇后，享受的禮儀和待遇一如皇后。

一人得道，雞犬升天。楊貴妃生父楊玄琰被追贈爲太尉、齊國公，叔父楊玄珪升任光祿卿；宗兄楊銛（銛，讀作先）、楊錡分別官鴻臚卿和侍御史。楊貴妃還有三個姐姐，姿容美艷，唐玄宗稱他們爲「姨」，分別封作韓國夫人、虢國夫人、秦國夫人。她們自由出入宮禁，身分和楊貴妃一樣尊貴。楊氏姐妹在場，皇家公主不敢擅先就座。建平、信成公主就是因爲得罪了皇姨，因而被抄家，駙馬都尉獨孤明還丟了官職。一時之間，楊氏滿門榮寵，聲震天下。

楊貴妃還有一個遠房堂兄叫楊釗，據說是武則天男寵張易之的私生子。此人不學無術，吃喝嫖賭，惡習俱全。他聽說楊氏外戚因楊貴妃得寵而發跡，遂尋情鑽眼，打通關節，到了長安。進而巴結討好楊貴妃、李林甫、高力士等權要人物，得以混進朝廷，接近皇帝，從金吾步曹蒲簿起步，一路高升，很快當上了監察御史。唐玄宗以為他是國家的忠臣，賜名「國忠」。於是，楊釗改稱楊國忠，逐漸成了楊氏外戚的核心人物。

楊貴妃比唐玄宗年輕三十四歲，姿容異常美麗，才藝異常出眾。唐玄宗寵她愛她，捧在手裡怕摔了，含在嘴裡怕化了。這年八月，大明宮太液池的千葉白蓮開花，潔白晶瑩，宛若玉成。唐玄宗攜帶楊貴妃前往觀賞，左右侍從稱譽白蓮嬌美。唐玄宗指著楊貴妃，笑著說：「白蓮雖美，怎如朕之解花語？」在唐玄宗的心目中，蓮花有形無神，而他的愛妃形神兼備，遠遠勝過蓮花。

這年春天，興慶宮沉香亭前牡丹盛開，花色絢麗，花香飄溢。唐玄宗攜帶楊貴妃和皇親國戚、文武大臣前往賞花。皇家樂隊演奏樂曲，著名歌唱家李龜年高歌助興。

唐玄宗興高采烈，說：「美人名花，當用新曲新詞。」他想起了正在長安任供奉的詩人李白，命人召來，當場創作。李白已經醉酒，應召而至，放眼看去，牡丹爭奇鬥艷，美人華貴俏麗，略一思索。揮毫寫下了三首《清平調詞》。詞曰：

雲想衣裳花想容，
春風拂檻露華濃。

若非群玉山頭見，
會向瑤台月下逢。

一枝紅艷露凝香，
雲雨巫山枉斷腸。
借問漢宮誰得似？
可憐飛燕倚新妝。

名花傾國兩相歡，
長得君王帶笑看。
解釋春風無限恨，
沉香亭北倚欄杆。

這三首詞，語語濃艷，字字流葩，情景交融，以花喻人，極寫楊貴妃的美麗。唐玄宗和楊貴妃滿心歡喜，命李龜年等根據新詞，譜曲演唱，盡歡方散。可是事後，高力士記著曾爲李白脫靴之恨，挑撥說：「李白詞中將娘娘比作漢宮的趙飛燕，賤之甚。」楊貴妃受其蠱惑，信以爲眞，阻撓唐玄宗重用李白。李白素來憎恨權貴，樂得痛痛快快地離開長安，去過自由自在的狂放生活。

唐玄宗寵愛楊貴妃，日甚一日。他在物質上給她提供最豐富最奢華的享受，吃、穿、住、行、用、玩，不計錢財，任其揮霍。當時專門設置了貴妃院，其任務就是給楊貴妃提供後勤服務。貴妃院裡，僅織錦工人就有七百多人，另有雕刻熔造工人三、四百人。楊貴妃愛吃新鮮荔枝，荔枝生於南方，距長安有數千里之遙。唐玄宗一道聖旨，便在沿途各地設立驛站，安排專使，配備快馬，一站一站地晝夜傳送，保證新鮮荔枝到達長安時色味不變。「一騎紅塵妃子笑，無人知是荔枝來。」爲了一個女人，唐玄宗花費了多少人力和財力啊！楊貴妃的三個姐姐跟著沾光，唐玄宗給予她們的賞賜難以數計，僅脂粉錢一項，每人每天就收入二萬緡錢。

上行下效。地方官吏以討好皇帝、巴結貴妃爲第一要務，爭獻奇珍異玩。嶺南節度使張九章貢物最多，官升三級。廣陵長史王翼貢物最精，擢入朝廷。由是，從京師到地方，人人矚目後宮，舉國風靡。

以楊貴妃爲中心，楊氏外戚尊崇顯赫，貴盛莫比。他們在長安繁華地段，大興土木，廣建府邸，一家比一家豪華、氣派。史籍記載說：「第舍聯亙，擬憲宮禁，率一堂費緡千萬。見宅第有勝者，輒壞復造，務以瑰侈相誇詡，土木工不息。帝（指唐玄宗）所得奇珍及貢獻分賜之，使者相銜於道。」長安百姓看在眼裡，恨在心裡，痛斥這種情況爲「木妖」。

楊貴妃以艷美的姿色和豐腴的肉體，給了唐玄宗最大的快樂和滿足。但是，唐玄宗畢竟是唐玄宗，他不會也不可能僅僅專情於一個女人。楊貴妃性情狷苛，嫉妒吃醋，這導致了她和唐玄宗之間的兩次激烈風波。

第一次風波是因梅妃江采蘋而引起的。楊玉環初進宮時，唐玄宗還寵幸著江采蘋。江、楊都是天姿國色，都有特殊才藝。唐玄宗舉行歌舞宴會，常讓二人陪侍左右，戲謔地稱她們為娥皇和女英（虞舜之妃），引為榮耀。公開場合，楊玉環稱江采蘋為姐姐，江采蘋稱楊玉環為妹妹，親親熱熱；私下裡，二人爭寵奪愛，楊玉環稱江采蘋為「梅精」，江采蘋則稱楊玉環為「肥婆」。這是因為江采蘋體態清秀，稍瘦；楊玉環體態豐滿，稍胖。唐朝的審美觀念，以豐滿圓腴為美。因此，江采蘋和楊玉環比較姿色，漸漸處於下風。一次，唐玄宗和她倆一起飲酒，心血來潮，命二人各賦詩一首。江采蘋略一沉思，吟道：

撇卻巫山下楚雲，
南宮一夜玉樓春。
冰肌月貌誰曾似，
錦繡江山半為君。

前兩句明顯諷刺楊玉環「撇卻」原先的丈夫，這才得到皇帝的寵幸；後兩句有「月」有「半」，確好是「胖」字，意在嘲笑楊玉環過於肥胖。楊玉環不想讓江采蘋占到便宜，微微而笑，吟道：

美麗何曾減卻春，
梅花雪裡亦清眞。

總教借得春風早，
不與凡花鬥色新。

這首詩完全是反話正說，前兩句含「梅花」和「清眞」，隱約諷刺江采蘋太瘦，不爲美的標準；後兩句等於是說，你江采蘋雖然進宮較「早」，但不過是「凡花」一朵，企圖跟我楊玉環「鬥色」，哼！你鬥得過嗎？

隨著時間的推移，楊玉環因「忌而智」，成爲貴妃，扶搖直上，如日中天。江采蘋因「性柔緩」，相形見絀，暗暗傷情。再發展下去，一個驕縱，一個清高，互相嫉妒，居然「避道而行」，彼此間再沒有任何共同的語言。

唐玄宗極度寵愛楊貴妃，有時也還想著梅妃。一天夜裡，他在翠華閣，偷偷地召幸梅妃，共入鸞帳，重溫舊情。天將明時，高力士忽然扯著嗓子，高聲通報說：「貴妃娘娘駕到！」

原來，楊貴妃專房固寵，容不得唐玄宗接近別的嬪妃。她得知唐玄宗夜間和情敵江梅妃在一起，不禁醋勁大發，親自來到翠華閣，尋釁鬧事。唐玄宗從高力士的通報中醒過神來，忙命梅妃迴避，以免吃虧。楊貴妃進入房內，開口便問：「梅精安在？」唐玄宗故作鎮靜，說：「梅精？什麼梅精？」楊貴妃一眼看到江梅妃遺留下來的鳳鞋，冷笑說：「這是什麼？」

唐玄宗支支吾吾，無言以對。楊貴妃頓時耍起潑來，大哭大鬧，甚至拔下頭上的金簪，擲向唐玄宗。唐玄宗平生從沒受過這種窩囊氣，一把無名火起，厲聲向高力士發話說：「你，將這個人送走，送回楊府去！眞是，眞是太不像話！」楊貴妃哭哭啼啼，賭氣說：

「走就走，我再不回來了！」

就這樣，楊貴妃被送至宗兄楊銛府中。這場風波平地而起，來得非常突然。楊貴妃離開僅僅一天，唐玄宗像是丟了魂似的，感到空虛煩躁，長吁短嘆，渾身不自在。高力士體會主子的心情，當晚給楊銛府中送去百餘車金銀珠寶。次日，高力士親自去楊府，將楊貴妃接回宮中。楊貴妃拜見皇帝，珠淚漣漣，嗚嗚咽咽。唐玄宗見了十分心疼，賭咒發誓，說此後不再不臨幸江梅妃。楊貴妃破涕爲笑，侍奉皇帝，倍加殷勤和溫存。

這場風波，最倒楣的是江梅妃。她被冷落了，獨住梅亭，猶如幽禁，很難再見到皇帝。無奈之下，她作了一篇《樓東賦》，抒發失意情懷。賦云：

玉鑒塵生，鳳奩香殄。懶蟬鬢之巧梳，閒縷衣之輕練。苦寂寞於蕙宮，但凝思於蘭殿。信剽落之梅花，隔長門而不見。況乃花心颺恨，柳眼弄愁，暖風習習，春鳥啾啾。樓上黃昏兮，聽鳳吹而回首；碧雲入暮兮，對素月而凝眸。溫泉不到，憶拾翠之舊遊；長門深閉，嗟青鸞之信修。憶昔太乙清波，水光蕩浮，笙歌賞燕，陪從宸旒。奏舞鸞之妙曲，乘畫鷁之仙舟。君情繾綣，深爲綢繆。誓山海而長在，似日月而無休。奈何嫉色庸庸，妒氣衝衝，奪我之愛幸，斥我乎幽宮。思舊歡之莫得，想夢著乎朦朧。度花朝與月夕，羞懶對乎春風。欲相如（指西漢司馬相如）之奏賦，奈世才之不工。屬愁吟之未盡，已響動乎疏鐘。空長嘆而掩袂，躊躇步於樓東。

唐玄宗讀了此賦，深感有負於梅妃，特賜珍珠一斛。梅妃不稀罕珍珠，原封不動地退回，並附詩一首，云：

柳葉雙眉久不描，
殘妝和淚濕紅綃。
長門自是無梳洗，
何必珍珠慰寂寞。

江梅妃既失寵愛，要珍珠何用？從此，她深居簡出，甘於寂寞，憑藉詩賦，打發時日。

第二次風波是因虢國夫人而引起的。楊氏姐妹中，論姿容和風采，楊貴妃首屈一指；論風騷和淫蕩，則以虢國夫人爲最。虢國夫人早與堂兄楊國忠存在苟且私情，出嫁以後仍不安分。她在唐玄宗跟前，更顯輕佻和放蕩，時時飛媚眼送淫笑。好女人可靠，壞女人可愛。唐玄宗面對這位皇姨的挑逗，難以自持。一天，唐玄宗和虢國夫人終於睡到了一起。詩人杜甫詩云：「虢國夫人承主恩，平明騎馬入宮門。卻嫌脂粉汙顏色，淡掃蛾眉朝至尊。」寫的就是他們之間的私情，非常巧妙和含蓄。楊貴妃一直防範著唐玄宗，前去捉姦捉了個正著。她的醋勁再次大發，出言不遜，尋死覓活。唐玄宗下不了臺，怒火沖天，又命人將楊貴妃遣送回楊府。

這次風波比上次的嚴重。楊氏兄妹慌了手腳，須知楊貴妃是楊氏外戚賴以顯貴榮崇的大樹，大樹一倒，怎麼得了？於是，楊銛等誠惶誠恐地入宮謝罪，懇請皇帝手下留情。其實這是多餘之舉，因爲唐玄宗趕走楊貴妃之後，即懊悔萬分。他的心頭有一種失落感，舉止失措，心神不寧，直想發脾氣，鞭笞左右。大臣吉溫及時進言，建議皇帝接回貴妃。唐玄宗說：「那就快去呀！」宦官張韜光奉旨而行，兼賜膳食。不想楊貴妃故意擺譜，不肯回宮，剪下一縷青絲交給張韜光，讓轉呈皇帝，說：「妾有罪當萬誅，然髮膚以外，皆皇上所賜。今且死，無以念，謹以一縷青絲爲報。」張韜光回宮，如實稟告。唐玄宗嚇壞了，急忙派高力士出馬。高力士去楊府，好說歹說，楊貴妃終於又回到宮中。

兩次風波，皆以唐玄宗的妥協和遷就而告結束。天寶十一年（西元七五二年），李林甫死。楊國忠接任宰相，同時兼領四十餘職。唐玄宗把重要政務都交給楊國忠辦理，自己專寵楊貴妃，他們的關係進入了最熾熱的階段。

華清宮是唐玄宗和楊貴妃首次見面和交歡的地方。因此，每年十月，唐玄宗總會帶著楊貴妃和楊家兄妹，到華清宮尋歡作樂。華清宮裡有華清池，唐玄宗和楊貴妃在池中同浴，那是二人最甜蜜最銷魂的時光。

「春寒賜浴華清池，溫泉水滑洗凝脂。侍兒扶起嬌無力，始是新承恩澤時。」楊貴妃每次出行，必由高力士親自牽馬，供其使喚的奴婢大抵千人。楊家兄妹車騎從幸，每家一隊，各執一色旗，各穿一色衣，鋪張排場，豪華氣派，香聞數十里。及到驪山，諸家合歡，往來穿梭，猶如萬花競放，遍地雲錦。隊伍經過之處，「遺鈿墮舄（舄，讀作戲，鞋），瑟瑟璣琲，狼藉於道」。相傳，一年的七月七日乞巧節，唐玄宗和楊貴妃在華清宮長生殿賞月。夜闌更深，月色如水。二人依偎在一起，仰望天上的牛郎織女星，傾訴相依相愛之情，盟誓說：「在天願作比翼鳥，在地願爲連理枝。」表示生生死死，永不分離。

這是一個女人嬌媚恃寵的時代。以致時有民謠唱道：「生男勿喜女勿悲，君今看女作門楣。」白居易的《長恨歌》也說：「遂令天下父母心，不重生男重生女。」

這期間，唐玄宗和楊貴妃有著共同的愛好，那就是對於音樂歌舞的狂熱。他們以梨園爲陣地，親自教習和演出歌舞，創作了融音樂、歌曲、舞蹈爲一體的大型樂舞《霓裳羽衣曲》（一稱《霓裳羽衣舞》），從而把唐朝的樂舞藝術推向了頂峰。演出時，楊貴妃是樂舞的當然主角，投入全部身心，充滿激情領舞，用優美形體的語言，把樂舞反映盛唐氣象的主題表現得淋漓盡致。因此可以說，楊貴妃除了貴妃的身分外，還是一位傑出的舞蹈家，在中國古代舞蹈史上占有一席重要位置。

大唐盛世，歌舞升平。然而，皇帝荒淫，奸相弄權，貴妃專寵，歌舞升平的背後卻伏著巨大的危機。「漁陽（今天津薊縣）鼙（鼙，讀作皮）鼓動地來，驚破霓裳羽衣曲。」各種危機聚集爆發，終於釀出「安史之亂」，唐朝迅速從繁榮昌盛的頂點跌落下來。

「安史之亂」的頭目是安祿山及其部將史思明。安祿山，本名阿犖（犖，讀作絡）山，雜胡出身。只知其母，不知其父，其母改嫁突厥人安延偃，阿犖山遂改稱安祿山。安祿山陰險狡詐，善於僞裝，因爲性格粗魯，打仗勇敢，所以被提拔爲將軍。他極有野心，早就覬覦中原天下，幾次到長安晉見唐玄宗，順便刺探朝廷機密和情報。當他看到唐玄宗專寵楊貴妃的時候，竟無恥地認楊貴妃爲母，自己稱兒，每次入見，總是先拜貴妃，後拜皇帝。唐玄宗詢問緣由。安祿山說：「蕃人禮儀，先母後父。」安祿山體格肥壯，肚大腰圓，卻能跳得《胡旋舞》，翻轉騰挪，迅疾如風。唐玄宗一次取笑安祿山說：「你大腹便便，裡面都裝的什麼呀？」安祿山拍著肚皮說：「唯一顆忠心耳！」因此，唐玄宗和楊貴妃對於這個「兒子」非常喜愛，一再給他加官，使之成爲范陽（今北京西南）、平盧（今遼寧朝陽）、河東（今山西）三鎮節度使，掌握了黃河以北的大部分軍權。天寶九年（西元七五〇年），唐玄宗又封安祿山爲東平郡王，打破了唐朝非李姓宗室不得封王的成例。唐玄宗在長安爲安祿山修建了豪華的王府，命楊氏兄妹與安祿山結拜，以兄弟姐妹相稱。

天寶十年（西元西元七五一年），安祿山進京，時遇生日。楊貴妃和三個姐姐用錦繡作襁褓，將安祿山包裹起來，玩一種叫做「洗乾兒」的遊戲，追逐打鬧，調笑取樂，不成體統。

有野史記載說，楊貴妃和安祿山這期間曾通姦偷情。蔡東藩先生的《唐史演義》演繹野史，寫道：「安祿山出入宮禁，毫無禁忌，或與貴妃對食，或與貴妃聯榻，通宵不出，醜言遍達，……鬼混了一年有餘」。安祿山動作粗野，竟將楊貴妃的乳房抓破。楊貴妃害怕醜事暴露，一改袒胸露臂的習慣，製作兩隻「訶子」，籠罩胸前。宮女們以爲這樣新穎別致，爭相仿效。後世女人絢麗多姿的乳罩，即由此發端。

從實而論，楊貴妃和安祿山通姦偷情，不是沒有可能。楊貴妃和唐玄宗的年齡相差懸殊，她很難從唐玄宗身上得到性欲的滿足。安祿山雄壯豪勇，詼諧幽默，要地位有地位，要實力有實力，很有吸引力。因此，楊貴妃鍾情於他和委身於他，尋求刺激和樂趣，完全是情理中的事。

安祿山封爵郡王，手握重兵，引起了宰相楊國忠的嫉妒和仇恨。楊國忠雖然不學無術，但對官場上的事卻十分敏感。他出於直覺和本能，意識到安祿山的表現是在僞裝，此人日後必反。他多次提醒唐玄宗，應當及早除去安祿山，以免遺留禍患。而唐玄宗執迷不悟，楊貴妃和高力士等更不相信，他們以爲安祿山有勇無謀，天眞得近乎痴傻，蒙受天大的皇恩，感激猶恐不及，怎麼會反叛朝廷呢？

其實，安祿山的反心早就存在。他原計劃在唐玄宗死後造反，怎奈楊國忠一再採取過激的行動，促使他提前了造反的時間。楊國忠爲了證明自己的預見，於天寶十三年（西元七五四年）春，慫恿唐玄宗傳召安祿山進京，以試探安祿山的忠心。安祿山識破這是楊國忠的陰謀，應召而至，跪拜皇帝，痛哭流涕，說：「臣本胡人，深得陛下恩遇，卻爲宰相所忌。楊國忠三番五次地誣陷臣要謀反，臣必死矣。」唐玄宗好言撫慰，並給安祿山以大量的賞賜，放心地讓其回歸漁陽。

楊國忠一計不成，又生一計，於天寶十四年（西元七五五年）夏，派兵搜查安祿山在長安的王府，並以奸細爲名，殺了王府的幾名客人。安祿山接到報告，怒不可遏，夥同史思明，十一月公然舉起反叛大旗，率領十五萬大軍，以誅楊國忠爲藉口，從范陽南下，浩浩蕩蕩地殺向中原。史載：「安祿山以誅國忠爲名，且指言妃及諸姨罪。」這裡的「妃」指楊貴妃，「諸姨」指韓國夫人、虢國夫人、秦國夫人。表明安祿山是將她們和楊國忠一樣看待的，都有「罪」，足見安祿山認楊貴妃爲母、拜諸姨爲姐的荒謬性和虛假性。

「安史之亂」的消息傳來，唐玄宗、楊貴妃和楊氏兄妹正在華清宮尋歡作樂。他們過慣了太平盛世的奢靡生活，他們絕對信任安祿山，乍聽戰事警報，都說這是謠言。可是，警報一份接著一份，他們這才驚慌起來，連聲說：「怎麼會這樣呢？怎麼會這樣呢？」安史叛軍勢如破竹，十二月便攻陷東都洛陽，進而西向長安。唐玄宗驚慌失措，臨時招募一支雜牌軍，由將軍哥舒翰率領，扼守潼關（今陝西潼關），阻擊安祿山。

天寶十五年（西元七五六年）正月，安祿山在洛陽自稱皇帝，建立了大燕政權。他經過一段休整，猛烈地進攻潼關。形勢十分危急。年邁的唐玄宗突然表現出了英武氣概，決定御駕親征。這時候，「諸楊大懼，哭於廷，國忠入白妃（指楊貴妃）。妃銜訣請死。帝（指唐玄宗）意沮，乃止。」由於楊貴妃和楊氏外戚的反對，唐玄宗僅有的一點英武氣概，消失淨盡，不再提親征之事。

唐玄宗寄希望於哥舒翰。誰知哥舒翰年老多病，麾下士兵多是烏合之眾，根本沒有戰鬥力。六月，安祿山攻克潼關，哥舒翰潰不成軍。消息傳到長安，長安大亂，皇宮裡更是亂成了一鍋粥。三十六計走爲上。唐玄宗爲了保命，國家不要了，京城不要了，文武百官和黎民百姓更不要了，帶著楊貴妃姐妹、太子、高力士及楊國忠等少數幾名親信大臣，在左龍武大將軍陳玄禮所統禁軍的護衛下，偷偷地溜出延秋門，取道咸陽（今陝西咸陽），向西逃亡。

其時，楊國忠還兼任著劍南節度使，他們逃亡的目的地自然是蜀郡（今四川）。虢國夫人已先於他們而逃，故不在這支逃亡隊伍的行列。

第二天，大隊人馬到了馬嵬坡（今陝西興平馬嵬坡）。時值夏天，烈日炎炎。地方官吏早已跑得精光，沒有人接待皇帝。廣大士兵在太陽的曝曬下，無水無食，汗流浹背，不由得罵天罵娘，怨聲四起。

陳玄禮是這支隊伍的主宰。他與楊國忠有隙，早想除去這個奸臣。在馬嵬坡，他覺得正好是個機會，決定發動兵變，鼓動士兵停止前進，鼓噪罵喊，口口聲聲要殺死奸相楊國忠。他直接向唐玄宗進諫說：「逆胡（指安祿山）詣闕，以誅楊國忠爲名，然中外群情，無不嫌怨。今國步艱阻，乘輿震蕩，陛下宜徇群情，爲社稷大計，楊國忠之徒，可置於法。」

陳玄禮的諫言過於突然，唐玄宗尚在猶豫。恰有隨行的吐蕃使者，圍住楊國忠，抱怨饑渴難耐。陳玄禮趁機煽動說：「國家大亂，皇帝逃難，兄弟們受苦，罪在楊國忠。現在，他又串通吐蕃人，意欲謀反，是可忍孰不可忍？」士兵們見統帥發話，憤怒至極，一起逼近楊國忠。楊國忠策馬想逃，鼻樑上已中了一箭，翻身落馬。士兵們一擁向前，刀砍劍刺。霎那間，楊國忠命歸西天。士兵們割下了楊國忠的腦袋，高懸示眾。楊國忠的妻子及四個兒子亦被殺死。

唐玄宗聽得報告，不勝驚駭，說：「楊國忠眞的謀反了嗎？」他派御史大夫魏方進責問士兵說：「何故殺害宰相？」憤怒的士兵一陣罵喊，把魏方進也給殺了。

楊國忠既死，兵變仍未平息。陳玄禮又指揮士兵包圍了唐玄宗的驛館。唐玄宗派高力士詢問原因，眾人說：「禍根尚在。」陳玄禮帶領手下將領，手執兵器，面見唐玄宗，說：「楊國忠父子既誅，太眞（指楊貴妃）不合供奉。」

唐玄宗聽了這話，猶如當頭挨了一棒，呆若木雞，腦海裡一片空白，許久許久說不出話來。京兆府司錄參軍韋諤叩頭流血，說：「臣聞以計勝色者昌，以色勝計者亡。今宗廟震驚，陛下棄神器，奔草莽，唯割恩以安社稷。」

唐玄宗沉吟不語。過了好長時間，他問高力士說：「你以爲如何？」

高力士一直是唐玄宗的忠實奴才，也是楊貴妃的忠實僕人，楊貴妃進宮和得寵，他有很大的功勞。而此時此刻，他非常清楚一觸即發的形勢，倘若惹惱了陳玄禮，那麼別說楊貴妃，就是唐玄宗和自己，恐怕也會有生命危險。他定了定神，鼓足勇氣說：「貴妃即國忠之妹，猶在陛下左右，群臣能無憂怖？伏乞聖慮裁斷。」

唐玄宗見忠實的奴才也是這個態度，徹底地絕望了。唐玄宗的一生，是既愛江山又愛美人的一生，不同時期有著不同的愛法。開元年間，他愛江山重於愛美人，勵精圖治，重用賢臣，這才有了「開元盛世」的局面。天寶年間，他愛美人重於愛江山，追求享樂，荒於朝政，終於引發了「安史之亂」。而現在，他面臨著江山、美人二者只能選其一的艱難抉擇，所謂「魚翅和熊掌不可兼得」，誠然若是。他看了看滿臉殺氣的陳玄禮等，只能忍痛割愛，捨棄美人而保江山，只有保江山才能保性命。什麼「解花語」，什麼「比翼鳥」，什麼「連理枝」，統統顧不得了。他痛苦地一揮手，對高力士說：「按照陳將軍的意思，賜貴妃死，你去辦吧。」

高力士來到後庭，傳達皇帝的旨意。楊貴妃早已哭成了淚人。她哀怨，她憤恨，她想詛咒和吶喊，可是一切都無濟於事。她泣涕嗚咽，語不勝情，說：「願大家（指唐玄宗）好住。妾誠負國恩，死無恨矣。乞容禮佛。」

高力士回報唐玄宗。唐玄宗說：「你告訴她朕的話：『願愛妃善地受生。』」高力士回到後庭，看著楊貴妃跪拜完佛像，然後將她引至佛堂前的梨樹下，用一條白綾將之縊殺。絕色麗人，玉殞香銷。是時，楊貴妃三十八歲。

就在楊貴妃絕命的瞬間，驛站專使飛馬送來了新鮮的荔枝。唐玄宗噓唏長嘆，命高力時說：「貴妃愛吃荔枝，與朕祭之。」祭罷，陳玄禮進入後庭檢查屍體，確認死者就是楊貴妃，這才命令士兵重新上路。楊貴妃的三個姐姐韓國夫人、秦國夫人以及已經逃至陳倉（今陝西寶雞東）的虢國夫人，俱死於這次兵變之中。

唐玄宗前腳逃離長安，安祿山後腳進了長安。安史叛軍燒殺搶掠，繁華的長安城蒙受了一場浩劫，死人無數。唐玄宗未及帶走的嬪妃、兒女、孫子等家人，絕大多數遭到殺戮。梅妃江采蘋亦死於亂軍之手。

唐玄宗長途跋涉，好不容易逃到成都（今四川成都）。太子李亨中途帶領部分人馬，去了靈武（今寧夏西南），並擅自在那裡即皇帝位，遙尊唐玄宗為上皇天帝。唐玄宗哭笑不得，只能接受這個事實。長安收復後，唐玄宗重新回到京城，一切皆今非昔比。他的晚年非常淒涼，尋到了楊貴妃和江梅妃的一些遺物，睹物念人，百感交集。他命人繪了楊貴妃和江梅妃的畫像，懸掛於臥室，朝夕凝視。上元三年（西元七六二年）四月，唐玄宗在悲哀的氣氛中病死。

唐玄宗和后妃的故事，風流浪漫，艷絕人寰。一千多年來，正統的封建史學家記述這段歷史，總會宣揚「女禍」的陳腐觀念。如《新唐書．玄宗紀．贊》寫道：「嗚呼，女子禍於人者甚矣！」文中的「女子」主要指楊貴妃，這有欠公允。實事求是地說，楊貴妃只是個有過失的宮廷女子，美麗，聰慧，有心機，有才華，而且驕傲和任性。她進入皇宮和受到專寵，並非出於主動，而是身不由己。至於「安史之亂」，罪在唐玄宗和楊國忠，楊貴妃不應負主要責任。她，說到底也是個受害者，最後連性命都丟掉了。男人做了壞事，卻讓女人承受惡名，毫無道理。

唐肅宗張皇后
狡黠刻薄，巧言令色

唐肅宗李亨是唐玄宗的第三個兒子，開元二十六年（西元七三八年）被立為太子。天寶十五年（西元七五六年）六月，安史叛軍攻克潼關，兵向長安。唐玄宗倉皇逃出京城，太子李亨等隨行。中途，太子妃張氏和宦官李輔國竭力慫恿李亨，不要隨唐玄宗西去逃難，那樣沒有前途。正確的選擇應該是率領部分人馬，另立山頭。李亨不甚願意，認為那樣做不忠不孝。怎奈張氏和李輔國反覆鼓動，分析利害得失。李亨也就同意，率領一支人馬北趨靈武（今寧夏靈武西南）。七月，他在靈武擅自即皇帝位，遙尊唐玄宗為上皇天帝。唐玄宗哭笑不得，限於實力，只能承認既成的事實。唐肅宗稱帝，張氏從太子妃升為淑妃，再升為皇后。

張皇后，說來應是唐肅宗的外甥女。唐玄宗的女兒中，有一人封常芬公主。常芬公主下嫁張去逸，生一女兒張氏。張氏自小聰明伶俐，能說會道。奇怪的是長大以後，優點卻向反面發展，聰明伶俐變成狡黠刻薄，能說會道變成巧言令色。李亨成為太子後，唐玄宗意欲親上加親，讓兒子娶了外甥女危妻。張氏先封良娣，繼爲太子妃。

張氏小有才智。她看到外祖父加公公的唐玄宗老態龍鍾，逃亡蜀郡很難再有作爲，所以便和李輔國一起，勸說李亨早作他圖。李亨初到靈武，組織有限的力量抗擊安史叛軍。張氏夜間堅持睡在李亨的營帳裡，護衛丈夫。李亨過意不去，說：「夜間危險，什麼事情都有可能發生。況且，眞刀眞槍地厮殺與女人無關，你最好找個安全的地方睡覺。」張氏說：「正因爲戰事緊張，我才睡在這裡。若有情況，我可以先抵擋一陣，以便讓你有時間想出對付敵人的辦法。」她在靈武生了個兒子，產後三日便替將士縫補衣服。李亨予以制止。她說：「現在哪是保養自己的時候？待過了這陣子再說吧。」張氏的行爲使李亨很受感動，所以他沒有理由不立她爲皇后。

唐肅宗依靠著名將帥郭子儀和李光弼的浴血奮戰，抗擊安史叛軍，取得節勝利。至德二年（西元七五七年）正月，安祿山被兒子安慶緒殺死，叛軍的元氣大傷。十月，郭子儀收復了兩京長安和洛陽。十一月，已爲太上皇的唐玄宗回到長安，仍住風景如畫的興慶宮。

張皇后是個懷有野心的女人。她嚮往前代的武則天和韋皇后，急於干預朝政。爲此，她使出各種手段，籠絡朝臣，勾結宦官，攫取權力。因爲兩京收復，所以朝臣吹捧唐肅宗，給他上了個「乾元大聖光天文武孝感皇帝」的尊號。張皇后蠢蠢欲動，唆使親信，也想給自己弄個「翊聖皇后」的尊號。唐肅宗徵求大臣們的意見，李揆等堅決表示反對。恰逢發生月食，這是後宮失德的徵兆。因此，張皇后沒能成爲「翊聖皇后」。

張皇后又是個貪圖虛榮的女人。當時，唐肅宗住大明宮，唐玄宗住興慶宮，興慶宮的環境和設施遠遠勝過大明宮。張皇后認爲，唐肅宗是堂堂正正的皇帝，自己是堂堂正正的皇后，皇帝和皇后住大明宮，而讓太上皇住興慶宮，這會讓人笑話。李輔國這時已是位高權重的頭面人物。張皇后遂請李輔國出面，假托聖旨，強行將唐玄宗遷至條件簡陋的太極宮。李輔國趁機報復他所忌恨的高力士，蠱惑皇帝，將其流放巫州（今湖南黔陽西南）。唐玄宗晚年生活淒涼，在很大程度上是由他的外孫女和兒媳張皇后造成的，豈不滑稽！興慶宮空出，唐肅宗和張皇后遷進。張皇后興高采烈，而唐肅宗卻惴惴不安。恰逢端午節，唐肅宗懷抱鍾愛的幼女接見知名隱士李唐，笑著說：「朕愛幼女，請莫見怪。」李唐旁敲側擊地說：「太上皇今日亦當念陛下耳！」唐肅宗聽了，羞愧難當，泫然淚下，深感對不起父皇。因爲羞愧，加上張皇后的制約，唐肅宗在一年多的時間裡，竟沒有去過太極宮，看望一下年過七旬的唐玄宗。封建統治階級歷來標榜仁義和孝道，那麼，唐肅宗、張皇后的仁義和孝道又在哪裡呢？

張皇后生有兩個兒子，一叫李佋（佋，讀作哨），一叫李侗。他倆在兄弟排行中居後，沒能成爲太子。唐肅宗的長子叫李豫，已於乾元元年（西元七五八年）被立爲太子。李豫的生母吳氏，得幸於唐肅宗，純屬偶然。

吳氏十餘歲時家遭變故，被沒入掖庭充當宮女。李亨爲太子時，奸相李林甫專權，擅作威福，禍國殃民。李亨因此憂心忡忡，致使鬢角斑禿，甚至出現了少許白髮。太子未老先衰，唐玄宗深感不快。一天，唐玄宗帶著高力士，專門駕幸東宮，看看太子忙些什麼。唐玄宗看到，東宮的條件十分簡陋，院落和房間久未打掃，樂器架上落滿灰塵，左右居然無一宮女伺候。他皺著眉頭對高力士說：「朕的兒子住在這樣的地方，你為何不跟朕說呀？去！趕快在京城挑選五名良家女子，前來伺候太子。」高力士說：「與其這樣，還不如在掖庭挑選五名宮女，她們懂得宮中的規矩，太子用起來方便。」唐玄宗同意。高力士立刻就辦，當天便將五名宮女送進了東宮。其中，包括吳氏。宮女是沒有人身自由的，皇帝和太子等想怎麼著就怎麼著。李亨見吳氏年輕貌美，命其侍寢。這樣，吳氏就生了兒子李豫。

對於唐玄宗說來，太子的長子算是嫡皇孫，日後也是要當皇帝的。他很高興，第三天便興沖沖地來看嫡皇孫洗澡。李豫剛剛出生，又瘦又小。保姆嫌其醜陋，怕皇帝看了難受，就從別宮抱來一個白白胖胖的嬰兒，冒充嫡皇孫。唐玄宗一見，氣不打一處來，喝斥說：「嫡皇孫才出生三天，怎麼可能這樣白胖呢？你等存心欺朕不成？」保姆嚇得連連叩頭，說：「奴婢死罪！奴婢死罪！」唐玄宗說：「非你所知，快取兒來！」保姆不敢怠慢，只得抱出真正的李豫。唐玄宗抱過李豫，迎著光亮仔細端詳，笑呵呵地說：「福過其父，福過其父啊！」他準備回宮，命將隨行的樂隊及攜帶的宴具賜給太子，回顧高力士說：「你就留下陪太子飲酒吧！你一日內見了三天子（指唐玄宗、太子、嫡皇孫），還不該樂一樂？」

吳氏缺少福分，十八歲就病死了。她的兒子能成為太子，日後還當了皇帝，這是她生前所不敢奢望的。

張皇后內制皇帝，外預朝政，極端仇恨太子李豫。同時，她還仇恨一個人，那就是唐肅宗另一個兒子李倓（倓，讀作談）。李倓，唐玄宗時就封建寧王，英毅而有才略。唐肅宗稱帝後，任命李倓為天下兵馬元帥，節制郭子儀、李光弼等將帥，抗擊安史叛軍，建立了卓越的功勛。當時，唐玄宗在成都，曾將一件七寶鞍賜給張皇后，非常珍貴。李倓考慮到戰事的需要，和大將李泌商量，二人一起向唐肅宗進言，將七寶鞍給賣了，賣得的錢全部用於軍餉，分賞將士。對此，張皇后耿耿於懷，沒少說李倓的壞話。張皇后野心勃勃，企圖攬權弄勢。李倓自有看法，屢屢加以阻止。這樣，庶母和兒子之間的矛盾日見尖銳，勢如水火。兩京收復後，張皇后和李輔國進一步勾結，全力攻擊和詆毀李倓。他們誣陷說：「李倓任天下兵馬元帥，實際上沒有掌握軍權。他經常引以為恨，埋怨皇上，鬱鬱有異志。」唐肅宗偏聽偏信，竟然將李倓賜死，全無父子之情。

李倓死後，張皇后集中精力對付太子李豫。只有除去李豫，她的兒子才能當上太子。不料，她的兒子李佋突然得病死了，李侗年齡還小，李豫得以暫時平安無事。

寶應元年（西元七六二年）四月，唐肅宗患了重病。這時，張皇后和李輔國圍繞皇位繼承人問題，產生了重大分歧。他們為了自身的利益，各有各的打算。張皇后和宦官李輝光等企圖撇開李豫，謀立越王李系。李輔國和宦官程元振等認為太子已定，堅持擁護李豫。分歧無法彌合，只有兵戎相見。

張皇后急於表現自己，置病中的唐肅宗於不顧，召來李系，組織宦官中的強健者，發給兵器，準備發動政變。李輔國及時得知消息，控制了李豫，假傳太子號令，鼓動禁軍進宮，捕殺李係。李係等盡被抓獲，投進大獄。張皇后倉皇逃至唐肅宗的寢宮，尋求庇護，亦被抓獲，遭到囚禁。唐肅宗受到驚嚇，當即一命嗚呼。

隨後，李輔國和程元振等擁立李豫即皇帝位，是爲唐代宗。唐代宗命將張皇后廢爲庶人，處以斬刑。李係等參與政變的黨徒全被處死。唐代宗的生母吳氏死後獲得榮耀，被尊諡爲章敬皇后。

唐代宗沈妃

戰亂失蹤，引出真假太后案

唐代宗李豫在位十七年。有意思的是這位皇帝在位期間，沒有冊立皇后，他的嬪妃之一沈氏在「安史之亂」中失蹤，由此引出一件眞假太后案，煞是有趣。

李豫在唐玄宗天寶年間封廣平王。那時，楊貴妃寵冠後宮，楊貴妃的三個姐姐貴爲皇姨，俱封夫人。其中，美麗風騷的虢國夫人嫁秘書監崔峋。崔峋的孫女崔氏，年齡與李豫年齡相仿，嫁給李豫，成爲王妃。崔妃依仗虢國夫人和楊家勢力，驕忌無狀。因此，李豫不喜歡崔妃的爲人，待之十分冷淡。崔妃自覺沒有顏面，生了兒子李邈後抑鬱而死。

崔妃死，李豫又納獨孤氏爲妃。獨孤氏是鮮卑族人，長得妖冶鮮麗，美若天仙，深得寵愛。唐代宗稱帝，冊封獨孤氏爲貴妃。她生了一兒一女，兒子叫李迥，女兒封華陽公主。大曆十年（西元七七五年），獨孤貴妃忽得暴病死亡。唐代宗痛悼不已，殯於內殿，累年不葬。爲了表達悼念之情，他追立獨孤貴妃爲皇后，謚曰懿皇后。三年後，他將她葬於元陵

（今陝西富平西北），葬禮至為隆重。群臣奉命作輓辭，其中文詞最悲切者，由樂工譜曲，當場演奏歌唱。

再說沈氏。沈氏，吳興（今浙江吳興）人。開元末年，唐玄宗在全國選美，沈氏因姿容美艷，被選進掖庭，分配給東宮。太子李亨見其年輕，轉將她賜給兒子李豫。李豫意外得到這個豆蔻年華的美女，十分喜歡。他們結為夫妻，相親相愛。李豫時封楚王，沈氏成為王妃。越年，沈妃生了兒子李適（適，讀作擴）。

天寶年間，皇宮內外，處處是燈紅酒綠的奢靡氣象。唐玄宗在長安和驪山建有「十王宅」、「百孫院」等，專門供他的兒孫們居住。沈妃作為唐玄宗的孫媳婦之一，享受了十多年的榮華富貴。

忽然間，「安史之亂」爆發。唐玄宗再也顧不上他的龍子龍孫了，只帶少數最親近的人逃亡。安史叛軍攻占長安，縱兵大掠三日，那種混亂景象可想而知。

李豫攜帶十四歲的李適倉皇逃匿，沈妃則落入叛軍之手，飽受凌辱之苦。安祿山發話，把擄掠的唐宮女子送往洛陽。沈妃蓬頭垢面，進入女俘的行列，到達洛陽後被囚禁，很少有人知道她的眞實身分。至德二年（西元七五七年）十月，郭子儀收復洛陽。李豫即到洛陽找到了沈妃。當時，整個戰局尚不明朗，李豫顧不上將沈妃送回長安。不久，安史叛軍捲土重來，洛陽再次失陷。世事動盪，兵荒馬亂，沈妃由此失蹤，下落不明。

唐肅宗時，李豫尋找過沈妃，杳無音信。唐代宗即位，李適被立為太子，尋找沈妃，依然沒有結果。大曆十四年（西元七七九年），唐代宗駕崩。李適繼位，是爲唐德宗。唐德宗尊生母爲太后，一日之內，將太后家人和族人共一百二十七人封官賜爵，並頒聖旨，以隆王李述爲奉迎太后使，在全國範圍內尋訪太后。一時間，各地都有尋訪太后的使者，舉國爲之轟動。

這時，距離沈妃失蹤已經二十多年。經過長期戰亂，各方面都發生了巨大的變化，尋訪一個並不出名的女人，猶如大海撈針，難得不能再難。關鍵的問題是不知沈妃死活，她若死了，你到什麼地方尋訪去？

洛陽恰有一個女人，年齡和沈妃相仿，自稱姓沈，就是當今皇帝尋訪的太后。

這個女人其實姓高，乃唐玄宗朝宦官高力士的養女。高女曾在宮中侍奉過沈妃，熟知沈妃的一些生活細節，說來頭頭是道。特別重要的一點是，沈妃餵養兒子李適，曾削水果，刀子誤傷左手食指，留下了一個並不明顯的傷疤。高女左手食指正好也有個傷疤，冒充沈妃更加神乎其神。洛陽的官員不敢怠慢，恭敬地把高女迎到上陽宮居住，並派人飛快地把情況報告唐德宗。唐德宗大喜，說：「哈哈！總算找到太后了！」群臣跟著高興，跪拜致賀。

可是，高力士還有個養子，即高女的哥哥。他覺得此事非同小可，如果水落石出，那就是欺君之罪，必定誅家滅族。他不敢隱瞞事實眞相，上書唐德宗，俱言實情，說高女實是自己的妹妹，根本不是什麼太后，務請皇上莫受矇騙。然而，唐德宗並不怪罪高女，反而說：「朕寧願受騙百次，只希望找到眞太后。」

這樣一來可就熱鬧了，各地竟有五六個女人自稱是太后。唐德宗派人查驗核實，那些人根本說不清皇宮裡的任何事情，全是假的。因此，唐德宗在位二十六年，至死也沒有尋訪到眞正的太后。

這是一齣荒唐的鬧劇。明明是假的，爲什麼要冒充呢？這是因爲帝王后妃具有尊崇的地位和身分，果眞當了太后，就會有潑天的榮華富貴。爲此，鋌而弄險，撒謊欺騙，又有何妨呢？

唐穆宗蕭妃
少小離家，引出真假國舅案

唐德宗李適朝，出了件眞假太后案，令人驚奇；唐穆宗李恆朝，又出了件眞假國舅案，更令人捧腹。

唐穆宗李恆共有五個兒子，其中李湛、李昂、李炎都當了皇帝，分別爲唐敬宗、唐文宗、唐武宗。父子四人爲帝，這種情況在歷史上並不多見。

唐穆宗的王妃生子李湛。王妃在唐敬宗時被尊爲皇太后，唐文宗時改稱寶曆太后和義安太后，唐武宗時去世，謚曰恭僖皇后。韋妃生子李炎。唐武宗時，韋妃已經亡故，被追尊爲皇太后，謚曰宣懿皇后。王妃和韋妃事蹟平平，沒有什麼精采之處。李昂的生母蕭妃不同，眞假國舅案即由她而起。

蕭妃，閩地（今福建）人。不知什麼原因，她很小的時候，就和姐姐離開家鄉，到了長安。長安和閩地相隔千里，交通不便，音信斷絕。久而久之，她把家鄉的情況統統忘記了，只隱約記得好像有個弟弟，至於弟弟叫什麼，是否活在世上，一概不知。唐穆宗封建安王期間，蕭氏因年輕美貌，得以成爲王妃，生子李昂。唐穆宗稱帝，她成爲皇妃。

寶曆二年（西元八二六年）底，宦官劉克明等殺死唐敬宗，假傳遺旨，擁立絳王李悟爲帝。兩天後，宦官王守澄、梁守謙等殺死李悟，擁立李昂爲帝，是爲唐文宗。母以子貴。蕭妃因此被尊爲皇太后。她的姐姐還健在，封徐國夫人。

蕭妃爲皇妃之時，地位一般，不便開口讓皇帝幫助尋找家人。及至當了太后，地位高了，便把心事告訴了兒子，說老家好像有個弟弟。唐文宗一聽，說：「好啊！母后的弟弟就是孩兒的舅舅，孩兒貴爲天子，尋訪國舅有何難哉？」於是，皇帝頒下聖旨，在全國範圍內尋訪國舅。蕭太后和徐國夫人十分歡喜，急切地等待著姐弟團聚的一天。

不久，一個名叫蕭洪的男子到了長安，自稱來自閩地，就是國舅。徐國夫人先行辨認，事隔多年，說不清楚。蕭太后親自出面辨認，還是稀里糊塗。蕭洪呢？見了徐國夫人和蕭太后，連聲叫著姐姐，痛哭流涕，一個勁地訴說相離相思之苦。唐文宗看那情景像是眞的，遂認蕭洪爲國舅，授官金吾將軍，出任節度使。

接著，閩地又來了個名叫蕭本的男子，也自稱是蕭太后的弟弟。唐文宗感到奇怪，馬上命人逮捕蕭洪，下獄拷問。蕭洪受刑不過，供認自己假冒國舅，目的在於借重皇親國戚，享受榮華富貴。唐文宗大怒，將蕭洪賜死，改認蕭本爲國舅，授官贊善大夫，寵封三世，賞賜巨萬。進而，又封他爲衛尉卿、金吾將軍。

不想一波未平，一波又起。福建觀察使唐扶呈送一道奏章，說泉州男子蕭弘也自稱是國舅，要求和蕭太后見面。唐文宗且惱且怒，說：「怎麼會是這樣呢？」

他命將蕭弘送至長安，和蕭本一起，交由廷尉審訊，當面對質。結果讓人啼笑皆非，蕭本是假的，蕭弘也是假的，「皆妄」。唐文宗氣得咬牙切齒，說：「豈有此理！豈有此理！」他命將蕭本和蕭弘流放邊地，永遠不准回歸中原。

蕭洪、蕭本、蕭弘利祿薰心，冒充國舅，以假亂眞，算得上是中國后妃史上的一段奇聞。蕭太后幾經挫折，鬧出了天大的笑話，再也不提尋訪弟弟之事。她帶著遺憾死了，諡曰貞獻皇后。

唐穆宗生活奢侈，荒淫酒色，享樂無度。他有很多嬪妃，其中包括宋氏五姐妹，名字分別叫若莘、若昭、若倫、若憲、若荀。她們出身於書香門第，警慧素潔，擅長詩文。唐穆宗以「試文章」爲名，將五姐妹騙進皇宮，一併納爲嬪妃。他稱她們爲「學士」，隨意蹂躪。宋若憲不甘受辱，竟被賜死。

後梁太祖張賢妃

「賢明精悍，動有法度」

唐朝滅亡以後的半個多世紀，中國四分五裂，相繼出現了後梁、後唐、後晉、後漢、後周五個王朝和另外十個地方政權。這段歷史，通常被稱作「五代十國」。

後梁的開國者朱溫，死後的廟號爲太祖。此人原是黃巢農民軍中的一員大將，後來叛變，投降朝廷，反過來鎮壓農民起義軍，逐漸成爲割據一方的強大藩鎮。西元九〇七年，他威逼唐朝最後一個皇帝退位，自己稱帝，定都汴京（今河南開封），建立了後梁。

朱溫出身貧寒，嫡妻張氏卻是豪富的女兒，單州碭山（今安徽碭山）人。張氏嫁給朱溫，不算門當戶對，加之張氏「賢明精悍，動有法度」，朱溫屢屢「畏之」。朱溫性格暴戾，喜怒無常，動輒殺人。只有張氏敢於碰硬，規勸朱溫，挽救了不少無辜者。唐末亂世，形勢多變，朱溫常就一些疑難問題和張氏討論。張氏幫助出主意想辦法，多有獨到見解。一次，朱溫用兵，部隊已經出發。張氏發現不妥，立即派人快馬送信，阻止這次軍事行動。朱溫接受意見，率兵返回，避免了一場重大的損失。

朱溫發跡以後，又娶了多房妻妾。所以，他共有八個兒子，依次為朱友裕、朱友珪、朱友璋、朱友貞、朱友雍、朱友徽、朱友孜、朱友文。其中，朱友貞為張氏所生。張氏為了朱溫的事業，比較寬宏，能夠禮待其他的兒子。朱友裕是朱溫的長子，曾經率兵攻伐企圖獨立的族人朱瑾。朱瑾兵敗逃跑，朱友裕按兵不動，沒有乘勝追擊。有人向朱溫進讒，說朱友裕暗與朱瑾勾結，有意放脫敵人。朱溫偏聽偏信，立刻解除了兒子的兵權。朱友裕誠惶誠恐，怕被殺頭，乾脆帶領幾名親隨，逃匿山中。張氏得知這件事，私下派人找到朱友裕，建議他應該回來，負荊請罪，以求寬免。朱友裕聽了庶母的話，歸見朱溫，拜伏庭下，泣涕請死。朱溫喝令武士，將兒子推出斬首。張氏聞訊，來不及穿鞋，赤腳跑至前庭，拉著朱友裕的手，流著淚說：「你束身歸罪，豈不欲明非反乎？」這話是故意說給朱溫聽的，意思是你既然歸來請罪，就足以證明你沒有通敵謀反。朱溫聽出了話裡的意思，略有所悟，消除了怒氣，饒恕了朱友裕。

張氏並沒有活到朱溫稱帝之日，於唐昭宗天祐元年（西元九〇四年）病故。朱溫稱帝後，追封張氏為賢妃。後來，朱友貞當了皇帝，追謚生母為元貞皇太后。

朱溫雖然出身貧寒，但成為封建統治階級以後，立刻就暴露出了荒淫腐朽的本性。他將唐朝最後兩個皇帝的嬪妃占為己有，以致後宮人數超過千人。他最寵愛兩個妃子陳氏和李氏，俱封昭容。陳昭容好佛，開平三年（九〇九年）無意觸犯了朱溫。朱溫大怒，強令陳昭容當了尼姑。李昭容心地比較實在。一次，朱溫生病，所住的寢宮房樑斷裂，宮殿眼看就要垮塌。伺候的宮女發出尖叫，爭相逃命。唯獨李昭容冷靜沉著，幫助朱溫披上衣服，急忙離開。他們剛剛走出大門，宮殿的房頂便塌了下來。朱溫倖免一死，所以對李昭容格外鍾愛。

朱溫荒淫無恥，於眾多的嬪妃之外，還嬖愛兩個年輕的兒媳。他的次子朱友珪，是他早年和一個女人私通所生的兒子，長相醜陋，心腸狠毒。朱友珪的妻子張氏，體態苗條，容顏姣美。朱溫幼子朱友文的妻子王氏，姿色和張氏不相上下，另外還特別溫柔。朱溫為了占有張氏和王氏，讓朱友珪和朱友文俱去外地任職。兒子不在跟前，他便召兩個兒媳進宮，任意淫弄。張氏和王氏都想讓自己的丈夫成為太子，所以侍奉公公十分熱情和精心。相比之下，王氏更勝一籌，大得朱溫的歡心。朱溫答應，將立朱友文為太子。

張氏打聽到了這一消息，又妒又恨。她立即和朱友珪取得聯繫，夫婦密謀，尋求對策。朱友珪和朱溫一樣的暴戾，決定發動宮廷政變。乾元二年（西元九一二年）六月，朱友珪和家將馮廷鍔率領五百名士兵，強行進入皇宮，趁夜深人靜之時，殘忍地殺害了父親朱溫。隨後自稱皇帝，嫁禍於朱友文，將其處死。數月後，朱友貞發兵討伐朱友珪。朱友珪大敗，他和妻子張氏同時斃命。

朱溫之死，史有定評。《新五代史》說：「太祖（指朱溫）始為荒淫，卒以及禍，……及其敗也，因於一二女子之誤，至於洞胸流腸，刲（刲，讀作虧，刺殺）若羊豕，禍生父子之間，乃知女色之能敗人矣。」

後唐莊宗劉皇后
拒認生父，愛財如命

西元九二三年，沙陀族人李存勖率兵攻進汴京，夷滅後梁朱氏家族，自稱皇帝，改國號爲唐，史稱後唐。李存勖即後唐莊宗。不久，後唐遷都洛陽。

李存勖的皇后劉氏，魏州（今河北大名一帶）人。其父叫劉叟，黃鬍鬚，小眼睛，善於占卜，自號劉山人。劉氏五、六歲的時候，李存勖已是領兵的將軍，攻陷魏州，見劉氏活潑可愛，遂擄回府中，派人教以音樂歌舞。劉氏長大，亭亭玉立，綽約多姿。李存勖大喜，納以爲妾。劉氏生了兒子李繼岌，更得李存勖的寵愛。西元九〇八年，李存勖的父親李克用病死，李存勖承襲爲王位，新納了許多妻妾，如韓氏、伊氏、侯氏、夏氏等，俱封夫人。劉氏和其他妻妾處於同等地位，封魏國夫人。妻妾眾多，必然爭寵奪愛。劉氏爲了攀上高枝，居然拒認親生父親。

劉叟自從魏州戰事以後，便和劉氏失去了聯繫。他四處尋找，希望能夠找到女兒。多少年過去，他終於打聽到女兒已經成爲晉王李存勖的夫人，高興得流出眾來，說：「老天眞是有眼哪！」

他興沖沖地前往王府認親，渴望能和女兒團聚。晉王府的總管劉建豐恰好認識劉叟，馬上去向劉夫人報告喜訊。誰知劉夫人正和其他女人爭寵，各以出身、門第相誇耀。現在，突然冒出個以占卜謀生的父親來，她怎麼也接受不了，覺得寒酸，覺得大傷體面。她不由得大怒說：「我當初離開家時，略可記憶。我的父親早已死於戰亂之中，當時我還抱著他的屍體痛哭來著。現在這個鄉巴佬，我根本不認識，怎麼讓他到這裡來胡說八道？」她命人將劉叟趕走。劉叟死活要見女兒。劉夫人爲了保住臉面，竟然命人將父親鞭笞了一頓，說：「讓他知道，冒充我的父親，是要吃苦頭的。」劉叟興沖沖而來，氣惱惱而去，嘴裡不乾不淨地罵道：「他娘的！女兒不認生父，還鞭笞生父，她呀，肯定不得好死！」

李存勖稱帝，欲立皇后。可是那麼多的夫人，到底立誰，一時拿不定主意。劉夫人積極活動，拉攏宰相豆盧革和樞密使郭崇韜。豆、郭二人建議立劉夫人。李存勖正有這個意思，於是在同光二年（西元九二四年）宣布立劉夫人爲皇后。爲了緩解其他妻妾的不平，他將她們分別封爲淑妃、德妃等等。

李存勖當了皇帝以後，志高氣滿，重用宦官和伶人，沉湎聲色，尋歡作樂，把朝政搞得亂七八糟。這中間，劉皇后也沒做什麼好事。劉皇后以爲出身微賤，適次得立，靠的是菩薩的保佑。因此，她特別信佛，抄寫佛經，饋賂僧尼，忙得不亦樂乎。李存勖受其影響，也好佛佞佛。一時間，全國風靡，到處一片「阿彌陀佛」聲。佞佛是要花錢的。劉皇后發揮聚斂錢財的本領，「分遣人爲商賈，至於市肆之間，薪芻果茹，皆稱中宮所賣。四方貢獻，必分爲二，一以上天子，一以入中宮。宮中貨賄山積」。

劉皇后聚斂錢財，達到了愛財如命的程度。同光三年（西元九二五年），各地造反，局勢混亂。李存勖命出兵平息，軍餉嚴重缺乏。宰相請求動用庫藏的錢物。劉皇后出面阻撓，不給一錢一物。她說：「我夫婦得天下，雖因武功，卻也因天命。命既在天，人如我何？」宰相再三堅持。劉皇后急了，取出少許妝奩，並將幼子推至李存勖跟前，說：「諸侯所貢，給賜已盡。宮中所有唯此兒，請鬻以給軍。」她這一手煞是厲害，宰相嚇得惶恐而退。接著，成德軍節度使李嗣源謀反作亂。李存勖和劉皇后像割肉似的，從庫藏中取出有限的錢物，分賞給將士。將士們領了賞賜，反而罵道：「我們的妻子兒女早已餓死，現在才給這些東西，還有什麼用處？」他們再不願意替朝廷賣命，消極怠戰，毫無鬥志。

劉皇后鞭父，愛財，而且性妒。李存勖寵幸年輕的辛姬，辛姬已經生了兒子。劉皇后擔心辛姬得寵，威脅自己皇后的位置，有心將她除掉，苦於沒有辦法。一天，李存勖宴請大臣元行欽，劉皇后和辛姬在座。酒過三巡，李存勖隨口對元行欽說：「愛卿新喪妻室，尚未復娶吧？不用著急，朕有機會，一定給你聘一個最好的。」元行欽表示感激。劉皇后靈機一動，忙說：「皇上既然憐愛元卿，何不將辛姬賜他爲妻？」李存勖沒料到皇后會出這麼個餿主意，支支吾吾。劉皇后立命元行欽說：「皇上沒有表示反對，你怎麼還不謝恩？」她趁熱打鐵，轉身命宮監說：「快！趕快用轎子將辛姬抬去元府，皇上已將她賜給元大人了！」前後不到一盞茶的工夫，李存勖的愛姬就成了元行欽的妻子。事後，李存勖爲此悶悶不樂，好多天稱病不吃飯，怨恨皇后多嘴多舌，使自己白白地失去了辛姬。

同光四年（西元九二六年）四月，李嗣源的軍隊逼近洛陽。李存勖領兵反擊，被亂箭射死。劉皇后顧不上她的丈夫和兒子了，和皇叔李存渥一起，席捲了大量金銀珠寶，逃往太原（今山西太原）。途中，叔嫂通姦，恣意淫樂。到了太原後，劉皇后爲保性命，假裝削髮爲尼。可是，新皇帝李嗣源放不過她，派人攜帶毒藥，將其賜死。

後晉高祖李皇后

侍奉「兒皇帝」，無奈「虜地鬼」

「兒皇帝」——厚顏無恥的鄙稱；「晉高祖」——至尊至貴的廟號。這二者同指一人，就是五代時期的石敬瑭。

石敬瑭，沙陀族人。後唐時，他官任河東節度使，駐兵晉陽（今山西太原），防範北方的契丹。他的妻子是後唐明宗李嗣源的女兒，封永寧公主。後唐末帝李從珂是李嗣源的養子，把永寧公主叫姐姐，改封她爲魏國長公主。這時，石敬瑭謀反之心時有顯露。一次，魏國長公主入宮小住，沒幾天就張羅著要回家。李從珂喝醉了酒，衝著姐姐陰陽怪氣地說：「爾歸何速？欲與石郎（指石敬瑭）反邪？」魏國長公主回家，把弟弟的話如實告訴丈夫。石敬瑭嘿嘿一笑，加快了奪取後唐政權的步伐。

可是，石敬瑭只是個節度使，實力有限。爲了當皇帝，他採納謀士桑維漢的建議，無恥地求援於契丹首領耶律德光。雙方經過談判，石敬瑭答應，只要契丹幫助自己奪得皇位，就認耶律德光為父親，自稱兒子，並將燕雲十六州（今河北和山西北部地區）割送給契丹。於是，耶律德光派出大軍，支援石敬瑭。清泰三年（西元九三六年）十一月，契丹軍隊攻滅後唐，立石敬瑭為皇帝，改國號為晉，定都東京（今河南開封），史稱後晉。石敬瑭即後晉高祖。是年，石敬瑭四十五歲，耶律德光三十四歲，年紀大的稱年紀小的為「父皇帝」，年紀小的稱年紀大的為「兒皇帝」，演出了一幕荒唐滑稽的丑劇。

「兒皇帝」登基，自然要立皇后。石敬瑭確定立李氏為皇后。可是，石敬瑭的庶母劉氏還沒有確定尊號，所以李皇后的晉封典禮一直沒有舉行。這一延誤就是七年。

天福七年（西元九四二年），石敬瑭生了重病，舊事重提，決定尊庶母為皇太后，並為李皇后舉行冊封典禮。典禮未及舉行，石敬瑭就一命嗚呼。所以嚴格地說，李皇后的皇后身分名不正言不順，並沒有通過一定的禮儀程序。史載，李皇后「強敏」，石敬瑭「常嚴憚之」。表明石敬瑭是懼內的，在厲害的李皇后面前，他不敢為所欲為，需要收斂自己的氣焰。

石敬瑭沒有兒子，侄兒石重貴繼位，是為後晉出帝。晉出帝又小了一輩，尊契丹耶律德光為「翁皇帝」，自己則稱「孫皇帝」。李皇后被尊為皇太后。

石重貴即位，放著石敬瑭的喪事不辦，急急忙忙地立了亡兄石重胤的寡妻馮氏為皇后，狂歡豪飲，淫樂不止。對此，李太后非常生氣，多次訓斥過石重貴和馮氏。石重貴和馮氏豈會聽一個太后的話？照樣尋歡作樂，毫無節制。石重貴當了三年多皇帝，耶律德光兵犯東京，勒令後晉皇帝投降契丹。石重貴為了保全性命，以「孫男臣」的名義，致書「翁皇帝」，乞請網開一面，手下留情。耶律德光鄙夷地說：「可無憂，管一吃飯處。」就這樣，後晉滅亡。石重貴和李太后等一起被擄往契丹，成了亡國奴。

耶律德光鄙視「孫皇帝」，將他貶為負義侯，遷至黃龍府（今吉林農安）居住。李太后等一起北遷，一路上，艱苦跋涉，饑寒交迫，受盡了苦頭和屈辱。三年後，李太后生了病，無醫無藥，經常流淚嘆息。死前，她叮囑石重貴說：「我死，焚其骨送范陽佛寺，無使我為虜地鬼也！」可是，在當時那種情況下，她的願望怎能得到滿足呢？她死後，石重貴「焚其骨，穿地而葬焉」。國破家亡，身死異域，她到底還是成了「虜地鬼」。

後漢高祖李皇后

其人其事被演繹成戲曲

後晉滅亡，北平王劉知遠趁機稱帝，改國號爲漢，史稱後漢。劉知遠是爲後漢高祖。他只當了一年皇帝便死去，兒子劉承祐繼位，是爲後漢隱帝。劉承祐在位三年，後漢就被後周取而代之。

劉知遠出身寒微，青年時從軍，曾經牧馬晉陽（今山西太原）。當地一戶姓李的農民，養有一個女兒，十五、六歲，衣著雖然樸素，容貌卻相當出色。劉知遠見後，頓起歹心，趁夜深人靜之時，強行闖進李家，搶了李氏，隨即成親。李氏縱有一百個一千個不願意，生米煮成熟飯，也只能充當劉知遠的妻子。

劉知遠熱心軍務，漸有出息，因爲幫助石敬瑭建立後晉，所以成爲何東節度使，轉爲北京（今山西太原南）留守。石重貴繼位後，他拜中書令，封北平王。李氏爲劉知遠生了兒子劉承祐，由農家女兒步步高升，成爲王妃，封魏國夫人。這是她始料所不及的。

劉知遠目睹朝廷的黑暗，起兵反晉，謀取自立。當時，軍餉匱乏，無錢賞賜士兵。劉知遠決定增加租稅，盤剝百姓。李氏出身農家，知道農民的困苦，說：「方今起事，號爲義兵，民未知惠而奪其財，恐非新天子所以救民之意。今家中所有，請悉出之，雖其不足，士兵亦不以爲怨。」劉知遠聽此忠言，改容謝之，打消了重斂百姓的念頭。

西元九四七年二月，劉知遠稱帝，李氏成爲皇后。次年正月，劉知遠病死，太子劉承祐繼位。李皇后被尊爲皇太后。

劉承祐時年十七歲，貪玩好動，常和佞臣郭允明、李業等人遊戲宮中，不問政事。李太后多次切責兒子，要他以國事爲重。可是，劉承祐根本不服母親的管教，說：「國家之事，外有朝廷，非太后所宜言也。」劉承祐還與郭允明、李業等謀誅大臣楊邠和史弘肇。李太后干涉說：「這樣的大事，應當和宰相他們商量以後再做決定呀！」李業插話說：「先皇帝生前說過，朝廷大事，莫問書生。」李太后氣憤地說：「不問書生，就由著你們胡來不是？」話不投機半句多。劉承祐拂衣而去，嘟囔著說：「凡事謀於閨門，什麼也做不成。」

劉承祐殘忍地殺害了幾名重臣，接著又想殺害天雄軍節度使兼樞密使郭威，從而激起了兵變。郭威率兵反叛，圍攻京城。劉承祐自不量力，領兵出城抵抗。李太后說：「郭威乃自家人，非其危疑，何肯至此？現在最好按兵不動，頒詔曉諭郭威，聽聽他怎麼說。這樣，也不至於傷了君臣和氣。」劉承祐年輕氣盛，根本不聽母親的忠告，盲目貿然出城，被郭威打得大敗。開封尹劉銖投降郭威，關閉城門，切斷了劉承祐的歸路。劉承祐和郭允明等落荒而逃。途中。郭允明背主求榮，將劉承祐殺害。

郭威大軍進入京城，縱火大掠。他一面假托李太后名義，派「長樂老」馮道奉迎劉知遠養子劉贇爲「嗣君」，暫請李太后臨朝，穩住局面；一面又迫不及待地在澶州（今河南濮陽）宣布自己爲皇帝，改國號爲周，史稱後周。郭威禮敬李太后，請尊以爲母。李太后說：「老身未終殘年，實屬不幸。我已老朽，你若能待我如母，我感激不盡。」郭威於是尊李太后爲昭聖皇太后，讓其居住太平宮。李太后與世無爭，三年後平靜地死去。

劉知遠和李氏原來都是社會底層人物，後來分別成爲皇帝和皇后，這有點離奇。元朝的劇作家以他們的故事爲題材，加以演繹，創作出南戲劇本《白兔記》，很有意思。劇情大體上是這樣的：劉知遠家境貧寒，被李家招贅爲婿，妻子名叫李三娘。李三娘兄嫂嫌貧愛富，容不得妹夫，劉知遠被迫從軍。從軍前夕，劉知遠寫了一紙休書，休棄三娘。三娘性格剛烈，撕掉休書，決心等待丈夫歸來。劉知遠走後，兄嫂百般虐待三娘，而三娘不屈不撓，從不低頭。她在磨房裡生下兒子，自己咬斷臍帶，給兒子取名爲「咬臍郎」，託人送於軍中，交給丈夫。若干年後，劉知遠升任將軍，咬臍郎亦已長大。一天，咬臍郎外出打獵，驚起白兔。他追白兔一路攆了下去，意外地見到了一位農婦。經過交談，方知她就是他的母親。李三娘訴說思夫思兒之苦，肝腸欲斷。咬臍郎回去，把情況報告父親。劉知遠深受感動，親自迎接三娘，夫妻破鏡重圓。這個戲曲把生活中的普通人物典型化，使劉知遠和李三娘分別成爲亂世草莽英雄和民間善良婦女的形象，具有獨特的傳奇色彩。

後周太祖柴皇后
慧眼識人，自選丈夫

西元九五一年正月，郭威稱帝，建立後周。他在位四年，死後廟號爲太祖。

郭威嫡妻柴氏，邢州堯山（今河南隆堯）人，原是後唐莊宗李存勖的嬪妃。後唐明帝李嗣源即位後，裁撤後宮人員，柴氏屬於被裁撤人員之列。她的父母前來接她回家，途中突然遇到暴風雨，一家人只好投宿於旅舍，等待晴天。誰知這場暴風雨來得蹊蹺，連著多日，無休無止。柴氏心煩，時時憑窗望天看地，期盼趕快風停雨住。這期間，她發現有個虎背熊腰的壯漢，幾乎天天從旅社門前經過。壯漢衣衫不整，體格卻很雄健，眉宇間流露出一股英武豪氣。她很好奇，向旅舍主人打聽壯漢的情況。旅社主人告訴她說，那個壯漢名叫郭雀兒，堯山人，現任馬步軍使，爲人粗獷豪勇，朋友很多。柴氏一聽怦然心動，喜上眉稍，一喜他是自己的同鄉，二喜他有一種男人氣概，頓時產生了愛慕之心，決定嫁他爲妻。

柴氏把想法告訴父母。父母連連搖頭，說：「不行不行。你是何人？你曾是皇帝的嬪妃，要嫁至少也要嫁個節度使、大將軍什麼的，哪能嫁給一個馬步軍使呢？馬步軍使是個芝麻綠豆大的差事，你若嫁他，能有什麼出息？」

柴氏很有主見，說：「人不可貌相，海水不可斗量。我看得出，這個郭雀兒絕非等閒之輩，只要他肯上進，日後的出息大著哩！」柴氏敢想敢說，敢作敢為，當即把行裝分成兩半：一半給父母，讓他們回家；一半留給自己，叫來郭雀兒，當面示愛，願意嫁他為妻。

這個郭雀兒正是郭威，少年孤貧，青年從軍，時為馬步軍使。他見柴氏年輕美貌，落落大方，不禁大喜，滿口答應。接著，二人在軍營裡舉行了婚禮，柴氏便成了郭威的妻子。

郭威和柴氏婚後相親相愛，感情深厚。郭威自小放蕩慣了，好飲酒，愛賭博，大不咧咧，不拘細節。柴氏多有規勸，改變了郭威的一些毛病。郭威恰也長進，後漢時官至樞密副使，進而升任天雄軍節度使兼樞密使。可惜柴氏並沒有活到郭威當皇帝的那一天，過早地死了。郭威稱帝後，懷念妻子，專門頒詔說：「故夫人柴氏，追冊為皇后，謚曰聖穆。」

柴氏雖然生前沒當上皇后，但她敢於衝破陳規舊習，慧眼識人，自選丈夫，這是非常了不起的舉動，值得大書特書。

柴氏死後，郭威先後娶了三個女人為繼室。說來有趣，這三個女人都是寡婦。這給人一個印象：郭威似乎特別喜愛再婚的女人。楊氏，鎮州正定（今河北正定南）人。先嫁王熔，再嫁石光輔，第三個丈夫才是郭威。她也死得較早，郭威稱帝後追冊她為淑妃。張氏，和楊氏同鄉，先嫁一個姓武的男人，男人死，改嫁郭威。她及家人皆被後漢的劉銖殺害。郭威稱帝後追冊她爲貴妃。董氏，鎮州靈壽（今河北靈壽）人，先嫁劉敬超，劉敬超死，郭威娶之。董氏聰穎伶俐，通曉音律，是唯一活到郭威當皇帝的女人，封德妃。郭威中宮虛位，董德妃實際上起著皇后的作用。

顯德元年（西元九五四年），郭威病死。郭威沒有兒子，早年收了柴皇后的侄兒柴榮爲養子，改名郭榮。郭榮繼位，是爲後周世宗。郭榮在位五年，整頓內政，嚴明軍紀，任用賢才，發展經濟，爲後來北宋統一中原地區奠定了基礎。

宋太祖王皇后和宋皇后

安分守己，恭敬柔順

西元九六〇年正月，後周殿前都檢殿（皇家親軍統帥）兼宋州歸德軍節度使趙匡胤，在陳橋驛發動兵變，黃袍加身。他廢去後周恭帝柴宗訓，自稱皇帝，改國號為宋，定都汴京（今河南開封），是為宋太祖。宋太祖建立的宋朝，史稱北宋。

宋太祖登基，尊生母杜氏為皇太后，立妻子王氏為皇后。杜太后是個精明能幹的女人，嫁給丈夫趙弘毅，生有五個兒子兩個女兒。長子即趙匡胤，次子叫趙匡義。當趙匡胤兵變成功的消息傳來時，她很激動，興奮地說：「我兒素有大志，今果然。」她成為太后後，眾人皆樂，而她卻屢屢皺眉，愀然犯愁。別人問起原因，她說：「常言道：『為人難，為君更難。』天子置身於億萬百姓之上，如果治得其道，則其位尊崇無比；反之，如果治失其道，國家失去控制，那麼天子求為匹夫也不可能。我擔憂的，就是這個啊！」應該說，杜太后的這番話，實是經典之論。

王皇后並非宋太祖的嫡妻。在她之前，宋太祖曾娶賀氏。賀氏溫柔恭順，動以禮法，支持丈夫從政，出力頗多。可惜她福淺命薄，後周顯德五年（西元九五八年）便病死，時年三十歲。隨後，宋太祖娶了王氏。王氏，邠州新平（今陝西彬縣）人。其父王饒，官彰德軍節度使。宋太祖稱帝，追謚賀氏為孝惠皇后，冊立王氏為皇后。王皇后安分守己，恭敬仁慈，經常親自下廚，為皇帝製作酒菜，極得下人歡心。她還擅長彈箏鼓琴，每天早晨必讀佛經，侍奉杜太后至孝，贏得了很好的名聲。可惜她只當了三年皇后，於乾德元年（西元九六三年）病死，年僅二十二歲。死後謚曰孝明皇后。

王皇后死後，宋太祖又納了一個十七歲的少女宋氏為皇后。宋氏，洛陽人。其父宋偓，官左衛上將軍；其母劉氏，為北漢皇帝劉旻（旻，讀作民）之女，封永寧公主。宋氏豆蔻年華，姿容嬌美，就像一朵含苞待放的鮮花。乾德六年（西元九六七年），宋氏隨母進宮賀節，被宋太祖一眼看中，遂以重禮聘之，立為皇后。宋氏成為皇后，也很安分守己，柔順好禮，宋太祖每次退朝，她都準備好了便服和美食，供皇帝舒舒服服地享用。宋太祖儘管比宋皇后大二十五歲，但年齡的懸殊並不影響雙方的感情。宋太祖文治武功，初步統一中原，其中也有宋皇后的功勞。宋皇后活了四十四歲，死後謚曰孝章皇后。

開寶九年（西元九七六年），宋太祖駕崩時沒有傳位給兒子，而是由弟弟趙光義（即趙匡義，宋太祖時為避諱，改「匡」為「光」）承襲皇位。這是出於杜太后的安排。杜太后生前曾詢問宋太祖說：「你知道你是怎麼得的天下嗎？」宋太祖回答說：「兒臣之所以得天下者，全仗祖宗和太后的洪福。」

杜太后不滿意這種冠冕堂皇的回答，嚴肅地說：「不然。你得天下，實是由於後周皇帝過於年幼的緣故。後周皇帝若年長有為，那麼天下豈能歸你所有？所以，你辭世以後，應當將皇位傳給你的弟弟趙光義。四海之廣，萬機至眾，能立長君，社稷之福也！」

宋太祖點頭同意，表示謹遵母命。杜太后卻不大放心，唯恐兒子日後變卦。所以，她召來宰相趙普，把她和宋太祖的話記錄在案，並命趙普簽上「臣普書」的字樣，然後將案卷藏於金櫃，以作憑證。杜太后為趙宋江山操勞，用心如此良苦，誠屬難得。

宋太宗李皇后
渾渾噩噩的糊塗人

開寶九年（西元九七六年），宋太祖趙匡胤駕崩。駕崩的原因有兩種說法：一說是自然死亡，一說是死於謀殺。謀殺的凶手正是他的弟弟趙光義。趙光義登基，是爲宋太宗。

宋太宗當皇帝以前，兩任妻子先後死去。一是尹氏，相州鄴（今河南安陽北）人，滁州刺史尹廷勛的女兒。二是符氏，陳州宛丘（今今河南淮陽）人，魏王符彥卿的女兒。宋太宗即位後，分別追謚二人爲淑德皇后和懿德皇后。

宋太宗爲帝之始，只封了一個李氏爲賢妃。李賢妃，眞定（今河北正定）人，乾州防禦使李英的女兒。她爲宋太宗生了兩個兒子：趙元佐和趙恆。因此進位夫人，於太平興國二年病死，死年三十四歲。

宋太宗在位期間只立過一位皇后，那是另外一個李氏，潞州上黨（今山西長治）人，淄州刺史李處耘的女兒。當初，宋太祖確定將皇位傳給弟弟，特命趙光義聘李氏爲妃。婚禮未及舉行，宋太祖駕崩，事情便被延誤下來。直到太平興國三年（西元九七八年），宋太宗才迎娶李氏進宮，封作皇妃。李妃時年十九歲。雍熙元年（西元九八四年），李妃晉升爲皇后。李皇后爲人平實，性格隨和，擔負起撫養皇子的重任，兢兢業業，任勞任怨。因此，她的人緣很好，受到廣泛的尊敬。

然而，李皇后沒有經過世面，缺少政治鬥爭經驗，在重大問題上渾渾噩噩，比較糊塗。宋太宗共有九個兒子，其中長子趙元佐曾封楚王。宋太宗迫害弟弟趙廷美，趙元佐出於正義感，竭力營救皇叔。宋太宗大怒，將趙元佐廢爲庶人。至道元年（西元九九五年），宋太宗徵得宰相呂端、諫議大夫寇準等大臣的同意，確定立第三子趙恆爲太子，恢復了自唐末以來廢棄多年的立儲制度。這本來是正常的現象，有利於國家政治的穩定。內侍王繼恩從個人私利考慮，故意暗中搗亂。

他勾結副宰相李昌齡、知制誥胡旦等，秘密策劃，反對趙恆，主張擁立已被廢爲庶人的趙元佐爲太子。王繼恩爲了達到目的，尋求李皇后的支持。李皇后糊里糊塗，竟也贊成擁立趙元佐爲太子。

至道三年（西元九九七年）二月，宋太宗患了重病，命召呂端和趙恆，託付後事。王繼恩偵察到這一情況，立時緊張地活動起來。這天，呂端應召入宮，宋太宗已經氣息奄奄，而太子趙恆並不在跟前。呂端急忙取筆在笏（大臣朝見皇帝手持的木板）上寫了「大漸」二字，密令心腹，火速送交趙恆。「大漸」即皇帝病危的意思。呂端的用心十分明確，意在提醒趙恆：這個時候，太子必須待在皇帝身邊，以防發生變故。

三月，宋太宗駕崩。王繼恩慫恿李皇后宣召呂端進宮，企圖借助於宰相，擁立趙元佐爲新的皇帝。李皇后任由王繼恩擺布，即讓王繼恩去宣召呂端。呂端早對王繼恩有所警覺，當王繼恩前來傳達李皇后旨意的時候，略施小計，便將王繼恩軟禁起來。呂端去見李皇后。李皇后主張擁立趙元佐。呂端不客氣地說：「先帝預立太子，正是爲了今日。天下皆知趙恆爲太子，豈可違反聖命而另有異議？」呂端義正詞嚴。李皇后無言以對，只好下令讓趙恆即皇帝位。隨後，舉行即位典禮，趙恆坐於正殿，李皇后坐於後殿，垂簾接受朝賀。呂端唯恐有詐，向前察看，確信坐在皇位上的是趙恆無疑，這才率領群臣，跪拜新帝，山呼萬歲。

宋太宗生前曾讚譽呂端說：「大事不糊塗。」這一讚譽得到了充分的印證。相比只下，李皇后倒是一個糊塗人。

趙恆即位，是爲宋眞宗。宋眞宗尊李皇后爲皇太后。景德元年（西元一〇〇四年），四十五歲的李太后病故，謚曰明德皇后。

宋眞宗劉皇后

鼗鼓搖出了榮華富貴

宋眞宗趙恆享有「英晤之主」的美譽。他的后妃事蹟繁富，說來饒有趣味。趙恆曾封韓王、襄王和壽王，生性風流。嫡妻潘氏早死，後被追謚爲莊懷皇后和章懷皇后。次妻郭氏，原封魯國夫人和秦國夫人。趙恆登基，即立她爲皇后。郭皇后謙約惠下，崇尚節儉，反對鋪張和奢靡。她的一個侄女出嫁，原指望從皇后跟前獲得豐厚的賞賜，而她只給了普通的妝具而已。景德四年（西元一〇〇七年），郭皇后突然病死，年僅三十二歲。宋眞宗深表嗟悼，詔令將喪期從七天延長至十三天，追謚她爲莊穆皇后，後改爲章穆皇后。

郭皇后既死，宋眞宗又立了一位劉氏爲皇后。劉氏的經歷極富傳奇性。宋眞宗立她爲皇后，表現了一定的勇氣和魄力。

劉氏，祖籍太原，遷居益州（今四川成都）。自幼父母雙亡，歸養於外祖父母，比較淘氣和任性。她長到十五六歲的時候，體態苗條，容顏艷美，出落得像一朵鮮花，人見人愛。

而且，她還擅長鼗鼓（鼗，讀作桃；鼗鼓，一種帶著長柄的樂器，俗稱撥浪鼓），搖起來輕巧自如，出神入化。當地有個鍛銀匠叫龔美，見劉氏才貌雙全，奇貨可居，遂慫恿她到京城去闖蕩世面。劉氏天眞無邪，受著好奇心的驅使，當即認龔美爲兄，隨他一起到了汴京。不想此行徹底改變了她的命運。

當時，趙恆還是襄王，習慣於在熱鬧處尋歡作樂。龔美和劉氏租賃一處地方，專門由劉氏表演鼗鼓，賣藝謀生。劉氏姿色美麗，技藝精湛，頓時轟動京城，吸引了眾多的公子王孫前來捧場。趙恆自然不會落後，一天也去觀看。但見劉氏簡約裝束，手搖鼗鼓，前後左右，跳躍騰挪，那鼓聲輕重緩急，嘣嘣噠噠，節奏鮮明，動感強烈。眾人響應劉氏的提示，隨著鏗鏘的鼓點，拍手跺腳，舉臂扭臀，一起發出「嗬嗬」的呼喊，場面極其歡快而熱烈。表演間隙，劉氏面向觀眾鞠躬致謝，嫣然一笑，更顯出千般明媚，萬種風情。

趙恆的心一下子被這個民間藝女征服了。他迅速做出安排，將劉氏和龔美接進王府，並納劉氏爲妃，專房寵幸，愛不釋手。後來，趙恆被立爲太子，入住東宮。趙恆的乳母秦國夫人不喜歡出身微賤的劉氏，一心將她趕出宮去。恰遇宋太宗過問太子的生活起居。秦國夫人趁機說了劉氏的事。宋太宗大怒，命兒子立即趕走劉氏。趙恆正和劉氏熱熱火火，如膠似漆，哪裡捨得撒手？爲了服從聖命，他權且將劉氏安置在親信張耆家居住，讓心愛的美人受點委屈，先避過風頭再說。至道三年（西元九九七年），宋太宗駕崩，趙恆繼位，是爲宋眞宗。於是，宋眞宗堂堂正正地將劉氏接進宮中，先封美人，再封爲修儀和德妃。

接著，郭皇后病死，中宮虛懸。宋眞宗想立劉氏爲皇后，卻遭到大臣王安仁、李通等人的反對，理由是劉氏家賤人微，難以母儀天下。宋眞宗可不理會這些，拋棄世俗偏見，斷然頒詔，宣布立劉氏爲皇后。宋眞宗能夠這樣做，應該說是很大膽的。劉氏，靠搖鼗鼓，搖進了京城，搖進了皇宮，搖出了皇后寶座，搖出了榮華富貴。鍛銀匠龔美跟著沾光，成爲國舅，官至武勝軍節度使觀察留後。

劉皇后來自社會底層，見多識廣，加之生性警悟，略曉史書，所以凡聞朝廷事，總能記其本末。她陪同皇帝批閱奏章，常至深夜。皇帝問及後宮事務，她援引成例，回答得非常得體。天禧四年（西元一〇二〇年），宋眞宗生了一場大病，軍政大事均由劉皇后決斷，井然有序，朝野稱奇。從那時起，她對朝政漸漸有所干預。

皇后預政，離不開大臣的支持。劉皇后的支持者是丁謂，時任參知政事（副宰相）。宋眞宗生病期間，宦官周懷政通知宰相寇準，讓他秘密起草由太子趙禎監國的詔書。丁謂偵察到這一情況，迅速報告皇帝和皇后，說寇準和周懷政這樣做存心不良，目的在於架空皇帝。宋眞宗偏聽偏信，罷免寇準，改用丁謂爲宰相。

丁謂憎恨周懷政，不准他接近皇帝。周懷政不甘失勢，暗中聯絡一些大臣，意欲殺丁謂，用寇準，擁立趙禎登基，奉宋眞宗爲太上皇，阻止劉皇后預政。丁謂又偵察到這一情況，火速報告皇帝和皇后。宋眞宗大怒，果斷地殺了周懷政，貶黜了寇準，宣布：今後，凡軍國大事，皆由皇帝裁決；一般政事，由太子裁決；宰相和樞密使輔助太子，預聞政事。當時，太子趙禎十一歲。實際上就是劉皇后決事於後宮，丁謂決事於外廷。

趙禎，就是民間傳說《狸貓換太子》故事中的主人公，曾被寫成話本，編成戲曲，影響廣泛。情節大致是這樣的：皇妃李氏生下兒子趙禎，趙禎將被立爲太子。劉皇后無子，十分嫉妒，欲殺趙禎。宮監宮女出於正義，冒著生命危險，用剝了皮的狸貓偷換了趙禎，將他送至宮外撫養。李妃因爲生了「怪胎」，被打入冷宮，後又流落民間。一晃十餘年過去，老皇帝死，新皇帝立，而新皇帝正是趙禎。趙禎懷念母親，派人尋訪。包公包文拯陳州放糧，遇一民婦，這位民婦恰是當年的李妃，當今皇帝的生母。皇帝母子團圓，李妃被尊爲太后，而劉皇后受到了嚴厲的懲罰……情節曲折，故事生動，然而史實並非如此。

趙禎的生母的確姓李，杭州（今浙江杭州）人。父親李仁德，官終左班殿直。李氏初進宮時，是劉皇后的侍女，沉穩寡言。一次，她給皇帝收拾房間，宋眞宗見其年輕美貌，強行將她占有，封爲才人。李才人懷了身孕，曾隨皇帝遊覽砌臺，不愼將頭上玉釵掉入水中。宋眞宗命人撈取，暗暗禱告說：「玉釵若完好無損，才人必生男孩。」侍從撈起玉釵，完好無損。宋眞宗大喜，以爲這是祥瑞的徵兆。不久，李才人臨盆，果眞生了個男孩。這個男孩就是趙禎。李才人因此進位婉儀。按照規定，趙禎歸由劉皇后撫養，後被立爲太子。李婉儀限於身分，不敢反抗，甚至不敢承認自己是趙禎的生母。

乾興元年（西元一〇二二年），宋眞宗駕崩。十三歲的趙禎繼位，是爲宋仁宗。宋仁宗一直以爲劉皇后是生母，尊她爲皇太后。而眞正的生母，只被尊爲順容，地位和待遇一般。

宋仁宗年輕，國事皆由劉太后裁決。有人反對後宮干政，主張太后臨御別殿。劉太后指使大臣張景宗、雷允恭等上書，說：「皇帝視事，太后當朝夕在側，何須臨御別殿？」並請皇帝和太后，「五日一御承明殿，帝位左，太后位右，垂簾聽政」。劉太后雖然是民間藝女出身，但因在宮中多年，在實踐中增長了知識和才幹，所以垂簾聽政，頗爲老練。史稱：「仁宗即位尙少，太后稱制，雖政出宮闈，而號令嚴明，恩威加天下。」

劉太后生前享盡了榮華富貴，獲得過兩個崇高的尊號：「應元崇德仁壽慈聖太后」和「應天齊聖顯功崇德慈仁保壽太后」。佞臣方仲弓獻媚，奏請劉太后仿效唐朝的武則天，立劉氏宗廟；佞臣程琳還獻了《武后監朝圖》，吹捧劉太后是宋朝的「武后」。劉太后擲圖於地，說：「我才不做有負於祖宗的事哩！」這說明，劉太后雖然位尊權重，但很有自知之明，不比武則天，不學武則天，只要守住祖宗的江山，足矣。

明道元年（西元一〇三二年），宋仁宗的生母病重，進位宸妃，隨即死去。這時，宋仁宗仍不知李宸妃是自己的生母，徵得劉太后的同意，命以宮人禮儀予以治喪。宰相呂夷簡奏請提高禮儀的規格。劉太后感到不快，單獨召見呂夷簡，說：「李宸妃死，宰相奏請用高規格治喪，這是什麼意思？」呂夷簡說：「臣身爲宰相，事無內外，無不當預。」

劉太后氣惱地說：「你是想離間我和皇帝的母子關係吧？」

呂夷簡從容地說：「太后若不爲劉氏考慮，臣就不說爲什麼了；若爲劉氏考慮，那麼李宸妃的喪儀必須莊重。」劉太后終於明白了呂夷簡的用心，點頭稱是。她又說：「宮中人都知道李宸妃只是先帝的一個普通嬪妃，喪儀的規格怎麼提高呢？」劉夷簡說：「這事交給臣去辦理，太后無需操心。」

於是，呂夷簡發話，用一品禮儀爲李宸妃治喪。他特別叮囑負責治喪的官員說：「宸妃大斂，穿戴皇后服飾，棺中須裝水銀，靈柩不能埋葬，就停於宮中。記著，必須這樣辦，馬虎不得。倘若日後有事，你可別怪我呂夷簡沒有關照過。」呂夷簡很有遠見，相信宋仁宗總有一天會知道自己的身世，所以才要厚待李宸妃，以爲自己留好後路。

李宸妃死後一年，劉太后也病死，終年六十五歲。她平時穿的是皇帝的袞龍袍，戴的是皇帝的儀天冠，快斷氣時，口不能語，反覆拉扯自己的衣服。宋仁宗等不解其意。參知政事薛奎說：「太后的意思是，讓脫去袞龍袍，摘去儀天冠。不然，她這一身穿戴，怎麼去見先帝呢？」宋仁宗命給太后換一身衣服，仍是皇后的穿戴。這樣，劉太后終於安詳地閉上了眼睛。

劉太后死後，有人告訴宋仁宗說：「陛下乃李宸妃所生，太后爲人尖刻，致使李宸妃死以非命。」宋仁宗得知事情眞相，號慟不已，專門頒發哀痛詔，以長期不知生母是誰而自責。他追贈生母爲皇太后，謚曰莊懿，並親臨生母的靈柩前，觀看生母遺容。他看到，李宸妃穿戴的是皇后服飾，因有水銀保養，屍體沒有腐爛，面目玉色如生。他深感欣慰，否定了太后爲人尖刻的說法，感慨地說：「人言豈可信哉！」一些大臣對於劉太后生前的所作所爲，頗有微詞。參知政事范仲淹如實上奏。宋仁宗說：「此朕所不忍聞也。」爲此專門頒發詔書，禁止私下議論劉太后。

從歷史事實不難看出，《狸貓換太子》的情節是不確切的。趙禎初出生時並沒有人用剝了皮的狸貓換出，李氏也並沒有因生了「怪胎」而打入冷宮，流落民間，當然也就不存在包公尋訪李氏的問題。劉太后撫養趙禎，李氏不敢認親生兒子，這是封建後宮特有的現象。皇后的名分高於嬪妃，有權撫養皇子。李氏若和皇后爭長較短，肯定不會有好的結果。她把痛苦藏在心底，直到死時也沒說出事情眞相，這應當說是一種明智的選擇。

宋眞宗的嬪妃中，還有一位楊淑妃，益州郫（今四川郫縣）人，十二歲時入皇太子宮。宋眞宗即位後，先後封她為才人、婉儀、婕妤。她和劉皇后一起，精心照料太子趙禎的飲食起居，殷勤辛苦。她有個侄兒叫楊永德，宋眞宗曾想任用他為諸司副使。她說：「小兒豈受大恩，小官可也。」因此，楊永德只當上了右侍禁，也就是皇帝身邊的普通侍衛。宋眞宗駕崩前夕，封楊氏為淑妃。楊淑妃和劉太后感情深厚。劉太后死時，遺詔宋仁宗說：「尊楊淑妃為皇太后，與皇帝同議軍國事。」御史中丞蔡齊對此持有疑義，說：「皇帝年齡不小，能夠獨自決事，為何還要太后同議軍國事呢？」宰相們認為蔡齊的話是對的，所以對劉太后的遺詔略加改動，只尊楊淑妃為皇太后，刪去了「同議軍國事」的內容。從此以後，宋仁宗成了名副其實的皇帝。

宋仁宗郭皇后和曹皇后

秉性有別，結局不同

宋仁宗趙禎於西元一〇二二年至一〇六三年在位，共四十一年，是宋朝享國時間最長的皇帝。

宋仁宗登基時十三歲，兩年後冊立郭氏爲皇后。

郭皇后，應州金城（今山西應縣）人，乃平盧節度使郭崇的孫女。這樁婚事並非出於宋仁宗的自願，完全是劉太后的安排。宋仁宗本來屬意於一個姓王的少女，姿色美艷。而劉太后卻說：「女人重德不重貌，過於美艷，招蜂引蝶，遲早會出事。」因此，她一手做主，讓立郭氏爲皇后。郭皇后姿色平平，宋仁宗不冷不熱，二人湊合著生活了多年。

明道二年（西元一〇三三年），劉太后撒手人寰，宋仁宗得到解放。他遍閱後宮，細選姣娥，發現兩個女人，貌美性淫，極合他的胃口。兩個女人，一個姓尚，一個姓楊，同時被封爲美人。從此，他和兩個美人日夜糾纏，尋歡作樂，忘乎所以。郭皇后嫉妒尚、楊美人，恨得咬牙切齒。尙、楊美人依仗皇帝的寵愛，驕忌無恐，根本不把皇后放在眼裡，甚至還敢諷刺挖苦她幾句。郭皇后氣壞了，決意收拾兩個「狐狸精」。一天，尙、楊美人又纏著宋仁宗，賣弄風騷，調情逗樂。郭皇后板著臉，訓斥說：「你兩個放穩重點，別太放蕩！」尙美人伶牙利齒，陰陽怪氣地說：「喲！皇后穩重，我們放蕩，我們哪敢跟皇后比呀？」楊美人一撇嘴，說：「可不是嗎？人家穩重，獨守空房；我們放蕩，皇帝心疼！」郭皇后何曾受過這種窩囊氣？她氣憤至極，掄開巴掌，搧了尙美人一記耳光，接著又搧楊美人，只聽得「叭」的一聲，這巴掌卻搧在了皇帝的右頰上。原來，宋仁宗見尙美人已經挨了耳光，急急向前庇護楊美人，不想郭皇后的巴掌猛地搧來，不偏不倚，恰好誤中了他的面頰……

這下子事情鬧大了。尙美人和楊美人以手捂臉，哭哭啼啼。郭皇后瞠目結舌，發愣發呆。宋仁宗一甩手，氣乎乎地去了朝殿。宦官閻文應因對郭皇后不滿，趁機慫恿皇帝，廢黜郭皇后。他還召來宰相呂夷簡，學說郭皇后辱打皇帝的情況。呂夷簡察看了宋仁宗右頰上的紅印，說：「廢黜皇后，古亦有之。」極度氣惱的宋仁宗於是頒旨，將郭皇后廢爲淨妃，勒令修道，賜名清悟，賜號玉京沖妙仙師，移居長樂宮。

皇后廢立是朝廷大事，群臣進諫，絡繹不絕。呂夷簡曾因郭皇后一句話，導致罷職，這時存心報復，阻止同僚晉見皇帝。中丞孔道輔、御史范仲淹等伏闕奏言，聲稱郭皇后無罪。呂夷簡蠱惑宋仁宗，將他們一一貶官，逐出京城。

郭皇后被廢，尙、楊美人非常得意。她倆使出手段，挑逗皇帝，縱情淫樂，毫無節制。

結果，不到三十歲的宋仁宗被弄得形神疲憊，日見羸弱，有時在朝會上竟打起了瞌睡。楊太后關心皇帝的身體，出面干涉，命宦官閻文應，即刻將尙、楊美人押解出宮。閻文應是個變色龍的角色，慣於見風使舵，趕忙喚來一輛小車，讓二人上車。尙、楊美人忸忸怩怩，嗚嗚咽咽，要見皇帝。閻文應向前，「啪啪」兩聲響，給了二人一記耳光，喝斥說：「下賤宮婢！事已至此，還逞什麼威風？」就這樣，尙、楊美人出了宮，宋仁宗漸漸地恢復了身體。

郭皇后被廢，名義上還是淨妃，先居長樂宮，繼遷瑤華宮。宋仁宗重新想起了她的好處，意識到她雖然有錯，但遠沒有錯到被廢的程度。她打了自己一巴掌，但那是歪打正著，並非存心，若不是閻文應和呂夷簡的鼓動，何至於此？宋仁宗因此感到內疚，作爲補償，他改賜郭皇后號金庭教主和沖靜元師，並派內侍到瑤華宮致以問候，還捎去了幾首自己所寫的樂府詩。郭皇后讀了皇帝的詩，回憶往事，無限傷感，亦作詩酬答，詞語淒婉。透過詩來詩去，宋仁宗秘密派人告訴郭皇后，準備接她回宮。然而，郭皇后顧忌臉面，說：「若再見召者，須百官列班，受冊方可。」

這樣做，郭皇后是能挽回面子，可皇帝的面子又王哪兒擱呢？因此，宋仁宗和郭皇后之間，雖然心有靈犀，但礙於臉面，再沒能相見團聚。

閻文應得知皇帝和皇后重新和好的消息，內心深感恐懼。當初，他慫恿皇帝廢黜皇后，完全是出於個人恩怨；而今，皇后如果回宮，得以復立，那麼自己能有好下場嗎？恰在這時，郭皇后感染風寒，身體不適。宋仁宗命閻文應帶領太醫前去診治。郭皇后服用了幾副藥，病不見好，反而突然死了。一時間，人們議論紛紛，都說閻文應脅迫太醫搞鬼，做了手腳，只是沒有證據，乾瞪眼沒辦法。

郭皇后暴死，宋仁宗於心不安。他爲她舉行了隆重的葬禮，追復了她的皇后名號。范仲淹等奏劾閻文應的罪狀。宋仁宗隨即將閻文應處以流放，使之死於流放途中。

宋仁宗是個好色的皇帝，後宮嬪妃知姓者還有陳貴妃、張貴妃、苗貴妃、周貴妃、楊德妃、馮賢妃等等。景祐元年（西元一〇三四年），他又立了一位曹皇后。

曹皇后，眞定（今河北正定）人，出身於官宦世家，祖父曹彬是宋太祖麾下著名的大將，官至樞密使。曹皇后「性慈儉，重稼穡，常於禁苑種穀，親蠶，善飛帛書」，而且機智多才，說話做事皆高人一籌。

慶曆八年（西元一〇四八年）閏正月，宋仁宗準備再過一次元宵節，張燈結綵，軍民同樂。曹皇后說：「今年兩個元宵節，已經過了一個，何必還要勞民傷財呢？」宋仁宗接受了皇后的意見，取消了原先的打算。三天以後，夜半更深，侍衛顏秀帶頭，發動兵變，宮中人聲嘈雜，一片混亂。宋仁宗驚醒，穿上衣服就往外跑。曹皇后一把拉住皇帝，說：「這時候情況不明，出去危險，最好的辦法是定下心來，以靜觀變。」她請宋仁宗傳旨，命侍衛官王守忠火速入宮，護衛聖駕。兵變分子在宮中追殺宮女，到處都有哭喊之聲。宋仁宗詢問說：「宮女爲何哭喊？」身邊一個宦官胡謅說：「這是老宮女在鞭笞小宮女。」曹皇后斥責宦官說：「強盜就在附近殺人，你還敢胡說八道？」她考慮兵變分子殺人必然縱火，果斷地命人尋找各種水具，備水以待。

果然，顏秀等來到皇帝和皇后居住的寢宮，放起火來。曹皇后指揮眾人，桶澆盆潑，有效地控制了火勢。王守忠奉旨入宮，鎮壓兵變。曹皇后鼓勵宮監反擊顏秀。她將每人的頭髮剪去一綹，說：「這是你們參加戰鬥的憑證，明日重重行賞。」

王守忠的士兵和宮監同心合力，很快平息了兵變，殺死了顏秀。次日，曹皇后盤查宮人，發現幾名宮監宮女勾結顏秀，串通作亂。她命將這幾人斬首示眾。宋仁宗憐憫其中一名秀女，意欲赦免。曹皇后特別穿戴起皇后的服飾，說：「臣妾請將他們一律如法，否則，無法肅清禁掖。」宋仁宗沒有理由反對皇后的意見，准奏。那些積極參加戰鬥的士兵和宮監，全部得到了賞賜。

曹皇后在這次驟然發生的事變中，臨危不懼，處變不驚，有勇有謀，果敢堅決，表現出了一定的軍事才能。而在冊立太子問題上，曹皇后未雨綢繆，及早安排，表現出了一定的遠見卓識。

宋仁宗步入壯年，遲遲沒有親生的兒子。曹皇后見皇帝身體虛弱，懇請在近支皇族中收養一個男孩，預作皇嗣。宋仁宗表示同意，隨後將宋太宗趙光義的曾孫趙宗實接進宮中，交由曹皇后撫養。曹皇后撫養趙宗實，極其精心和周到，盡到了做母親的責任。宋仁宗的身體一天不如一天。許多大臣關心國事，奏請皇帝早立太子，以防不測。可是，宋仁宗一直希望能有親生的兒子，所以對於立儲之事一再搪塞，久拖不決。著名人物如文彥博、歐陽修、韓琦、富弼、包拯、司馬光等，都曾上書或奏言，勸請早定大計。事情一直拖到至和二年（西元一〇五五年），宋仁宗迫於形勢，這才決定立趙宗實爲太子，改名趙曙。皇帝立了太子，曹皇后和大臣們都放下心來。

嘉祐八年（西元一〇六三年）三月，宋仁宗一病不起，一日夜間突然斷氣。當時在場的只有曹皇后等幾個人。內侍建議應召宰相等入宮，連夜商量大事。曹皇后急忙阻止，說等到天亮再說。她這樣做自有她的考慮。因爲趙曙雖爲太子，但畢竟不是皇帝親生，假若半夜傳出皇帝死訊，沒準兒會有人趁機鬧事，出來爭奪皇位。爲此，她果斷地採取了幾項措施：一，秘密通知宰執大臣，命他們天明時入宮議事；二，告訴御膳房，照樣給皇帝熬粥；三，扣留太醫，嚴禁皇帝死訊外洩；四，收取各宮門的鑰匙，夜間不許開啓宮門。

當夜平平安安地度過。次日黎明，宰執大臣等入宮，曹太后明確宣布了皇帝駕崩的消息。隨即奉迎太子趙曙即位，順利完成了權力的交接。這中間，充分顯示了曹皇后的謹愼和精明。

趙曙登基，是爲宋英宗。曹皇后被尊爲皇太后。宋英宗主政四天，忽然生病，發燒咳嗽，語無倫次。曹太后臨時擔負起斷決國事的重任，垂簾聽政。聽政期間，遇到疑難問題，她和大臣們反覆商量研究，從不草率地作出決定，更不把自己的意志強加於人。她對左右侍從管束嚴厲，分毫不以假借，以致宮省肅然。治平元年（西元一〇六四年），宋英宗病癒。曹太后毫不猶豫地撤簾歸政，回至後宮，去過平靜的生活。治平四年（西元一〇六七年），宋英宗死。太子趙頊繼位，是爲宋神宗。曹太后被尊爲太皇太后。宋神宗朝，這位太皇太后有三件事需要說及。一是反對王安石變法。她說：「祖宗法度不易輕改。」由於她的提議，王安石一度被罷官。在這件事上，她明顯地站在守舊派的立場上。二是反對宋朝攻遼。她說：「攻遼事體重大，吉凶悔吝生於一動。我們的儲蓄賜予齊備嗎？兵馬士卒精良嗎？打勝了，諸事好說；打敗了，生靈塗炭。燕薊各州（今北京一帶）不是那麼容易收復的，如果容易，太祖、太宗皇帝早就收復了，何待今日？」在這件事上，她表現有求穩怕亂的思想傾向。三是幫助蘇軾說了公道話。蘇軾曾寫詩諷刺王安石新法，獲罪下獄。她對宋神宗說：「當年，仁宗皇帝通過考試選中蘇氏兄弟（指蘇軾和蘇轍），喜曰：『我爲子孫得兩宰相。』現在，蘇軾以詩繫獄，敢說不是仇人陷害嗎？即使他的詩別有所指，也是細小過失，罪不當死。」宋神宗聽了祖母太后的話，赦免了蘇軾，貶其爲黃州團練副使。

元豐十三年（西元一〇七九年），曹太后患了重病，自知死日臨近。她取出一個包裹交給宋神宗，叮嚀說：「等我死後，你再看包裹裡的東西。記住，斷不可因此而給人治罪。」她詢問宮女當天是幾月幾日。宮女回答說：「十月二十日。」

她微微點頭，說：「很好，很好。」原來，十月二十日，恰恰是宋太祖趙匡胤的忌日，她死後，人們可以將兩個忌日合起來祭祀，沒有必要再另外操辦了。她交代完全部後事，安詳死去，終年六十四歲。

宋神宗爲太皇太后辦理了喪事，然後打開了那個包裹。包裹裡裝著的全是一些大臣的奏章，所奏均是反對立趙曙、趙頊爲太子的內容。曹太后將這些奏章傳給孫子皇帝，旨在使他明白一個道理：皇位得來不易，江山得來不易，務須珍惜。宋神宗領會太后的意圖，遵從太后的遺囑，沒有給任何人治罪。

宋英宗高皇后

兩次垂簾，「女中堯舜」

宋英宗趙曙只當了四年皇帝，史載他的后妃只有高皇后一人。高皇后，亳州蒙城（今安徽蒙城）人。她的母親曹氏，是宋仁宗曹皇后的胞姐，所以高女從小多數時間跟隨姨母，生活在皇宮。當時，趙曙尚未改名，叫趙宗實，歸由曹皇后撫養。趙宗實和高女，一對童男童女，整天在一起玩耍，兩小無猜，算得上是青梅竹馬。一天，宋仁宗笑著對曹皇后說：「異日必以為配。」趙宗實和高女長大，由宋仁宗和曹皇后做主，二人結為夫妻。後來，趙宗實改名趙曙，當了太子。再後來，趙曙即位，當了皇帝。治平二年（西元一〇六五年），高女被立為皇后。

宋英宗短命，三十五歲駕崩。太子趙頊繼承皇位，是為宋神宗。高皇后是宋神宗的生母，被尊為皇太后。宋神宗是個很想有所作為的皇帝，任用王安石變法，轟轟烈烈地幹了幾年，各方面都有起色。可是，由於守舊派的強烈反對，新法難以繼續推行，王安石被罷了官，宋神宗自己也焦頭爛額，心力交悴。元豐八年（西元一〇八五年），宋神宗生了重病，不能上朝理事。高太后出於無奈，只好垂簾聽政。是年，宋神宗三十八歲，尚未確定太子。朝臣爲此都很焦急。宋神宗共有十四個兒子，多數早夭，活著的以第六子趙傭居長，封延安郡王。宰相王珪等主張立趙傭爲太子，而副相蔡確等爲主張立宋神宗的弟弟趙顥或趙頵（頵，讀作暈）爲皇位繼承人。事情難以決斷，交由高太后定奪。高太后考慮到嫡長子繼承制的原則，偏向於立孫子趙傭爲太子。

一天，朝臣們進宮向宋神宗請安。高太后坐於簾內，讓趙傭站在自己身旁。她一邊流著眼淚，一邊撫摸趙傭，說：「我的孫子非常孝順，自皇帝服藥以來，未嘗離開一步，而且還書寫佛經，爲皇帝祈福。他讀《論語》，還練書法，從不貪玩，眞是個好孩子啊！」說著，她命趙傭將書寫的佛經拿給王珪、蔡確等人觀看。王珪、蔡確等明白這是什麼意思，拜謝且賀。當天，高太后宣布，立趙傭爲太子，改名趙煦。她爲了給趙煦即位預作準備，秘密命內侍梁唯簡之妻縫製了龍袍。這一切，表明高太后極有心計和主見，處理問題周密而細緻。

幾天以後，宋神宗駕崩。趙煦繼位，是爲宋哲宗，時年十歲。小皇帝登基，沒有小的龍袍。人們都很著急。高太后胸有成竹，命人將梁唯簡妻子縫製的龍袍取來，給小皇帝穿上，正好合身。眾人由衷地佩服，高太后想的和做的，就是高人一籌。

宋哲宗朝，高太后成爲太皇太后，繼續垂簾聽政。期間，她起用保守派大臣司馬光、呂公著、文彥博等，廢除了王安石的新法，史稱「元祐更化」。當時北方遼朝正值道宗耶律洪基時期，遼道宗告誡臣屬們說：「莫要惹事生非，南朝（指宋朝）盡行仁宗之政矣！」

當初，副相蔡確反對立趙熙爲太子，走錯了一著棋。而今，趙熙爲皇帝，高太后垂簾，他急於巴結逢迎，奏請恢復高遵裕的官職。高遵裕是高太后的叔父，因征西夏失律獲罪，被罷官，在家閒居。蔡確此請顯然帶有獻媚性質，以討好太后。高太后爲人相當正派，嚴肅地說：「高遵裕征伐西夏，塗炭百萬，先帝半夜得知消息，起身繞床徘徊，直至天明。那次戰役，死了那麼多人，高遵裕應負主要責任。他得免一死，已屬幸運。現在，怎能因爲他是我的叔父，而重新予以重用呢？這，有違天下公議！」這番話出以公心，擲地有聲。蔡確嚇得「悚慄而止」，再不敢吭聲。後來，蔡確寫了一首《車蓋亭詩》，發洩不滿情緒。高太后以此爲藉口，將他驅逐出朝廷，流放嶺南。

高太后身爲太皇太后，而且垂簾聽政，權力很大。但是，她對自己，對親屬，約束嚴厲，極少顧及私利。她受太皇太后的冊寶，有司奏請在文德殿舉行儀式。她不同意，說：「母后當權，並非國家美事。更何況文德殿是皇帝朝會的場所，我怎能在那裡接受冊寶？」一次廷試舉人，有司奏請仿照先例，由太后和皇帝共同主持。她還是不同意，說：「這事應由皇帝獨自主持，我出面，不利於提高皇帝的威信。」一年上元節燈宴，有司想請高太后生母曹氏參加。高太后阻止，說：「我母出席，皇帝一定要向前行禮，這有違典制，那樣我心不安。」她有兩個侄兒高公繪和高公紀，吏部擬任觀察使。她表示反對，只同意官升一級。內侍宋用臣因罪遭到貶斥，搬動宋神宗乳母說情，希望官復原職。高太后嚴詞拒絕，訓斥說：「你要幹什麼？你還想像從前那樣，打著皇帝的旗號，干擾國政嗎？你若老毛病犯了，我這就斬你示眾！」那個乳母因此「大懼，不敢出一言」。

元祐八年（西元一〇九三年），高太后患了重病。她召來忠心的大臣呂大防、范純仁等，告訴他們說：「我死以後，皇帝是不會再重用你們了。你們應有自知之明，早些主動退避，以免遭禍。」幾天以後死去，終年六十二歲。

高太后兩次垂簾，歷時九年。這期間，「朝廷清明，華夏綏定」。後世史學家給予她很高的評價，稱譽其為「女中堯舜」。

宋哲宗孟皇后
幾廢幾立，五味人生

元豐八年（西元一〇八五年），趙煦由其祖母高太后扶上皇位，是爲宋哲宗。宋哲宗十七歲的時候，高太后決定給他選個理想的皇后。一百多名聰慧貌美的世家少女，匯集於皇宮，以供挑選。最後，十六歲的孟女有幸被選中。元祐七年（西元一〇九二年），高太后曉諭宰相說：「孟氏女能執婦禮，宜正位中宮。」接下來是一番繁冗的禮儀程式，宋哲宗和孟女完婚。高太后看著高興，笑著對宋哲宗說：「娶得賢內助，這可不是小事。」不過不知爲什麼，她又覺得孟女缺少福相，似乎有一種不祥的預感，暗暗嘆息說：「此女雖然賢淑，可惜命薄，日後國有事變，必此人當之。」

孟皇后，洺州（今河北邯鄲一帶）人，眉州防禦使孟元的孫女。她當了皇后，孟元被追贈爲太尉，父親孟在被任命爲崇儀使兼榮州刺史，母親王氏被封爲華原郡主。

宋哲宗和孟皇后小夫小妻，恩恩愛愛，過了幾年稱心如意的生活。高太后死後，宋哲宗親政。隨著劉婕妤的得寵，孟皇后的人生頓起波折。劉婕妤，姿色明豔，後宮堪稱第一，加之能說會道，多才多藝，尤善揣摩皇帝心思，曲意侍奉，很快使得宋哲宗著了迷。劉婕妤依仗皇帝的垂愛，日益變得驕橫放肆，漸漸不把孟皇后放在眼裡，甚至奢望取而代之。這樣，後宮的形勢驟然緊張起來。

紹聖三年（西元一〇九六年）冬至，孟皇后和各嬪妃聚於景靈宮。按照禮儀，只能皇后就座，其他人環立左右，聆聽訓示。劉婕妤大模大樣，遠遠地站在簾下，擺弄衣裙，孤芳自賞。孟皇后的侍女陳迎兒提醒劉婕妤，不得無禮。劉婕妤裝聾作啞，不予理睬，引起了眾人的氣憤。孟皇后說：「今日冬至，我們這就給太后（指向太后，宋哲宗生母）請安去！」她們到了向太后的寢宮，等待太后升殿。那裡有許多坐椅。皇后的坐椅朱髹（髹，讀作休，漆）金飾，華麗氣派；嬪妃的坐椅普普通通，沒有裝飾。劉婕妤示意自己的侍女，將皇后的坐椅挪過來，自己落座，左顧右盼，趾高氣揚。陳迎兒看不過眼，有心出她的洋相，故意通報說：「太后升殿！」劉婕妤趕緊起立。陳迎兒手快，迅速地將皇后的坐椅挪開。可是，向太后並未出現。劉婕妤只想繼續品嘗坐在皇后坐椅上的滋味，不曾想坐椅已被挪開，所以一屁股坐下去，只聽得「咕咚」一聲響，重重地跌坐在地上。眾人一瞧，無不捧腹大笑，心裡說：「摔得好，摔得好！」

劉婕妤當眾受人捉弄和奚落，又氣又惱，跑到皇帝跟前，大哭大鬧，口口聲聲說皇后唆使侍女，欺侮她和羞辱她。宋哲宗問明事情原委，也覺得好笑，說：「小事一件，何必計較？」

劉婕妤寵信宦官郝隨。郝隨開導主子說：「娘娘不必爲此煩惱。你若爲皇上生個皇子，那麼你坐皇后的坐椅，不就是遲早的事嗎？」劉婕妤暗暗點頭，特地叮囑郝隨，注意觀察孟皇后的動靜。

不久，孟皇后所生的女兒福慶公主生了病，問醫吃藥，總不見好。孟皇后的姐姐病急亂投醫，不知從什麼地方求來道家的符水，讓小公主喝。孟皇后大吃一驚，說：「這是皇宮，使不得的！」恰巧，宋哲宗來看女兒。孟皇后如實說明了符水之事。宋哲宗顯得通情達理，說：「此人之常情耳！」孟皇后當著皇帝的面，燒了符紙，潑了符水，事情就此了結。

劉婕妤透過郝隨，知道了這件事，立刻大肆宣揚，誣衊孟皇后在宮中大搞「巫蠱」。宰相章惇討好劉婕妤，火上澆油，擴大事態。偏在這時，孟皇后養母燕夫人、女尼法端、供奉官王聖等，心血來潮，燒香拜佛，爲皇后搞什麼祈福。章惇、郝隨據此大做文章，蠱惑皇帝。宋哲宗將信將疑，指派內押班梁從政和御藥監蘇珪進行調查。梁、蘇二人早被劉婕妤買通，逮捕三十餘人，嚴刑逼供。有人被砍了手腳，有人被割了舌頭。其中幾人受不了酷刑，屈打成招，供認孟皇后搞了「巫蠱」。宋哲宗心存疑問，指派御史董敦逸覆查案情。董敦逸在覆審中看到，招供之人遍體鱗傷，氣息奄奄，全都說不出話來。他知道這是一宗冤案。怎奈劉婕妤派了郝隨，以嚴詞相威脅，甚至要殺害董敦逸的家人。董敦逸爲保身家性命，不得不昧著良心，回奏皇帝，說梁從政、蘇珪所審的結果屬實無誤。宋哲宗大怒，當即頒旨，廢黜孟皇后，令居瑤華宮爲道士，法名沖眞，賜號華陽教主、玉清妙靜仙師。

孟皇后無辜被廢，群臣議論，天下寃之。董敦逸良心未泯，異常愧疚，硬著頭皮上奏說：「中宮之廢，事有所因，情有可察。詔下之日，天爲之陰翳，是天不欲廢后也；人爲之流涕，是人不欲廢后也。」並說：「嘗復錄獄事，恐得罪天下後世。」宋哲宗見董敦逸在這樣重大的問題上出爾反爾，非常生氣，說：「董敦逸不可更在言路，應該罷去。」輔臣曾布說：「貶斥御史，何以取信中外？」這時的宋哲宗，意識到廢黜皇后是個錯誤，很是後悔，但聖命既下，無法挽回，不由地感嘆地說：「章惇誤朕矣！」

孟皇后被廢，中宮虛懸，需要立個新皇后。劉婕妤躍躍欲試，急切地想要登上皇后的寶座。元符二年（西元一〇九九年），劉婕妤果眞生了個男孩，取名趙茂，這使她有了雄厚的資本。宋哲宗不顧眾多大臣的反對，堅持立了劉婕妤爲皇后。

劉婕妤一躍而爲皇后，更加志高氣滿，得意洋洋。不想樂極生悲，趙茂只活了兩個月就夭折了。新皇后猶如當頭挨了一棒，領悟到惡人不會有好報的道理。接著在元符三年（西元一一〇〇年），二十四歲的宋哲宗突然駕崩。這使劉皇后遭到了毀滅性的打擊。

宋哲宗沒有兒子。向太后主持，擁立宋神宗第十一子趙佶爲皇帝，是爲宋徽宗。宋徽宗新立，向太后有心恢復孟皇后的名號。恰有一名布衣上書，評議孟皇后原不該廢，應予復位。宰相韓忠彥也主張孟皇后復位。宋徽宗樂於做好人，於崇寧元年（西元一一〇二年）頒詔，接孟皇后回宮，號稱元祐皇后；那位劉皇后，則稱元符皇后。

孟皇后復位，劉皇后如坐針氈，宦官郝隨更是驚恐不安。郝隨投靠太師蔡京的門下，密謀再將孟皇后廢黜。昌州判官馮澥仰承蔡京的鼻息，上書說孟皇后復位，於聖朝不利，攻擊宰相韓忠彥，「信一布衣狂言，復已廢之后，以掠虛美」，懇請皇帝「斷以大義」。蔡京進而煽風點火，把個宋徽宗弄得暈頭轉向。宋徽宗只得頒詔，廢去孟皇后元祐皇后的名號，令仍去瑤華宮爲道士，賜號希微元通知和妙靜仙師。至於韓忠彥，則罷去宰相職務。

孟皇后再次被廢，劉皇后按說應該滿足了。但事實並非如此，她卻自縊斃命了。這是爲什麼呢？原來，劉皇后在宋哲宗死後，難耐寡居寂寞，公然私通外臣，淫亂宮闈，風風雨雨，聲名狼藉。宋徽宗顧及皇家的體面，決定廢去她的皇后名號。郝隨害怕受到牽連，把消息透露給劉皇后，連嚇帶騙，逼她「自愛」。劉皇后自覺沒臉見人，只能走上自殺的絕路。

光陰荏苒，日月如梭。轉眼到了宣和七年（西元一一二五年），北方金朝強兵南下，中原地區農民起義軍紛起，腐朽不堪的宋朝廷內外交困，焦頭爛額。宋徽宗走投無路，慌忙宣布將皇位傳給兒子趙恆，自己當了太上皇。趙恆繼位，是爲宋欽宗。次年，金兵圍攻汴京，形勢危急。宋欽宗仍與大臣們商議，決定恢復孟皇后元祐皇后的名號。詔令未及頒布，汴京失陷。金兵大肆燒殺搶掠，將宋徽宗和皇后鄭氏、宋欽宗和皇后朱氏、皇子、公主、宮女，以及在冊的嬪妃等，共三千餘人，全部俘擄，連同無數的金銀財寶和奇珍異玩，一起押往金朝。在長長的俘虜名單中，有孟皇后的名字，並沒有見到其人，她僥倖地逃過了劫難。

原來，孟皇后廢居瑤華宮以後，心如槁木，萬念俱灰。一天，瑤華宮突然失火，孟皇后被人轉移到相國寺前的一家私宅居住。金兵進入汴京，無暇搜索，孟皇后得以無恙。金兵北去，臨時扶立一個僞楚政權，由張邦昌出任僞帝。張邦昌考慮人心向著宋朝，所以就搬出孟皇后來，尊爲宋太后，迎入宮中，垂簾聽政。

孟皇后身不由己，勉爲其難，打聽到宋徽宗第九子康王趙構正召集兵馬，力圖重建宋朝。她趕緊派人聯絡趙構，並送去圭寶、乘輿、服御等物。趙構在南京（今河南商丘南）即帝位，是爲南宋高宗。宋高宗爲了籠絡人心的需要，遙尊孟皇后爲元祐太后，後來改爲隆祐太后。宋高宗定都臨安（今浙江杭州）以後，孟太后輾轉到了臨安。紹興四年（西元一一三四年），孟太后五十八歲壽辰。宋高宗置酒，爲之祝壽，並根據其要求，重修《神宗實錄》，彰揚忠良，貶斥奸佞。越年，孟太后患風疾而死，死年五十九歲。宋高宗爲之舉行了隆重的葬禮，上尊號昭慈獻烈皇太后，後改爲昭慈聖獻皇太后。

孟皇后的一生，幾廢幾立，忽兒被厭棄，忽兒被供奉，酸甜苦辣，有喜有悲，晚年卻充當了維護宋朝正統統治的角色。生前飽經磨難，死後徒得虛榮。她若九泉有知，該怎麼想怎麼說呢？

宋徽宗后妃

「家山回首三千里，目斷山南無雁飛」

宋徽宗趙佶是以多才多藝、荒淫奢靡而著稱的皇帝。他在位期間，重用蔡京、王黼（黼，讀作甫）、童貫、梁師成、李彥、朱勔（勔，讀作免）「六賊」，恣意追求享樂，縱情聲色，導致了國家的滅亡。他的后妃乃至整個皇室成員，跟著遭殃，絕大多數人和他一起當了亡國奴，最終慘死在異國他鄉。

宋徽宗的后妃很多很多，沒有一個確切的數字。史載的皇后有兩人，一是王皇后，一是鄭皇后。王皇后，汴京人，德州刺史王藻的女兒。宋徽宗爲端王時聘以爲妃，封順國夫人。西元一一〇〇年，宋徽宗即帝位，冊立這位嫡妻爲皇后。王皇后所生的兒子趙恆，是宋徽宗的長子，即後來的宋欽宗。王皇后以品行恭儉而爲人所稱道。所謂「恭儉」，實質是樂天知命，逆來順受。她面對奢靡成性的皇帝，有看法卻無辦法，唯有恭儉而已。大觀二年（西元一一〇八年），王皇后病死，時年二十五歲。

王皇后死後第三年，宋徽宗又立了鄭皇后。鄭皇后原是向太后的侍女押班，向太后主持立了宋徽宗，隨手將她賜給皇帝。這個侍女押班喜愛讀書，能歌善舞，而且可以起草奏章，大合宋徽宗的胃口。因此，宋徽宗先封她爲賢妃、貴妃，進而立她爲皇后。鄭皇后的特點是善順帝意，諸事順著皇帝，所以受到寵愛。她的父親鄭紳從官府的小吏起步，一路高升，最後官至太師。

宋徽宗花天酒地，醉生夢死，於皇后和眾多的嬪妃之外，還嬖愛汴京名妓李師師。爲了和李師師幽會，專門開闢皇宮直抵其家的秘密通道，隨時前去尋歡作樂。還有典籍記載說，宋徽宗納了李師師爲妃子，封作瀛國夫人。

宣和七年（西元一一二五年），宋徽宗的享樂到了盡頭。北方金朝大軍南下，圍攻汴京。宋徽宗驚慌失措，倉皇傳位給兒子趙恆，自稱太上皇，帶著蔡京、童貫等奸賊，以燒香爲名，逃往蒙城（今安徽蒙城）。趙恆繼位，是爲宋欽宗。著名將領李綱擊退金軍。數月後，宋徽宗又回到了汴京。

靖康元年（西元一一二六年）閏十一月，凶悍的金軍捲土重來，十二月攻占汴京。宋徽宗、宋欽宗被金軍俘擄，廢爲庶人，北宋滅亡。金軍燒殺搶掠，汴京百姓死傷無數，宋徽宗的后妃慘遭凌辱。次年三月，金軍在汴京建立了張邦昌的僞楚政權，隨後押解著宋徽宗、宋欽宗及其后妃等共三千餘人，返回北方。鄭皇后的父親鄭紳也在俘虜之列。鄭皇后見到金軍統帥粘罕，說：「妾得罪當行，但妾親屬不預朝政，老父年邁，請能放他一馬。」粘罕倒也痛快，下令釋放了鄭紳。那個李師師，據說被張邦昌送往金營。李師師不甘受辱，自呑金簪而死。

宋徽宗、宋欽宗及其后妃、皇子、公主等被押往金朝，遭到了非人的待遇，飽受艱和屈辱。除了宋徽宗鄭皇后和宋欽宗朱皇后外，其他嬪妃和公主，皆被強迫嫁給金朝的藩王，宮女則嫁給金兵。後來，宋徽宗和鄭皇后、宋欽宗和朱皇后等，都死在荒寒的北方。

宋徽宗的嬪妃中，有一位韋妃需要說及，因爲她是宋高宗的母親。韋妃，汴京人。初入宮時爲侍御，封平昌郡君，漸漸進升爲婕妤、婉容，再進升爲賢妃。她爲宋徽宗生了一個兒子，叫趙構，原封廣平王，後封康王。北宋滅亡後，她也成了俘虜，押解上京（今黑龍江阿城），在洗衣院服役。期間，她吃了不少苦頭。忽然有一天，她被披紅戴花，擁上一匹大馬，去到一座王府，和一個男人成親。事後方知，金朝的蓋天大王看中了她，眨眼間，她變成了蓋天大王的夫人。這個意外，使她擺脫了生活的困境，也避免了鄭皇后、朱皇后那樣的厄運。

北宋滅亡，韋賢妃的兒子趙構迅即稱帝，繼續宋朝的正統統治。趙構定都臨安（今浙江杭州），史稱南宋，趙構即爲南宋高宗。宋高宗遙尊宋徽宗、宋欽宗爲「二聖」，遙尊生母爲宣和皇后，繼改爲皇太后。他賭咒發誓，口口聲聲要北伐，要迎回「二聖」和皇太后。但那只是一句空話，故作姿態罷了。宋高宗偏安江南，重用奸臣，堅持和金朝議和。爲了議和，還打出了韋太后的旗號，假裝孝順，說：「太后年事已高，我非常想念老人家。我之所以和金朝講和，就是因爲這個原因。」

紹興五年（西元一一三五年），宋高宗得知宋徽宗和鄭皇后已死，派遣王倫爲使臣，赴金朝交涉，意欲迎回屍骨，予以安葬。不過，他的眞正目的是請求金朝，允許韋太后回歸南宋。他交代王倫說：「金人若同意朕的請求，歸還太后，其餘的事一概不問。」王倫出使回報，說金朝答應歸還宋徽宗、鄭皇后的屍骨以及韋太后。宋高宗非常高興。可是一晃多年，事情沒有下文，韋太后還是沒有回來。

紹興十一年（西元一一四一年），宋高宗突然接到韋太后託人轉來的一封書信。他喜出望外，說：「派遣使臣百次，不如太后書信一封。」恰有金使蕭毅、邢具瞻前來臨安，商談南宋履行和約事宜。宋高宗裝模做樣地說：「朕有天下，卻不能奉養太后，實是一大憾事。朕履行和約沒有問題，但你朝必須歸還太后。不然，和約就是一紙空文，即使重見兵戎，朕也不懼。」蕭毅、邢具瞻回國。宋高宗又是懇求又是威脅，說：「太后歸宋，我自當謹守和約。否則，所有和約全不算數。」

不久，宋高宗命何鑄、曹勛使金，交代說：「你們去見金主，就說太后在金朝，不過是個老人；而在我朝，所繫極重。你們要用誠懇的態度說服金主，務要使他感動，同意歸還太后。」何鑄、曹勛到了金朝，拜見金主完顏亶（亶，讀作丹），請求歸還太后。完顏亶說：「先朝業已如此，豈可輒改？」何鑄、曹勛如實轉達宋高宗的話，再三懇求。完顏亶考慮韋太后在金朝確無大用，落個順水人情，答應歸還，並答應派大臣高居安、完顏宗賢護送韋太后回鑾。何鑄、曹勛飛快地將消息傳至臨安。宋高宗大喜，特命參政王次翁為奉迎使，前往邊境迎接太后的駕鑾。

韋太后流落金朝，當上大王夫人，算是幸運的。宋徽宗的其他嬪妃，可沒有這樣好的運氣。如王婉容，被金兵擄去，嫁給一個藩王為妾，受盡凌辱，自殺而死。喬貴妃，也嫁一個藩王為妾，孤苦伶仃，注定要死在北國。喬貴妃和韋太后曾經結為姐妹，相約「先貴者毋相忘」。韋太后將回南宋，喬貴妃又是歡喜又是悲傷。她為韋太后送行，掏出多年積攢的五十兩黃金，交給高居安和完顏宗賢，說：「薄物不足為禮，願護送好姐姐回江南。」她給韋太后敬了一杯酒，說：「姐姐保重。姐姐南歸就是皇太后了，而妹妹歸期無望，命定要死在朔漠的。」說罷，二人抱頭痛哭，生死訣別。

紹興十二年（西元一一四二年），羈留金朝十六年的韋太后，終於踏上了回歸的旅程。當年她被擄時只有四十多歲，而今南歸時已經年逾花甲了。時值初夏，護送的金兵推說天氣炎熱，走得很慢。韋太后唯恐情況有變，佯稱生病，向高居安、完顏宗賢借了三百兩黃金，賞賜給金兵，只求他們加快腳步趕路。

宋高宗這時顯得格外的孝順，加派參知政事王慶曾和國舅韋淵為奉迎使，率領龐大的奉迎隊伍，前往邊境迎接太后。不想在邊境，卻又出現了麻煩。韋太后向高居安、完顏宗賢借了三百兩黃金，答應到了邊境加倍償還。而此時，韋太后身無分文，無法還債。高居安和完顏宗賢毫不客氣，遂將韋太后扣押，這一扣押就是三天。韋太后派人傳話給南宋的奉迎使，讓立刻籌措六百兩黃金。可是，王慶曾、韋淵等沒有帶太多的錢，急得團團打轉。幸虧一個叫做王煥的小吏有些辦法，東拼西湊，勉強湊足了六百兩黃金，送給了韋太后。高居安、完顏宗賢得了黃金，方才同意辦理交接手續。這樣，韋太后總算踏上了南宋的土地。堂堂太后，無錢被扣，宋金對峙，以錢換人。這也是中國后妃史上的一件趣聞。

奉迎使保護著韋太后直奔臨安。宋高宗率領文武百官到城外迎接，母子見面，恍若隔世，喜極而泣。韋太后在金朝特別讚賞南宋的兩個人，那就是抗金名將岳飛和韓世忠。她見到了韓世忠，親切地誇獎慰問。她詢問岳飛，別人告訴說已冤死獄中。韋太后諳然傷神，責備宋高宗說：「怎能如此對待國家棟樑呢？看來我回歸是錯了，還是出家爲尼爲好啊！」宋高宗趕忙伏地請罪，承認不該那樣對待岳飛。據說，從此以後，韋太后一直愛穿道士服裝，藉以表達對岳飛的悼念和敬意。

韋太后歸國後，心情開朗，生活優裕。宋高宗侍奉母親，常至深夜不肯離去。韋太后催促說：「你回去吧，明日還要早朝，太晚了會誤事的。」她命自己寢宮和皇帝寢宮的侍役可以通用，說：「不然，則有彼我之分，容易讓佞人鑽空子。」韋太后帶回了宋高宗皇后邢氏早已死去的消息，建議兒子重立皇后。宋高宗遵命，又立了一位吳皇后。宋高宗特別叮囑侍役們說：「太后已經六十多歲，只有優遊無事，起居適意，才能長壽。你們伺候老人家，務要盡心，缺少什麼東西，只管跟朕說，莫讓太后知道。」他決心在各方面使太后得到滿足，以彌補她在金朝失去的享受。可是韋太后經歷過艱苦的生活，看不慣奢侈和浪費。一次，有司敬獻給她一隻金壺，當作痰盂。她看了心疼，命換成一隻普通的鍍金壺。她收到了別人贈送的很多金帛，捨不得花銷，全部存進國庫。紹興二十九年（西元一一五九年），這位先苦後甜的韋太后以八十歲高齡辭世，存進國庫的那些金帛，充作了喪葬費用。

宋徽宗在當俘虜期間，精神受到折磨，曾寫下許多悔恨、哀怨、淒涼的詩歌，其中一首寫道：

徹夜西風撼破扉，蕭條孤館一燈微。
家山回首三千里，目斷山南無雁飛。

宋徽宗的境況如此，他的后妃的境況更是如此。韋賢妃算是一個例外，她比起鄭皇后、王婉容、喬貴妃等人來，那是幸運得不能再幸運了。

南宋高宗邢皇后和吳皇后

短命囚徒，長壽老人

南宋高宗趙構活了八十一歲，當了三十六年皇帝，任用奸佞，殘害忠良，偏安江南，苟且偷生，落下千古罪名。

宋高宗原封康王，娶妻邢氏。邢氏，汴京（今河南開封）人，成爲王妃後封嘉國夫人。北宋滅亡，她和宋徽宗、宋欽宗一樣，也被金人俘擄，押解上京（今黑龍江阿城南白城），當了囚徒，很快死在那裡。可是金人嚴密封鎖消息，秘而不宣。宋高宗稱帝時，全不知情，遙立邢氏爲皇后，並苦苦等待，希望皇后能夠回來。直到十六年後，韋太后回鑾，宋高宗才得知邢皇后早就不在人世。

宋高宗也就不再等待，另立了一位吳皇后。吳皇后原先的身分是婉儀，進封貴妃，博習史書，且善翰墨，愛穿一身軍服侍立在皇帝左右。一次，她隨宋高宗巡幸四明（今浙江寧波），衛士發動兵變，入問皇帝所在。她機警地隨口說了個地方，騙過了衛士，使得宋高宗倖免於難。因此，宋高宗欣賞這個聰明的貴妃，將她立爲皇后。吳皇后侍奉韋太后至孝，曾繪《古烈女圖》爲鑒，並取《詩序》之義，書寫「閒志」匾額，懸掛於居室，以明心志。

宋高宗雖有很多嬪妃，但卻沒有兒子。潘賢妃曾生過一子，名趙旉（旉，讀作敷），可是三歲就夭折了。大臣們紛紛進言，要求在趙氏宗室中選一人作爲養子，以作預備的皇儲。於是，宋太祖趙匡胤幼子秦王趙德芳的後裔趙伯琮應選入宮。趙伯琮時年六歲，由張賢妃撫養。吳皇后爲了培植自己的勢力，也撫養了一個男孩，名叫趙伯玖。紹興十五年（西元一一四五年），趙伯琮封普安郡王，趙伯玖封恩平郡王。兩人當中，到底立誰爲嗣？宋高宗頗爲躊躇，舉棋不定。奸相秦檜因趙伯琮告過他的黑狀，對之不滿，主張立趙伯玖。吳皇后自然附和秦檜的意見。

不過，宋高宗還是多了個心眼，決定透過具體事情來測試二人的品行。他給趙伯琮和趙伯玖各賜十名宮女，宣布聽任他們處置。趙伯琮的老師史浩猜出了皇帝的意圖，告誡趙伯琮說，務要謹慎處事，切莫因小失大。幾天以後，宋高宗命召回宮女，經檢查，賜給趙伯琮的十人仍是處女，而賜給趙伯玖的十人都破了身。宋高宗由此斷定：趙伯琮優於趙伯玖。

宋高宗並不急於冊立皇儲，一直希望后妃們能生個龍子麟兒，由其親生骨肉來繼承皇位。可是到了紹興三十年（西元一一六〇年），後宮仍然沒有生育，他的希望徹底破滅了。這年，在大臣們的一再勸諫下，他宣布立趙伯琮爲皇子，封建王；趙伯玖仍爲郡王，出居紹興（今浙江紹興）。紹興三十二年（西元一一六二年）五月，宋高宗頒詔，改皇子爲皇太子，賜名趙昚（昚，讀作愼）。詔書中說：「朕德薄能鮮，歷經艱難，仰賴天地祖宗庇佑，得以繼承大位。如今三十六年，宵旰憂勤，不敢懈怠。只因邦國多難，未能從容卸卻重擔，退保康寧。如今邊鄙粗安，干戈稍息，眞是天遂人願。皇子老成持重，神器有托，朕心稍安。現在立皇子爲皇太子，改名爲昚，敕命有司擇日備禮冊命。」

六月，宋高宗再次頒詔，說：「皇太子賢聖仁孝，聞於天下，周知世故，久繫民心。皇太子可繼皇位，朕稱太上皇帝，遷德壽宮，皇后稱太上皇后。」宋高宗此舉還算明智，意識到自己年事已高，精力不濟，透過內禪的方式，讓出皇位，淡出了政治舞臺。

趙昚即帝位，是爲南宋孝宗。吳皇后被尊爲壽聖太上皇后。

淳熙十四年（西元一一八七年），宋高宗病逝，遺詔改稱吳皇后爲皇太后。宋孝宗對於吳太后相當敬重，意欲將她迎還皇宮居住。可是，吳太后留戀德壽宮裡宋高宗的遺物，不忍捨去，堅持留住那裡。宋光宗趙惇時，吳太后被尊爲太皇太后。宋光宗駕崩，她主持立了宋寧宗趙擴。直到慶元三年（西元一一九七年）才去世，享年八十三歲。她，眞是一位長壽老人！

李鳳娘

長舌婦，是非婆

紹興三十二年（西元一一六二年）六月，宋高宗禪位於太子趙昚，自己當了太上皇。淳熙十六年（西元一一八九年），宋孝宗趙昚禪位於太子趙惇，自己也當了太上皇。趙惇即位，是爲宋光宗。厲害女人李鳳娘成爲皇后。

李鳳娘，安陽人（今河南安陽人）。其父李道，官慶遠軍節度使。宋高宗時，有個叫做皇甫坦的道士，曾爲李鳳娘相面，驚曰：「此女當母儀天下。」後來，皇甫坦雲遊京師臨安，盛讚李鳳娘如何如何美貌，如何如何端莊。宋高宗聽說其人，即命皇孫趙惇聘以爲妃，封榮國夫人，改封定國夫人。乾道四年（西元一一六八年），李鳳娘生了兒子趙擴，越發提高了身價。

李鳳娘雖然姿色艷美，然而卻屬於長舌婦、是非婆一類的角色，最愛說東道西，搬弄是非。她爲皇太子妃期間，經常在太后宮中說皇后，又在皇后宮中說太后，唯恐天下不亂。宋高宗時爲太上皇，非常反感這個孫媳婦，曾對吳太后說：「這個女人是將門後代，心術不正。可恨那個皇甫坦，是他誤了我啊！」宋孝宗也多次教訓兒媳，說：「你爲人處事，應當效法皇太后，不然，朕就廢了你。」李鳳娘呢？全然不知檢點，反而疑心吳太后告了她的黑狀，冷笑一聲，說：「哼！走著瞧！」

李鳳娘當了皇后，更加志高氣滿，嘴尖毛長。宋光宗生性懦弱，優柔寡斷，諸事都聽她的擺布。當時，宦官擅權，破壞朝綱。宋光宗很想殺他幾人，顯顯威風。宦官得知消息，非常恐懼，懇請李鳳娘庇護。李鳳娘滿口答應，但有一個條件，就是大家聯合起來，竭力離間三宮的關係。「三宮」，即吳太后居住的德壽宮、宋孝宗居住的重華宮、宋光宗居住的皇宮。三宮裡住著三代人，李鳳娘就是要在三代人之間製造隔閡和仇恨。

一次，宋光宗生病。宋孝宗關心兒子，派人購得良藥，等待兒子前來拜謁時給他服用。宦官探明情況，立即飛告李鳳娘，挑撥說：「太上皇合藥一大丸，準備投毒，謀害皇上。萬一有什麼不測，社稷宗廟可怎麼好呀？」李鳳娘派人察看，果見宋孝宗購了不少藥，便以小人之心度君子之腹，禁止宋光宗到重華宮去。宋光宗懼內，皇后不讓拜謁父皇，當然也就不敢跨越雷池。宋孝宗精心購得的良藥，毫無用場。

不久在一次家宴上，李鳳娘突然提出當立嘉王趙擴爲太子。宋光宗隨聲附和，表示同意。可是宋孝宗建議，宋光宗剛當皇帝，年紀輕輕，不必急於立嗣。李鳳娘以爲公公故意刁難，存心反對立趙擴爲太子，不由憤憤地說：「我是你們趙家明媒正娶、六禮所聘的，嘉王是我的親生兒子，爲什麼不能立爲太子？」宋孝宗聽兒媳說話刁蠻，似在諷刺自己不是宋高宗親生，勃然大怒，拂衣而起，離席而去。李鳳娘也橫眉怒目，拉著兒子趙擴，大哭大鬧，尋死覓活。宋光宗心軟耳軟，隨之也埋怨父親，導致了父子關係的緊張。

李鳳娘憑三寸不爛之舌，花言巧語，攪得三宮恩恩怨怨，是非莫辨。而且她視皇帝爲私有品，不准其接近其他嬪妃。一次，宋光宗洗手，看到伺候的宮女皮膚白皙，指若春葱，不由多看了幾眼。第二天，李鳳娘派人給皇帝送去一個食盒。宋光宗以爲是美味佳肴，打開食盒一看，裡面竟是宮女的一雙手！宋光宗寵愛過一位黃貴妃。李鳳娘懷恨在心。紹熙二年（西元一一九一年）冬，宋光宗祭祀宗廟，出宿齋宮。李鳳娘抓住這個機會，殺死了黃貴妃，然後以暴死奏告皇帝，宋光宗竟也無可奈何。

宋光宗身體本來不好，祭祀這天，風雨大作，燈燭盡滅，不能成禮，加之又聽說黃貴妃「暴死」，心緒不暢，由是病情加劇，無法視朝。李鳳娘攬權心切，趁機拉攏親信，把持朝政，驕奢恣肆，擅作威福。她封李氏三代爲王，修建李氏宗廟，護衛李氏宗廟的士兵比護衛趙氏太廟的士兵還要多。她拜祭家廟，一次把親屬二十六人，故舊一百七十二人，包括門客，甚至雞鳴狗盜之徒，統統封了官職。這種情況，在宋朝歷史上是絕無僅有的。

宋孝宗和宋光宗父子之間，由於李鳳娘的挑唆，矛盾越來越深，漸漸勢若水火，「中外疑駭」。紹熙四年（西元一一九三年），三月父子見過一面，直到九月，宋光宗還無拜謁宋孝宗的意思。宰相、百官、侍從紛紛進言，諫請皇帝去重華宮拜謁太上皇。宋光宗受到李鳳娘的制約，不予理會。給事中謝深甫看不過眼，說：「父子至親，天理昭然。太上皇愛陛下，就像陛下愛嘉王。太上皇年事已高，千秋萬歲後，陛下何以見天下？」

宰相留正、宗室趙汝愚、秘書郎彭龜年等，也慷慨陳詞，敦促皇帝從倫理道德出發，應該拜謁太上皇。宋光宗良心未泯，急命擺駕，前往重華宮。群臣得旨，自是高興，列班侍候，靜等皇帝。不料，宋光宗剛剛走出屏風，李鳳娘突然出現，拉著宋光宗的衣袖，說：「天氣這樣冷，皇帝，我們還是喝酒去！」邊說邊推，硬將宋光宗推進內殿。中書舍人陳傅良急中生智，搶步上前，扯住皇帝的衣角，懇請不要進入內殿。李鳳娘杏眼圓睜，大聲喝斥說：「陳傅良！這是什麼地方？你秀才是要砍頭嗎？」陳傅良好心遭到斥責，嚎啕大哭，氣出了一場大病。

最可惡的還是紹熙五年（一一九四）六月，宋孝宗病重。群臣奏請宋光宗，無論如何，也該去看一看太上皇。太子趙擴也哭著哀求。而宋光宗和李鳳娘全無人性，理也不理。宋孝宗死了，直到大殮之日，宋光宗也沒有到場，沒有辦法，只得由吳太后代行祭奠之禮。封建統治階級不是標榜禮義和仁孝嗎？這塊遮羞布，在宋光宗和李鳳娘身上，不見一絲一縷。

皇帝和皇后不仁不孝的行爲激起了朝野公憤，群情洶洶。七月，宗室趙汝愚、大臣徐誼等密謀內禪，奉立太子趙擴爲皇帝。這一意見得到了吳太后外甥韓侂冑的支持。韓侂冑前去說服吳太后。吳太后表示同意，叮嚀說：「好爲之！」於是，韓侂冑、趙汝愚、徐誼等作了精心部署，令禁軍嚴密護衛皇宮。宋孝宗喪終之日，就在靈堂，由吳太后垂簾做主，奉立趙擴即皇帝位，是爲宋寧宗。

宋光宗變爲太上皇，李鳳娘變爲皇太后。他們退居壽康宮，坐享清福去了。慶元六年（西元一二〇〇年），李鳳娘病死，死年五十六歲。

謝道清

「醜小鴨」變成「白天鵝」

宋理宗趙昀當了四十年皇帝。在位時間之長，幾與北宋仁宗趙禎相等。他的皇后姓謝名道清，其人其事具有一定的傳奇性。

謝道清，天臺（今浙江天臺）人。祖父謝深甫，當過宋寧宗趙擴的宰相。父親謝渠伯早死，家境衰敗。謝道清從小就擔負起燒水做飯、操持家務的重任。這個謝道清，長相實在不怎麼樣，面目黧黑，一隻眼角還有個疤痕，一點也不討人喜歡。宋理宗當了皇帝以後，議擇中宮。楊太后想到了故去的謝深甫，他當年援立自己，出力很大，理應有所報答，於是命選謝氏諸女。謝道清的兄長意欲送妹妹入宮應選。叔父看了看侄女的長相，搖頭說：「不可不可。她進宮也只能當侍女，日後成爲老宮婢，不死不活的，有什麼好處？」他以爲，皇帝的后妃，姿容必須姣好，像謝道清這樣醜陋的女子，進宮只能充當宮婢，還不是害了她一輩子。適值元夕節，許多喜鵲巢樹，眾人以爲這是吉祥之兆。所以，謝道清的兄長不管叔父同意與否，硬是把妹妹送進了皇宮。

謝道清進宮不久，就患了一種疹疾，吃藥以後，皮膚蛻落。說來也怪，原先的黧黑面孔一下子變得潔白如玉。太醫又用藥物，除去了她眼角的疤痕。這時的謝道清，亭亭玉立，容光煥發，「醜小鴨」變成了「白天鵝」，同原先的謝道清判若兩人。與謝道清一起入宮的還有個賈氏姑娘，姿色出眾，宋理宗一眼就看中了她，打算立為皇后。可是楊太后念念不忘謝深甫的恩情，堅持要立謝道清為皇后。她說：「謝女端重有福，宜正中宮。」左右侍從不理解楊太后的用心，私下議論說：「不立真皇后，乃立假皇后邪！」宋理宗考慮太后的意志不好違背，先封謝道清為通義郡夫人。寶慶三年（西元一二二七年），楊太后一再催促，宋理宗封謝道清為貴妃，年底冊立為皇后。

謝道清雖被立為皇后，但並不受寵愛。宋理宗另有所愛，就是那個沒能成為皇后的賈氏。他封她為貴妃，夜夜專寵。可是賈貴妃短命，沒幾年就死了。宋理宗又新寵上了閻貴妃。對此，謝皇后表現出了豁達大度的氣概，處之泰然，毫不介意。因為這樣，楊太后對她更有好感，稱讚她寬容賢慧。不久，宋理宗也改變了態度，漸漸對皇后親近起來。這期間，宋理宗任用奸相賈似道，整個朝政亂七八糟。

光陰荏苒，日月如流。開慶元年（西元一二五九年），北方蒙古大兵南下，進逼長江。宋理宗和賈似道等膽怯，意欲遷都。謝皇后這時顯示出了膽識，勸諫皇帝不可輕易遷都，遷都必然動搖民心，後果不堪設想。宋理宗覺得皇后的話很有道理，這才打消了遷都的念頭。

景定五年（西元一二六四年），宋理宗駕崩，其弟趙禥（禥，讀作其）立，是為宋度宗。謝皇后被尊為皇太后，曾祖父、祖父、父親分別封王。咸淳十年（西元一二七四年），宋度宗又駕崩，遺詔四歲太子趙㬎（㬎，讀作顯）嗣位，是為宋恭帝。謝皇后成為太皇太后，垂簾聽政。其時，南宋江山危若累卵，風雨飄搖，過慣了紙醉金迷、燈紅酒綠的達官權貴們，為保全性命，紛紛逃匿而去。謝太后對這種局面心急如焚，又無可奈何，曾命懸榜朝堂，說：「我國家三百年，待士大夫不薄。我與嗣君遭家多難，你們眾臣不能出一策以救時艱，內則叛官離次，外則委印棄城，避難偷生。這還算是人嗎？有何面目見先帝於地下？天命未改，國法尚存。凡在官署堅守盡職者，尚書省可將他們晉升一級；負國逃跑者，御史覺察以聞。」儘管如此，大臣們還是走的走，逃的逃，把年幼的皇帝和年老的太皇太后撂在臨安城裡。

德祐二年（西元一二七六年）正月，元軍（西元一二七一年，蒙古改國號為元）兵臨臨安城下，宋軍無力抵抗。謝太后走投無路，只得派監察御史楊應奎向元軍統帥伯顏獻上傳國玉璽和降表。降表是以皇帝的名義寫的，內稱：「宋國主臣趙㬎謹百拜奉表言：臣眇然幼沖，遭家多難，權奴賈似道背盟誤國，至勤興師問罪。臣非不能遷避，以求苟全，今天命有歸，臣將焉往？謹奉太皇太后命，削去帝號，以兩浙、福建、江東西、湖南、二廣、兩淮、四川現存州郡，悉上聖朝，為宗社生靈祈哀請命。伏望聖慈垂念，不忍臣三百餘年宗社遽至隕絕，曲賜存全，則趙氏子孫，世世有賴，不敢弭忘。」降表語氣哀怨淒楚。但伯顏不會因此而生「垂念」，更不會因此存「趙氏子孫」。趙㬎與生母全皇后等被押解大都（今北京），謝太后因病留於臨安。至此，南宋事實上已經滅亡了。再過七年，謝太后病死，終年七十四歲。

述律平

溺愛少子，鼓動兒子打孫子

五代十國時期，東北遼河流域的契丹族日見強盛。契丹是鮮卑族的一支，西元九一六年，其傑出首領耶律阿保機自稱天皇王，建立契丹國，定都上京（今內蒙古昭烏達盟巴林左旗附近）。西元九四七年，契丹滅後晉，耶律德光改國號爲遼，尊耶律阿保機爲遼太祖。

耶律阿保機一生南征北戰，是個有作爲的開國皇帝。皇后述律氏，名平，小字月里朵，其先祖是回鶻人。她生性勇敢豪猛，丈夫打仗打到那裡，她就追隨到那裡，既當妻子，又當謀士，深得耶律阿保機的信任。一次，耶律阿保機遠征黨項族，大本營交由述律皇后居守。室韋部落頭領欺侮婦道人家不會用兵，趁虛來襲。述律皇后勒兵以待，奮擊之，大破之，名震諸夷。

後梁時，李克用之子李存勖稱晉王。李存勖爲了奪得後梁的政權，千方百計巴結契丹，稱述律皇后爲「叔母」，恭謹孝順。他這樣做，當然是爲了取得耶律阿保機的支持。幽州

（今北京一帶）是契丹南侵的前沿要地，耶律阿保機垂涎已久。恰巧幽州藩鎮劉守光派韓延徽抵契丹求援，韓延徽倨傲不拜，激起耶律阿保機的惱怒。耶律阿保機將他扣留，使之牧馬。述律皇后說：「守節不屈，賢者也。宜禮用之。」耶律阿保機聽了皇后的話，召見韓延徽，策劃攻取幽州，得益匪淺。此後，韓延徽遂成了契丹的謀士。南唐皇帝李昪獻給契丹一些猛火油（石油），這種油以水沃之愈熾，威力很大。耶律阿保機非常高興，立即選派三萬騎兵，準備以猛火油爲武器，攻襲幽州。述律皇后得知消息，說：「豈有以猛火油而攻人國者？」她指著帳前的樹木說：「無皮可以生乎？」耶律阿保機回答說：「不可」。

述律皇后趁勢說：「幽州有土有民，也是這樣。我們以三萬騎兵圍其城池，掠其四野，不出數年，幽州必歸契丹，爲什麼要用猛火油呢？萬一不能取勝，徒叫中原人恥笑，那麼我們契丹各部不就解體了嗎？」看來，述律皇后考慮問題，有時比耶律阿保機還要周到和長遠。契丹攻滅渤海國，述律皇后也出了不少點子。

西元九二六年，耶律阿保機駕崩。述律皇后不喜歡太子耶律倍，自己臨朝攝軍國事。她主持丈夫的葬禮，悲痛欲絕，欲以身殉。文武百官力諫，最後她象徵性地用刀割下手腕上的一片肌肉，裝進棺中，以代替身殉。次年十一月，述律皇后立次子耶律德光即帝位，就是遼太宗。述律皇后成爲皇太后。

述律皇后生有三個兒子：長子耶律倍，次子耶律德光，少子耶律胡。她最愛的是少子，一心想讓耶律胡在耶律德光之後也當皇帝，過過皇帝癮。可是西元九四七年，耶律德光死時卻將皇位傳給了耶律倍之子耶律阮。耶律阮登基，就是遼世宗。這使述律太后大爲惱火。她溺愛少子，便讓耶律胡發兵攻打耶律阮，也就是鼓動兒子打孫子，以奪取皇位。結果，耶律胡大敗。述律太后感傷地說：「我與太祖愛你異於其他兒子。俗話說：『偏憐之子不保業，難得之婦不主家。』不是我不立你爲皇帝，而是你自己無能啊！」後來，她還圖謀廢黜耶律阮。耶律阮先發制人，將皇太后驅逐出上京，遷居祖州（今內蒙古昭烏達盟巴林左旗南）。述律太后失去了威風，於遼穆宗應曆三年（西元九五三年）去世，終年七十五歲。死後謚曰應天皇后。

蕭觀音

姿藝雙絕，蒙冤致死

遼道宗耶律洪基是遼朝的第八個皇帝，於西元一〇五五年登基。此人酷愛打獵，喜歡文學，是個能文能武的皇帝，然其性格多疑，造成了皇后的悲劇。

耶律洪基的皇后姓蕭。其父蕭惠，官拜北院樞密使。蕭氏出生前夕，其母耶律夫人夢見月墜入懷，先是月華光耀，而後被烏雲遮蓋。蕭氏降生後，蕭惠根據妻子的夢兆，認為女兒必然先貴而後悲，主張讓她出家為尼，以圖安寧。耶律夫人堅決反對，說什麼也不同意。這樣，蕭氏逐漸長大，十四歲時，出落得猶如一朵含苞待放的鮮花，美麗異常。加之受到家庭環境的薰陶，能詩善文，尤愛音樂，彈得一手好琵琶，真是姿藝雙絕。親友們稱讚她是個美觀音，因此家人也呼之為觀音。天長日久，「觀音」就成了她的芳名。

蕭觀音十六歲時，遼興宗耶律宗真為太子耶律洪基選妃，她以門望和才貌當選，成為太子妃。蕭觀音美貌多藝，且溫柔端莊，談吐雅逸，深得耶律洪基的寵愛。第二年，耶律宗真死，耶律洪基立，蕭觀音成爲皇后。冊立大典那日，百官、命婦目睹蕭觀音的風采，無不極口稱讚：「孤穩壓迫，女古華革，菩薩來做特里蹇。」這是契丹語，意思是以玉飾頭，以金飾足，漂亮的觀音來做皇后。

少帝少后，郎才女貌，耶律洪基和蕭觀音深感幸福。清寧二年（西元一〇五六年）秋，皇帝、皇后率大小臣僚打獵於秋山，耶律洪基獵得一隻猛虎，遂將其地命名爲伏虎林。耶律洪基興高采烈，在宴會上命蕭皇后即席賦詩。蕭皇后應聲吟道：

威風萬里震南邦，東去能翻鴨綠江。

靈怏大千都破膽，那教猛虎不投降！

耶律洪基見皇后才思敏捷，文詞豪放，心中大喜，隨命近侍謄寫傳觀。群臣又奉觴稱賀，場景歡愉而熱烈。

蕭皇后婚後四年，喜生龍子耶律浚。這是耶律洪基的長子，也是其唯一的兒子，所以耶律洪基視爲掌上明珠，寵愛有加。耶律浚六歲時就被封爲梁王，接著立爲太子。看來，這一家人尊崇至極，萬事如意。可是帝王之家盛衰無常，榮辱難定。耶律重元夫婦的出場，給蕭皇后和耶律浚帶來了厄運。

耶律重元是耶律洪基的叔父，官天下兵馬元帥。當初耶律洪基即帝位，耶律重元出了大力，所以他對皇叔很是感激和敬重。耶律重元之妻蕭妃，風騷輕佻，性悍而妒，雖已徐娘半老，卻難得安分。在一次野餐會上，她濃妝艷抹，不時對俊美的貴臣大飛媚眼，頻送秋波，不成體統。蕭皇后在私下曾責備過蕭妃舉止輕狂，有失體面。蕭妃非但不聽，反而懷恨在心，事後盡力挑撥耶律重元與皇帝、皇后的關係。耶律重元心存猶疑，其子烈魯古可是個陰狠狡詐的傢伙。烈魯古爵封楚王，官拜南院樞密使，得知母親蕭妃受到皇后的責備，心中憤憤不平，決心爲母親出這口惡氣。進而還想殺害耶律洪基，由父親或他自己當皇帝。耶律重元經不起妻子和兒子的鼓動，於是一場罪惡的謀反計劃悄悄地進行。

烈魯古與其舅、北院知事蕭胡睹，以及蕭迭里得、陳六等結成謀反集團，收買護衛太保耶律乙辛爲內應，探聽皇帝行蹤，隨時準備發難。他們密謀，由耶律重元詐稱患病，騙取耶律洪基前來探視，趁勢殺之，然後擁立耶律重元當皇帝。

謀反計劃狠毒而周密。誰知耶律乙辛卻是耶律洪基的親信，他在關鍵時刻權衡利弊，覺得還是效忠於皇帝保險，那樣更能得到榮華富貴。清寧九年（西元一〇六三年）秋，耶律洪基在中京（今內蒙古寧城西）太子山打獵，忽然接到宗人府的報告，說皇叔耶律重元病重。耶律洪基決定親往探視。耶律乙辛見時機已到，趕忙向皇帝告密，和盤托出烈魯古謀反計劃的細節。耶律洪基不信，但又沒有理由否定耶律乙辛的密告。經過考慮，他決定不妨宣召烈魯古前來行宮，以觀動靜。烈魯古接到宣召，知道陰謀可能敗露，索性一不做二不休，率兵一千餘人攻襲太子山。耶律洪基已作準備，所以兩軍對陣，烈魯古被亂箭射死，叛軍土崩瓦解。耶律重元和蕭妃得凶訊，自覺在劫難逃，雙雙自殺身亡。

耶律乙辛在粉碎謀反計劃中立了大功，升任北院樞密使。此人跟隨耶律洪基多年，熟知皇帝的脾氣和秉性，諸事皆投其所好，甚至將弟媳送給皇帝當嬪妃，贏得了耶律洪基的高度信任。後來，他竟被封爲趙王，權傾朝野。他與張孝傑、蕭十三等結爲朋黨，盡量迎合皇帝，外示忠誠，內含奸詐，竭力爲自己謀取利益。

蕭皇后很有頭腦，覺察到了耶律乙辛的虛僞，多次勸諫皇帝，應以國事爲重，不可過分信用耶律乙辛。耶律洪基當然絕不會因爲皇后的勸告而去懷疑別人，認定耶律乙辛是最可靠的忠臣，但他還是採取了行動：封太子耶律浚爲王，參預朝政，各部奏事，先送太子過目。這也算是對耶律乙辛的箝制。耶律浚仁民愛物，正直無私，加之年輕氣盛，對於耶律乙辛非法弄權的行徑，經常加以指責和糾正。這使耶律乙辛大爲不安，於是他與黨羽秘密策劃，把罪惡的矛頭指向了蕭皇后和太子。

耶律洪基好動，幾乎年年都要巡行各地，遊山玩水。自耶律浚參預朝政以後，他更樂得留太子居守京城，自已去過那種無拘無束的生活。蕭皇后好靜，反對丈夫常年不歸，多次良言勸諫。耶律洪基感到厭煩，二人的關係日見疏遠。蕭后心情鬱悶，希望找回往日的愛情，曾作《回心院》詞十首。詞云：

掃深殿，閉火金鋪暗。游絲絡網塵作堆，積歲青苔厚階面。拂象床，待君王。換香枕，一半無雲錦。爲秋來輾轉多，更有雙雙淚痕滲。……

蕭觀音作了《回心院》詞，命伶官趙唯一譜成樂曲，予以彈唱。她希望耶律洪基能夠聽到此曲，回心轉意，重新回到她的身邊。誰知這麼給耶律乙辛、張孝傑、蕭十三等人提供了口實。他們經過密謀，據此大做文章，誣衊蕭皇后與趙唯一存在姦情。爲此，耶律乙辛找人作了十首淫詩，每首詩末都用一個「香」字，稱《十香詞》。然後，他們買通蕭皇后的貼身女婢單登，謊稱《十香詞》是宋朝皇后所作，騙取蕭皇后親手書寫一份。蕭皇后不知是計，落入圈套，果眞書之賜給單登。她還在錄詩後面寫下了自己的一首詩作：

宮中只數趙家妝，敗雨殘雲誤漢王。
唯有知情一片月，曾窺飛鳥入昭陽。

太康元年（西元一〇七五年）十月，耶律洪基遊獵歸來。耶律乙辛先命單登告發蕭皇后與趙唯一私通。接著，他拿著蕭皇后親書的《十香詞》，密奏皇帝，說那是蕭皇后寫給趙唯一的淫詩。耶律洪基本來生性多疑，如今又有物證，不禁勃然大怒。他傳召蕭皇后，不容分說，舉起鐵骨朵朝她打了過去。蕭皇后滿臉是血，不明白是怎麼回事。耶律洪基不等蕭皇后開口，命囚於別院，同時命耶律乙辛拘審趙唯一。張孝傑負責審訊，對趙唯一施以酷刑。趙唯一吃刑不過，屈打成招，寫下供狀。耶律乙辛手持供狀，回奏皇帝。耶律洪基卻有點猶豫，認爲蕭皇后所寫的四句詩，實是諷刺漢成帝皇后趙飛燕的，她一貫正派，怎麼會作《十香詞》呢？耶律乙辛早就研究過蕭皇后的詩，告訴皇帝說，「宮中只數趙家妝」、「唯有知情一片月」，兩句中嵌有「趙」、「唯」、「一」三字。這一偶然的巧合注定了蕭皇后要蒙受不白之冤。耶律洪基怒不可遏，下令族誅趙唯一，賜蕭皇后自盡。蕭觀音呼天不應，叫地不靈，飲鴆而死。死前，她留下了一首絕命詩，對耶律洪基不公正的決斷，對耶律乙辛誣陷她的清白，發出了憤怒的抗議。其詩悲慨激烈，云：

嗟薄祜兮多幸，羌作儷兮皇家。
承昊穹兮下覆，近日月兮分華。
托後鈞兮凝位，忽前星兮啓耀。
雖釁累兮黃床，庶無罪兮宗廟。
欲貫魚兮上進，乘陽德兮天飛。
豈禍生兮無朕，蒙穢惡兮宮闈。
將剖心兮自陳，冀回照兮白日。
寧庶女兮多慚，遏飛霜兮下擊。
顧子女兮哀頓，對左右兮摧傷。
共西曜兮將墜，忽吾去兮椒房。
呼天地兮慘悴，恨今古兮安極。
知我生兮必死，又焉愛兮旦夕。

蕭皇后死時只有三十六歲。耶律洪基恨猶未消，命裸其屍，以草席裹送回家。她死得如此之慘，正應了父親當年說她先貴後悲的預言。

蕭皇后之死，給了耶律浚以強烈的刺激。他失聲痛哭，大罵耶律乙辛，聲稱此仇不報，誓不爲人。耶律乙辛、張孝傑、蕭十三等老謀深算，根本不把勢孤力單的太子放在眼裡。他們在蕭皇后死後，諂媚蠱惑，慫恿耶律洪基冊立駙馬都尉蕭抹霞之妹為皇后。由此，耶律乙辛封魏王，官拜太師；張孝傑則升為丞相，賜姓耶律，賜名仁傑。這二人狼狽為奸，把持朝政，把個耶律洪基騙得糊里糊塗。不久，他們又策劃陰謀，誣告耶律濬謀反。耶律洪基昏瞶疑忌，竟信以為真，命將太子幽禁，派人審問。問案人都是耶律乙辛、張孝傑的黨徒，結果可想而知。

耶律洪基不問青紅皀白，宣布廢太子為庶人，囚於上京。耶律濬抵上京不久，即被耶律乙辛的心腹蕭達魯毒殺，死年二十歲。

耶律濬留有一子，名耶律延禧，年僅四歲。耶律乙辛、張孝傑窮凶極惡，又欲除掉這個仇家苗裔，以絕隱患。幸虧耶律洪基次女齊國公主膽大心細，極力保護耶律延禧，並向父親揭露耶律乙辛、張孝傑等人的罪行。耶律洪基最後恍然大悟，明白自己寵信多年的「忠臣」，原來是頭頂長瘡、腳底流膿——壞透了的奸臣。他下令逮捕耶律乙辛，耶律乙辛畏罪自殺。繼逮捕其黨羽，追查盤問，眞相大白，蕭皇后和太子皆冤屈慘死。這時，耶律洪基不追究自己的責任，只痛惜錯信奸佞，殺妻廢子，造成終身遺恨。作為「補償」，他追諡蕭觀音為懿德皇后，追贈耶律濬為昭懷太子，封耶律延禧為皇太孫，將後來冊立的蕭皇后降為惠妃。

耶律洪基在追悔中又當十年皇帝，於壽昌六年（西元一一〇〇年）死去。耶律延禧承襲皇位，是為遼天祚帝。天祚帝追求享樂，荒廢政務，遼朝二百年的江山就斷送在他的手裡。

金熙宗裴滿皇后

性悍而妒，懷有野心

北宋末年，聚居於東北地區的女眞族發展強大起來。西元一一一五年，首領完顏阿骨打稱帝，建立金朝，定都會寧府（今黑龍江阿城南）。西元一一三五年，阿骨打之孫完顏亶（亶，讀作丹）成爲金朝第三個皇帝，是爲金熙宗。《金史・后妃傳》載：「金代，后不娶庶族，甥舅之家有周姬、齊姜之儀。國初諸妃皆無位號，熙宗始有貴妃、賢妃、德妃之號。」金代的后妃從無位號到有位號，顯然是受了中原文化的影響。

完顏亶的皇后裴滿氏，曾被封爲「慈明恭孝順德皇后」，名號雖美，然其性悍而妒，且有政治野心。完顏亶二十四歲時，她生皇子濟安。完顏亶大喜過望，又是大赦，又是祭祀，立即立濟安爲皇太子。誰知濟安短命，不滿一歲就夭折了。裴滿皇后傷心之餘，轄制完顏亶後宮變本加厲，凡嬪妃有懷孕者，統統加以暗害，以致皇帝久無繼嗣。

完顏亶即位之初，一批貴族勛臣如宗翰（粘罕）、宗幹、宗弼（兀術）等都健在。他們相繼秉政，處理決斷大事，「廟算制勝，齊國（金朝扶植的傀儡政權）就廢，宋人請臣，吏清政簡，百姓樂業」。完顏亶顯得清閒自在，無憂無慮。隨著宗翰、宗幹、宗弼等人先後亡故，冗繁的朝政對他來說，成了麻煩和負擔。裴滿皇后野心勃勃，趁機干預起朝政來。起初，她只是小干小預；時間長了，嘗到了權力的味道，竟大干大預，無所忌憚。普通的官員只要巴結、討好於她，往往能青雲直上，官至宰輔。完顏亶眼見皇后擅權，內心不快，「內不能平，因無聊，縱酒酗怒，手刃殺人」，上至皇族大臣，下至侍衛宮人，多有無辜被殺者，弄得人人恐懼。

遼王宗幹是金太祖阿骨打的長子。宗幹又有長子叫完顏亮，自視是皇家貴胄，覬覦皇位，培植私黨，逢迎裴滿皇后，逐漸官至太保、丞相。皇統九年（西元一一四九年），完顏亮二十七歲生日，完顏亶賜給他幾件生日禮物：一幅司馬光畫像、一條玉帶、一匹駿馬。他派近侍總管大興國前去致賀，頒贈賞賜。裴滿皇后得知此事，委託大興國附贈了幾件禮物。這本不算什麼大事，但完顏亶因對皇后不滿，積怨甚多，所以小題大做，認爲皇后贈禮，交通外臣，大逆不道，無端將大興國杖擊一頓，並命他到完顏亮家去，索回全部賜物。此舉使完顏亮驚疑不已，他立即與駙馬唐括辯、平章政事秉德等密謀亂逆之計。

完顏亶與裴滿皇后的矛盾更加尖銳。完顏亶之弟常勝，封胙王，其妃撒卯氏美麗而賢慧。完顏亶見過幾回，竟然愛上了她。常勝很不高興，禁止妻子再到宮裡去。完顏亶傷天害理，借故殺了常勝，強行將撒卯氏接到宮中，大加寵幸。撒卯氏得寵，裴滿皇后十分嫉妒。

她爲了自保，聯絡朝臣，向完顏亶施加壓力，要他棄逐撒卯氏。完顏亶不願意，欲廢裴滿皇后，立撒卯氏爲皇后。進而一不做二不休，乾脆派人殺了裴滿皇后及德妃烏古論氏、夾谷氏、張氏等，以撒卯氏承襲后位。

完顏亶大開殺戒，完顏亮等倍加驚恐。是年底，完顏亮、唐括辯、秉德串通宮廷衛士，一日夜間發動政變，殺死完顏亶。隨後，完顏亮登上皇位，是爲金廢帝。完顏亮爲了收買人心，宣布裴滿皇后無罪，追謚她爲悼皇后。金世宗完顏雍時，改謚爲悼平皇后。

金廢帝后妃

人人都有屈辱的血淚史

西元一一四九年，完顏亮殺死金熙宗完顏亶，自立爲帝。因爲他在位十三年後被降封爲海陵郡王，所以史家通常多稱他爲金廢帝海陵王。這是個奸詐、狠毒、荒淫、無恥的惡棍和淫棍，其貪淫好色、寡廉鮮恥，達到了令人難以想像的程度。《金史》評價說：「海陵智足以拒諫，言足以飾非。欲爲君則弒其君，欲伐國則弒其母，欲奪人之妻則使人殺其夫。三綱絕矣，何暇他論。至於屠滅宗族，翦刈忠良，婦姑姐妹盡人嬪御。……天下後世稱無道主以海陵爲首。」這並不過分。完顏亮的后妃，人人都有屈辱的血淚史。

完顏亮的皇后徒單氏，是太師斜也之女。天德二年（西元一一五〇年），先封爲惠妃，接著被立爲皇后。她是個老實厚道的女人，對丈夫的淫行表示過反對，但毫無作用，因而也就採取睜一隻眼閉一隻眼的態度，明哲保身，但求無過。她沒有什麼大罪惡，所以日後完顏亮被殺時，她被遣歸娘家居住，保住了性命。

完顏亮初即位，除皇后徒單氏外，還有三個娘子大氏、蕭氏、耶律氏。這三人以後分別被封爲元妃、宸妃、麗妃。接著，完顏亮通過選美，並接收金熙宗嬪妃以充實後宮，設諸妃十二人，昭儀至充媛九人，婕妤、美人、才人三人，殿直最下，其他不可舉數。

昭妃阿里虎，姓蒲察氏，駙馬都尉沒里野之女。初嫁阿虎迭，再嫁南家，二夫均死，寡居。阿里虎因有幾分姿色，被完顏亮看中，納入後宮，先封賢妃，再封昭妃。完顏亮喜新厭舊，沒幾天就將阿里虎冷落在一邊。她心情苦悶，以酒消愁，逐漸染上了酗酒的惡習。阿里虎初嫁時生有一女，名重節，長得如花似玉。完顏亮厭棄阿里虎，垂涎重節，略施小計，便將重節姦汙。阿里虎發現此事，把對完顏亮的仇恨發洩到女兒身上，又是打又是罵，並把她關了起來。完顏亮因此要殺阿里虎，幸虧徒單皇后率諸嬪妃求情，她才得以免死。阿里虎身強力壯，性欲壓抑，竟與侍女勝哥搞起同性戀來。她讓勝哥穿上男子衣服，號「假廝兒」，與之同吃同睡，如眞夫妻一般。廚婢三娘告發了這件事。阿里虎立即杖殺三娘，完顏亮則將阿里虎縊死。在封建皇宮，皇帝可以有千百個女人，而后妃與假想的男人相廝守，也是不允許的。

貴妃定哥，姓唐括氏，容貌美艷，已嫁崇義節度使烏帶爲妻。完顏亮與定哥小時候曾有過幽會，念念不忘，決定納她爲妃。他讓婢女貴哥捎話給定哥說：「自古天子多妻，女人不必一夫。你能殺夫從我嗎？」定哥聽後大爲驚恐，說：「小時候醜事，見不得人。如今兒子都長大成人，哪能這樣做呢？」完顏亮可不管這些，又讓貴哥傳話給她，威脅說：「你不忍殺夫，我就族滅你家。」定哥聽了這話，越發害怕，遂以兒子烏答補爲藉口，推托說：「兒子經常在他父親身邊，我無法下手。」完顏亮馬上下令，任命烏答補爲符寶祗候，非經允許不准回家。定哥見完顏亮步步緊逼，知道不殺夫不行，遂下狠心，殺死了烏帶。完顏亮知烏帶死，詐爲哀傷，一月後即納定哥爲娘子，進而封貴妃，口頭答應將來立她爲皇后。可是，完顏亮變寵甚多，沒幾天就又將定哥丟在腦後，絕口不提立后之事。定哥情知上當，非常傷心，一天獨居樓上，見完顏亮率領嬪妃從樓下經過，破口大罵皇帝無情無義。完顏亮充耳不聞，悠然而去。這個定哥過去曾與家奴閻乞兒私通，如今見完顏亮冷落自己，寂寞中又想起了舊日的情人。可是怎樣才能使閻乞兒進宮呢？經過苦思冥想，終於有了主意：命令侍從用一隻大木箱裝滿女人內衣，抬著入宮。把門人檢查很嚴，非要打開木箱搜看，結果發現全是女人的內衣。定哥派人責問把門人說：「我是皇帝妃子，貼身穿的內衣，你們故意玩視，這是爲什麼？我要奏明皇帝！」把門人嚇得連聲求饒，說：「死罪，死罪！以後再不敢了！」憑此計謀，定哥很快將閻乞兒裝入木箱抬進宮中。她讓他穿上婦人衣服，混雜在宮婢群中，以求一時之歡。不久，貴哥告發了這件事。完顏亮窮凶極惡，殘酷地將定哥和閻乞兒一起殺死。告密者貴哥，則被封爲莘國夫人。

定哥有個妹妹叫石哥，嫁秘書監蕭文爲妻。石哥容貌姣好，完顏亮欲納其進宮。可是她是有夫之婦，怎樣才能如願呢？完顏亮鬼點子很多，示意蕭文庶母按都瓜告訴蕭文，讓他休掉石哥，揚言「不然我將別有所行」。按都瓜奉旨而行，對蕭文說：「皇上說的『別有所行』，明明是要殺你。你豈能因一妻而遭殺身之禍？」蕭文懾於皇帝的威勢，不敢不從，與石哥抱頭痛哭，生死訣別。完顏亮遂納石哥入宮。更可惡者，完顏亮有時在內宮與石哥等飲宴，還把蕭文召進宮去，大談淫穢之事，取笑蕭文，自以爲樂。

柔妃彌勒，姓耶律氏，禮部侍郎蕭拱的妻妹。蕭拱帶妻妹外出，被完顏亮發現，非要納她入宮爲妃。蕭拱之父蕭仲恭深知完顏亮的奸詐，見彌勒長相不像個處女，說：「皇上一定懷疑我兒而殺之。」彌勒入宮，經驗證，果非處女，即被遣出。完顏亮以爲是蕭拱破了她的身子，心生疑惑，無端地殺了蕭拱。彌勒出宮數月，完顏亮卻又將她召回，封爲充媛。蕭拱妻擇特懶年輕守寡，完顏亮將她嫁給石哥原夫蕭文。接著，完顏亮詐以彌勒的名義，召擇特懶入宮，將她姦汙。完顏亮這個色狼，被他糟蹋的婦女不計其數！

完顏亮厚顏無恥，爲其宣洩獸欲，全無倫常觀念，兄嫂弟媳，堂姐族妹，侄女甥女，只要他喜愛，一概納入後宮爲妃，恣意姦淫。宗望之女什古、宗弼之女蒲剌和習撚、宗弼之女師姑兒、宗本之女沙里古眞和餘都、宗盤的孫女重節等，都是他的從姐妹或再從姐妹。完顏亮喪倫敗德，將她們統統納入嬪妃的行列。完顏亮姐姐慶宜公主嫁阿虎迭，生女叉察。叉察嫁秉德之弟特里爲妻。秉德、特里被殺，完顏亮看上外甥女叉察，意欲納之。他的生母大氏時封皇太后，出面阻擋說：「你是她的舅舅，舅舅如同父親，無論如何也不能納叉察爲妃。」此後，叉察改嫁乙剌補。完顏亮淫心不死，逼使乙剌補休妻，硬是將叉察納爲宮妃。叉察另與完顏守誠通姦，事發，完顏亮殺死完顏守誠。叉察對舅舅的暴行不滿，說話中流露出怨恨。完顏亮責問叉察說：「你敢爲奸夫被殺而罵我嗎？」隨即將她殺死。還有宗敏之妻阿懶，論輩份是完顏亮的叔母，也被納入宮中，封昭妃。爲了自己的淫欲，完顏亮只有一種禽獸的原始衝動，根本不知人間有羞恥事。

完顏亮縱淫無度。「每幸婦人，必使奏樂，撤其帷帳，或使人說淫穢語於其前」，「或妃嬪列坐，輒率意淫亂，使共觀。或令人效其形狀以爲笑」。完顏亮的後宮，沒有一塊淨土，那裡只是皇帝縱欲宣淫的淫樂場。

完顏亮的後宮粉黛如雲，群雌粥粥。爲防止美人佳麗產生分外之想或越軌行爲，他採取了嚴密的控制措施。規定宮中服役的宮監，遇見后妃宮女，必須低頭過胸，敢有抬頭偷看者，挖其眼珠；宮監不准單獨行動，四人一組，互相監視，並由一人執刀監護，行走不由路者斬之；日落以後禁止人行，敢有步下殿堂臺階者斬之；男女行走誤撞對方，先出聲者有賞，後出聲者死罪；鼓勵告發犯禁的人，告發者賞錢二百萬緡。后妃們生活在那樣的環境裡，沒有一點人身自由，形同人間地獄。

完顏亮荒淫無恥，惡貫滿盈。

泰和八年（西元一二〇八年），他狂傲地率兵攻伐南宋，企圖到江南去尋求更多的財富和美女。葛王完顏雍留守東京（今遼寧遼陽），趁機稱帝，宣布完顏亮罪狀，布告天下，將他廢爲海陵王。神武軍都總管完顏宜於軍中發動兵變，殺死完顏亮，結束了他罪惡的一生。他的后妃跟著遭殃，幾乎全部被殺死。

李師兒

後宮是非事，一筆糊塗帳

西元一一八九年，金世宗完顏雍死，其孫完顏璟繼位，是為金章宗。完顏璟在位二十年，立過一個元妃李師兒。

李師兒出身微賤。父親李湘、母親王盼兒因獲罪，女兒被沒入掖庭當宮女。當時宮女都要學習文字禮法，由教師負責授課。宮規規定，執教者不能直面宮女，中間要用青色紗帳隔開，老師在紗帳外，宮女在紗帳內，宮女有不認識的字和不明白的義，只能隔紗帳提問，老師也只能隔紗帳解答。李師兒也參加了學習，由於她聰明伶俐，聲音清亮，在老師心中留下了深刻的印象。一天，完顏璟問老師，宮女中誰學得最好。老師回答說，數那個聲音最清亮的人。完顏璟據此認識了李師兒。站在一邊的宦官梁道趁機向皇帝獻媚，稱譽李師兒長相美、文才好，慫恿納她為妃。完顏璟喜愛詞曲文學，梁道的話正中下懷。李師兒因此成為皇帝的妃子。李師兒，「性慧黠，能作字，知文義，尤善伺候顏色，迎合旨意，遂大愛幸」。

明昌四年（西元一一九三年），她被封為昭容，次年進封為淑妃。一人得寵，全家榮顯。李師兒的父親、哥哥、弟弟俱有封贈，成了京城裡的頭面人物。

完顏璟即位時，嫡妻蒲察氏已死，中宮皇后位置一直虛懸。完顏璟寵幸李師兒，有意立她為皇后。可是金朝故事，只允許徒單、唐括、蒲察、拏懶、僕散、紇石烈、烏林荅、烏古論諸部和皇家聯姻，這些部族的女子，才有資格充當皇后。

完顏璟想立李師兒，眾大臣群起反對，理由是李師兒出身微賤，為后不合祖制。完顏璟不願為一個女人激起眾怒，所以只得作罷，改立李師兒為元妃。這是一個特殊的元妃，勢位烜赫，與皇后無異。

完顏璟嬪妃很多，所生兒子均短命，或數月，或二三歲，皆夭折。為此，完顏璟興師動眾，祀太廟，祭山陵，祈求上天賜給子嗣。

泰和二年（西元一二〇二年），李師兒還眞的為他生了個兒子，取名完顏忒隣。完顏璟異常興奮，兒子剛滿月，他就封他為葛王；兒子滿三月，他又敕放僧道度牒三千份，設醮於玄眞觀，為之祈福。誰知完顏忒隣長至兩歲，又死了。完顏璟的希望再次落了空。

完顏璟盼望兒子盼得發了瘋。泰和八年（西元一二〇八年），他患了重病，病中聽說侍妾賈氏和范氏俱有了身孕，不禁流露出欣喜之情。他知道自己將不久於人世，不能親眼看到親生的兒子，便著手安排後事，決定傳位於皇叔完顏雍之子完顏永濟，特地遺囑說：「朕之內人，現有娠者兩位。如所生一男，當立為儲君；如所生二男，當擇可立者立之。」

完顏璟在沒有兒子的絕望中死去。完顏永濟繼位，是爲金衛紹王。完顏永濟記著完顏璟的遺囑，等著賈氏、范氏分娩。可是產期早過，賈氏、范氏沒有分娩的跡象。經調查，方知那是元妃李師兒搞的鬼，賈氏和范氏根本就沒有懷孕。原來，李師兒在親生兒子完顏忒隣死後，便與宦官李新喜密議，欲令宮人僞稱懷孕，然後從外間取個嬰兒冒充皇嗣。適値賈氏有病嘔吐，李師兒和其母王盼兒、李新喜等串通鼓噪，聲稱賈氏有了身孕。他們計劃，待賈氏產期到時，便由李新喜從宮外取一嬰兒，佯稱爲賈氏所生，保證出現不了破綻。然而，完顏璟的早逝打亂了他們的計劃，冒充皇嗣的惡作劇暴露在光天化日之下。至於范氏懷孕倒確有其事，不過經太醫診斷，她因服藥過多，胎兒早死腹中。再經調查，元妃李師兒還曾作「巫蠱」，詛咒皇帝，致絕皇嗣。這是一件震動天下的大案。結果，李師兒、賈氏被賜死，王盼兒、李新喜被處以極刑，范氏自請削髮爲尼，相關的人被流放邊地。

此案已經結束。不料五年以後，金宣宗完顏珣登基，又以「曖昧無據」爲由，宣布這是一件冤案，死者勿論，活者流放的赦免還家。封建後宮是非事，眞是一筆糊塗帳！

弘吉剌孛爾台

婚後曾作他人妻的皇后

西元十三世紀初，中國北方蒙古孛兒只斤部族首領鐵木眞，以「一代天驕」的雄姿，憑武力統一了蒙古各主要部落。西元一二〇六年，各部落首領在斡難河（今蒙古鄂嫩河）畔舉行忽思勒台（即首領會議），擁立鐵木眞爲大汗，號稱成吉思汗。「成吉思」，乃蒙古語，含剛強勇敢，最尊最大的意思；「汗」，相當於皇帝。蒙古後來改稱元朝，成吉思汗被尊爲元太祖。

「元初，因其國俗，不娶庶姓，非此族也，不居嫡選」。成吉思汗先後娶過近四十個妻子，她們皆是蒙古貴族的女子，沒有「庶姓」。嫡妻名孛兒台，一名旭眞，是弘吉剌部貴族特薛禪之女。她當初嫁給成吉思汗的時候，成吉思汗尚未自立，只是個到處流浪的牧民而已。她給成吉思汗的母親敬獻了珍貴的禮物：一件黑貂裘，毛質輕柔，光澤烏亮，價値千金。成吉思汗爲了出人頭地，有心結交克烈部首領王罕。可是王罕貪利，與之結交很不容易。成吉思汗於是想到了那件黑貂裘，決意用它作爲資本，換取王罕的支持。他將自己的心思告訴母親和妻子，徵求她們的意見。孛兒台雖然不願將家中唯一的珍物送給外人，但爲了支持丈夫的事業，還是忍痛割愛，欣然同意將黑貂裘送給王罕。王罕接收了成吉思汗的禮物，沒有理由拒絕他提出的要求，處處給他幫忙。成吉思汗由此發端，開始創建自己的事業。

孛兒台長得美貌端莊，惹人疼愛。在成吉思汗結交王罕的第二年，蔑兒乞部首領脫黑脫阿率兵伏擊成吉思汗。成吉思汗敗逃深山，孛兒台隻身被俘。脫黑脫阿不由分說，立即將她賜給自己的弟弟赤勒格兒爲妻。孛兒台雖不願意，但也沒有辦法。不久，成吉思汗依靠王罕等人的幫助，殺死了脫黑脫阿，奪回了嬌妻。這時，孛兒台已經懷孕，回家途中生了兒子朮赤。朮赤是成吉思汗的長子，但是後來沒能繼承父親的汗位。爲什麼？原因就在於他實是赤勒格兒之子，他的兄弟們皆罵他爲「雜種」。

孛兒台此後還生了三個兒子：察合台，窩闊台、拖雷。他們長大後，英武驍勇，能征慣戰，都是成吉思汗的得力幫手。西元一二一八—一二二三年間，成吉思汗首次西征，攻占了中亞細亞和南俄羅斯草原。他把被征服的地區分封給朮赤、察合台、窩闊台，建立了一個以和林（今蒙古人民共和國烏蘭巴托西南）爲中心，地跨歐亞兩洲的蒙古大汗國。

孛兒台相夫教子，深明事理，爲成吉思汗開國創業做出了重要貢獻。她也爲父親特薛禪和兄弟按陳爭得了榮譽，他們皆封王爵，統領部族。成吉思汗專門頒過詔令，規定特薛禪家族生女為后，生男尚公主，世世不絕。

孛兒台生前作為皇后，統領成吉思汗的第一斡耳朵（宮帳）；死後被尊謚為光獻翼聖皇后，冊文稱讚她說：「尊祖宗，致誠孝，實王政之攸關；法天地，建鴻名，亦母儀之克稱。……宅心淵靜，稟德柔嘉」。

成吉思汗一生，戎馬倥傯，經歷非凡，除了孛兒台皇后外，還有忽蘭皇后、也速皇后、也速干皇后、歧國公主皇后，分領第二、三、四、五斡耳朵。每個斡耳朵中，有一位皇后，另有嬪妃多人，形成了幾個龐大的后妃群。饒有意味的是這四個斡耳朵的皇后，都是來自成吉思汗的敵部或敵國。如忽蘭皇后原是乃蠻部的美女，也速皇后和也速干皇后原是塔塔兒部的兩姐妹，歧國公主皇后則是金國的公主。成吉思汗用火與箭征服了她們所在的部族和國家，她們或作為俘虜，或作為「貢物」，被成吉思汗收納，眞是「英雄美人，相得益彰」。

乃馬眞脫列哥那

具有強烈的權力欲和報復心

西元一二二七年，元太祖成吉思汗在征伐西夏途中，病死於六盤山下。汗位空缺，由皇子拖雷監國。兩年後，經過忽思勒台的推選，成吉思汗的第三子窩闊台成爲新的大汗，是爲元太宗。

元太宗爲人莊嚴、堅定、公正，老成持重而又寬宏大量。他即位後，夙興夜寐，宵旰憂勤，很快消滅了金朝，一時政通人和，國家興旺。接著他便開始尋歡作樂，陶醉於聲色犬馬，變得飄飄然起來。

元太宗的后妃比成吉思汗的還要多，總數約有六七十人。這裡著重說他的第二個皇后乃馬眞氏脫列哥那。因爲這位皇后極度貪婪權勢，曾一度臨朝稱制，對元朝社會產生過一定的影響。

脫列哥那是怎樣成爲元太宗妻子的？說法有二。一說，她原是篾兒乞惕部酋長的妻子，酋長被殺，被人搶掠送給了元太宗，元太宗便娶她爲妻。而在這以前，她的父親曾將她嫁給成吉思汗爲夫人。一說，她雖出身於篾兒乞惕部，但不是酋長的妻子，一次她與另外兩個婦女被孛兒只斤部俘獲，元太宗見其有幾分姿色，便施以暴力，強行娶她爲妻。元太宗承襲汗位，她便成了皇后。

脫列哥那爲元太宗生了五個兒子，長子名貴由。元太宗在位十三年，於西元一二四一年因酗酒過度而死。其時，貴由正隨成吉思汗的孫子拔都遠征俄羅斯和歐洲，山川綿邈，一時難歸。脫列哥那抓住這個機會，精心計謀，軟硬兼施，懷抱幼子失烈門，臨朝稱制。

脫列哥那是個權力欲和報復心極強的女人，一旦權勢在握，立即作威作福，處置那些與她有過宿嫌舊怨的朝臣。她重用一個叫法提瑪的女官，此人原是女奴，因狡黠多智、能言善辯，而得到脫列哥那的高度信任。起初，法提瑪只管傳遞奏章之類的瑣事，後來竟上下其手，頤指氣使地干預起朝政來。脫列哥那對法提瑪言聽計從，致使忠臣遭貶，佞臣顯要，元太宗所開創的「治平」景象蕩然無存。

脫列哥那進而企圖實行獨裁統治，兩個人成爲最大的障礙：一是宰相鎭海，一是財政大臣牙剌窪赤。她下令拘捕二人。可是鎭海、牙剌窪赤足智多謀，早有準備，一起跑到宗王闊端——脫列哥那兒子處尋求庇護。脫列哥那派出使臣向闊端要人。闊端以恪守「忠恕」爲由，拒絕交出鎭海和牙剌窪赤。他告訴母親說，鎭海和牙剌窪赤如果有罪，那麼忽思勒台會給他們以嚴厲的懲罰。

汗位虛懸，社稷無主，脫列哥那專權，激起了各支宗王的覬覦之心。成吉思汗的弟弟斡赤斤一馬當先，興師動武，前來搶奪汗位。西元一二四六年，貴由從前線歸來，斡赤斤不得不悄然退去。經過忽思勒台的推選，貴由成爲偌大蒙古帝國新的大汗，是爲元定宗。脫列哥那歸政於元定宗，數月後死去。死後謚曰昭慈皇后。元定宗只當了三年大汗，於西元一二四八年病死。「是歲大旱，河水盡涸，野草自焚，牛馬十死八九，人不聊生。……自壬寅（西元一二四二年）以來，法度不一，內外離心，而太宗之政衰矣」。說明脫列哥那和元定宗期間，沒有天時地利人和，元朝各個方面很不景氣。

弘吉剌察必

居安思危，勤儉樸素

元定宗貴由死後，蒙古帝國的汗位再次虛懸。海迷失皇后抱子垂簾聽政。兩年後，成吉思汗第四子拖雷之妻唆魯禾帖尼依靠拔都的支持，將自己撫孤長大的兒子蒙哥推上汗位，是爲元憲宗。元憲宗在位九年斃命，其第四子忽必烈戰勝諸兄弟，登上了大汗的寶座。他在位期間，將國都遷往燕京（今北京），改稱大都；改國號爲元，攻滅南宋，統一了中國。忽必烈，是爲元世祖。

元世祖的后妃數量可觀，共有四個斡耳朵。第二斡耳朵的察必皇后全力支持丈夫的事業，貢獻很大。察必皇后，弘吉剌氏，濟寧忠武王按陳之女。她於中統初年被立爲皇后，至元十二年（西元一二七五年）接受尊號，稱「貞懿昭聖順天睿文光應皇后」。這位皇后生性明敏，達於事機，「國家初政，左右匡正，當時與有力焉」。

察必皇后干預政事，方法巧妙，顧全丈夫的面子，往往只給一點暗示或旁敲側擊，便收得了很好的效果。元初，蒙古人不懂農業的重要，進占中原後，常將大片農田圈爲牧場。察必皇后反對這種做法。一天，幾名官員又提出建議，將京城近郊農田闢爲牧場。元世祖不假思索，滿口答應，讓繪地圖來見。這時，察必皇后走至皇帝跟前，故意責備漢族官員劉秉忠說：「你們漢人都很聰明，皇帝愛聽你們的奏言。既然如此，那你爲什麼不說話呢？假若農田都用來牧馬，士兵進駐，占地自立，那麼請問：大片農田還能歸於朝廷嗎？」經她提醒，元世祖恍然大悟，立即停止了改農田爲牧場的做法。

至元十三年（西元一二七六年），元攻南宋，取得節節勝利。元世祖大宴群臣，眾人興高采烈，唯獨察必皇后悶悶不樂。元世祖詢問說：「我今平定江南，此後再不用甲兵，眾人皆喜，你獨不樂，這是爲何？」察必皇后跪地回答說：「臣妾聽說，自古以來，沒有一個朝代能存在千年的。大宋不是滅亡了嗎？但願我們的子孫不要落到這一步，那就是萬幸了！」元世祖掠得南宋府庫無數珍寶異物，讓察必皇后前往參觀，看中的即可取走。她去粗粗地看了一下，什麼東西也沒有拿。元世祖問其原因。她說：「宋人貯蓄錢物，是留給兒孫們的，兒孫們守不住，而歸我大元，我實在不忍取其一物。」

事實表明，察必皇后善於思考，能夠居安思危，很有政治遠見。

察必皇后的生活也比較儉僕。一次，她從府庫領取一匹繒帛。元世祖批評說：「此軍國所需，非私家物，皇后怎能隨便支用？」她誠懇地接受了丈夫的批評，從此以後率領宮人勤習女工，就是舊弓弦也要收集起來，拆洗染色，紡線縫衣，其韌密程度可比綾綺。宣徽院有許多廢置的羊皮，她命人取來縫爲地毯，結實耐用。察必皇后勤儉樸素，給整個後宮做出了榜樣，所以宮中幾乎沒有什麼廢棄之物，凡物都有用場。

察必皇后在從事女工勞作中，還有兩項發明創造，很有意思。一是蒙古人戴的帽子，原無前檐。元世祖打獵，感到太陽射眼，光線眩目。察必皇后就在原帽的基礎上稍加改進，增縫了前檐，以擋陽光。元世祖戴後大喜，命爲樣式，廣泛推廣。後世的軍帽、太陽帽等，即由此演變而來。再一是她縫製了一種衣服，「前有裳無衽，後長倍於前，亦無領袖，綴以兩襻，名曰比甲，以便弓馬，時皆仿之」。這實際上就是後世的坎肩，無領無袖，穿來十分方便和輕捷。

察必皇后於至元十八年（西元一二八一年）去世。兩年後，元世祖又立了一位南必皇后。這時，元世祖已經六十八歲，年高體弱，諸多大事皆由南必皇后處理。元世祖晚年，南必皇后充當了他的參謀和助手。

伯岳吾卜魯罕
企圖稱制，慘敗致死

元世祖忽必烈在位三十一年，於西元一二九四年病死，享年八十歲。他的十個兒子都沒能當上皇帝，其孫子鐵穆耳意外地得到了傳國玉璽，榮登皇帝寶座，是爲元成宗。

元成宗共有三個皇后：卜魯罕、失憐答里、乞里吉忽帖尼。失憐答里早死，乞里吉忽帖尼事蹟不詳，所以卜魯罕皇后得以成爲本篇敘述的重點。

卜魯罕，伯岳吾氏，勛臣普化的孫女，駙馬脫黑忽思的女兒。元貞初年被立爲皇后，大德三年（西元一二九九年）接受冊寶。元成宗年齡不大，然其多病，晚年尤甚。因此，他基本上不理朝政，凡國家政事，內則決定於皇后，外則委任於宰相。卜魯罕皇后居中用事，信任相臣哈剌哈孫，「大德之政，人稱平允，皆后處決」。看來，她是個有才智有能力的女人。

元成宗患病期間，卜魯罕皇后垂簾聽政，倒也沒出什麼大事。誰知大德十一年（西元一三〇七年），元成宗突然命歸西天，皇太子德壽早死，元成宗死前又未指定接班人，因而皇位繼承出現危機。卜魯罕皇后與左丞相阿忽台密謀，急召元世祖之孫、安西王阿難答入京師，欲立他爲帝；右丞相哈賴哈孫認爲阿難答屬於旁支，不能繼承帝位，暗中派人迎接元世祖的重孫海山和愛育黎拔力八達入京師，欲立其爲帝。雙方劍拔弩張，大有一觸即發之勢。

安西王阿難答最早到達京師。卜魯罕皇后、阿忽台左相與之商量了兩步走的方案：第一步，奉卜魯罕臨朝稱制；第二步，立阿難答爲帝。然而哈剌哈孫右相從中作梗，收取了百司符印，封閉了國家府庫，隨後稱病居家，使國家中樞行政機構陷於癱瘓，成功而巧妙地遏止了卜魯罕、阿忽台的號令。

海山時在漠北，一時到不了京師。愛育黎拔力八達居懷州（今河南沁陽），聞訊直奔大都。大德十一年（西元一三〇七年）三月，卜魯罕、阿忽台、阿難答決定假裝爲愛育黎拔力八達慶賀生日，趁機舉事，擒殺愛育黎拔力八達。誰知謀事不周，機密洩露。哈剌哈孫遂與愛育黎拔力八達商量對策，決定先發制人。就在卜魯罕皇后等準備舉事的前兩天，愛育黎拔力八達親率衛士入宮，詐稱海山遣使到京，誘引卜魯罕、阿忽台、阿難答前來議事，出其不意地將他們全部抓獲，從而控制了大都的政局。愛育黎拔力八達將阿忽台處死，將卜魯罕、阿難答囚往上都（今內蒙古自治區閃電河北）。經海山等議定，廢卜魯罕皇后名號，賜死；阿難答亦賜死。接著，海山當了皇帝，是爲元武宗。一場以軍事實力爲後盾的大都政變，以卜魯罕皇后的慘敗致死而告結束。

奇氏

高麗女子，「老外」皇后

元朝諸帝中，在位時間最長的是順帝妥懽帖睦爾。他於西元一三三三年即位，西元一三七〇年死去，當了近三十七年皇帝。其間，西元一三六八年，明太祖朱元璋的明軍攻陷大都，標誌著元朝的滅亡。元順帝實際上是個亡國皇帝。

元順帝的皇后主要有三人：一是答納失里皇后，欽察氏，太平王燕鐵木兒之女。元統元年（西元一三三三年）被立爲皇后，次年接受冊寶，其冊文云：「雍肅惠慈，謙裕靜淑。乃祖乃父，夙堅翼亮之心；於國於家，實獲修齊之助。」評價很高。

元統三年（西元一三三五年），答納失里皇后之兄唐其勢犯了謀反罪，被殺頭；其弟塔刺海受到牽連，逃至後宮尋求姐姐庇護。答納失里念及手足之情，將弟弟藏了起來。事情敗露，她被趕出後宮。不久，丞相伯顏將她鴆殺。

二是伯顏忽都皇后，弘吉剌氏，毓德王孛羅帖木兒之女。至元三年（西元一三三七年）

被立爲皇后。此人「淑哲溫恭，齊莊貞一」，注重禮法，寬宏大度。一次，她隨皇帝出巡，宦官傳旨，說皇帝當天要到她的帳篷過夜。她爲皇帝的安全著想，說：「深更半夜，皇帝不可隨意走動。」宦官三次傳旨，她都予以辭絕。她作爲皇后，居坤德殿，終日正襟危坐，足不出門，目不斜視，而且具有節儉的美德，至正二十五年（西元一三六五年）去世時，所遺衣物大多破舊不堪。以致奇氏見了，大笑說：「正宮皇后，怎麼就穿這樣的衣服？」

三是完者忽都皇后，就是奇氏。奇氏，高麗（今朝鮮半島古國之一）人，姿色非常美麗。她的家人俱被高麗王誅殺，獨自跟隨宦官朴不花，逃亡至元朝大都，進了皇宮，先爲宮女，後事皇帝，性格穎黠，日見寵幸。答納失里皇后在世時，看不起這個「老外」，屢加侮辱。答納失里被鴆殺，元順帝有心立她爲皇后，無奈丞相伯顏等竭力反對，事情未果。後來，伯顏罷相，大臣沙剌班迎合皇帝心意，奏請立奇氏爲第二皇后，其地位僅次於伯顏忽都皇后。至元四年（西元一三三八年），她生了兒子愛猷識理達臘，受到元順帝的格外寵愛。

奇氏一心想當好皇后。爲此，她閱讀中國的《女孝經》和史書，熟悉歷代賢明皇后的事蹟，以爲效法。凡四方貢獻，或有珍味，她都先使人供奉於太廟，然後方敢自食。至正十三年（西元一三五三年），愛猷識理達臘被立爲太子。這更增強奇氏當好皇后的決心和信心。

至正十八年（西元一三五八年），京師大饑，死人無數。奇氏命官府開設粥廠，救濟窮苦百姓。同時自出金銀粟帛，命資政院使朴不花在城外修築墳墓，埋葬十八萬具死者遺骨，並建水陸大會，超度亡靈。其時，元順帝追求享樂，懈怠朝政。奇氏深以爲慮，曾與兒子愛猷識理達臘謀劃，想使元順帝內禪，然而得不到大臣們的支持，沒能成功。元順帝知道了這件事，赫然震怒，曾有兩個月不和奇氏見面。但奇氏的謀劃，畢竟是爲了江山社稷，並無個人企圖。元順帝這樣想，自然還是原諒了奇氏。

奇氏當了中國的皇后，一直不忘高麗王殺害她全家的血海深仇。至正二十三年（西元一三六三年），她對兒子說：「你呀，爲什麼不替娘報仇呢？」愛猷識理達臘年輕氣盛，在未經父皇許可的情況下，貿然發動了對高麗的戰爭。結果大敗而歸，一萬軍兵只剩下十七人回歸。這一魯莽的舉動，使奇氏感到羞愧和屈辱，杜門不出，自我反省，很長時間沒有笑容。

至正二十四年（西元一三六四年），毓德王孛羅帖木兒稱兵犯闕，襲據京師。愛猷識理達臘出奔冀寧（今山西太原），下令討伐。孛羅帖木兒大怒，唆使監察御史武起宗，奏言皇帝，稱奇氏內結太子，外撓國政，應當遷出後宮。元順帝未置可否，孛羅帖木兒則採強硬措施，將奇氏幽禁於總管府，並逼其交出皇后印綬，令寫書信，威脅愛猷識理達臘。孛羅帖木兒死後，奇氏還宮，召太子回京師，並傳旨宗王廓擴帖木兒以重兵擁護太子入城，意在提高太子的威望。但廓擴帖木兒至城外三十里，即遣散軍士，致使太子入城儀式冷清，大煞風景。

適逢伯顏忽都皇后去世。中書省奏言，奇氏宜正位中宮。元順帝對之心存芥蒂，並未立即答應。後來考慮她是太子的生母，還是同意立她爲完者忽都皇后，授予冊寶，改奇氏爲肅良合氏。三年後，明軍攻陷大都，奇氏隨元順帝北逃開平（今內蒙古多倫北石別蘇木），元朝滅亡。因此，奇氏實是元朝的末代皇后。

馬秀英

創業守成，賢明仁慈

西元一三六八年，當過農民和僧人的朱元璋稱帝，建立明朝，定都應天（今江蘇南京），建號洪武，是爲明太祖。他的嫡妻馬秀英被冊立爲皇后。

馬秀英，宿州（今安徽宿縣）人。父親馬公，名不可知；母親鄭媼，早就去世。馬公因殺了人，投奔好友郭子興，將女兒託付給郭子興撫養。馬公死後，郭子興及妻子張氏待馬秀英如親生女兒，馬秀英則認她們爲義父義母。後來，郭子興不滿元朝的民族壓迫和階級壓迫，毅然率領農民起義，成爲元帥。西元一三五二年，朱元璋投軍郭子興帳下，以善於出謀劃策和勇敢機智而得到信任和重用。郭子興和張氏見朱元璋氣度不凡，遂將義女嫁他爲妻。朱元璋由此身價大增，成爲郭子興麾下的傑出將領。

郭子興與朱元璋是兩種不同類型的人物。前者粗魯暴躁，嫉賢妒能，後者胸懷豁達，有勇有謀。他們翁婿相處有時親熱，有時疏遠，馬秀英居於中間，消嫌釋隙，充當了調解人的角色。一次，郭子興聽信讒言，懷疑朱元璋別有野心，關了他的禁閉，還不准給他送飯。馬秀英得知消息，非常著急，就在廚房偷了幾個滾熱的炊餅揣在懷裡，悄悄給丈夫送去。她剛出房門，迎面撞見張氏。張氏見她神色慌張，問其原因。馬秀英如實敘說了事情的原委，等把炊餅取出來時，胸前皮膚已被燙爛。張氏心疼馬秀英，馬上去勸郭子興，朱元璋這才被放了出來。當時，由於戰亂和災荒，農民起義軍中糧食缺乏。馬秀英一心想著丈夫，經常在房裡貯存些酒、肉等食品，供朱元璋回家時享用。而她卻緊衣縮食，過著半饑半飽的生活。她的這些做法，使朱元璋深受感動。朱元璋當了皇帝以後，常對群臣誇獎馬皇后的賢慧，說她可與唐太宗李世民的長孫皇后比美。馬皇后則回答說：「臣妾聞夫婦相保容易，群臣相保困難。陛下不忘臣妾與你共過貧賤，願你更不要忘記群臣與你共過患難。再說，臣妾哪能與長孫皇后相比呢？」

西元一三五五年，郭子興去世。朱元璋成為這支農民義軍的領袖。馬秀英跟隨丈夫，既是妻子，又是秘書和參謀。她性格仁慈，愛好書史，且有見識。朱元璋的筆記、書札，都由她保管，朱元璋一旦要看，總是隨要隨有，從不誤事。這年六月，朱元璋攻克長江南岸的太平城（今安徽太平），義軍將士的家屬尚在長江北岸，受到元軍的襲擊。為安定前方將士的軍心，馬秀英果斷指揮，組織將士的妻子，突破敵人的封鎖，順利渡過長江和義軍會合，從而使前方將士消除了後顧之憂。朱元璋掃蕩江南，戰無虛日。馬秀英親自為將士縫衣做鞋，以佐軍資。朱元璋抵禦陳友諒，她盡散所有金帛，犒勞將士，大大激發了將士們的戰鬥熱情。在戰火紛飛的日子裡，她告誡朱元璋說：「定天下以不殺人爲本。」朱元璋同意這一見解，盡力從嚴治軍，使他所領導的起義軍成爲元末起義軍中紀律最嚴明，戰鬥力最強的部隊。

明太祖當了皇帝以後，他領導的起義軍蛻化爲封建政權，他本人也蛻化爲封建政權的代表人物。權力是一種腐蝕劑。明太祖日益變得專橫殘暴、剛愎自用起來，動輒發怒，隨意殺人。馬皇后看到丈夫的變化，堅持正面勸諫，拯救了很多的無辜者。

參軍郭景祥鎮守和州（今安徽和縣），有人傳說他的兒子忤逆，犯有殺父未遂之罪。明太祖不問青紅皀白，下令將郭子斬首示眾。馬皇后聞訊，說：「郭景祥只有一個兒子，人言或有不實。殺了郭子，郭家可就絕了後嗣啦！」她請求丈夫刀下留人，查明情況再說。明太祖派人調查，發現傳說果然不實，從而避免了一起冤案。

將軍李文忠守嚴州（今浙江建德一帶），楊憲誣告他不法，陰謀叛變。明太祖聞言大怒，下令將李文忠從前線召回，予以嚴懲。馬皇后聽到消息，說：「嚴州地處前線，不宜隨意變動將帥。況且李文忠素賢，楊憲的話未必可信。」明太祖一想，皇后的話有理，馬上撤銷了命令。後來，李文忠在前線立了大功，證明他是忠誠清白的。

大學士宋濂，因爲孫子宋愼犯罪受到牽連，被捕下獄，按律當斬。馬皇后欽佩宋濂的才學，說：「老百姓家延請老師，尚且講究禮義，何況陛下貴爲皇帝？再說，宋濂一直在家中居住，孫子在京城犯罪，和他爺爺又有何相干？」明太祖沒有聽取馬皇后的意見，堅持要殺宋濂。當晚，馬皇后吃飯，既不飲酒，也不吃肉。明太祖感到奇怪，問其原因。馬皇后鄭重地說：「臣妾是為宋先生祈禱啊！」明太祖聽了，丟下碗筷，來去徘徊，次日下令赦免宋濂，安置於茂州（今四川北川一帶）。

明太祖建都應天，修築了堅固壯美的城垣。築城的耗費相當驚人。吳興富戶沈萬三為了討好皇帝，請求出資助築城垣的三分之一，還請出錢犒勞軍士。明太祖大怒，說：「匹夫犒勞天子之軍，亂民也，宜誅！」立即將沈萬三逮捕下獄。馬皇后不以為然，說：「國家法律，是要殺那些犯法者，殺守法之人則於國不祥。民富敵國，民自不祥。不祥於民，天將災之，何勞陛下誅之？」馬皇后的話言簡意深。明太祖不得不服，只好將沈萬三釋放，充軍雲南（今雲南），沒收其全部家產。

明太祖脾氣暴躁，一次曾怒責一個宮人。馬皇后跟著假裝發怒，命將宮人交付宮正司議罪。明太祖說：「這是為何？」馬皇后說：「帝王不以喜怒加刑賞。當陛下發怒的時候，懲罰宮人唯恐偏重；交付宮正司處理，他們自會斟酌，公平執法。」

馬皇后治理後宮，注重古訓。她從閱讀史書中知道，宋代多有賢德的皇后，因命宮中女史編了一本《宋代家法》，朝夕閱覽，並以其教育宮中諸女。有人說，宋代后妃過於仁厚。馬皇后駁斥說：「仁厚有什麼不對？難道苛薄還比仁厚好嗎？」她反對「絕仁棄義」的黃老之學，對自身和宮中諸女要求嚴格。她認為，「立綱陳紀，首嚴內教」，因命儒臣修撰了《女誡》，作為宮中諸女的言行準則。明太祖曾對翰林學士朱升說過一段話：「治天下者，正家爲先。正家之道，始於謹夫婦。后妃雖母儀天下，然不可干預政事。至於嬪嬙之屬，不過備職事、侍巾櫛罷了。恩寵過頭，必生驕恣，上下失序。歷代宮闈，政由內出，鮮不爲禍。唯明主能察於未然，一般人多麼所惑……」這無疑也反映了馬皇后的思想。爲了嚴防后妃干預政事和爲非作歹，明太祖和馬皇后特命工部製作一塊紅牌，鐵鑄幾條嚴厲的戒諭，懸於宮中醒目處。這些禁例震懾作用很大，「是以終明之代，宮壸（壸，讀作捆，內宮的代稱）肅清，論者謂其家法之善，超軼漢唐。」

馬皇后從不弄權亂政，但有些政事還是干預了的。一天，她問明太祖說：「現在天下民安乎？」明太祖回答說：「這不是你所宜問的。」

馬皇后說：「陛下爲天下之父，臣妾爲天下之母，子民安樂與否，爲何不能問呢？」這表現了她自覺干政的態度。一年大旱成災，她率領宮人吃素祈禱，並作麥飯野羹，讓眾人體會窮苦百姓的生活。明太祖命令官府賑恤窮人。她說：「事後賑恤，不如預先蓄積。」還說：「皇帝自身的享受應當少一點，注意給賢才以比較優厚的待遇。」一次，明太祖巡視太學回宮，馬皇后問那裡有多少生徒。明太祖回答說：「約有數千人吧。」

她感嘆地說：「人才眾矣！生徒有飯可吃，然而他們的妻子和兒女，誰供給糧食呢？」明太祖因此受到啓發，決定設立紅板倉，專門負責供糧給太學生的家屬。

馬皇后還常常利用各種機會，規勸明太祖愛惜人才。當明軍滅元、攻占大都以後，得到一塊稀世寶玉送達應天。馬皇后問明太祖說：「元有寶玉卻保不住，請問陛下，帝王應當何以爲寶呢？」明太祖心領神會，回答說：「朕明白皇后的意思，你是說賢才能人才算是眞正的寶貝。」馬皇后點頭，說：「誠如陛下所言。臣妾與陛下起貧賤，至今日。常怕驕縱生於奢侈，危亡起於細微，故願得賢才能人，共治天下。」又說：「法屢變必弊，法弊則奸生；民多擾必困，民困則亂生。」明太祖欣賞馬皇后的這些見識，說：「眞乃至理名言！」他特命女史記錄於書冊，以爲垂鑒。

明太祖貴爲皇帝，飲食非常講究，負責膳食的宮人常因所做飯菜不合他的口味，而遭殺身之禍。馬皇后爲使宮人免遭殺戮，凡皇帝飲食，皆躬自省視，自己承擔責任。她雖然身爲國母，然而生活上極其儉樸，衣服穿舊了，總是洗了穿，穿了洗，捨不得輕易丟棄。即使布頭之類，也要用來縫成衣服，賜給王妃和公主，使之知道蠶桑的艱難。她和明太祖的其他嬪妃友好相處，凡受寵幸而有子者，都能厚待，從不妒忌或陷害。而對宗族成員，卻約束嚴格，不准以權勢欺人。明太祖曾想尋訪馬氏宗族，封贈宮爵。馬皇后婉言謝道：「爵祿私外家，非法。」力辭而止。

洪武十五年（西元一三八二年）八月，馬皇后患病，日見嚴重。明太祖寢食不安，遍請名醫，爲之診治，群臣則請爲皇后祈福。馬皇后頭腦冷靜，說：「死生，命也，祈福何益？醫生怎能使死人復活呢？假若我服藥無效，千萬不要因爲我的緣故，而降罪於名醫。」

接著，她的病情急劇惡化，最後說：「願陛下求賢納諫，愼終如始，子孫皆賢，臣民得所而已。」說完去世，死年五十一歲。

馬皇后的一生，是盡力幫助丈夫創業和守成的一生，在各個方面充當了明太祖的「賢內助」。女史們感念她的業績，專門作了一首追思歌，曰：「我后聖慈，化行家幫。撫我育我，懷德難忘。懷德難忘，於萬斯年。毖彼下泉，悠悠蒼天。」這首歌雖有溢美之詞，但作爲國母的馬皇后，的確是値得人們懷念的。

明太祖除馬皇后外，另有許多嬪妃，如胡充妃、達定妃、郭寧妃、胡順妃、韓妃、余妃、楊妃、周妃、趙貴妃、李賢妃、劉惠妃、葛麗妃等。她們爲明太祖生育了二十六個兒子和十六個女兒。其中馬皇后所生第四子朱棣，後來當了皇帝，就是明成祖。

明成祖徐皇后

出生將門，具有軍事指揮才能

洪武三十一年（西元一三九八年），明太祖朱元璋駕崩，遺詔皇太孫朱允炆繼承皇位，是爲明惠帝。因爲他的年號爲建文，所以又稱建文帝。朱元璋的兒子都垂涎著皇帝的寶座，眼看著不起眼的侄兒朱允炆坐在那裡發號施令，自然不甘臣服。於是，朱元璋的第四子燕王朱棣打起了「靖難」的旗號，反叛朝廷。經過整整三年的殘殺，朱棣終於攻占了南京，取代朱允炆，做了明朝的第三個皇帝，是爲明成祖。

明成祖的皇后徐氏，是明朝開國元勛之一徐達的女兒，濠州（今安徽鳳縣）人。徐氏自幼婉約沉靜，喜愛讀書，人稱「女諸生」。明太祖聽說她很賢淑，就召來徐達，說：「我與你是布衣之交。古來君臣默契者，都結爲兒女親家。你的愛女，就嫁給我的兒子朱棣吧。」皇帝乃金口玉言，徐達豈有不允之理？於是，徐氏遂嫁朱棣爲妻。

朱棣於洪武三年（西元一三七〇年）封燕王，擁有重兵，鎮守北平（今北京）。洪武九年（西元一三七六年），徐氏被封爲燕王妃。馬皇后對與這個兒媳非常鍾愛，徐妃對婆婆的感情也很深厚。馬皇后死，徐妃在北平服喪三年，只吃素食，不沾葷腥。她對婆婆的遺言，謹記在心，背誦如流。而且，她還很有才幹，繼承父親的傳統，具有軍事指揮能力。當朱棣起兵「靖難」的時候，朝廷大將李景隆奉建文帝之命，趁機率五十萬兵包圍北平，企圖剿掉燕王的大本營。當時，居守北平的是朱棣的長子朱高熾，守城士兵只有一萬人。雙方力量懸殊，形勢十分緊張。朱高熾提出的備禦方略，都要稟告母親，經其同意後才付諸實施。在戰鬥緊張激烈的時刻，徐妃將城內婦女全部動員起來，發給武器，登城拒守，歷時數月，從而使北平安然無恙。

明成祖即位，徐妃被冊立爲皇后。徐皇后出身將門，親身經歷過戰亂，知道戰爭給百姓所造成的深重災難。所以，她提醒皇帝說：「南北每年戰爭，兵民病敝，宜與休息。」明成祖奪得帝位，對朱允炆朝的舊臣大開殺戒，手段極爲殘忍。徐皇后規勸皇帝說：「當世賢才，都是太祖皇帝留下的元老，陛下不宜以新舊劃線，誅殺舊臣。」並說：「帝堯施仁自親始。」敦促皇帝，應該實行仁政，不可濫殺無辜。

當初，徐皇后弟弟徐增壽與朱棣關係密切，充當了朱棣在朝廷中的密探，朱允炆有什麼動靜，他都密告朱棣。結果，事情敗露，朱允炆殺害了徐增壽。明成祖念念不忘小舅子的功勞，意欲贈以爵位。徐皇后表示反對。明成祖考慮再三，還是追封徐增壽爲定國公，並命其子徐景昌承襲公爵。徐皇后聞訊，搖頭說：「非妾志也。」

徐皇后一心仿效馬皇后，盡力在政治上爲明成祖出謀劃策，以利加強朝廷的統治。她生有三個兒子，除朱高熾被立爲太子外，還有朱高煦，封漢王；朱高燧，封趙王。朱高煦、朱高燧生性凶悍，多行不法之事，常有奪嫡之心。徐皇后深知這兩個兒子的秉性，屢次勸說明成祖要選擇正直的朝臣，置於他倆的左右，監視他倆的言行，以防不測。一天，她問明成祖說：「請問誰人可以幫助陛下治理國家？」明成祖回答說：「六卿掌理政事，翰林供職文務。」

於是，徐皇后把六卿、翰林們的夫人全部請入宮中，賜以冠服鈔幣，誠懇地說：「妻子侍奉丈夫，不僅僅是衣服、飲食而已，還要有其他方面的輔助。朋友之言，有從有違，夫婦之言，婉順易入。我旦夕侍奉皇帝，唯以生民爲念，願與你們共勉之。」她這是在做朝臣家屬的思想工作，敦促她們利用夫婦之言，影響丈夫，以忠心輔佐皇帝，唯以生民爲念。此外，徐皇后還擅長文字，曾編撰《內訓》二十篇和《勸善書》，頒行天下，教化宮人和百姓。

永樂五年（西元一四〇七年）七月，徐皇后得了重病。死前，她安排了兩件後事：一是勸導明成祖，要他愛惜黎民，廣求賢才，恩禮宗室，不要厚寵外戚；二是告訴太子朱高熾，過去北平城的婦女爲自己荷戈守城，抵禦李景隆，立有功勞，切不可忘記她們，要給予表彰和優恤。徐皇后死時四十六歲。皇后早逝，明成祖深感悲慟。他想聘立徐皇后的妹妹徐妙錦爲皇后。可是，徐妙錦以婦容不整爲由，婉言拒絕。明成祖十分懊喪，此後再沒有立皇后。

明成祖的嬪妃，史書記載的只有王貴妃和權貴妃二人。王貴妃，蘇州（今江蘇蘇州）人，性格溫和，品德賢慧。明成祖晚年脾氣暴躁，動輒發怒。幸虧有她曲為調解，自太子、諸王、公主以下，皆倚賴之。權賢妃，朝鮮人，由朝鮮王貢入明朝掖庭，而被明成祖納為妃。她姿質穠粹，善吹玉簫，深受明成祖的寵愛。權賢妃死於永樂八年（西元一四一〇年），王貴妃死於永樂十八年（西元一四二〇年），死後分別謚恭獻賢妃和昭獻貴妃。

明宣宗胡皇后和孫皇后

都未生子，命運迴異

西元一四二四年，明成祖朱棣駕崩。太子朱高熾繼位，是為明仁宗。明仁宗在位僅十個月就去世，太子朱瞻基繼位，是為明宣宗。

明宣宗所立的第一個皇后姓胡，名善祥，濟寧（今山東濟寧）人。永樂十五年（西元一四一七年）嫁皇太孫朱瞻基，她為皇太孫妃；朱瞻基成了太子，她為太子妃；朱瞻基當了皇帝，她被冊立為皇后。

明宣宗是個好色的皇帝，喜新厭舊。就在他冊立胡皇后的同時，又寵愛上了更年輕更漂亮的孫貴妃。孫貴妃，鄒平（今山東鄒平）人，十幾歲即被選入皇宮，後嫁朱瞻基為嬪。嬪比妃低一個檔次。朱瞻基即帝位，出於對孫嬪的偏愛，封為貴妃，並破例賜予金寶金冊，使其規格等同於皇后。

宣德三年（西元一四二八年），胡皇后和孫貴妃都還沒有生子。不過孫貴妃精明狡猾，私下收養了一個宮人之子，謊稱親生，取名朱祁鎮。明宣宗不知其中究竟，格外眷寵孫貴妃。他在胡皇后和孫貴妃二人之間反覆權衡，覺得前者古板老實，無子，有病；後者貌美多情，有子，健康。於是，他以「無子」這個堂而皇之的理由，逼令胡皇后上表辭位，而改立孫貴妃爲皇后。諸大臣如張輔、蹇義、夏原吉、楊士奇、楊榮等，竭力反對皇帝廢舊立新，可是明宣宗的意志無人能夠改變。孫貴妃知道皇帝立她爲皇后，心裡甜滋滋的，表面上卻假惺惺說：「胡皇后病好以後自會有子，我子怎敢先於皇后子啊？」經過一番程序，胡皇后廢，孫皇后立。

明宣宗生母張太后爲胡皇后打抱不平。她同情、憐憫胡皇后，常召胡皇后居清寧宮，婆媳二人說說體己話。宮內宴會，她安排座次，總是讓胡皇后坐在孫皇后的上席。對此，孫皇后憤憤不平，心甚怏怏。但因是張太后的安排，她也不好發作。胡皇后無過被廢，天下聞而憐之，一些指責皇帝喜新厭舊的話，不時傳到明宣宗的耳中。明宣宗確也有些後悔，曾掩飾說：「此朕少年事也。」這話實是他的自供狀，以「少年」爲藉口，等於承認做了一件荒唐事。

宣德十年（西元一四三五年），明宣宗駕崩。孫皇后收養的兒子朱祁鎮繼位，是爲明英宗。當初，明太祖朱元璋、明成祖朱棣死時，都有嬪妃爲之殉葬的先例。

明英宗爲明宣宗舉行葬禮，強令明宣宗生前寵幸過的何妃、趙妃、吳妃、焦妃、曹妃、徐妃、袁妃、諸妃、李妃等殉葬。殉葬制是奴隸社會、封建社會慘無人道的殺人制。后妃是皇帝的私有品，皇帝活著的時候肆意玩弄她們，死了還要將她們帶到陰間，眞是野蠻、殘酷透頂！更可恨的是明英宗虛情假意，還追贈殉葬的嬪妃以各種動聽的名號，發布冊文，胡說她們「慈委身而蹈義，隨龍馭以上賓，宜薦徽稱，用彰節行」。她們果眞是「委身而蹈義」嗎？純是騙人的鬼話！

明英宗時，尊孫皇后爲皇太后。正統七年（西元一四四二年），無辜被廢的胡皇后去世。正統十四年（西元一四四九年）發生「土木之變」，明英宗被蒙古瓦剌軍俘擄。其異母弟朱祁鈺承襲帝位，是爲明代宗。孫太后被尊爲上聖皇太后。次年，瓦剌軍放還朱祁鎭，明代宗將其囚禁於南宮。孫太后關心明英宗，數入省視，密謀復辟，天順元年（西元一四五七年），孫太后與武清侯石亨等策劃，發兵攻入南宮，放出明英宗，使其第二次當了皇帝。明代宗被廢爲郕王。明英宗感激孫太后，尊上徽號，稱聖烈慈壽皇太后。天順六年（西元一四六二年），孫太后死，謚曰孝恭懿憲慈仁莊烈齊天配聖章皇后，辭藻華美得嚇人。那麼，明英宗的生母到底是誰呢？《明史》明確地說：「人卒無知之者」。

明英宗周貴妃

活人同死人爭葬地

明英宗朱祁鎮當了兩次皇帝，在位共二十一年。他第一次當皇帝時只有九歲。正統七年（西元一四二二年）立錢氏爲皇后。錢皇后，海州（今江蘇連雲港西南）人，其宗族人少勢弱。明英宗曾想擴大錢氏宗族的勢力，遭到錢皇后的反對。所以，錢皇后家人和族人，既無人封官，又無人賜爵，這在中國后妃史上實不多見。明英宗被瓦剌軍俘擄後，錢皇后寢食不安，願出中宮所有資財以贖回皇帝。每夜，她總是號哭不已，疲倦了即臥睡於地，以致一條腿得了風濕，成了跛子。又因哭泣過度，以致一隻眼睛損壞，成了獨眼。瓦剌軍放還明英宗，明代宗將其囚禁於南宮，不准自由行動。錢皇后日夜陪伴著丈夫，曲爲慰解，使之度過了五年難熬的歲月。天順元年（西元一四五七年），由於孫太后的謀劃，明英宗得以復辟，第二次當了皇帝。

明宣宗胡皇后無過被廢，後來死去，葬禮草率。錢皇后深表同情。她對明英宗說：「胡皇后賢而無罪，本不當廢。她死的時候，人畏孫太后，殮葬皆不如禮，這不公平。」她勸皇帝恢復胡皇后的名號。明英宗接受了皇后的意見，尊謚胡皇后爲恭讓誠順康穆靜慈章皇后，並爲之修建了陵墓。

朱祁鎭第二次當皇帝，又封了個周貴妃。周貴妃，昌平（今北京昌平）人，原先只是明英宗的宮嬪，只因其子朱見深被立爲太子，才得以成爲貴妃。錢皇后沒有兒子，且是跛腿、獨眼，但明英宗念她是患難之妻，在最困難的時候，是她關心自己和安慰自己，所以對她懷有一種感激、報答的心理。天順八年（西元一四六四年），明英宗駕崩，留下遺囑說：「錢皇后死後與朕同葬。」大學士李賢專門將這一遺囑書之於冊，記錄在案，以防備日後出現變故。

李賢的做法不是沒有道理的。太子朱見深登基，是爲明憲宗。明憲宗尊崇生母，怠慢錢皇后。他命朝臣議上兩宮徽號。宦官夏時討好皇帝和周貴妃，提議獨尊周貴妃爲皇太后。大學士李賢、彭時力爭，認爲兩宮應當並尊，這才爲錢皇后爭得了一個慈懿皇太后的徽號。周貴妃則被被尊爲皇太后。成化四年（西元一四六八年），錢太后死。周太后自私，違背明英宗的遺囑，不想將錢太后與明英宗合葬。明憲宗態度曖昧，把問題交給朝臣討論。多數人認爲，錢太后是明英宗的皇后，並有明英宗的的遺囑，合葬是定禮。明憲宗說：「朕豈不知？朕是考慮日後會妨礙母后的安葬呀！」大臣彭時、商輅、劉定之等從禮之所合、孝之所歸的角度，竭力勸諫皇帝遵從先帝的遺囑，另外九十九人均表贊成。明憲宗爲難地說：「你們說的都對。可是，朕多次請示母后，她沒表態。違禮不孝，違親也是不孝啊！」就這樣，今天議，明天議，事情難定。一天，突然傳出消息說，聖旨下，爲錢太后另擇葬地。百官聞訊，伏地哭於文華門外。明憲宗命眾人退去。百官說，皇帝不收回聖命，臣等不敢退去。明憲宗沒有辦法，只得請示周太后，採用一個折衷的方案：在明英宗裕陵（今北京十三陵）左右各挖一個墓穴，錢太后葬於左墓穴，右墓穴暫時空著，準備將來安葬周太后。

后妃們生前爭寵奪愛，演出了一幕幕的悲劇。這位周太后，活人竟同死人爭奪葬地，也算得上是一件奇聞。

明憲宗侍奉周太后至孝，五日一朝，宴享必親。凡她意所欲之事，明憲宗無不滿足，唯恐其不歡。成化二十三年（西元一四八七年），周太后得了個聖慈仁壽皇后的徽號。明孝宗朱祐樘時，她被尊爲太皇太后。直到弘治十七年（西元一五〇四年）才死去，葬於裕陵右墓穴。這樣，她的魂靈大概滿足了吧？

明代宗汪皇后

因多了一句嘴而被廢黜

正統十四年（西元一四四九年）發生了「土木之變」，堂堂的大明皇帝明英宗被瓦剌軍俘擄。消息傳到京師，皇宮裡亂成了一鍋粥。孫太后考慮國不可一日無君，於是決定立明英宗的同父異母弟弟朱祁鈺爲皇帝，是爲明代宗，一稱明景帝。

明代宗原封郕王，其妃爲汪氏。汪氏，順天（今北京）人，正統十年（西元一四四五年）被冊爲郕王妃。明代宗即帝位，她遂成爲皇后。汪皇后心腸好，有賢德，曾念京師郊野因戰亂而死人很多，屍骨暴露，目不忍睹，所以特令軍士予以掩埋，以慰亡靈。她沒生過兒子，只有兩個女兒。明代宗的寵妃杭氏卻生有兒子，叫朱見濟。明英宗被俘以前，已立長子朱見深爲太子。明代宗這時不認那個帳，於景泰三年（西元一四五二年）廢了侄兒朱見深，改立自己的兒子朱見濟爲太子。

汪皇后對這一做法持反對態度，多了一句嘴，說：「陛下已經取代了哥哥的皇位，現在再廢哥哥的兒子，未免過分了吧？」

誰知這句話卻給汪皇后帶來了災難。明代宗見皇后跟自己意見相悖，勃然大怒，立即頒詔將她廢黜，改立杭妃爲皇后。這一廢一立不要緊，竟然引出了以後的許多麻煩事。

景泰四年（西元一四五三年），僅僅當了一年太子的朱見濟突然死了。這使明代宗非常傷心。接著三年後，杭皇后又一命嗚呼，明代宗更加傷感。他心情鬱悶，得了重病。大臣于謙等勸他還是立朱見深爲太子。不料，就在這個時候，孫太后、石亨等發動了「奪門之變」，把明英宗重新扶上了皇位。明代宗被降爲郕王，不久被明英宗派人害死。

明代宗廢黜的汪皇后還活著。明英宗有心讓她爲明代宗殉葬。幸虧大臣李賢說她已被廢黜，且是寡母，實在可憐，這才使之得免於一死。朱見深再次被立爲太子，從別人口中得知，汪皇后之所以被廢，原因在於她多了一句嘴，反對明代宗廢自己而立朱見濟。他大爲感動，特別敬重汪皇后。他建議父皇明英宗，讓汪皇后遷於宮外王府居住，她宮中的所有器物都可以帶走。

汪皇后遷出皇宮，倒也自由自在。她與明英宗的周貴妃關係很好，歲時入宮，敘以家人禮，相得甚歡。可是不久又來了麻煩。當初，明英宗有一條玉玲瓏腰帶，十分貴重。一天，他想起了這條腰帶，詢問宦官劉恆。劉恆回答說：「腰帶應當在汪皇后那裡。」

明英宗立即派內侍前去索要。這條腰帶，明代宗在世時佩戴過，汪皇后留作紀念，捨不得交出。她將腰帶拋入井中藏了起來，發牢騷說：「我丈夫當了七年天子，還不堪消受這幾片玉石嗎？」

內侍如實將情況報告了明英宗。明英宗很不高興。這時，又有人說，汪皇后遷出皇宮時，所帶器物價以巨萬計。明英宗正欲整治一下弟媳，立即派人前去檢查，沒收了她的全部家當。此後，汪皇后過著清貧的生活，經明憲宗、明孝宗兩朝，到明武宗正德元年（西元一五〇六年）才去世。死後，明武宗命以皇妃的禮儀安葬，以皇后的禮儀祭祀。

明憲宗后妃

保姆得寵，怪事多多

封建王朝的後宮裡，什麼稀奇古怪的事情都有可能發生。明憲宗朱見深從當太子、被廢，到再當太子、進而當皇帝，後宮裡的怪事一件接著一件。

朱見深是明英宗朱祁鎮的長子，生母是那個同死人爭葬地的周貴妃。明英宗被瓦剌軍俘擄後，他因年幼，皇位被叔父明代宗朱祁鈺奪了去。明代宗自私自利，不僅自己奪了皇位，還欲傳位於親生兒子，所以就廢了朱見深的太子名號，改封沂王。按規定，被廢的太子不能住於皇宮，朱見深搬進了宮外的一座王府。不久明英宗被瓦剌軍放還，住南宮。周貴妃前往侍奉。五歲的朱見深無人照顧，周貴妃便委託宮女萬氏，既充當沂王府的管家，又充當朱見深的保姆。萬氏忠於職守，處處像母親一樣呵護著朱見深。數年後，明英宗復辟，朱見深再次被立爲太子，萬氏的地位和作用顯得更加重要了。

天順八年（西元一四六四年），明英宗駕崩，朱見深繼位，是爲明憲宗。這年，明憲宗十六歲，萬氏三十五歲。說來也怪，十六歲的皇帝竟然愛上了三十五歲的管家婆，他封她爲妃，二人熱熱火火，形影不離。

明憲宗即位後，即立了一位吳皇后。吳皇后對萬妃擅寵非常不滿，一次故意找碴，指責她的過錯，還將她處以杖刑。萬妃吃了苦頭，飛快地跑到皇帝跟前告狀，誣衊吳皇后怎麼刁蠻，怎麼凶狠。明憲宗完全偏向於萬妃，容不得皇后杖笞他的心上人，隨即頒詔，說：「皇后舉止輕佻，禮度率略，德不稱位，請命太后，著廢去皇后名號，遷居別宮。」就這樣，吳皇后從立到廢，前後不滿一個月時間。

吳皇后被廢，明憲宗又立了一位王皇后。王皇后吸取吳皇后的教訓，對萬妃寵冠後宮處之淡然，抱著睜一隻眼閉一隻眼、多一事不如少一事的態度，因此倒也平安無事。這時，主宰著後宮的核心人物是萬妃，其他嬪妃很難接近皇帝。明憲宗外出遊幸，萬妃必一身戎裝，爲之前驅，充當開路先鋒。成化二年（西元一四六六年），萬妃爲明憲宗生了第一個皇子。明憲宗欣喜萬分，立即封萬妃爲貴妃，並派遣宦官到各地名山祭祀，感謝皇天后土，感謝八方神靈。誰知，這個皇子沒有福分，不到一歲就死了。萬貴妃哭成了淚人，直說：「晦氣！晦氣！」

萬貴妃是個心腸狠毒的女人。她自己的兒子早夭，也容不得別的嬪妃有兒子。爲此，她與宦官錢能、覃勤、汪直、梁芳、韋興等人串通一氣，嚴密監視嬪妃和宮女，一旦發現懷孕者，馬上逼其墮胎，絕不留情。成化七年（西元一四七一年），柏賢妃爲明憲宗生了第二個皇子，取名朱祐極，被立爲太子。但是，忌恨成性的萬貴妃，很快就將太子害死，以致明憲宗長期沒有子嗣，內外深以爲憂。

明憲宗眞的沒有兒子嗎？不是。他已有了兒子，只是他不知道罷了。那是成化元年（西元一四六五年），明軍南征廣西平樂府賀縣（今廣西賀縣），俘擄了當地土司的女兒紀氏，送入掖庭，充當宮女。紀氏聰明機警，粗通文字，被授予女史之職，命守內藏，參與管理國庫。

成化五年（西元一四六九年），明憲宗偶然在內藏遇到紀氏，但見她年輕美貌，機敏可人。他一時高興，強召紀氏侍寢。這樣，紀氏便有了身孕。萬貴妃知道了這件事，恨得咬牙切齒，一面嚴密封鎖消息，不讓皇帝知道紀氏懷孕；一面指派宮女，逼令紀氏墮胎。紀氏在宮中廣有人緣，宮女們都願意幫助她。她們經過密商，編造了謊話，欺騙萬貴妃說：「紀氏並未懷孕，只是得了腹脹病而已。」萬貴妃粗心大意，沒有追問，只是將紀氏貶遷到西內安樂堂去服役。

成化六年（西元一四七〇年）七月，紀氏在安樂堂生了個兒子。由於害怕萬貴妃忌恨，所以秘而不宣。萬妃耳目眾多，嗅覺靈敏，還是偵察到了這件事。她十分惱怒，立命宦官張敏去溺死紀氏的兒子。張敏接受任務，很不樂意，說：「皇帝尙未有子，奈何棄之？」他出於一種正義感，同親近的宮監和宮女商量了一個辦法，大膽地把紀氏的兒子置於別室藏起來，哺以米粉、蜂蜜等食物；對萬貴妃則謊稱，小皇子已被溺死。被廢的吳皇后住在西內，知道其中隱情，常到安樂堂找紀氏說話，實際上是暗中照顧小皇子。明憲宗與萬貴妃只顧吃喝玩樂，全然不知這一秘密。

轉眼時過六年。成化十一年（西元一四七五年），明憲宗快三十歲了，還為沒有皇嗣而感嘆而憂傷。一天，他讓張敏給他梳頭，面對鏡子，嘆息說：「唉，可惜呀！老了老了還沒個兒子！」張敏環顧四周，除了好友懷恩以外，再無別人，壯著膽子跪地說：「死罪，死罪！萬歲已有龍子了！」明憲宗莫名其妙，說：「你胡說什麼呀？朕哪來的兒子？」張敏伏地磕頭，說：「奴才說了就得死，萬歲可得替皇子作主。」宦官懷恩也趴在地上磕頭，說：「張敏說的是。皇子現在西內，已經六歲了，一直藏著，不敢讓外人知道。」接著，他把事情的原委詳細解說了一遍。明憲宗聽了，且驚且喜，說：「是嗎？太好了！」他立刻命人前往西內，迎接皇子。

西內安樂堂頓時喧鬧起來。紀氏回憶起六年前的舊事，分外激動。她抱著私下長大的兒子，淚流滿面，又傷心又高興地說：「兒子，去吧！你這一去，娘肯定活不成了。但見穿著黃袍有鬍鬚的那個人，他就是你的父親。」紀氏為兒子披上一件小紅袍，眼看著他被帶上一輛小車而去。

紀氏的兒子進了皇宮，果真看到一個穿著黃袍有鬍鬚的人，撲向前去，喊了一聲：「爹爹！」明憲宗把兒子抱在膝上，撫視良久，悲喜淚下，說：「不錯，是朕的兒子，長得像朕！」他命禮部給兒子起了個名字，叫朱祐樘，並宣布立為太子。紀氏的際遇略有好轉，移居永壽宮，數次受到皇帝的召幸。

萬貴妃做夢也沒有想到，紀氏生了兒子，已經六歲，而且被立爲太子。她又氣又恨，口口聲聲大罵張敏等人欺騙了她，誤了她的大事。這時，她已四十六歲，唯恐紀氏得寵，搶了她的位置。一天，她精心設計，神不知鬼不覺地將紀氏害死。張敏深知萬貴妃的歹毒，亦呑金而死。紀氏生前對兒子說過：「你這一去，娘肯定活不成了。」果如其言。紀氏死後，得了個恭恪僖淑妃的虛號。張敏死後，連個虛號也沒有得到。

紀氏、張敏暴死，使年幼的朱祐樘再次處於危險的境地。他雖被立爲太子，但萬貴妃的魔爪隨時都會向他伸來，要他的小命。這時，他的祖母周太后站出來，對明憲宗說：「將兒子交給我！」這樣，朱祐樘就住進了仁壽宮，處於周太后的庇護之下。

萬貴妃決計不放過朱祐樘。一天，她召太子到自己的住處，企圖下毒，將他毒死。周太后鄭重地叮嚀朱祐樘，說：「你去，千萬不要吃她的任何食物。」所以，當萬貴妃招呼太子吃飯時，他說：「我吃過了，正飽著哩。」萬貴妃又讓太子喝點羹湯，他說：「不喝，我懷疑羹湯裡有毒。」萬貴妃破口大罵說：「你這個混帳東西，才幾歲，就敢這樣說話，日後還不吃掉老娘呀？」

萬貴妃氣得生了病，接著耍起了新的花招。她不再用毒死、墮胎的方法來對付明憲宗的嬪妃，而是鼓勵她們多生孩子，以便讓更多的皇子與朱祐樘爭奪太子的地位。這樣，明憲宗除了朱祐樘外，一下子又有了十一個兒子。

眨眼間來到成化二十年（西元一四八四），朱祐樘已十五歲，漸懂人事。萬貴妃及其親信宦官梁芳等人，考慮自身的利益，找出各種理由，鼓動明憲宗，另立太子。明憲宗經不起蠱惑，果眞想廢黜朱祐樘，改立興王朱祐杬（杬，讀作元）爲太子。朝臣們表示反對，宦官懷恩也頻頻進言，回憶太子小時候的情景。可是，明憲宗受到萬貴妃的影響，執意廢立太子。恰在這時，泰山發生地震，占卜者說這是上天發出的警告，泰山象徵著東宮，變易太子會帶來災難。明憲宗相當迷信，思量再三，這才沒敢輕易地廢立太子。朱祐樘靠著泰山地震，僥倖保住了太子的名號。

成化二十三年（西元一四八七年）春，萬貴妃得了暴病，一命嗚呼。明憲宗且哀且痛，輟朝七日，爲之治喪。這年八月，他也得了重病，命歸西天。朱祐樘承襲帝位，就是明孝宗。明孝宗尊明憲宗的王皇后爲皇太后；對已廢黜的吳皇后行以母后禮；追謚生母紀氏爲孝穆承聖純皇后。

明孝宗的生母紀氏生前吃了很多苦頭，沒享過一天清福。明孝宗想報答母親，特派宦官蔡用，到廣西賀縣去尋訪紀氏的家人。當地有兩兄弟姓李，一叫李父貴，一叫李祖旺，自稱是紀氏的兄弟。蔡用將二人帶至京師。明孝宗大喜，讓他倆改名爲紀貴、紀旺，授以錦衣衛官職，並賜第宅、金帛、田莊、奴婢，不可勝計。此外，還在賀縣修建了紀氏的祖塋，派有專人管護。

紀氏生前沒有留下關於家人的任何線索。當蔡用去廣西尋訪紀氏家人時，宦官郭鏞發現相好的宦官陸愷原姓李，也是廣西人。廣西方言，「紀」、「李」同音。郭鏞由此認定，陸愷原叫李愷，當然也叫紀愷，肯定和紀氏有關係。陸愷樂得將錯就錯，乾脆編出一套謊話，自稱是紀氏的哥哥，還讓姐夫韋父成到京城，冒充紀氏的姐夫。有司不敢怠慢，奉韋父成如上賓，改其所居住的坊里爲迎恩里。紀貴、紀旺知道了這件事，說：「別人都冒充姓紀，何況我們是眞紀氏？」兄弟二人挖空心思，精心編造了一個紀氏族譜，揭露陸愷和韋父成假冒皇親國戚，當予問罪。明孝宗命人審理此案，紀貴、紀旺和陸愷、韋父成當面對證。雙方大吵起來，臉紅脖粗，沒有結果。後來，明孝宗派人整治紀氏祖塋，當地姓李的紛紛講述他們都是紀氏的家人。至此眞相大白，紀貴、紀旺、陸愷原先姓李，由於方言的關係，被誤當成姓紀了。至於韋父成，更是不沾邊，風馬牛不相及。明孝宗自覺難堪，只得將假冒者及糊塗蟲從嚴懲處了事。

明憲宗朱見深還有個貴妃邵氏，昌化（今浙江臨安）人。家境貧窮，其父邵林走投無路，將她賣給了杭州的一個宦官，由宦官獻進皇宮。邵氏姿容美麗，且認識字，成化十二年（西元一四七六年）被明憲宗納爲宸妃，進而封爲貴妃。邵貴妃生有兒子朱祐杬，封興王。朱祐杬的兒子叫朱厚熜，日後當了皇帝，就是明世宗。明世宗登基時，邵貴妃已年邁體衰，雙目失明。她哆哆嗦嗦地撫摸著孫子皇帝，從頭頂撫摸到腳下，連聲說：「好！好！」內心裡充滿了喜悅和甜蜜。

明世宗后妃

驚天動地的謀殺案

西元一五二一－一五六六年，明世宗朱厚熜在位。這個皇帝愛好神仙之術，崇信道教，一心想長生不老，曾有二十多年不見朝臣，聽任奸相嚴嵩專權，造成兵備廢弛，財政拮据，倭寇擾掠東南沿海，蒙古俺答大舉入掠京畿，農民起義頻繁，社會危機加深，明朝的封建統治更加衰敗。

明世宗立過三個皇后。第一個陳氏，元城（今河北大名）人，立於嘉靖元年（西元一五二二年）。嘉靖七年（西元一五二八年），明世宗與陳皇后在一起閒話，順妃張氏和德妃方氏禮敬皇帝和皇后，沏茶伺候。明世宗看到二妃手臂雪白，手指細長，抓住不放，仔細觀賞，讚嘆說：「膚若凝脂，指若春葱，是此謂也！」陳皇后生性嫉妒，目睹這一情景，醋勁大發，嘴撇臉吊，摔掉茶碗，拂衣而去，給了皇帝一個難堪。明世宗歷來脾氣暴躁，見皇后這樣無禮，不由勃然大怒，一邊暴跳，一邊吼叫，見什麼摔什麼，見什麼砸什麼，摔砸了大殿裡的許多器物。陳皇后從來沒有經過這樣的場面，而且正懷著身孕，又驚又怕，竟嚇得流產而死。

陳皇后一死，順妃張氏接替了她的位置，成爲皇后。可是不知什麼原因，嘉靖十三年（西元一五三四年），明世宗突然將她廢了，改立德妃方氏爲皇后。

方皇后，江寧（今江蘇江寧）人。乍成皇后，引起了其他嬪妃的忌恨。明世宗即位以後，數年之間還沒有兒子。大學士張孚敬奏言說：「古者天子立后，並建六宮、三夫人、九嬪、二十七世婦、八十一御妻，所以子嗣廣也。陛下春秋鼎盛，宜博求淑女，爲子嗣計。」這個奏言，正中明世宗的下懷。他於是下令「博求淑女」，按照古制，建立了龐大的后妃隊伍。其中，方氏、鄭氏、王氏、閻氏、韋氏、盧氏、沉氏、杜氏、魏氏九人爲「九嬪」。方氏成爲皇后，沉氏、閻氏分別封爲宸妃、麗妃。九嬪之外，明世宗還特別寵愛一個年輕貌美的曹氏，破格封她爲端妃。

後宮群雌粥粥，嬪妃之間爭寵奪愛，矛盾重重。九嬪之一的王氏號稱寧嬪，嫉妒別人封后封妃，因嫉妒而生仇恨，竟然幹出一件驚天動地的大事來。

明世宗爲了長生不老，聽信方士的鬼話，曾下令挑選十歲的童女一百人和十四歲的童女三百人，摧殘這些幼女的身體，冶煉什麼丹藥。因此，廣大宮女對於這樣的皇帝深惡痛絕。寧嬪出於私人的怨恨，利用宮女們的情緒，謀求殺害皇帝。嘉靖二十一年（西元一五四二年），明世宗一天宿於曹端妃宮中。半夜時分，寧嬪指派宮女楊金英、張金蓮等十餘人，潛入那裡，伺機下手。明世宗正在熟睡，楊金英等用一條繩子套住皇帝的脖子，企圖將其勒死。可是她們沒有經驗，打的繩結是死結而非活結，所以怎麼使勁也不起作用。曹端妃被驚醒，嚇得大叫起來。宮女張金蓮害了怕，知事不就，慌忙跑到方皇后那裡告密。方皇后火速趕到現場，解開繩結，明世宗好久才蘇醒過來。

宮女謀殺皇帝，這是弒逆之罪。方皇后立即命令把所有宮女都投入大獄，嚴刑拷問。經審訊，方知是寧嬪王氏主謀，楊金英、張金蓮等負責執行。寧嬪還供認曹端妃事先預聞其謀。明世宗驚悸未消，不能說話。方皇后於是傳令，將曹端妃、王寧嬪、楊金英、張金蓮等磔於市，並誅其族屬，死者達數十人。

這場宮廷謀殺雖然失敗了，但也大殺了皇帝的威風，說明戒備森嚴的後宮中，也有天下怕，地不怕，敢把皇帝拉下馬的烈性女子在。這中間，曹端妃實是冤枉的，她並不知道王寧嬪等人的預謀。王寧嬪之所以嫁禍於她，完全是出於忌恨，誰讓她得寵來著？

經過這場宮廷謀殺案，明世宗嚇破了膽。他乾脆移居西苑的萬壽宮，整天與一幫道士鬼混，自封什麼「太上大羅天仙紫極長生聖智昭靈統三元證應玉虛總掌五雷大眞人玄都境萬壽帝君」。他幻想成仙，大量服用丹藥，竟至斃命，直到死前方有所省悟。

明穆宗李貴妃

教子嚴厲，罰帝長跪

明世宗朱厚熜奢望長生不老，天天服食丹藥，活了六十歲，還是死了。其子朱載垕（垕，讀作後）繼位，是爲明穆宗。

明穆宗初封裕王，娶過一位李妃，昌平（今不見昌平）人。她生了個兒子，於嘉靖三十七年（西元一五五八年）病死，後來被追謚她爲孝懿皇后。李妃死，朱載垕又納了一位陳妃，通州（今北京通縣）人。隆慶元年（一五六七），明穆宗登基，她被冊立爲皇后。陳皇后一無子，二多病，不受皇帝寵愛，乾脆移居別宮，去過清心寡欲的生活。唯一的樂趣是接受皇子朱翊鈞的問安。朱翊鈞每天到奉先殿拜見皇帝、生母後，必順路來看望這個有名無實的皇后。她聽到朱翊鈞的腳步聲，立即喜笑顏開，心裡感到滿足和充實。

隆慶元年，明穆宗在冊立陳皇后的同時，另封了一位宮女李氏爲貴妃，她就是朱翊鈞的母親。隆慶六年（西元一五七二年），明穆宗死，朱翊鈞立，是爲明神宗。明神宗尊陳皇后爲仁聖皇太后，尊生母李貴妃爲慈聖皇太后。明神宗即位時年僅十歲，生活需人照料，所以李太后陪著兒子住在乾清宮。

李太后一生中有一大優點：教子嚴厲。儘管明神宗貴爲皇帝，但在李太后的眼裡，他始終是自己的兒子。明神宗有時不好好讀書，李太后常罰其長跪，直跪到他承認錯誤爲止。明神宗聽了老師的講課，回宮必須向太后覆述一遍老師所講的內容，否則不准吃飯。明神宗年幼貪睡，早朝常常起不來。李太后特別精心，五更時必至兒子床前將他喚起，穿衣、洗臉、吃早點，然後把他扶上龍輦，這才算了事。一次，明神宗在西城宴會上飲酒，命內侍唱一支新歌。內侍記不住歌詞，一再唱錯。明神宗大怒，取劍欲殺之。左右勸解，方保住內侍的性命。死罪饒過，活罪難免。明神宗命人剪掉內侍的頭髮，以示懲罰。第二天，李太后知道了這件事，一面傳話給宰相張居正，讓他在朝會上具疏切諫；一面召來明神宗，罰其長跪，指責他的過錯，還令他草擬「罪己御札」。直到明神宗痛哭流涕，表示要堅決改錯爲止。皇帝乃天下之尊，像李太后這樣嚴格要求皇帝、體罰皇帝的，在歷史上實屬罕見。

萬曆六年（西元一五七八年），明神宗大婚，標誌著他有了獨立生活的能力。李太后鄭重叮囑宰相張居正說：「我不能早晚陪著皇帝。先生受先帝之託，願教誨皇帝，不負先帝與先生的友誼。」張居正謹遵李太后之囑，當國十年，實行改革，使明朝的國力有所增強，出現了一些新的氣象。

明神宗的長子朱常洛，乃是他與一宮女的私生子。因此，明神宗遲遲不立他爲太子。李太后問其原因。明神宗說：「他是都人子。」李太后聽後勃然大怒，斥責說：「都人子怎麼啦？你也是都人子！」明神宗嚇得惶恐伏地，久久不敢起立。當時，皇宮裡都把宮女稱作「都人」，李太后當初也屬「都人」之列，所以才怒斥明神宗鄙視都人子的思想。由於李太后的堅持，朱常洛得以被立為太子，後來當了一個月皇帝。

李太后晚年好佛，京師內外廣建佛寺，動輒費錢巨萬。張居正曾予勸止，但沒能奏效。萬曆年間，李太后獲得了一系列的尊號，如宣文皇后、明肅皇后、貞壽端獻皇后、恭喜皇后等。萬曆四十二年（西元一六一四年）去世，謚曰孝定貞純欽仁端肅弼天祚聖皇太后。

明神宗后妃

未婚先孕，梃擊太子

明神宗朱翊鈞是明朝在位時間最長的皇帝，達四十八年。史學家對他的評價是：「因循牽制，晏處深宮，綱紀廢弛，君臣否隔。於是小人好權趨利者馳騖追逐，……以致人主蓄疑，賢奸雜用，潰敗決裂，不可振救。故論者謂明之亡，實亡於神宗。」

萬曆六年（西元一五七八年），明神宗十六歲，立了個王皇后。王皇后性格端謹，仁慈孝順，沒有什麼突出的事蹟，只知她禮敬婆婆李太后，關心愛護太子朱常洛，不計較皇帝另有新寵等，所以安安穩穩地當了四十二年皇后，於萬曆四十八年（西元一六二〇年）去世。死後謚曰孝端皇后。

明神宗在冊立王皇后的同日，還封了一位劉昭妃。她在明熹宗朱由校、明思宗朱由檢朝算是個重要人物，住在慈寧宮，掌管皇太后的璽印，活了八十六歲，直到崇禎十五年（西元一六四二年）才去世。

明神宗的后妃中有意思的是王恭妃和鄭貴妃。王恭妃初爲慈寧宮的宮女，負責侍奉李太后。明神宗一次去慈寧宮拜謁母后，見其年輕貌美，喜而召幸，使得這位宮女未婚先孕。宮中制度，凡皇帝寵幸宮女，必有賞賜，另外，史官還要在皇帝的起居注裡記錄這件事，載明年月日及賜物等情況，以作日後的驗證。明神宗自私自利，只圖一時快活，不願承擔責任，召幸宮女以後，隱瞞事實眞相。而史官忠於職守，把皇帝的行爲如實地記了下來。

李太后發現王姓宮女肚子漸大，大爲詫異，以爲宮女偷情，懷了身孕，經過詢問，方知皇帝荒唐，背地裡做下醜事。李太后出身宮女，深知宮女的苦衷，反正正想早日抱上孫子，所以順水推舟地鼓勵宮女把孩子生下來。一天，李太后問明神宗說：「侍奉我的王姓宮女懷了孕，這是怎麼回事？」明神宗避而不答。李太后命人取來皇帝的起居注，嚴肅地說：「這上面記得清清楚楚，你就不用隱瞞了。我老了，還沒抱上孫子，心裡著急著哪！王姓宮女果眞懷個男孩，也是社稷之福。母以子貴，你怎能看不起人家，不管不問呢？」

明神宗羞羞答答，承認自己做過的事情，並正式宣布，封王姓宮女爲恭妃。

萬曆十年（西元一五八二年），王恭妃生下兒子，取名朱常洛，爲皇長子。

明神宗私幸王恭妃乃是一時的高興和衝動。他眞正寵愛的是鄭貴妃。萬曆十四年（西元一五八六年），鄭貴妃也生了兒子，取名朱常洵，爲皇三子。

沒有兒子盼兒子，兒子多了也麻煩。明神宗準備冊立太子，就出現了難以決斷的矛盾。根據嫡長繼承制，朱常洛應被立爲太子。但是，明神宗看不起王恭妃的出身，當然也就不想立她的兒子爲太子。鄭貴妃爲鞏固和提高自己的地位，大吹枕邊風，請立朱常洵爲太子。明神宗也有這個意向，所以當大臣們紛紛上書奏言立儲之事時，他概置不問，採取拖延的策略。直到萬曆二十九年（西元一五五〇年），大學士沈一貫等竭力主張立長不立幼，李太后也出面干涉，明神宗這才不得不立朱常洛爲太子。朱常洵等人，則被封王。

鄭貴妃對立朱常洛爲太子心懷忌恨。她除在皇帝跟前繼續吹風，詆毀朱常洛外，甚至陰謀殺害太子。那是萬曆四十三年（西元一六一五年），朱常洛正在東宮讀書，突然外邊闖進一個大漢，手持粗梃（木棍），擊倒門衛，直向朱常洛撲來。幸虧侍從們眼尖手快，奮力向前，抓住了那個大漢。經刑部幾次審訊，大漢供認，自己名叫張五，受鄭貴妃親信宦官龐保、劉成指使並引入宮中，任務就是殺害太子。事情鬧得很大，史稱「梃擊案」。最後還是鄭貴妃親自向朱常洛求情，透過皇帝出面，殺了張五、龐保、劉成，捨卒保車，才沒將鄭貴妃公開抖落出來。

萬曆四十八年（西元一六二〇年），明神宗駕崩，朱常洛當了皇帝，就是明光宗。這時，他的生母王恭妃（後來進封爲貴妃）已死，鄭貴妃對他則改變了手法。她一面向明光宗進獻了四名美女，一面又籠絡明光宗的寵姬李選侍，促使皇帝迷戀女色，以此摧垮他的身體。結果，明光宗只當了三十八天皇帝，服食所謂的仙丹而一命嗚呼。當時人稱，這完全是鄭貴妃搞的鬼。但查無實據，也奈何她不得。十年後，鄭貴妃病死。

明光宗明熹宗后妃

淚灑皇宮，血流皇宮

西元一六二〇年，明光宗朱常洛死後，長子朱由校繼位，是為明熹宗。明熹宗寵信宦官魏忠賢和淫婦客氏，導致兩朝后妃一個個被殘酷虐害，成為中國后妃史上至為悲慘的一頁。

魏忠賢原名李進忠，奸詐陰險，貪酒嗜賭，天生的地痞和無賴。一次賭錢輸了血本，走投無路，自做宮刑，進了皇宮當了宦官。因為師從宦官魏朝，所以改名叫魏忠賢。魏忠賢最初只負責明熹宗的膳食事宜，後來依靠明熹宗的乳母客氏，很快升為司禮秉筆太監，又兼掌東廠，專斷國政，大興冤獄，殺人無數。最後自稱「九千歲」，下有「五虎」、「五彪」、「十狗」等親信爪牙，從內閣六部至四方督撫，幾乎都是他的私黨。

客氏，定興（今河北定興）人。十八歲時入宮奶養皇孫朱由校，兩年後丈夫侯二病死，成了寡婦。明朝有個不成文的規定，把太監和宮女配成一對對假夫妻，名曰「對食」。客氏原先的「對食」是魏朝，同時以乳母身分勾引朱由校，穢亂宮闈。所以，朱由校即帝位以後，立即封客氏為奉聖夫人。

魏忠賢進了皇宮，意識到客氏的特殊地位，阿諛逢迎，巴結討好，因她而貴，扶搖直上。魏忠賢權勢不斷擴大，無恥地奪過了和客氏的「對食」權，轉手把恩師魏朝害死。

魏忠賢是無賴，客氏是淫婦，這一男一女勾結起來，操縱著明熹宗，擅作威福，宮廷內外，一片烏煙瘴氣。客氏以明熹宗「八母」之一自居，出入儀仗如同皇后。魏忠賢又以客氏的「對食」自居，宗族成員盡封高官，就連搖籃中的侄兒、從孫等，也被封為侯、伯，另加太子太保、少師等職銜。魏、客二人竊弄國柄，氣焰薰天，以致當時流傳著兩句歌謠說：「委鬼當頭坐，茄花遍地生。」「委鬼」指魏忠賢，「茄花」指客氏。他們在打擊、迫害忠臣良將的同時，還就把罪惡的魔爪伸向後宮，殘酷殺害明光宗和明熹宗的后妃。

明光宗當皇帝以前，娶過三個妃子：郭妃、王妃和劉妃，皆死於萬曆年間。其中，王妃生了朱由校，就是明熹宗；劉妃生了朱由檢，就是日後的明思宗。這三人，後來被分別追謚為孝元皇后、孝和皇后、孝純皇后。

明光宗當皇帝以後，未及冊立皇后，只封了三個嬪妃，即李康妃、李莊妃、趙選侍。其中李康妃是想當皇后的，以致落了個企圖垂簾聽政的嫌疑。明熹宗登基後，對此耿耿於懷，說：「察康妃行事，明欲要挾朕躬，垂簾聽政，侮慢凌虐，使朕晝夜涕泣。」因此，李康妃遭到軟禁，憂鬱而死。至於李莊妃和趙選侍，則是被魏忠賢和客氏害死的。

李莊妃仁慈忠厚，沉默寡言，最大的優點是嫉惡如仇，鄙視魏忠賢和客氏的醜行。正因爲如此，魏、客對她非常痛恨，「惡妃持正」，根本不把她當皇妃看待。李莊妃生就的倔脾氣，寧折不彎，凡事悶在心裡，久而成疾，不治身亡。

趙選侍姿色明艷，性格淑靜，深得明光宗的寵愛。明光宗沒來得及封她爲妃，卻賜給他許多珍玩。魏忠賢與客氏痛恨這個先帝之妃，假托聖旨，令其自殺。趙選侍臨死之前，將明光宗賜給她的珍玩，一件件地陳列在几案上，邊看邊哭，最後向西天佛家世界拜了幾拜，懸樑自盡。

魏忠賢、客氏害死了明光宗的嬪妃，轉過手來又虐害明熹宗的后妃，她們是張裕妃、李成妃、馮貴人和張皇后。

張裕妃性情剛烈，嘲笑和指責過魏忠賢和客氏的醜惡關係。魏、客視她爲對頭，假托聖旨，將她幽禁，不准吃飯和喝水。沒幾天，張裕妃餓得站不起身，抬不起頭。恰逢狂風暴雨，她懷著求生的欲望，艱難地爬到房簷下接飲雨水。終因身體過於虛弱，經雨水一激，慘死在房簷下。

李成妃與范慧妃關係密切。范慧妃曾生一子，早夭，因此失寵。李成妃一天侍寢，曾勸明熹宗改變對慧妃的態度，給他一些體貼和溫存。不想這些話被魏、客的耳目所竊聽，報告給了主子。魏、客因此大怒，又假托聖旨，將李成妃幽禁，不准吃飯和喝水。李成妃比較精明，早防著他們這一手，預先在禁所藏了些食物，因此半個多月得以不死。客氏不知什麼原因，只好將她斥爲宮人。

馮貴人只是由於反對魏忠賢掌握的東廠和錦衣衛，在宮中訓練兵器，破壞皇宮的寧靜，所以也被魏、客假托聖旨，置於死地。

最後輪到張皇后。張皇后，祥符（今河南開封）人，天啓元年（西元一六一二年）被冊立爲皇后。其父張國紀，因女顯貴，受封太康伯。張皇后聰明能幹，公道正派，多次在明熹宗跟前，揭發魏忠賢和客氏的罪行。她還曾當面痛斥客氏的爲人，聲稱若不改悔，必定嚴辦。面對張皇后的嚴正氣概，魏、客又恨又怕，因爲皇后畢竟是皇后，論地位論身分比他們高貴得多。經過密謀，魏、客決定對張皇后下手。他們先散布謠言，說張皇后不是張國紀的女兒，而是從馬路上撿來的孩子。明熹宗聽了謠言，幾乎迷惑，但最後證明張皇后確係張國紀的親生女兒，迷惑始除。魏、客一計不成，又生一計。

天啓三年（西元一六二三年），張皇后懷孕，魏、客私下把她身邊的侍女全部換成自己的親信。張皇后有讓人捻背以消除疲勞的習慣，魏、客面授機宜，讓親信重捻張皇后的腰部穴道，致使其流產，所幸者並未殃及性命。張皇后後來在挫折魏忠賢逆謀，促使明思宗登基上，出了力，立了功，因而被明思宗尊爲懿安皇后。崇禎十七年（西元一六四四年），李自成農民起義軍攻陷北京，張皇后自縊而死。

魏忠賢、客氏肆意虐害明光宗、明熹宗的后妃，心腸狠毒，手段殘忍。這從一個方面說明了后妃命運的可悲。皇帝、宦官，甚至像客氏那樣的淫婦，一朝權在手，便把令來行，后妃們任人宰割，淚灑皇宮，血流皇宮，活得窩囊，死得冤枉！

惡有惡報。魏忠賢與客氏到了明思宗朝，都得到報應，落了個可恥下場：魏忠賢被發配鳳陽（今安徽鳳陽）守皇陵，途中上吊自殺；客氏被抄家，發配浣衣局，在那裡被眾人用亂杖打死。

明思宗后妃

國亡家亡，血腥一幕

西元一六二七年，明熹宗病死。其弟朱由檢繼位，是爲明思宗。明思宗即位的第二年，李自成、張獻忠相繼舉起了造反的大旗，攻州掠縣，十多年後建立了農民革命政權。明思宗在位期間，終日惶恐不安。他的后妃跟著擔驚受怕，沒過幾天安心日子。明思宗皇后周氏，祖籍蘇州（今江蘇蘇州）人，徙居大興（今北京大興）。當明思宗爲信王時，明熹宗和張皇后爲皇弟選妃。但見周氏身體纖弱，心存疑慮。周氏卻說：「今雖瘦弱，後必長大。」明熹宗和張皇后見其出語不凡，遂選她爲信王妃。明思宗登基，冊立她爲皇后。

周皇后性格端嚴，說話謹慎，從不輕言國事。只有一次例外，那是李自成起義軍節節勝利、北京連連告警的時候，她告訴明思宗說：「吾南中尙有一家居。」明思宗說：「此話何意？」周皇后閉口不答。其實，她的意思是說，情況危急了，國家可以遷都，即遷到南方去，就像南宋那樣，以維持明朝的正統統治。

明思宗當時還寵愛兩個貴妃：一是田貴妃，一是袁貴妃。田貴妃因寵而驕，愛擺架勢。周皇后厭惡其人，很少跟她來往。一年春節，天氣甚寒，田貴妃按例拜謁皇后。宮人通報，周皇后遲遲不理，過了很長時間才升座，接受拜謁。其間，她板著臉，一句話也沒有說。接著，袁貴妃也來拜謁皇后。周皇后忙說：「快請！快請！」周皇后和袁貴妃有說有笑，親親熱熱，誰也沒理田貴妃，好像沒有這個人似的。

田貴妃受此冷落，心中懷恨，立刻跑到皇帝跟前，哭哭啼啼，訴說委屈。明思宗因此對周皇后產生不滿，認爲她做得過分。一天，明思宗在交泰殿責怪周皇后。周皇后不服。明思宗頓時生了氣，狠狠地推了周皇后一把。周皇后沒有思想準備，一屁股跌坐在地上，隨後起身，哭著跑回寢宮，幾天不進飲食。明思宗深以爲悔，命內侍賜給她一件貂皮衣服，並派人問候起居。這樣一來，周皇后反倒不好意思了，消氣進食，恢復如初。

不久，田貴妃犯了過失，被斥居啓祥宮，明思宗長期不予召幸。周皇后這時顯示出了肚量，一次趁觀花的機會，爲田貴妃求情。明思宗未置可否。周皇后立即派人，將田貴妃接回宮中。皇帝、皇后、貴妃三人見面，盡釋前嫌。

崇禎十七年（西元一六四四年）三月十八日，這是明王朝垂死掙扎的最後一天。大順王李自成的農民起義軍包圍了北京，連營紮寨，綿延數十里，並開始攻城，破在旦夕。明思宗喪魂落魄，將后妃和皇子召集在一起，流著淚說：「大勢去矣！」周皇后一邊磕頭一邊說：「妾事陛下十八年，陛下固執，難納忠言，致有今日。」此時此刻，明思宗所想的是讓后妃們趕快自盡，不然，落入起義軍之手，實在有損體面。他揮了揮手，說：「你們自裁吧！」周皇后摟過呆立著的三個兒子——太子朱慈烺（烺，讀作朗）、定王朱慈炯、永王朱慈炤，放聲大哭。她讓他們出城逃命，隨後在明思宗的催促下，自縊而死。

明思宗又命田貴妃、袁貴妃等自縊。田貴妃死了，袁貴妃卻因繩子斷了，一時未死。明思宗舉起長劍，凶狠地向袁貴妃的心窩刺去。袁貴妃慘叫一聲，倒地斃命，鮮血飛濺。明思宗又揮動長劍，連殺了幾個嬪妃，內殿裡到處是淒厲的呼喊和倒地的屍體……

當夜，明思宗在太監王承恩的陪同下，登上煤山（今北京景山），在壽皇亭旁邊一株樹上，自縊而死，時年三十三歲。明朝至此滅亡。

國亡家亡，血腥一幕。大凡亡國皇帝，在自己死前總要親眼看到后妃先自己而死。這反映了皇帝自私、狹隘、陰暗和狠毒的心理。

清太祖后妃
所生兒子個個英雄

當明朝後期封建統治日趨衰敗的時候，位於東北地區的滿族迅速強大起來。滿族的前身是女眞族，當時正處在奴隸制轉化時期。傑出首領愛新覺羅努爾哈赤適應女眞社會發展的趨勢，首先統一了女眞各部，並在統一過程中實行一系列封建化政策，創建了八旗制度，創制了滿文。西元一六一六年，奴爾哈赤建立了後金，稱金國汗，割據遼東，建都赫圖阿拉（今遼寧新賓）。經過薩爾滸（今遼寧撫順東南）戰役，後金的勢力進入遼河流域。西元一六二五年，奴爾哈赤將都城遷至盛京（今遼寧瀋陽）。次年進攻寧遠（今遼寧興城），努爾哈赤被明將袁崇煥擊敗，受傷死去。清太宗改國號爲清後，尊努爾哈赤爲清太祖。

「太祖初起，草創闊略，宮闈未有位號，但循國俗稱『福晉』。」「福晉」，相當於漢語中的妻子、夫人，且含「貴婦」的意思。努爾哈赤在位時，尚無皇后、嬪妃的名號，不過爲了敘述的方便，不妨把他的福晉權且稱作后妃。

努爾哈赤共有十四個后妃，其中皇后葉赫那拉氏最爲賢慧。她是葉赫部首領楊吉砮（砮，讀作努）的女兒，人稱「蒙古姐姐」。努爾哈赤初起兵時，打仗打到葉赫部。楊吉砮見其相貌堂堂，器宇軒昂，主動約爲婚姻。楊吉砮有兩個女兒，聽由努爾哈赤挑選。努爾哈赤願聘長女。楊吉砮告訴他說，自己的小女更美麗更善良，英雄配美女，才算是天作地合。西元一五八八年，努爾哈赤與葉赫那拉氏成婚，當時葉赫那拉氏才十四歲。四年後，她生了兒子皇太極。皇太極在兄弟排行中位列老八，就是後來的清太宗。

葉赫那拉氏美艷聰慧，莊敬婉順，得譽不喜，聞惡不怒，不好諂諛，不信讒佞，耳無妄聽，口無妄言。她從不干預政事，殫誠盡力地侍奉努爾哈赤，於西元一六〇三年病死，年僅二十九歲。努爾哈赤對於她的早逝深感悲痛，一個多月不飲酒不食葷，以表示悼念。清太宗時，追尊生母爲孝慈高皇后。

此前，努爾哈赤已有兩個妻子，一是元妃佟佳氏，一是繼妃富察氏。佟佳氏的生平事蹟已不可考，富察氏倒是一個很有意思的人物。富察氏原先已經出嫁，並生有兒子。在一次戰爭中，她被努爾哈赤俘擄，因身體健壯、姿色美貌，而被努爾哈赤納爲妻子。西元一五九三年前後，努爾哈赤忙於統一女眞各部，富察氏隨軍南征北戰，非常辛苦。一天夜裡，葉赫九個部落偷襲努爾哈赤的營壘，形勢危急。富察氏一邊搖動酣睡的丈夫，一邊大聲說：「你心中是亂了，還是害怕？敵人都攻襲大營了，虧你還睡得著？」努爾哈赤醒來，輕鬆地說：「我若害怕，還能酣睡嗎？我料定葉赫諸部會聯手來攻，只是不知確切的時間。現在，他們既然來了，我也就心安了。我順天命，安疆土，他們糾合九個部落來攻我，老天爺是不會保佑他們的。」說罷，安寢如故。原來，努爾哈赤對這次戰役早就作了部署，相信能夠穩操勝券。果然，次日清晨，各路均來報捷，富察氏白受了一場虛驚。

富察氏不僅粗魯莽撞，而且貪婪愛財。努爾哈赤曾規定，後宮嬪妃不得結交貝勒（相當於皇子）和大臣。富察氏無視這個規定，常在深夜出宮，去大貝勒代善家裡，以致有人說她與代善關係曖昧。努爾哈赤追查她與代善的交往，她急忙派人把三包金帛藏到侍衛達爾漢的奴婢處。達爾漢發現了這件事，馬上報告努爾哈赤。努爾哈赤順藤摸瓜，查獲了富察氏私自藏匿的大量絹帛和珍寶，因而十分震怒。按照法律，應將富察氏處死。努爾哈赤看在她所生兒子的面子上，故免其死罪，遣回娘家。這個富察氏回娘家以後仍不安分，在一次打獵中看上了壯實英武的鄧胯子，二人幽會，勾搭成姦。

天命五年（西元一六二〇年），努爾哈赤得知富察氏的淫行，將她賜死。

努爾哈赤的嬪妃中，特別要說說大妃納喇氏。她是烏喇貝勒滿泰的女兒，長得身材豐滿，端莊明艷，但性情苛薄愛耍手腕。她十二歲時嫁給了四十二歲的努爾哈赤，極盡溫柔之情，討得努爾哈赤的歡心。她被立為大妃，地位相當於皇后。可是，正是這位大妃，在努爾哈赤死後，硬被強令為之殉葬，年紀輕輕的便丟掉了性命。這是為什麼呢？

原來，努爾哈赤共有十六個兒子：孝慈高皇后生皇太極，元妃佟佳氏生褚英、代善，繼妃富察氏生莽古爾泰、德格類，大妃納喇氏生阿濟格、多爾袞、多鐸，側妃伊爾根覺羅氏生阿巴泰，庶妃兆佳氏生阿拜，庶妃鈕祜祿氏生湯古代、塔拜，庶妃嘉穆瑚覺羅氏生巴泰、布巴海，庶妃林覺羅氏生賴慕布，另有一妃生費揚古。這十六個兒子，效法其父，崇尚武功，一個個都是百戰英雄。他們當中，最有實力的是第三子代善、第五子莽古爾泰、第八子皇太極。這三人與努爾哈赤之侄阿敏，總稱「四貝勒」，各分領八旗制中的一旗，可與努爾哈赤一起並坐議事。大妃納喇氏得寵較晚，她的三個兒子年齡偏小。英雄暮年，兒女情長。納喇氏想到未來，要努爾哈赤特別關照自己的兒子。努爾哈赤欣然同意，答應將鑲紅、鑲藍、鑲白三旗，分別交由阿濟格、多爾袞、多鐸掌管。甚至作出承諾，待多爾袞長大後，可以考慮由他繼承汗位，完成自己未竟的事業。

納喇氏母子走紅，引起了努爾哈赤其他諸子的恐懼和不安。特別是皇太極，絕不甘心向多爾袞俯首稱臣。因此，皇太極積極活動，取得幾個兄長和侄兒的支持，在努爾哈赤死後順利地登上了汗位，並假努爾哈赤遺命，逼迫有野心的納喇氏殉葬。納喇氏不願從死，語言支吾，行動忸怩。皇太極以削奪阿濟格、多爾袞、多鐸的旗主地位相威脅。納喇氏無奈，只能盛裝自縊，隨努爾哈赤而去。這一幕逼宮殺母，是清朝初期的一大慘事。說明帝王后妃，無論如何也掌握不了自己的命運，在殘酷的宮廷鬥爭中，首當其衝蒙受不幸的總是她們。

清太宗孝莊皇后

具有非凡的膽識和才幹

西元一六二六年，清太祖努爾哈赤受傷致死。他的第八個兒子皇太極繼承汗位，改稱女眞族爲滿洲族（辛亥革命後改稱滿族）。崇德元年（西元一六三六年），皇太極稱帝，改國號爲清，是爲清太宗。

清太宗的嫡妻博爾濟吉特氏，是科爾沁蒙古貝勒莽古思的女兒。西元一六一四年嫁皇太極。皇太極稱帝，冊立她爲皇后，正位中宮。她生有三個女兒，活了五十一歲，死後被尊爲孝端文皇后。

孝端文皇后一生比較平淡，沒有什麼光輝的業績。相比之下，倒是她的侄女具有非凡的膽識和才幹，輔佐清太宗、清世祖、清聖祖祖孫三代皇帝，轟轟烈烈地幹了一番大事業。

孝端文皇后的侄女博爾濟吉特氏，是科爾沁貝勒寨桑之女。自幼聰明伶俐，姿色艷麗，小名叫做大玉兒。清太祖天命十年（西元一六二五年），大玉兒嫁皇太極。清太宗稱帝，封她爲永福宮莊妃。崇德三年（西元一九二九年），莊妃生了兒子福臨。福臨即帝位後，尊母親爲皇太后。孫子玄燁即帝位後，尊祖母爲太皇太后。她死後被尊爲孝莊文皇后，簡稱孝莊皇后或孝莊太后。

孝莊皇后所經歷的清初三代，正是清軍入關建立政權，由亂到治的動盪年代。她以清太宗之妻、清世祖之母、清聖祖之祖母的身分，苦心孤詣，排難解紛，協調滿洲族內部的矛盾，密切滿洲族和漢族的關係，有力地維護了清朝初期的封建統治。

孝莊皇后在清太宗朝的正式名號是莊妃，而非皇后。突出的事蹟是實施「美人計」，誘使明軍統帥洪承疇降清。崇德六年（西元一六四一年），洪承疇率十三萬明軍，與清太宗大戰於錦州（今遼寧錦州），暫時取得了勝利。越年，雙方再戰於松山（今遼寧錦縣西），洪承疇全軍崩潰，自己也當了俘虜。清太宗考慮到洪承疇在明軍中的影響力，軟硬兼施，一心要他降清。可是，洪承疇似乎還有點民族氣節，以死相誓，表示頭可斷，血可流，投降清朝絕對不可能。這時，莊妃親自出面，以自己的絕代美色相勾引，殷勤伺候大牢中的洪承疇，又是唱歌，又是敬酒，甚至以身相許，徹底催垮了洪承疇的意志。洪承疇經不起美色的誘惑，舉起雙手，乖乖投降，搖身一變，從明軍統帥變成了清軍將領，掉轉頭來攻擊明軍。莊妃這一手確實厲害，勝過清太宗的威儀和金錢。清太宗的部將大惑不解，說：「我們大清人才濟濟，爲何偏要用明朝的一個降將呢？」清太宗說：「這，你們就不懂了。我們櫛風沐雨，出生入死，圖的什麼？不就是中原江山嗎？這好比行獵，需要獵犬帶路，他洪承疇就是給我們帶路的獵犬啊！」

崇德八年（西元一六四三年），清太宗駕崩。清太宗之弟多爾袞和清太宗長子豪格，野心勃勃，激烈爭奪皇位。年輕喪夫的莊妃，爲制止叔侄間的爭鬥，決定立自己的兒子福臨爲皇帝。爲此，她拉攏有權威的滿洲貴族，取得親禮王代善和鄭親王濟爾哈朗的支持，迫使多爾袞願與濟爾哈朗共同輔政，扶持年僅六歲的福臨登上皇位，是爲清世祖。作爲一種策略，莊妃作出重大妥協，同意由多爾袞攝政，掌控朝政大權。

順治元年（西元一六四四年），清世祖遷都北京。爲培養這個清軍入關的第一個皇帝，孝莊皇后以太后身分嚴格要求兒子，督促他虛心學習漢族文化，吸取漢族治國安邦之術。在軍事統一中國以後，她又建議兒子，以賜婚方式團結漢族將領，爲清朝廷效力。多爾袞受到孝莊太后的制約，竭力輔佐清世祖，制訂各項法律制度，頒布施行，從而奠定了清朝統治的基礎。多爾袞屢加封號，直至父皇攝政王，於順治八年（西元一六五一年）病死。

順治十八年（西元一六六一年），清世祖駕崩。死前，他接受孝莊太后的主張，遺詔以八歲的第三子玄燁爲皇位繼承人，並命索尼、蘇克薩哈、遏必隆、鰲拜四人爲輔政大臣。玄燁即位，是爲清聖祖。孝莊太后成爲太皇太后，從各個方面全力支持孫子皇帝。其後六年間，鰲拜專權，甚至妄想篡奪皇位。孝莊太后與清聖祖經過密議，不動聲色，大智若愚，暗中建立了一支少年武士隊伍，並派親信掌握了京師的衛戍權。一天，鰲拜應召入宮，清聖祖命令少年武士突起狙擊，一舉將鰲拜擒獲。接著，以迅雷不及掩耳之勢，將鰲拜集團的重要成員一網打盡。這樣，十四歲的清聖祖得以親政，開始了清朝歷史上的一個新時期。

康熙十二年（西元一六七三年），「三藩之亂」爆發。兩年後，蒙古察哈爾部布爾尼又興兵作亂。清朝南北受敵，形勢緊張。年輕的清聖祖聽從孝莊太后的建議，派遣大學士圖海以八旗家奴編隊出征，趁敵不備，圍殺了布爾尼，平息了叛亂。他自己則集中精力調兵遣將，堅決鎮壓了「三藩之亂」，有效地維護了國家的統一和安定。

孝莊太后念及從征的將士十分勞苦，屢撥內帑，犒賞軍隊。她告誡廣大將士，務要愛護百姓，不得放縱擄掠。她特別勉勵清聖祖說：「祖宗以騎射開創基業，武備萬不可鬆弛。用人行政，務要敬承天命，憑公裁決。」為使清聖祖當個堂堂正正的天子，她還寫信誡之說：「自古以來都說，皇帝難當。蒼生黎民，天子以一身駕馭其上，生養撫育，都得操心。你一定要好好想著得眾得國之道，做到國泰民安。你算得上是寬裕慈仁、溫良恭敬的皇帝，但要注意威儀，謹慎決策，夙夜恪勤，以承祖宗遺緒。你能這樣，我就放心了。」作為太皇太后，對孫子皇帝能經常提出這樣的要求和忠告，實屬難能可貴。

清世祖、清聖祖對於這位才智過人的母親和祖母，充滿感激和愛戴之情。順治十三年（西元一六五六年），孝莊太后過生日，清世祖親作三十首詩以獻。康熙年間，清聖祖經常陪侍太后謁陵墓、幸湯泉，每遇風雨或經坎坷道路，必下馬扶輦而行。康熙二十一年（西元一六八二年），清聖祖赴盛京謁陵，途中多次奏書問安，並獻方物，從魚類到乾鮮果，派專使奉送北京，供太后品嘗。康熙二十四年（西元一六八五年），清聖祖出塞避暑，途中聽說太后身體不適，立即馳還京師，侍奉老人至恭至孝。

康熙二十六年（西元一六八七年），爲祖宗江山、兒孫基業操勞了一生的孝莊太后溘然病逝，死年七十五歲。死前留下遺囑，叮嚀清聖祖說：「太宗陵墓已久，不可爲我輕動。何況我心裡掛念著你和你的父親，就將我葬於孝陵（清世祖陵，今河北遵化西北）附近吧，這樣我心裡實在，就沒有遺憾了。」

孝莊太后爲什麼不願移靈盛京葬於昭陵（清太宗陵，今瀋陽西北）呢？說來恐怕有難言之隱。原來，清世祖幼年登基的時候，攝政王多爾袞恃權欺主，奪位之心始終存在，隨時都有可能發動政變，除舊布新。孝莊太后爲箝制多爾袞的手腳，就依滿洲族弟弟可妻其嫂的習俗，不惜屈身下嫁皇叔，以確保兒子的皇位。她和多爾袞做了幾年夫妻，等到多爾袞死後，她立即頒詔，削去多爾袞的所有封號，鏟平其陵墓，懲治其黨羽，這才鞏固了清世祖的統治地位。

關於孝莊太后是否屈嫁多爾袞，史學界一直存在著爭議。

不過，據順治三年（西元一六四六年）皇帝發的一篇文告看，應當說確有屈嫁之事。那篇文告說：「太后盛年寡居，春花秋月，悄然不怡。朕貴爲天子，以天下養，乃獨能養其口體，而不能養志。使聖母以喪偶之故，日在愁煩抑鬱之中，其何以教天下之孝？皇叔攝政王現方鰥居，其身分容貌，皆爲中國第一人。太后頗願紓尊下嫁，朕仰體慈懷，敬謹遵行。一應典禮，著有司預辦。」這篇文告原載於《順治實錄》，充滿人情味。可是到了乾隆朝，大學士紀昀看到這篇文告，以爲這是暴露家醜，斷不可傳示後代，所以奏請清高宗批准，將其從《順治實錄》裡刪去了。因此，後世典籍裡見不到這段記述，太后是否屈嫁多爾袞，也就成了懸案，蒙上了一層神秘的色彩。可以設想，孝莊太后遺囑「太宗陵墓已久，不可爲我輕動」等語，純是一種遁詞，眞實的原因在於她嫁了兩個丈夫，自覺死後無臉去見清太宗。清太宗若九泉有知，能體諒她的苦衷嗎？

孝莊文皇后還有個姐姐也嫁清太宗，稱敏惠元妃。科爾沁蒙古王公爲什麼將博爾濟吉特氏姑侄三人同嫁清太宗爲后妃呢？這和皇位的繼承權有關。敏惠元妃入宮以前，孝端文皇后和莊妃均無男孩，這意味著皇位將由其他嬪妃的兒子繼承，這是科爾沁蒙古王公不希望看到的局面。所以，他們又將敏惠元妃送入清宮，希望她能生子以繼皇位。敏惠元妃不負人望，入宮一年多果眞生了個兒子，清太宗非常高興，不僅設宴慶賀，而且實行大赦。誰知時運不濟，這個兒子突然夭折了。敏惠元妃身心受到嚴重打擊，傷感萬分，一病不起，於崇德六年（西元一六四一年）死去。清太宗正在遠方打仗，急忙趕回，抱著敏惠元妃的遺體，放聲大哭，幾次暈了過去。此後痛苦多日，連朝政也懶得處理。過了很長時間，他才調節了情緒，重新振作起來，去做皇帝應做的大事情。

清世祖后妃

董鄂氏並非董小宛

當清世祖福臨降生的前夜，據其母孝莊文皇后說，她夢見神人抱著一個胖小子送入她的懷中，叮嚀道：「此統一天下之主也。」清太宗得知這個貴徵，高興地說：「奇祥也，生子必建大業。」

崇德八年（西元一六四三年），福臨登上帝位，是爲清世祖；年號順治，又稱順治皇帝。次年，清朝遷都北京。攝政王多爾袞獨掌大權，殘酷鎮壓李自成農民起義和反清勢力，鞏固了清朝在全國的統治地位。

清世祖先後立過兩位皇后：第一位是博爾濟吉特氏，乃孝莊太后的侄女，長得美麗聰慧。順治帝即位後，由多爾袞做主，爲之聘焉。順治八年（西元一六五一年）冊立爲皇后。這位皇后嗜好奢侈，心狹性妒，不受皇帝喜歡。兩年後，清世祖以「無能」爲由，決定將她廢黜，降爲靜妃，遷居側宮，讓禮部執行。禮部尚書胡世家、侍朗呂崇烈等上疏，請求「慎重詳審」。禮部員外郎孔允樾及御史宗敦一、潘朝選等十餘人，「各具疏力爭」，不同意皇帝的做法。其中數孔允樾的奏疏言詞激烈，說：「皇后正位三年，未聞失德，持以『無能』二字定廢嫡之案，何以服皇后之心？何以服天下後世之心？君后猶父母，父欲出母，即心知母過，猶涕泣以諫；況不知母過何事，安忍緘口而不爲母請命？」皇帝既然不喜歡皇后，朝臣「爲母請命」又有何用？他命令諸王、貝勒、大臣集議。集議提出個折衷的方案：博爾濟吉特氏皇后名號不變，仍位居中宮，但皇帝可以別立東、西兩宮。清世祖堅決否定了這個方案，詔令再議，並責成孔允樾重新寫出自己的奏疏。這一次，包括孔允樾在內，朝臣們爲保烏紗帽，不敢再固執己見，紛紛以皇帝的意志爲意志，「請從上指」。於是一道聖旨，博爾濟吉特皇后便成了廢后。

第二位也姓博爾濟吉特氏，是科爾沁貝勒綽爾濟之女。順治八年（西元一六五四年）進宮爲妃，同年被冊立爲皇后。時過不久，清世祖寵愛上貴妃董鄂氏，便又把這位皇后冷落在一邊。一次，皇后身體不適。清世祖借此爲由，責備她「禮節疏缺」，命停止向皇后進中宮表，實際上等於不再承認她是皇后。後來，由於孝莊太后的干預，清世祖才勉強沒有廢掉她的皇后名號。

這位博爾濟吉特皇后在清世祖時，受氣受辱，沒過幾天舒心日子。清世祖死後，她被清聖祖玄燁尊爲皇太后。由於她對孝莊太皇太后侍奉至誠至孝，所以清聖祖對她倒是相當尊敬。他爲她營建了寧壽新宮，經常陪她遊覽、謁陵。康熙三十九年（西元一七〇〇年），博爾濟吉特皇太后六十歲生日。清聖祖親作《萬壽無疆賦》爲之祝壽，並獻佛像、珊瑚、自鳴鐘、金珀、羽緞、名畫等珍貴禮品。特別有意思的是他令御膳房數一萬粒大米，做成「萬國玉粒飯」，獻給皇太后享用。康熙五十六年（西元一七一七年），博爾濟吉特皇太后七十七歲，年老體衰，臥病不起。清聖祖亦已六十四歲，正在患病，頭眩足腫，但他仍然以帕纏足，乘軟輿前往探視。並跪於皇太后床前，捧著她的手說：「母后，臣在此！」清聖祖作爲一代聖主，能夠這樣，誠爲可貴。這位皇太后死後諡曰孝惠章皇后。

清聖祖對於博爾濟吉特皇太后如此敬重和孝順，這同他的生母去世過早有很大關係。他的生母姓佟佳氏，是少保佟圖賴的女兒。佟佳氏初入宮，只是清世祖的一個普通妃子，順治十一年（西元一六五四年）生了玄燁，一心一意撫養自己的兒子。清聖祖即帝位，尊生母爲皇太后。可惜她命短福淺，康熙二年（西元一六六三年）就病死了，時年只有二十四歲。

清世祖對兩個皇后及佟佳氏沒有什麼感情，那麼他心目中的理想戀人是誰呢？答曰：董鄂氏。

董鄂氏是內大臣鄂碩的女兒，已嫁清世祖之弟博穆博果爾爲妃。博穆博果爾是清太宗第十一子，封襄親王。順治十三年（西元一六五六年），這個襄親王突然不明不白的死了，死因誰也說不清楚。據傳，那是因爲清世祖對董鄂氏產生了火一樣的戀情，二人時時幽會，難分難捨。襄親王發現其中隱情，怒斥董鄂氏忝不知恥。這事讓清世祖知道了，大爲惱火，立即召見襄親王，隨手摑了他一記耳光。襄親王對皇帝不敢還手，卻又覺得窩囊，一時想不開，回家後便自殺身亡。襄親王一死，清世祖立刻把弟媳接入宮中，備加寵愛。董鄂氏入宮時十八歲，姿容艷美，聰敏乖巧。清世祖視爲掌上明珠，順治十三年（西元一六五六年）八月，封她爲賢妃；十二月，封她爲皇貴妃，爲此還專門大赦天下。越年，董鄂氏生了個兒子。清世祖非常高興。不料，這個兒子降生三個月便死了。董鄂氏悲痛，清世祖更悲痛。儘管這個兒子連個名字都沒有，但清世祖還是追封他爲碩榮親王。由此可見董鄂氏在清世祖心目中的地位。

董鄂氏寵冠後宮達四年之久，於順治十七年（西元一六六〇年）病死。清世祖眼看心愛的貴妃早逝，十分痛苦，輟朝五日，以寄悲思。他追諡她爲孝獻皇后，並作長達數千言的《行狀》，從各個方面竭力讚美她的言行舉止。次年，清世祖亦死，與董鄂氏合葬孝陵。

一些野史和演義小說的作者，有感於清世祖與董鄂妃之間的火熱愛戀，巧施移花接木之術，竟編出清世祖與董小宛的一段風流故事來，流傳甚廣。有的說，清軍入關，豫親王多鐸率兵南下，在南京見到國色天香的絕代佳人董小宛，將她擄掠，獻給皇帝；她開始寧死不從，後經多方勸說，也就屈服了。有的說，董小宛被騙入宮，聽說要當皇妃，寧死不從，最終自殺了。

經考，歷史上確有董小宛其人，本姓董，名白，字青蓮。當清世祖出生時，她十五歲，已是秦淮名妓了。十九歲時，嫁給江南才子冒襄。清軍打到南京，董小宛與冒襄爲避戰禍，一直隱居鄉間。她隨丈夫輾轉於亂世，饑寒風雨，於順治八年（西元一六五一年）因勞頓過度而死，年僅二十八歲。冒襄把她葬在影梅庵，並著有《影梅庵憶語》，追憶他們艱難而又甜美的生活。

事實表明，董小宛結婚以後一直和丈夫冒襄在一起，根本沒有被俘擄，更沒有到過北京和進過皇宮。再從年齡上看，清世祖當皇帝時只有六歲，而董小宛已經二十歲出頭了，他們之間不可能產生什麼戀情。好事者之所以編出清世祖與董小宛的風流故事，最大的可能是將董鄂氏和董小宛混爲一談了，以爲二者是同一個人。其實，董鄂氏是滿洲族人，姓「董鄂」，董小宛是漢族人，姓「董」。風馬牛不相及，貽笑大方。

清世祖另有許多嬪妃。清初規定，皇宮不蓄漢女。清世祖無視祖宗遺訓，「嘗選漢官女備六宮，妃與焉」。她的嬪妃中有石氏、陳氏、唐氏、楊氏等，都是漢族官宦之女。她們進入清帝後宮，無疑給後宮帶進了新的習俗和新的情調，這也算是一種民族融合吧。

清聖祖后妃

人數衆多，事蹟平平

西元一六六一年，清世祖福臨年僅二十四歲就死去，遺詔八歲的兒子玄燁即帝位，是爲清聖祖。清聖祖的年號爲康熙，故又稱康熙皇帝。索尼、蘇克薩哈、遏必隆、鰲拜四大臣受命輔政。清聖祖十六歲親政後，殺鰲拜，平「三藩」，降服控制臺灣的鄭成功孫子鄭克塽（塽，讀作爽），使中國重新歸於統一。其後，對內對外採取了一系列的措施，對鞏固和加強多民族的中國作出了重大貢獻。

清聖祖少有大志，從小即立下誓言：「願效法父皇。」因而深得清世祖的賞識。他先後立過三位皇后，但都短命，沒有留下什麼業績。

第一位皇后稱孝誠仁皇后，赫舍里氏，侍衛內大臣噶布喇之女。康熙四年（西元一六六五年）被冊立爲皇后，康熙十三年（西元一六七四年）生子胤礽，生子的當日病故，年僅二十二歲。清聖祖對孝誠仁皇后評價很高，曾諭禮部說：「皇后赫舍里氏作配朕躬已十載，上事太皇太后（指孝莊太后）皇太后（指孝惠章皇后）克盡誠孝，佐朕內治尤爲敬勤。節儉居身，寬仁逮下，宮闈式化，淑德彰聞。」看來她是很賢淑的。

第二位皇后稱孝昭仁皇后，鈕祜祿氏，輔政大臣遏必隆之女。康熙十六年（西元一六七七年）被冊立爲皇后，次年即斃命。

第三位皇后稱孝懿仁皇后，佟佳氏，一等公佟國維之女。康熙十六年（西元一六七七年）爲貴妃，康熙二十年（西元一六八一年）進爲皇貴妃。康熙二十八（西元一六八九年）七月，這位皇貴妃患了重病。清聖祖出於安慰病人的考慮，宣布冊立她爲皇后。誰知冊立的次日，佟佳氏竟命喪黃泉，實際上只當了一天皇后。

清聖祖的三位皇后，立得快，死得也快。相比之下，他的嬪妃倒不乏長壽者。如烏雅氏，先爲德嬪，後爲德妃，活了六十四歲。她爲清聖祖生了胤禛、胤祚、胤禵（禵，讀作題）諸子，其中胤禛日後當了皇帝。萬琉哈氏，生前爲嬪，活了九十七歲。瓜爾佳氏，封和妃，活了八十六歲。

清聖祖的皇后有三人，嬪妃人數則很多，包括納喇氏、馬佳氏、郭絡羅氏、烏雅氏、戴佳氏、章佳氏、色赫圖氏等。其中納喇氏、馬佳氏、郭絡羅氏、烏雅氏，又各有三四人同爲嬪妃。此外，清聖祖的嬪妃中也有漢族女子，如王氏、衛氏、陳氏、石氏、高氏等。這些嬪妃侍在深宮裡，只管生兒育女，事蹟平平。

清聖祖后妃多，兒女自然也多，僅史書記載的兒子就有三十五人。這些兒子爲爭奪皇儲、皇位展開了長期的白熱化的鬥爭，其程度之烈，駭人聽聞。皇太子允礽兩立兩廢。皇長子胤禔、皇三子胤祉、皇四子胤禛、皇五子胤祺、皇七子胤祐、皇八子胤禩（禩，讀作祀）、皇九子胤禟、皇十子胤䄉、皇十二子胤祹、皇十四子胤禵等，各自培植私黨，施展陰謀詭計，互相攻擊和傾軋，直鬥得天昏地暗，死去活來。最後，皇四子胤禛，依靠舅舅隆科多和心腹年羹堯的支持，從蕭牆之內殺出一條血路，擊敗對手，登上皇帝寶座。他，就是清世宗。

清世宗后妃

「皇儲密建法」利於她們教育皇子

西元一七二二年，六十九歲高齡的清聖祖駕崩。皇四子胤禎經過殊死搏鬥，最後奪得皇位，是爲清世宗，一稱雍正皇帝。

清世宗的皇后稱孝敬憲皇后，烏喇那拉氏，大臣費揚古之女。清世宗爲皇子時，清聖祖爲之聘焉，冊爲嫡福晉。雍正元年（西元一七二三年），清世宗冊立她爲皇后。這位皇后正位中宮八年，於雍正九年（西元一七三一年）病死。她死的時候，清世宗大病初癒，本欲親臨殯殮現場，看看皇后最後一眼。可是，大臣們出面阻止，說那樣會傷害皇帝龍體。清世宗過意不去，曉諭說：「皇后自垂髫（髫，讀作條，小孩下垂的頭髮）之年，奉皇考命，作配朕躬。結褵（褵，讀作離，女子出嫁時所繫的佩巾）四十餘載，孝順恭敬，始終一致。朕調理經年，今始痊癒，若親臨喪次，觸景生悲，非攝養所宜。但皇后喪事，國家典儀雖備，而朕禮數未周。權衡輕重，如何使情文兼盡，其具議以聞。」大臣們根據皇帝的曉諭，完滿地辦理了皇后的喪事。

清世宗在位十三年，只立過一位皇后。他的嬪妃倒是不少，著名的是鈕祜祿氏，四品典儀凌柱之女。清世宗爲皇子時，鈕祜祿氏爲側福晉。康熙五十年（西元一七一一年），她生了兒子弘曆，即後來的清高宗乾隆皇帝。雍正七年（西元一七二九年），她進位爲熹妃、熹貴妃。清世宗駕崩時，決定由弘曆繼承皇位，留下遺詔，讓兒子尊鈕祜祿氏爲皇太后，居慈寧宮。清高宗登基後，侍奉太后至孝，每逢太后壽辰，必設慶典，爲之祝壽。這位太后活了八十六歲才辭世，史稱「太后爲天下母四十餘年，國家全盛，親見曾玄（曾孫和玄孫）」。

清世宗的嬪妃中還有一位敦肅皇貴妃，姓年，漢軍鑲黃旗年羹堯的妹妹。康熙末年，年羹堯任四川巡撫，授總督，掌握部分兵權，投靠胤禛，成爲其鐵杆心腹之一。年羹堯積極幫助妹夫奪得了帝位，更加受到重用。雍正元年（西元一七二三年），清世宗任命他爲撫遠大將軍，接替了嫡胞弟弟胤禵的位置。同時把他的妹妹提升爲貴妃。三年後，年貴妃生病，不治而死。此後一個月，清世宗畏忌年羹堯擁兵自重，且熟悉自己奪權的機密，遂羅織九十二款罪狀，將其多次貶職，最後令其自殺。

清世宗親身經歷了兄弟之間爭奪皇儲和皇位的殘酷鬥爭，認識到嫡長子繼承制和皇太子公開化的弊端。因此，他在位期間，實行「皇儲密建法」：皇帝確定皇位繼承人以後，不予公開，而是書寫詔書，密封裝入錦匣，珍藏於乾清宮最高處——「正大光明」匾額的後面；皇帝駕崩後，由顧命大臣當眾取下錦匣，宣讀詔書，這時方知誰是新的皇帝。這種方法，爲減少皇子紛爭，緩和內訌，避免社會動盪，無疑起到了一定的作用，標誌著封建社會皇位更替制度的最終完善。后妃們似乎也從中得到了益處，有利於她們嚴格教育皇子，只要皇子德才兼備，都有可能成爲新的皇帝。清高宗弘曆是清世宗的第四子，清仁宗顒琰是清高宗的第十五子，清宣宗旻寧是清仁宗的第二子，清文宗奕詝是清仁宗的第四子。這些皇帝都是按秘密立儲制度繼承皇位的，比較順利，相對地避免了多少爭鬥和殺戮。

清高宗后妃

宮廷秘密，鮮莫能知

清高宗弘曆是清世宗的第四子，於西元一七三五年即位，年號乾隆，又稱乾隆皇帝。在位六十年，享年八十九歲，正處於清朝的全盛時期。清高宗后妃眾多，其中隱藏著一系列的宮廷秘密，外人鮮莫能知，只能從正史和野史的記載中梳理出一個大概的頭緒。

清高宗的皇后稱孝賢純皇后，富察氏，察哈爾總管、一等公李榮保之女。雍正五年（西元一七二七年），清世宗賜冊，封富察氏爲弘曆的嫡福晉，富察氏時年十六歲。乾隆元年（西元一七三六年），她被冊立爲皇后。這位皇后生性節儉，平日冠飾，愛戴草線絨花，不御珠翠。年終時進獻給皇帝的荷包，只以鹿羔身上的茸毛做內囊，仿先世關外之制，寓永不忘本之意。她先後生過二男二女，其中二男一女早殤。乾隆十三年（西元一七四八年）隨皇帝東巡，回鑾途中突然死於德州（今山東德州），終年三十七歲。

關於富察皇后的死，歷來有很多說法，概而言之，不外乎三種：

第一種說法是喪子痛心，憂鬱而死。她生的長子永璉已被清高宗密定爲皇儲，可惜只活到九歲就病死。次子永琮亦受鍾愛，誰知兩歲又死於天花。還有皇長女，也是兩歲多就夭亡了。喪子喪女，對於一個母親說來，那是最殘酷最揪心的事。因而，富察皇后心情抑鬱，憂傷早逝。

第二種說法是微感寒疾，病重身亡。清高宗在一篇諭旨中說：「（皇后）忽在濟南，微感寒疾，將息數天，已覺漸癒。誠恐久駐勞眾，重厝（厝，讀作錯，安置）聖母之念，勸朕回鑾，……今至德州水程，忽遭變故。」「微感寒疾」，急於回鑾，「忽遭變故」，因病而死，這也合乎情理。

第三種說法是落入水中，命喪運河。這一說法流傳很廣。《清鑒輯覽》《清鑒綱目》載：「鑾至德州。帝在舟中夜宴，後在他舟聞之，恐滋事變。后素性嚴重，雖在行次不忘永巷之規。是日至帝舟，因事進諫，語頗激切。時帝已被酒，怒后，頗加詬誶（詬誶，讀作夠遂，辱罵）。后羞忿返，失足蹈水死。」若此，富察皇后是「失足蹈水」，主要是她自己的責任。《清朝野史大觀》則載：「高宗孝賢皇后，傅文忠公恆之妹也。相傳，傅恆夫人與高宗私通，后屢反目，高宗積不能平。南巡還至直隸境，同宿御舟中，偶論及舊事，后誚讓備至。高宗大怒，逼之墜水。」若此，富察皇后是清高宗「逼之墜水」，清高宗應負主要責任。

不過，清高宗對於皇后之死還是悲慟的，給予的評價很高。他在給禮部的諭旨中說：

「皇后富察氏，德鍾勛族，教秉名宗，……性符神順，宮廷肅敬愼之儀；德懋恆貞，圖史協賢明之頌。覃寬仁以逮下，崇節儉以褆躬，此宮中府中所習知，亦億人兆人所共仰者。」繼而還作了《述悲賦》，讚揚皇后克儉於家、克勤於邦的品質，發出「悲莫悲兮生別離，生內位兮孰予隨」的哀嘆。這意味著什麼呢？是發自眞心還是欲蓋彌彰？無人能說清楚。

富察皇后死後，清高宗又立了烏喇那拉氏爲皇后，簡稱那拉皇后。這位皇后是佐領那爾布之女，先爲嫻妃，性情溫順，很受皇太后的喜愛，因而升爲貴妃。清高宗在封她爲貴妃的冊文中說：「爾嫻妃那拉氏，性生婉順，質賦柔嘉，秉德罔愆（愆，讀作牽，過錯），服勤有素。茲仰承皇太后慈諭，以冊寶封爾爲貴妃。」貴妃再升爲皇貴妃，總攝六宮諸事。乾隆十五年（西元一七五〇年）被冊立爲皇后，時年三十三歲。

乾隆三十年（西元一七六五年），那拉皇后隨皇帝南巡。在杭州，她突然被遣送回京了。《清史稿》記載說：「至杭州，忤上旨，后剪髮，上益不懌，令后先還京師。」四月，清高宗回至京城，意欲以生病爲由，將那拉皇后廢黜。消息傳開，宮廷內外議論紛紛。刑部侍郎阿永阿膽大包天，貿然上疏，反對廢黜皇后。清高宗見疏大怒，說：「阿永阿是愛新覺羅氏的近臣，怎敢蹈漢人惡習，爲自己博取名聲？」他召集九卿，合議其罪。結果，阿永阿被遠謫黑龍江。接著，清高宗命收回皇后的冊寶和印綬，實際上等於廢去了那拉皇后的名號。

因爲情況變化突然，更因爲其中有著不爲人知的秘密，所以歷史上一直流傳著「乾隆休妻」的清宮奇案。這個奇案來源於《清鑒輯覽》《清鑒綱目》等書的記載：「帝在杭州，嘗深夜微服登岸遊，后為諫止，至於泣下。帝謂其病瘋，令先程回京。」更有文人墨客據此大加演繹，形成了這樣一個故事：

清高宗第四次南巡，原先沒想帶那拉皇后同行。臨啓程的那天，那拉皇后以侍奉皇太后爲藉口，偷偷登上遊船，目的是爲了沿途規勸、約束風流成性的皇帝。

船隊到了濟南，清高宗微服出巡，步入秦樓楚館，專找妖艷迷人的「夜度娘」，尋歡作樂，夜間索性將幾名歌伎舞女帶上龍舟，恣意淫樂。這天夜裡，那拉皇后寫了一篇奏疏，借古喻今，痛陳利害，準備向皇帝面諫。當她來到龍舟時，但見桅杆上高懸紅燈，這是皇帝召幸嬪妃的信號，任何人不得打擾。那拉皇后全然不顧，怒斥內侍的勸阻，強行登上龍舟，闖入正摟妓而眠的皇帝內室。清高宗醒來，見是皇后跪在榻前，惱羞成怒，喝令內侍將其逐出，並說要以「欲圖不軌」之罪，「嚴懲不貸」。那拉皇后聲淚俱下，堅持要皇帝看完奏疏。清高宗不看則已，看後更是怒不可遏，因爲奏疏中竟把他比作迷戀酒色的隋煬帝。清高宗狠狠地摑了皇后一個耳光。皇后高聲喊道：「列祖列宗，在天之靈，可鑒妾之一片眞心！」清高宗更加惱火，罵道：「這賤人純屬狂矣！」奮力一踢，將皇后踢出老遠。內侍們當然站在皇帝一邊，七手八腳將皇后拖了出去。第二天，聖旨下，命將那拉皇后遣送回京。皇后自覺問心無愧，不願再返宮禁，剪去頭髮，情願在大明湖畔爲尼，晨鐘暮鼓，齋魚粥飯，了此一生……

故事曲折生動，從中可見皇帝的荒淫和后妃的不幸。那拉皇后被遣送回京後，次年死去。當時清高宗正在外地，只派皇后的親生兒子永基回京料理喪事。並下了一道諭旨，說：「皇后自冊立以來，尚無失德。……性忽改常，於皇太后前不能屬守孝道。比至杭州，則舉動尤乖正理，跡類瘋迷。」指示只能以皇貴妃禮儀，辦理那拉皇后的葬事。

清高宗決定以皇貴妃禮儀安葬皇后，又引起了軒然大波，反響強烈。御史李玉鳴婉言上疏，請爲皇后行喪三年。清高宗大怒，說：「眞是喪心病狂！」詔令將李玉鳴罷官免職，放逐新疆。

那拉皇后事件，給清高宗的刺激很大。他決定，此後再不冊立皇后。誰知到了乾隆四十三年（西元一七七八年），有個叫做金從善的生員，斗膽上書，首言建儲，次言立后，並要皇帝下罪己詔。清高宗閱後，勾起往事，心火突突，馬上召集群臣議決。他曉諭說：「那拉氏本朕年輕時皇考所賜側室福晉，孝賢皇后崩後，循序進皇貴妃。越三年，立爲后。其後自獲過愆，朕優容如故。國俗忌剪髮，而竟悍然不顧，朕猶包含，不行廢斥。後以病薨，止令減其儀文，並未削其位號。朕處此仁至義盡，況自是不復繼立皇后。金從善乃欲朕下詔罪已，朕有何罪當自責乎？金從善又請立后，朕春秋六十有八，豈有復冊中宮之理？」眾臣經過議決，遵從皇帝的意思，將金從善斬首。爲了死去的那拉皇后，李玉鳴放逐新疆，金從善掉了腦袋，從此再無人敢妄議生事了。

清高宗的后妃中，還有個魏佳氏，是內管領清泰的女兒。她所生的皇十三子顒琰當了皇帝後，追謚她爲孝儀純皇后。

此外，清高宗還有很多皇貴妃、貴妃、太妃、嬪、貴人、常在等。其中特別要說說容妃其人，就是傳說中的香妃。容妃，和卓氏，維吾爾族。其家世居葉爾羌（今新疆莎車）。她的哥哥圖爾都，因配合清軍平定準噶爾部阿睦爾撒納叛亂，立有戰功，故被清高宗封爲一等台吉（清朝封於邊疆少數民族貴族首領的爵號之一）。乾隆二十五年（西元一七六〇年），和卓氏隨圖爾都到京師，被清高宗納入後宮，封爲貴人。她比清高宗小二十五歲，姿容艷麗，能歌善舞，深受皇太后和皇帝的喜愛。清高宗按照伊斯蘭教的習俗，從各個方面給予她特殊的優待和照顧。

乾隆三十三年（西元一七六八年），和卓貴人升爲容妃。二十年後病死，葬於清東陵的裕妃園。

容妃及其家族在維護清王朝多民族國家的統一中發揮過積極的作用，她與清高宗的結合是值得肯定和傳頌的歷史佳話。至於傳說中稱她是「回部王妃」，「美姿色，生而體有異香，不假薰沐，國人號之曰香妃」，寧死不從皇帝，最後被皇太后賜死等，沒有依據，不可輕信。

慈禧太后

專橫老佛爺，權勢女狂人

清高宗乾隆皇帝以後，歷清仁宗嘉慶皇帝和清宣宗道光皇帝，接下來是清文宗奕詝登基，年號咸豐，又稱咸豐皇帝。他的后妃中有位葉赫那拉氏，即清穆宗同治朝和清德宗光緒朝的慈禧太后，中國近代歷史上的所有重大事件，幾乎都與此人有關。她以一個專橫老佛爺和權勢女狂人的強悍形象，而被載入史冊。

清文宗是清宣宗的第四子，於道光三十年（西元一八五〇年）即位。他即位當年，爆發了太平天國革命，洪秀全在南京建立了農民政權。不久又爆發了第二次鴉片戰爭，清政府與帝國主義列強簽訂了一系列的不平等條約，喪權辱國，割地賠款。清文宗在位十一年病死，世人鄙夷地稱他爲「戰亂皇帝」和「賣國天子」。

清文宗的嫡妻姓薩克達氏，太常侍少卿富泰之女。清文宗爲皇子時，清宣宗爲之聘焉，冊爲嫡福晉。婚後僅一年多，薩克達氏就病死。清文宗即位後，追謚她爲孝德顯皇后。

清文宗即位後立的皇后稱孝貞顯皇后，姓鈕祜祿氏，廣西右江道、三等公穆揚阿之女。咸豐二年（西元一八五二年）封貞嬪，進貞貴妃，再被冊立為皇后，時年十六歲。

當鈕祜祿氏被冊立為皇后的同時，還有個十七歲的少女葉赫那拉氏，被封為蘭貴人。她是滿洲鑲黃旗人，出身於官僚世家。父親惠征任安徽徽寧池廣太道道員，家境開始衰敗。葉赫那拉氏自小受到良好的教育，聰敏穎悟，精通滿文和漢語，熟讀《詩》《書》等文史典籍，喜愛琴棋書畫，胸有大志，智慧過人。自幼隨父母移居江南，江南秀麗的山水使其姿色美貌非凡。她不像北方八旗女子那樣臃腫和呆板，卻有江南少女特有的清靈和透逸，加之喜愛修飾打扮，更顯得妖冶嫵媚，楚楚動人。

清制，每三年從八旗女子中挑選一次秀女，凡官宦之家十三至十八歲的少女都不得缺選。因為惠征是進士出身，並在仕途，所以葉赫那拉氏得以進京參選。幸運的是她以艷美的姿容和獨特的風韻，一舉被選中，進入了皇宮。

入宮之日，葉赫那拉氏內心充滿難以抑制的喜悅和興奮。她最羨慕和崇拜漢朝呂雉、唐朝武則天那樣的巾幗英雄，幻想有朝一日也能像她們那樣執掌大權，左右國家，主宰世界。當選秀女，她已朝理想的世界邁出了第一步。

誰知在入宮的最初幾個月，情況並不怎麼美好。葉赫那拉氏盡管每天都以激動的心情等候著皇帝的臨幸，但清文宗的嬪妃很多很多，怎麼也輪不到她這個低微的秀女。葉赫那拉氏的性格剛強堅毅，敢於抗爭，從不向命運低頭。她買通太監，打聽到了皇帝的行蹤，在一條皇帝必經的綠蔭路邊，天天展放歌喉，婉轉地吟唱悠揚悅耳的江南小曲。

她嬌脆的歌喉和甜美的小曲，終於被皇帝注意到了。清文宗傳令這個秀女獻唱。葉赫那拉氏經過精心梳妝，輕盈地來到皇帝面前。清文宗一見，就像著了魔似的，想不到後宮中竟有這樣的美人！但見她身材苗條，穿著淡雅，眉彎新月，眼汪秋水，桃腮籠艷，櫻唇凝笑，儼然是一株含苞待放的鮮花，光彩奪目。清文宗被她的美貌征服了，心蕩神搖，情迷意奪，當日召幸。葉赫那拉氏深知這次召幸意味這什麼，使出渾身解數，極盡溫柔，曲意侍奉。清文宗樂得神魂顛倒，如醉如痴。咸豐二年（西元一八五二年），葉赫那拉氏成了蘭貴人。咸豐四年（西元一八五四年），蘭貴人成了懿嬪。

清文宗極度寵幸懿嬪，經常荒於政務，甚至懶得臨朝，數日不見朝臣。鈕祜祿皇后勸諫皇帝，應以國事爲重，不可沉湎聲色。清文宗不理不睬，依然如故。清朝祖制，凡皇帝夜宿某嬪妃處都有專冊記載，並報知皇后，皇后有權過問，而且對誘使皇帝縱欲的嬪妃，有權行使杖笞。太監亦可代替皇后，於皇帝所宿嬪妃寢室外宣讀祖訓。若遇這種情況，皇帝必須披衣而起，跪聽祖訓，然後臨朝理政。一次，鈕祜祿皇后又見皇帝多日沒有臨朝，只在懿嬪宮中廝混，便跪於宮前，命太監宣讀祖訓。清文宗聽到祖訓，心裡吃驚，赤腳跑出寢宮，急急地說：「別念了！別念了！朕這就臨朝。」他在朝會上，忽然想到皇后有杖笞之權，懿嬪可能受罰，於是又趕緊起駕回宮。這時，皇后正正襟端坐，一面訓斥懿嬪，一面命人持杖伺候。清文宗見狀，慌忙說：「別打！別打！懿嬪已有身孕了。」這樣，才使懿嬪倖免一次皮肉之苦。

咸豐六年（西元一八五六年），懿嬪爲清文宗生了唯一的兒子載淳。清文宗非常高興，並封懿嬪爲懿妃，次年又冊封爲懿貴妃。這時，葉赫那拉氏在宮中的地位，就僅次於皇后了。

葉赫那拉懿貴妃在得寵期間，對於朝廷政務越來越有興趣。但清朝有「婦人不得干政」的規定，她開始並不敢輕舉妄動，只是在皇帝一籌莫展時，偶爾提示一下或獻上一計。清文宗驚訝地發現，懿貴妃的意見，大多管用可行，足以幫助自己解除疑難問題。所以，他樂意和她共議朝政，將「婦人不得干政」的規定忘了個乾淨。懿貴妃還寫得一手好字。清文宗爲圖清閒，有時索性把大臣們的奏疏，也讓她代閱代批。天長日久，懿貴妃對朝廷內外局勢、規章制度和駕馭臣下之術等，熟記在心，瞭如指掌。漸漸的，她產生了一股強烈的權力欲望，心想：「漢朝有呂雉，唐朝有武則天，自己爲什麼不能像她們那樣，也在政治舞臺上一顯身手呢？」

「熱河政變」給她攬政專權提供了機遇。

咸豐十年（西元一八六〇年）七月，英法聯軍攻陷大沽，入天津，攻通州，京師大震。帝國主義列強進逼北京，昏庸腐朽的清文宗自知無力抵抗，遂於八月攜帶百官，倉皇逃往熱河行宮（今河北承德避暑山莊），諸后妃及皇子同行。在北京，他留下六弟恭親王奕訢「辦理撫局」，全權主持與英法聯軍的談判。

清文宗在熱河行宮，照舊縱欲無度，根本不理國事。奕訢與英法聯軍簽訂了喪權辱國的《北京條約》，和局已成，英法聯軍退出京師。大臣們奉勸皇帝回鑾。

清文宗留戀行宮的淫樂生活，不予理會，整天陶醉在嬉遊狩獵、美酒女色之中，內政外交分別交由御前大臣肅順和奕訢等人辦理。大臣們的奏疏，全由懿貴妃代閱代批。懿貴妃利用這一機會，掌握了朝政的全部機密，爲直接干預朝政積累了知識，打下了基礎。

肅順多次向清文宗密奏，以「有違祖制」爲由，反對懿貴妃干政，提請皇帝提防她的專權野心。清文宗對此雖也有所覺察，但因爲她是寵妃，而且是唯一的皇子之母，所以不在意，一如既往。

咸豐十一年（西元一八六一年）七月，年僅三十一歲的清文宗因縱欲毫無節制，終於病倒不起。七月十六日，病危的清文宗召見大臣，命立六歲的載淳爲皇太子，並任命肅順、載垣、端華、景壽、穆蔭、匡源、杜翰、焦祐瀛八人爲顧命大臣，輔佐幼子，議定皇太子即位後的年號爲「祺祥」。七月十七日，清文宗病死，結束了他不光彩的一生。

載淳即位，是爲清穆宗。清穆宗尊鈕祜祿皇后和葉赫那拉懿貴妃並爲皇太后，分別叫母后皇太后和聖母皇太后。九月，又上徽號，分別尊兩位太后爲慈安皇太后和慈禧皇太后。

親生兒子載淳當了皇帝，這使慈禧太后感到十分開心。八個顧命大臣「贊襄政務」，這又使她感到窩火。特別是清文宗死前曾給了慈安太后一份密詔，載明隨時可以制裁膽敢恃子專權的慈禧，更使她恨得咬牙切齒。按照清文宗原先的部署，慈禧專權的野心本應是難以實現的，可是肅順和奕訢兩派間的矛盾又給了她天賜良機。

奕訢是清文宗的同父異母弟弟，很有才能和見識。正因爲如此，清文宗對這個弟弟非常嫉妒和忌恨，長期不予重用。直到英法聯軍兵臨城下，自己倉皇出逃時，才迫不得已予以起用，讓他留京辦理議和大事。當清文宗駕駐熱河行宮時，朝廷內部事實上是一分爲二：一是以奕訢爲首的在京大臣，他們得到洋人的支持；一是以肅順爲首的御前大臣和軍機大臣，他們深受清文宗的信任。

隨著清文宗的嗚呼哀哉，奕訢派和肅順派的矛盾激化起來。前者要鏟除後者，進而奪取朝政大權；後者死抱著清文宗的遺命不放，以「輔政」爲名，極力擴張勢力。精明的慈禧對這種情勢，看得清清楚楚。她知道，無論是奕訢派還是肅順派，都是自己攬政專權的勁敵，然而當務之急卻是要對付肅順派，這些以顧命大臣自詡的傢伙，壓得她喘不過氣來。

經過深思熟慮，慈禧要開了手腕。

首先，她向慈安套熱乎獻殷勤，騙得了慈安的信任。接著，慈禧告訴慈安說，肅順等人大權在握，圖謀不軌，徵得同意，即派心腹太監安德海星夜趕到北京，秘密會見奕訢。八月，奕訢以叩謁梓宮爲名，前往熱河，秘密會見慈安和慈禧，謀商政變計劃。由於在鏟除肅順派問題上，奕訢和慈禧的利害關係是共同的，所以雙方一拍即合。奕訢迅速返回北京，懷裡已經揣著慈禧擬定的宣布肅順等人罪狀的「上諭」。

政變計劃在周密的進行著。政變前夕，慈禧向肅順發出一個試探性的進攻信號。御史董元醇上疏，鑒於皇帝年幼，請求兩太后權理朝政。兩太后召集肅順等人商議，肅順等以本朝未有皇太后垂簾爲藉口，不予同意。肅順等人的態度完全是意料中的，這更堅定了慈禧發動政變的決心。

這年九月二十三日，按照預定計劃，慈禧發布懿旨，命肅順等護送清文宗靈柩從大道回京。她自己和慈安則帶著小皇帝，由她青年時代的情人榮祿派兵暗中護送，抄小路趕在靈柩前面，搶先回京。到京後，她連夜召開心腹會議，布置捉拿肅順等事項。第二天，奕訢迅速出擊，捕獲了先抵京師的肅順黨徒載垣、端華等人；當夜，醇親王奕譞（譞，讀作宣）奉太后密旨，又在密雲客棧捉住了肅順，八個顧命大臣無一漏網。

十月初，恭親王奕訢升任議政王。接著，清文宗靈柩入城。小皇帝載淳升殿受賀，發出聖諭，宣布肅順等人的罪狀，詔令肅順凌遲處死，載垣、端華自盡，景壽、匡源、杜翰、焦祐瀛革職，穆蔭革職並流放。至此，清文宗苦心栽培的肅順派及其黨羽，被一網打盡。

這次政變，史稱「熱河政變」或「祺祥政變」。政變獲得成功，慈安太后和慈禧太后爲載淳舉行了隆重的登基大典，改年號爲同治，寓兩太后同心求治之意。十一月，兩太后實行垂簾聽政，並發布諭旨說：「垂簾非所樂爲，唯以時事多艱，王公大臣等不能無所稟承，是以姑允所請。俟皇帝典學有成，即行歸政。」

「垂簾非所樂見」，這對老實平庸的慈安太后來說，或許是眞的；而對權力欲望極強的慈禧太后來說，則是騙人的鬼話。她進入皇宮，賣弄風騷，勾結奕訢，發動政變，所作所爲不正是爲了一個「權」字嗎？如今登上垂簾聽政的寶座，何樂而不爲呢？

慈安太后居住在紫禁城內東路的鍾粹宮，故又稱東太后；慈禧太后居住在紫禁城內西路的儲秀宮，故又稱西太后。

清穆宗同治朝，名義上兩宮太后垂簾聽政，實際上是慈禧說了算。開始，慈禧在治國安邦方面確也表現出了一定的才幹。她重用奕訢、曾國藩、左宗棠等一批具有眞才實學的官員，鎭壓了太平天國革命和少數民族起義，興辦洋務，創建工業，一度使國內比較安寧，國防較爲充實，故有所謂的「同治中興」之說。但是，由於慈禧權欲薰心，近乎瘋狂，所以「中興」只是曇花一現，很快走上下坡路，漸漸把國家推向了災難的深淵。

清穆宗載淳雖是慈禧的親生兒子，但由於他是慈安撫養長大的，所以對於慈安的感情遠遠勝過對於慈禧的感情。清穆宗即位後，慈禧對他極不放心，管束很嚴。爲了監視皇帝的一舉一動，她派心腹太監安德海厮守在皇帝身邊，事無大小，隨時報告。

這個安德海，依仗慈禧的寵信，橫行京師，欺強凌弱，爲非作歹，上自皇帝王公，下至庶民百姓，無不對之恨入骨髓。清穆宗多次想殺安德海，只是懾於慈禧的淫威，遲遲不敢下手。同治八年（西元一八六九年），安德海奉慈禧的旨意，南下置辦龍衣，沿途耀武揚威，坐龍舟，插龍旗，儼若天子出巡。加之，他還窮凶極惡地搜刮民脂民膏，因而激起公憤。山東巡撫丁寶楨忍無可忍，將情況彙報宮中。慈安太后和清穆宗依據朝廷懲治太監的條例，立命就地正法，卸掉了慈禧的一隻左膀右臂。這件事做得相當漂亮。慈禧事後才得知情況，既怨恨皇帝，更怨恨慈安。

同治十一年（西元一八七二年）九月，清穆宗十八歲。男大當婚。兩宮太后爲選擇皇后又發生了衝突。慈安喜歡戶部尚書崇綺之女阿魯特氏，聰明賢慧，通情達理，意欲立她爲后。而慈禧執意選侍郎鳳秀之女，狡黠乖巧，能說會道，意欲立她爲后。雙方爭持不下，最後由清穆宗自己決定。清穆宗遵從慈安的意向，選立阿魯特氏爲皇后。慈禧滿肚子不快，只好命將鳳秀之女封爲慧妃。通過選后，慈禧對慈安的怨恨轉變爲仇恨。

皇帝大婚後，理應親政。同治十二年（西元一八七三年）二月，慈安和慈禧宣布取消垂簾，歸政於清穆宗。但是，權力畢竟充滿魔力，慈禧豈肯輕易放棄？她在清穆宗身邊安插了新寵太監李蓮英等親信，處處設置障礙，迫使皇帝凡事都得請示母后，否則什麼事情也辦不成。所以，清穆宗親政只是表面現象，眞正的權力仍然掌握在慈禧手裡。

清穆宗與阿魯特皇后情深意篤。可是慈禧偏愛慧妃，竟然命令皇帝和皇后分居，減少接觸。清穆宗生性懦弱，不敢違背母命，可是獨居深宮，卻又悶得發慌。於是，堂堂一國之君，就經常瞞著太后，微服出宮，悄悄到酒樓、妓院去消磨時光。據說他染上了性病。同治十三年（西元一八七四年）十二月悵然而死，年僅十九歲，從而造成了皇位的危機。

清穆宗沒有兒子。按照清朝祖制，皇帝無子，就要從皇族近支中選個晚輩立爲皇太子以繼皇位。清穆宗是「載」字輩，晚輩當是「溥」。如果「溥」字輩當了皇帝，那麼慈禧就成了太皇太后，那就很難再干預朝政。這是慈禧堅決不能接受的。經過一場預謀，她與慈安召集王公大臣，決定繼統事宜。她提出，醇親王奕譞之子載湉（湉，讀作甜）與清穆宗血統最近，理應立為皇帝。她的意思很明白，載湉時年只有四歲，易於駕馭和控制；而且載湉之母又是自己的妹妹，小皇帝縱能翻一千個筋斗，也逃不出她如來佛的手心。

立帝大事，由慈禧一言敲定，誰敢說一個「不」字？奕譞看到自己的兒子被立為皇帝，本應高興才是，可他深知慈禧心毒手狠，兒子落到她的手裡，肯定凶多吉少，說不準哪天還會給全家帶來滅頂之災。因此，他在痛哭一場之後，奏請慈禧批准，辭去一切官職，從此不問政事，以求平靜和安寧。

西元一八七五年正月，載湉登基，是為清德宗，一稱光緒皇帝。兩宮太后再次垂簾聽政。為了掩人耳目，慈禧發出曉諭說：「今皇帝詔承大統，尚在沖齡，時事艱難，不得已垂簾聽政。」其實，這個「不得已」，不正是她夢寐以求和精心設計的嗎？

兩宮太后第二次垂簾同第一次一樣，實際上是慈禧一人垂簾，慈安的垂簾形同虛設。慈安老實本分，其才能、心計遠在慈禧之下。但因為她是清文宗的皇后，名號、地位均比慈禧尊貴。開始，慈禧對慈安尚有幾分敬畏，到了光緒朝，慈禧羽翼豐滿，勢力強大，也就不把慈安放在眼裡了，許多事情都由自己做主，根本不和慈安商量。她的專橫跋扈使得慈安心生怨尤。光緒七年（西元一八八一年）三月的一天，慈安為了警告驕縱的慈禧，遂將清文宗留下的那份密詔取了出來，擺在慈禧的面前。慈禧一見密詔，嚇得臉色煞白，「撲通」跪倒在地，叩頭謝罪，表示一定悔過自新，不忘慈安教誨。說到痛處，竟然流出了幾滴眼淚。慈安心地善良而懦弱，看到慈禧確有悔過之心，而且態度誠懇，遂當著慈禧的面將那份密詔焚燒了，以示兩宮太后同歸於好，共同輔佐皇帝。慈禧表面對慈安感激涕零，內心卻暗自高興，並嘲笑慈安多麼愚蠢。她在心裡冷笑著說：「哈哈！此後誰也奈何我不得啦！」

就在慈安焚燒密詔後不久，宮中突然傳出噩耗：慈安太后死了。王公大臣迅速趕到宮內，只見慈禧面帶淚痕，正指揮宮監給慈安入殮。按清制，后妃病逝需由近支親王和軍機大臣檢視醫方藥劑，而且需先告知娘家親人，方能入殮。而眼下，慈安之死既無御醫在場，又無方劑為證，更未通知娘家親人，就急急忙忙入殮，豈不蹊蹺？因此，當時宮內外傳說慈安是由慈禧毒死的。此說雖無充足的根據，但就當時情況而論，不是沒有可能。因為慈禧對慈安積怨已深，除去慈安，更有利於她獨斷專行。

慈安不明不白地死去，恭親王奕訢心生疑惑。一些大臣受其影響，揚言要開棺驗屍，查明慈安的死因。慈禧採取高壓政策，一律不准。下一步，她要對付的政敵，就是奕訢。

奕訢在「熱河政變」中與慈禧勾結，只是為了共同消滅肅順集團。他們的合作，並非真心誠意，而只是互相利用罷了。慈禧早就認識到奕訢是她專權道路上的一大障礙，但在垂簾之初，一則羽翼未豐，二則缺乏經驗，所以還得依靠奕訢幫助收拾清文宗留下的破爛局面。奕訢完全低估了慈禧，總認為她是女人，容易對付。同治朝，慈禧對奕訢實行恩威並施的手段。她讓奕訢當議政王，掌握軍機處，兼領總理各國事務衙門。她認奕訢之女為義女，封奕訢之子貝勒加郡王。奕訢大權在握，依仗資格和權勢，日益變得驕縱和狂傲起來。慈禧可不願奕訢這只「風箏」飛得太高，趕忙緊扯風箏線，給他一點顏色瞧瞧。同治四年（西元一八六五年），奕訢聽從岳父桂良的建議，接受門包禮錢，數目甚巨。慈禧抓住這一把柄，以「信任親戚，內廷召對時有不檢」爲由，罷免了他的所有職務。接著，她又授意奕譞等人出面講情，說奕訢「被參不實」，重新讓其官復原職。透過罷免和復職，慈禧明白無誤地警告奕訢：她同他之間，不是什麼平等的夥伴關係或嫂叔關係，而是名分森嚴的君臣關係，她完全掌握著他的命運。奕訢此時方才眞正認識到，他的這個嫂嫂，絕不是普通的女人，其精明、狡猾、狠毒的程度，比自己原先的預想，起碼要高出十倍二十倍。

從同治朝到光緒朝，奕訢對於慈禧小心翼翼，內心不滿，表面不敢流露。慈禧對奕訢時刻防範，禮尚往來的背後隱藏著殺機。光緒十年（西元一八八四年），中法戰爭結束，中國不戰而敗，主和派妥協投降，竟同沒有取勝的法國簽訂了《天津條約》。消息傳出，輿論大譁，有人上書指責奕訢，「輔弼無狀，議和失策，以致勝猶受辱」。其實，中法戰爭的主要決策者是慈禧，主要議和人是李鴻章，但是慈禧卻把責任全部推到奕訢身上，以「萎靡因循」的罪名，發布懿旨，罷免了奕訢軍機大臣的職務，令其「家居養疾」。從此，奕訢一蹶不振，再無力量與慈禧相抗衡。慈禧則成了一個道道地地的獨裁者、鐵女人。

繼肅順、慈安、奕訢之後，慈禧需要對付的又一個對手就是她的侄兒皇帝清德宗。

慈禧爲了長久的專制和獨裁，不允許清德宗有獨立的思想和人格，她要他成爲一個奴化、馴服、沒有意志、唯命是從的木偶皇帝。爲此，她加爲了對清德宗的嚴厲約束和管制。

她規定，皇帝每天必須進宮向自己請安，如實彙報當天的情況。皇帝在宮中只稱自己爲「親爸爸」，不稱「太后」。她見皇帝，總是板著面孔，冷若冰霜，從無笑容，輕則斥責、喝罵，重則罰跪、鞭笞，極力顯示出無限的權威和尊嚴。她還派遣心腹太監李蓮英監視光緒的言行舉止，皇帝的一切，她無不瞭如指掌。

清德宗稱慈禧爲「親爸爸」，文武大臣和左右侍從則稱慈禧爲「老佛爺」。這一稱謂的發明人是李蓮英。一年，北京一帶數月乾旱，按照慣例，慈禧舉行儀式，向西天如來佛祈禱求雨。三天後，恰好下雨了。李蓮英趁機獻媚說：「呀！太后眞了不得，連天上的佛爺都聽您的話，您就像臣等的老佛爺！」從此，老佛爺便成了對慈禧的尊稱。

清德宗生活在慈禧的嚴密控制之下，整日提心吊膽，誠惶誠恐。光緒十二年（西元一八八六年），按照垂簾之初的許諾，慈禧答應次年歸政於皇帝。懿旨剛剛頒布，她又指使清德宗父親奕譞等人，奏請太后繼續訓政數年。經過「不許」、「不從」之類裝模做樣的謙讓，方「許之」、「勉從之」，辦法是：「一切政事，恭候懿旨遵行」。也就是說，清德宗親政，事事必須由慈禧定奪，他只是「遵行」而已。

光緒十四年（西元一八八八年），慈禧爲了達到控制皇帝的目的，強迫清德宗立自家兄弟桂祥之女爲皇后。次年（西元一八八九年），清德宗十八歲，舉行了大婚典禮。這時，慈禧再無任何理由繼續垂簾聽政了，迫不得已，只好宣布「撤簾」，歸政於清德宗。然而事實上，對於慈禧這樣一個權欲女狂人來說，要她放棄權力是根本不可能的。所以，她的所謂

「撤簾」、「歸政」，只是表面文章，而在幕後，一天也沒有放鬆過對清德宗的操縱。

慈禧操縱清德宗主要通過三條途徑：一是清德宗的皇后，她實際上是慈禧安插在皇帝身邊的一個坐探；二是世鐸、奕譞、徐桐、孫毓汶等朝臣，他們都是慈禧的心腹，組成「后黨」，嚴密控制著朝政中樞；三是李鴻章等地方實力派，他們的心目中只有慈禧，根本沒有皇帝。

清德宗就是在這樣的困境中親政的。一方面，他受老師翁同龢（龢，讀作和）的影響，很想做一番事業；另一方面，他受「后黨」的箝制，什麼事也幹不成。諸如頒布政令、任免官員等大事，他雖然決定了，但若慈禧不同意，只不過是一紙空文。在後宮，清德宗對皇后全無感情，一心眷戀珍妃、瑾妃姐妹，這更招致了慈禧的忌恨。

光緒二十年（西元一八九五年），中日戰爭爆發。清德宗在一些正直朝臣的支持下，極力主戰，企圖通過戰爭的勝利提高自己的聲望。慈禧也是批准對日宣戰的，但她不願意清德宗因此得勢，威脅自己的地位，所以處處和皇帝作對。她唆使「后黨」成員設置障礙，干擾清德宗的部署，特別讓負責軍事和外交的李鴻章，按兵不動，不聽皇帝的調度。結果形成了這樣的局面：凡皇帝贊成的，「后黨」堅決反對；凡皇帝急於要辦的，「后黨」故意拖延。戰爭的結局可想而知，清軍慘敗，以割地賠款的《馬關條約》而告終。

《馬關條約》的簽訂，舉國激憤，人們紛紛上書，要求處分失職之人。清德宗明知罪魁禍首是慈禧，但他不敢對她如何，轉而以「調度乖方」的罪名，將李鴻章革職留用。此舉激怒了慈禧，就在處分李鴻章的次日，她頒布懿旨，將清德宗寵愛的珍妃、瑾妃革去妃號，降爲貴人，並脫衣廷杖，把嬌弱的珍妃打得遍體鱗傷。珍妃和瑾妃之兄志銳，因爲支持清德宗，所以被處以流放。

中日戰爭爆發的這一年，正逢慈禧的六十歲壽辰。此前，慈禧爲了自己的享受，曾動用海軍軍費，修復圓明園故址清漪園，改名頤和園，其壯美景致，世所罕見。這年，她又別出心裁，要求各省「貢獻」，爲之祝壽。從故宮到頤和園，「蹕路所經，設彩棚經壇，舉行慶典」；還要設置什麼「萬壽點景」，沿路五步一景，窮極奢侈。大敵當前，慈禧置國家危難於不顧，一味追求個人享樂，激起了許多大臣的反對。清德宗也認爲這樣做實在過分，於是下令，停止祝壽，把省下來的錢充作軍費。慈禧萬沒想到皇帝竟敢違背自己的意志，恨得咬牙切齒，隨時等待報復的機會。

朝臣中不乏正直之士，御史安維峻算是一個。他不滿慈禧長期獨攬朝政，專權跋扈，因此上書說：「皇太后既已歸政皇上，若仍遇事牽制，將何以上對祖宗，下對天下臣民？」慈禧大怒，強迫清德宗以「妄言無忌，恐開離間之端」的罪名，硬將安維峻革職發配。安維峻獲罪，聲震中外，人多榮之，訪問者集於門，送餞者塞於道，或贈言，或贈物，車馬飲食，爭相供應。人們用這種方法，以表示對慈禧專權的不滿和抗議。

即使慈禧貼身的親信也不乏正直者。寇連材本是慈禧的心腹太監，被派在皇帝身邊起監視作用。寇連材天良未泯，同時也受到清德宗愛國之心的感染，所以不願當慈禧的密探，反而冒死向慈禧跪諫，說：「一請太后勿再攬權，歸政皇上；二請太后勿修圓明園，當以抗敵爲急務。」一個奴才也敢當面說這種話，實是慈禧始料所未及的。她一股無名火起，怒喝左右，硬將忠心耿耿的寇連材杖擊致死。

中日戰爭的慘敗，《馬關條約》的簽訂，給予年輕的清德宗強烈的震撼和深刻的刺激。他痛感喪師失地的恥辱，很想革新政治，振興國家，藉以擺脫慈禧的控制和束縛。爲此，他採納老師翁同龢的建議，罷免孫毓汶、徐用儀等「后黨」人物。慈禧見自己的心腹遭到排擠和打擊，也以眼還眼，以牙還牙，命將翁同龢逐出毓慶宮，除去了皇帝的得力助手；並任命親信王文韶爲直隸總督，控制京畿地區；任命榮祿爲文淵閣大學士，掌握朝政機樞。

清德宗對於慈禧處處掣肘，事事刁難，既很氣憤，又很沮喪。他賭氣地要慶親王奕劻（劻，讀作匡）轉告慈禧，說：「我不願做亡國之君。太后如果不給我皇帝的權力，我不如遜位。」慈禧聽了轉告，氣得破口大罵，說：「這個不孝的畜牲，他不願坐此位，我還早就不願讓他坐了呢！」經過奕劻的勸說和斡旋，慈禧口頭允諾：凡事由皇帝去辦。

清德宗得此允諾，遂於光緒二十四年（西元一八九八年）四月頒布《明定國是詔》，任用康有爲、梁啓超、譚嗣同等人，開始了維新變法。從四月到七月，一百多天內，清德宗先後發布了數十條除舊布新的詔諭，史稱「百日維新」或「戊戌變法」。

戊戌變法儘管是改良性質的，但還是觸犯了頑固腐朽勢力的利益。守舊派群起反對，許多人跪請慈禧繼續訓政。有的人甚至公然說：「寧可亡國，不可變法。」慈禧是一切頑固腐朽勢力的總代表。變法開始時，她感到來勢猛烈，假意對清德宗說：「苟可致富強者，兒可自爲之，吾不內制也。」而在內心裡，她對變法懷著刻骨仇恨，咒罵說：「小子以天下爲玩弄，老婦無死所矣！」她的策略是，由你去做，等幹不出名堂來再說。也就是先讓清德宗和改良派惹起守舊派、頑固派的反抗，而後由她出面算總帳。

慈禧所謂「吾不內制」是完全騙人的，她沒有也根本不可能不「內制」。就在清德宗《明定國是詔》頒布後的第五天，她就威逼清德宗免去翁同龢的一切職務，遣還原籍，永不起用。同時，威逼清德宗任命榮祿爲直隸總督兼北洋大臣，統領各軍，控制了北京。接著，又威逼清德宗頒詔，規定二品以上大臣升遷賞賜，都要到她跟前謝恩，以示她才是決定他們命運的主宰，皇帝不過是個傀儡而已。

這年七八月，改良派與頑固派之間爆發了激戰。

七月，慈禧密令榮祿、王文韶星夜進京，密謀旨在推翻清德宗的政變計劃。他們商定九月間由皇帝陪慈禧到天津閱兵，屆時榮祿發動政變，扣留皇帝，迫其遜位。安排妥當，狡猾的慈禧一頭鑽進頤和園，遊山玩水，看戲消遣，似乎眞個不管朝政了。

正當清德宗轟轟烈烈地進行變法的時候，宮中不時傳出謠言，忽兒說皇帝身患多種疾病，忽兒說皇帝已經病危。清德宗聽了莫名其妙，改良派聽了深感不安。他們知道，這是慈禧故意使人放出的謠言，目的在於爲廢黜、扣押甚至殺害皇帝製造藉口。

不久，清德宗得知了慈禧的政變陰謀，焦急而又驚慌。他讓改良派成員楊銳帶出一道密詔，說：「今朕位幾不保，汝康有爲、楊銳、林旭、譚嗣同、劉光第等，可妥速密籌，設法相救。」康有爲等都是沒有實力的文弱書生，在危急關頭豈能救得皇帝？他們經過緊急磋商，最後決定爭取榮祿的爪牙、直隸按察使袁世凱，指望他能殺死榮祿，保護皇帝。

於是，清德宗召袁士凱進京，賞以侍郎銜，命他專管練兵事宜。譚嗣同秘密會見袁世凱，要求他在天津殺死榮祿，然後以一半兵力包圍頤和園，一半兵力護衛皇宮。譚嗣同對袁世凱說：「你如果不幹，可到頤和園告密請賞，把我譚嗣同殺了。」袁世凱信誓旦旦，慷慨陳詞，一再表白自己不是那種卑鄙小人，還說：「誅榮祿，如殺一狗耳。」可是，袁士凱回到天津權衡利害以後，立即向榮祿告了密。榮祿火速進京，跑到頤和園與慈禧密商對策。慈禧氣得臉色發紫，七竅生煙，罵道：「這個畜牲，竟敢陰謀害我。想不到虎不傷人，人倒有傷虎之意了。」她決定提前發動政變，命令榮祿率兵進宮，囚禁了清德宗。

光緒二十四年（西元一八九八年）八月丁亥日，慈禧重新回到皇宮，宣布再度垂簾聽政。接著下令逮捕康有爲、梁啓超等改良派代表人物及支持變法的官員。結果，康有爲逃亡香港，梁啓超逃亡日本，譚嗣同、林旭、楊銳、劉光第、楊深秀、康廣仁被殘酷殺害，史稱「戊戌六君子」。慈禧又下令，將清德宗囚禁於中南海的瀛台，拆去石橋，不准與外人交往。清德宗的珍妃及他們身邊的太監、宮女等，或被凌辱，或被殺害，或被放逐，慘狀目不忍睹。

慈禧再度垂簾，專制和獨裁更甚於前。

光緒二十五年（西元一八九九年）底，她策劃廢黜清德宗，宣布立端親王載漪之子溥儁爲「大阿哥」（皇太子），並擬於次年正月初一舉行爲立「大阿哥」的典禮。她的這一行動激起了朝臣的反對，即使守舊派官僚也持異議。最讓慈禧頭疼的是英、法、日、德等國，他們考慮在華的既得利益，不同意中國皇帝易人，甚至揚言要出面干涉。光緒二十六年（西元一九九〇年）正月初一，洋人駐華使節拒不參加立溥儁爲「大阿哥」的朝賀典禮。這給了慈禧一大難堪，也引起了她的仇恨。加之康有爲、梁啓超的外逃，得力於洋人的幫助；她殺害「戊戌六君子」，洋人曾發照會表示不滿。這一切，均給予慈禧強烈的刺激，她要尋找機會，報復洋人。

恰在這一年，山東、河北等地爆發了以農民爲主體、以反洋教爲主張的義和團反帝愛國運動。義和團打的旗號先是「反清復明」，後改爲「扶清滅洋」。這一改變，爲慈禧利用義和團，並將之引向盲目排外的歧途提供了可能。

慈禧對義和團採取「剿撫兼用」的兩面政策。最初以「剿」爲主；後來看到義和團聲勢浩大，且可加以利用來報復洋人，遂以「撫」爲主，默認了義和團的合法地位。四月，義和團開始進入北京；六月，北京城內義和團隊伍發展到十萬多人，壇廠林立，旗幟飛揚，義和團實際上控制了北京城。

端親王載漪爲使自己的兒子溥儁早日由「大阿哥」變成皇帝，僞造了一份各國要求慈禧歸政於清德宗的假照會。慈禧當時最忌諱的問題就是「歸政」，所以看了照會以後，勃然大怒，吼道：「外人竟敢如此干涉我的家事，是可忍，孰不可忍！洋鬼子如此無禮，我此仇不報，誓不爲人！」當天，她發布懿旨，對各國宣戰，並下詔慰撫義和團，鼓勵他們攻殺洋人。宣戰的結果如何，她根本沒有考慮，誠如她在一次王公大臣會上所說：「我爲江山社稷，不得已而宣戰。顧事未可知，有如戰之後，江山社稷仍不保，諸公今日皆在此，當知我苦心，勿歸咎我一人，謂皇太后送祖宗三百年天下。」

英美日俄法德奧意八國侵略軍迅速採取了行動。他們攻陷了天津，義和團和清軍遭受了慘重的損失。義和團攻打北京東郊民巷的外國使館，八國聯軍火速向北京推進。這時，慈禧慌了手腳，爲了自保，一再向帝國主義列強獻媚，表示願向洋人「道歉，賠款，懲凶」，同時要求洋人幫助鎮壓義和團。她要洋人作出承諾：不進攻北京。

然而，窮凶極惡的列強根本不予理睬，步步逼近北京。八月十四日，八國聯軍侵占北京諸城門。次日凌晨，慈禧改扮成漢人農婦模樣，帶領清德宗及親近王公、大臣倉皇出逃，經居庸關，過大同、太原，逃往西安。離京前，她不忘將清德宗寵愛的珍妃殺害。

八國聯軍進入北京，公開宣布：「爲所欲爲三天，愛殺就殺，愛拿就拿。」而慈禧在逃亡途中想到的只是「義匪」，不斷發布詔令：務將義和團剿盡殺絕，斬草除根。義和團運動雖然失敗了，但它在中國近代史上寫下了光輝的篇章，說明中國的農民階級不僅是反封建鬥爭的主力軍，而且是反帝鬥爭的主力軍。

慈禧逃到西安，驚魂未定。北京的事，由慶親王奕劻、大學士總督李鴻章作爲全權大臣，與各國議和。慈禧此時所想，乃是千方百計保住自己的統治地位，其他一切均可不顧。在議和中，八國聯軍爲「顧全」中國的「體面」，有意不把慈禧列爲「禍首」。李鴻章如實電告慈禧，慈禧又驚又喜，無恥地宣布說：「量中華之物力，結與國之歡心。」權欲薰心，賣國苟安，多麼醜惡的嘴臉！

帝國主義列強貪婪的正是「中華之物力」，至於誰來當這個亡國之君，對他們來說並不重要。光緒二十七年（西元一九〇一年）七月二十五日，中國歷史上最恥辱的《辛丑條約》簽訂了，從此清政府徹底成了「洋人的朝廷」。慈禧保住了她的統治地位，中國蒙受的災難超出常人的想像，僅戰爭賠款白銀連本帶息，就達十億兩之巨！

《辛丑條約》簽訂後一個月，慈禧攜帶搜刮的無數金銀財寶，從西安起鑾回京。一路遊山玩水，歷時數月之久，方才回到北京。抵京之日，滿朝文武大臣跪在城外迎接，她的鑾輿描龍繡鳳，金碧輝煌，由三十多人抬著，威風氣派，儼若功臣凱旋。

慈禧仍將清德宗囚禁於瀛台。她爲了籠絡人心，取媚洋人，居然也改弦更張，宣布施行她深惡痛絕的「新政」來。她一面大興土木，重修頤和園；一面加緊修建陵寢，爲死後到陰間繼續享樂作準備。此前，她在菩陀峪（今河北遵化境）曾修築一陵，擴建了三座大殿。後來，她下令將原先的建築全部拆除，另外重建。重建後的慈禧陵稱定陵，地面三座大殿，其規模工藝，豪華富麗；其用料耗銀，靡費驚人。不僅超越了清朝祖陵，就連明、清兩朝二十四帝居住的紫禁城，也爲之遜色。僅三座大殿貼金一項，就用了黃金四千兩！

光緒三十四年（西元一九〇八年）十月，慈禧和清德宗都患了重病。慈禧這時所想的大事有二：一是不能死在清德宗前面；二是要爲清德宗找個替身。是月二十日，她在病榻前召見奕劻、載灃、袁世凱等人，宣布懿旨，立清德宗弟弟載灃之子溥儀爲「大阿哥」。溥儀是清德宗的侄兒，也是慈禧的侄孫，時年只有三歲。

而且溥儀之母又是慈禧的親信、「后黨」核心人物榮祿之女。溥儀一旦當了皇帝，她就是太皇太后，照樣可以透過載灃、榮祿等左右朝政。當溥儀被抱入宮中時，清德宗生父醇親王奕譞的大福晉號啕大哭，呼天搶地，大罵慈禧說：「既殺我子，復殺我孫，雖擁皇帝虛名，實等終身圈禁！」她對慈禧的認識，可謂入木三分。

溥儀入宮的次日，清德宗病逝於瀛台。慈禧得到稟報，臉上掠過一絲得意的獰笑，心裡說：「這個畜牲終於死了！」她立即傳旨，立溥儀爲皇帝，載灃爲攝政王，改元宣統。她實指望自己作爲太皇太后能夠繼續擅政，孰料命運偏同她開了一個天大的玩笑。清德宗死後兩天，她也緊跟著清德宗去閻王爺那兒報到了。

這個實際統治中國近半個世紀的權欲女狂人，這個給近代中國造成巨大屈辱和災難的封建衛道婦，終於死了。死年七十四歲。

慈禧生前巧取豪奪，積累了無數奇珍異寶，死後被一併納入棺中，埋於定陵。據《爰月軒筆記》一書記載，慈禧屍體入棺前，先在棺底鋪上三層金絲串珠繡花錦褥和一層珍珠，共一尺多厚。入棺時，頭部上首放置一個玉質翠荷葉，腳下安放一朵玉質碧璽大蓮花。慈禧屍體置於荷葉、蓮花之間，身著金絲串珠彩繡袍褂，頭戴珍珠串成的鳳冠，冠上一顆大珍珠重四兩，價值一千萬兩白銀。棺中其他奇珍異寶五光十色，璀璨奪目。棺中放置了寶物和屍體後，又倒進四升珍珠和紅、藍寶石二千多顆，以填補棺內空隙，價值無法計算。

事隔二十多年，到了中華民國十七年（西元一九二八年）七月，國民革命軍十二軍軍長、「東陵大盜」孫殿英，用炸藥炸開了定陵地宮的進口，進入陵內，用刀斧劈開了慈禧的棺槨，將慈禧屍體拖出扔到一邊，隨後將所有奇珍異寶盜竊一空。

專橫、暴戾、貪婪的慈禧，生前想到過死後的這一幕嗎？陵毀，棺破，屍暴，這是她應得的下場。

清穆宗后妃

年輕的冤魂和「未亡人」

清穆宗同治皇帝即位時年僅六歲，由慈安皇太后和慈禧皇太后垂簾聽政。同治十一年（西元一八七二年），在皇帝立后問題上，慈安和慈禧爭執不下，發生了尖銳的衝突。

慈安主張立阿魯特氏爲皇后。阿魯特氏，戶部尚書崇綺的女兒，長得豐盈綽約，眉清目秀，雖比清穆宗年長兩歲，但舉止莊重，很懂規矩。慈禧主張立富察氏爲皇后。富察氏，員外郎鳳秀的女兒，自幼聰明賢慧，讀書、女紅無不精巧，而且年齡比清穆宗小些。

兩位太后意見不一，只能由清穆宗本人來決定。慈禧心想，皇帝是自己的親生兒子，一定會按照自己的意志，選擇富察氏爲皇后。沒料想清穆宗對慈安太后更有感情，根據她的意願，選定了阿魯特氏爲皇后。慈禧滿肚子不快，執意將富察氏封爲慧妃，這才了事。

阿魯特皇后知書識禮，居位中宮，與清穆宗情濃意熾，經常廝守在一起。慈禧見兒子百般寵愛皇后，非常惱火，有意進行刁難。她告誡皇后說：「皇帝年輕，當以國事爲重。你不要經常纏著他，消磨他的時間。」她同時告誡皇帝說：「慧妃賢明聰慧，你要同她多多親近。」

但是，清穆宗和阿魯特皇后並不把慈禧的告誡放在心上，依然恩恩愛愛，卿卿我我。慈禧容不得別人違背自己的意志，竟然下令，讓皇帝與皇后分居，並派太監嚴密監視，若有情況，立即報告。致使新婚燕爾的皇帝和皇后，雖然同處宮中，見面卻很困難，大有天各一方之感。

清穆宗和阿魯特皇后都承受不了夫妻分離的痛苦。尤其是清穆宗，變得憂鬱，進而變得放縱，甚至瞞著兩宮太后，去下酒館，去逛妓院，以發洩情緒和尋求刺激。不久，他染上了性病，身體日見虛弱。接著，他又出天花，臥床起不來了。

阿魯特皇后想念皇帝，更關心他的病情。一天，她背著慈禧，放大膽子，偷偷到養心殿探望丈夫。臥榻旁邊，夫妻倆相依說話，都爲他們的不幸而傷心落淚。皇帝勸導皇后說：「多忍耐些時光，將來總會有出頭之日。」皇后點頭說：「是啊，除了忍耐，又能怎麼樣呢？」

誰知隔牆有耳。監視皇帝和皇后的太監早把這些話報告給慈禧，一場大禍自天而降。慈禧怒氣沖沖地闖進皇帝臥室，破口大罵皇后，說：「好個野狐子，又來勾引皇帝！」阿魯特皇后辯白說：「我是乘鳳輦從大清門迎娶進宮的，天下皆知。皇帝生病，我前來探看，犯了什麼罪？」這個辯白猶如火上澆油。慈禧以爲皇后是在嘲笑自己，當初是以秀女身分入宮，出身低賤，未乘鳳輦。她全然不顧太后的尊嚴和體面，向前一把抓住皇后的頭髮，連撕帶打，直打得皇后雲鬟蓬散，嘴角流血。皇后不敢還手，慈禧憤恨尤烈，傳喚太監，說：「拿棍杖侍候！」這場風波，早把清穆宗嚇得暈死過去。

清穆宗病情日趨惡化，於同治十三年（西元一八七四年）十二月五日一命嗚呼。太醫院爲維護皇帝的名聲，只說他的死因是「出天花」。而民間並不這樣看，編出兩句民謠譏諷說：「不愛家雞愛野鶩，可憐天子出天花」。無疑是說，清穆宗實死於性病。

阿魯特皇后對於丈夫早逝萬分悲痛，就在清穆宗死的當天，吞食金屑自殺。被人發現，救活了過來。這時，太醫確診，皇后已經懷孕。慈禧擔心她生下兒子，可能會成爲皇太后，威脅自己的地位，遂下密令，斷絕皇后的飲食。阿魯特皇后只能依靠娘家送來的一些飲食維持生命。一天，她偷偷寫了一張紙條，傳至娘家，詢問父親崇綺說：「我該怎麼辦？」崇綺在食物中夾了一張紙條，上面寫了四個字：「皇后聖明」。意思是說，別人沒有辦法救你，一切由你自己決定。阿魯特皇后陷入了絕望，拒絕進食，於光緒元年（西元一八七五年）二月二十日，含恨而死。死年二十二歲。這時距清穆宗之死只有四十多天，清朝後宮中又增添了一個冤魂。

阿魯特皇后吞金、絕食而死，震驚了宮廷內外，引起了強烈反響。御史潘敬儼上書，要求安慰亡靈，給皇后加封諡號。慈禧知道這是衝著自己而採取的反抗形式，當然不能答應，命將潘敬儼革職。但是，人心難壓，人意不平。光緒五年（西元一八七九）三月，在舉行清穆宗和阿魯特皇后大葬時，吏部主事吳可讀觸景生情，感慨萬千，便以屍諫形式，對慈禧逼死阿魯特皇后和立侄兒爲皇帝的行爲表示了抗議。大臣屍諫，這是一件使當政者十分難堪而又不便發作的事情。慈禧表面不得不稱讚幾句吳可讀的「忠直之心」，而對吳可讀屍諫的實質要求，則敷衍搪塞，不了了之。

清穆宗死時，還有四個皇貴妃，即慧妃、珣妃、瑜妃、瑨妃。當時四人中年齡最大的十九歲，最小的十六歲。小小年紀，便成了封建皇帝的「未亡人」，命運可悲。那個慧妃，因受慈禧的偏愛，被委派照料年幼皇帝清德宗的生活，於光緒三十年（西元一九〇四年）死去，死年四十六歲。外聞傳說她也是吞金而死的，但詳情不得而知。

清德宗后妃

一口「珍妃井」，一份《退位詔書》

清德宗光緒皇帝是慈禧太后的侄兒，他的一切都攥在太后的手心裡，其中包括他的婚姻生活。

光緒十四年（西元一八八八年），清德宗十八歲，應該大婚了，立誰爲皇后呢？慈禧早給他拿定了主意：都統桂祥之女葉赫那拉氏。桂祥是慈禧的自家兄弟，他的女兒也就是慈禧的侄女。

慈禧這樣安排是別有用心的。因爲她的這個侄女是個沒有主見，相當平庸，只知一意仰承姑母鼻息的女人。慈禧選擇她當皇后，是要利用她作爲自己的心腹，放在皇帝身邊，以便監視皇帝的舉動。清德宗對於這樁婚事很不滿意，明確地告訴慈禧說：「太后的旨意，兒當遵命。但是，我沒有辦法使自己愛這個女人。」慈禧不管這些，堅持將侄女冊立爲皇后。婚後，清德宗對於葉赫那拉皇后十分冷淡，直到死時也沒有把她當作妻子。

清德宗的心裡另有所愛。就在冊立皇后的同年，清德宗在選美中選中了他他拉氏兩姐妹，將二人一起納入後宮，姐姐封瑾嬪，妹妹封珍嬪。瑾嬪和珍嬪，天生的美人胚子。尤其是珍嬪，不僅姿容嫵媚，而且溫柔多情，知書達理，善解人意。她在侍奉皇帝的同時，還一直鼓勵皇帝振作上進，爲國爲民，轟轟烈烈地幹一番事業。因此，清德宗寵愛他他拉氏姐妹，遠遠勝過皇后。

光緒二十年（西元一八九四年），瑾嬪晉爲瑾妃，珍嬪晉爲珍妃。

清德宗與珍妃情深意篤，恩愛無比。慈禧與葉赫那拉皇后橫眉怒目，深以爲恨。中日戰爭後，清德宗將慈禧的心腹大臣李鴻章革職留用。慈禧立即予以報復，次日即拿清德宗的愛妃開刀。她親自出面召集王公、大臣會議，以「忤太后，習尚奢華」爲由，宣布廢黜珍妃和瑾妃的妃號，降爲貴人，並對珍妃脫衣廷杖，直將她打得遍體鱗傷，鮮血淋漓。珍妃含羞受辱，敢怒而不敢言，只能把眼淚嚥進肚裡。屈辱和磨難使清德宗和珍妃的心貼得更緊。在戊戌變法中，珍妃積極支持皇帝革新政治。清德宗深感欣慰，視她爲後宮裡的唯一知己。光緒二十四年（西元一八九八年），慈禧以血腥手段發動政變，鎮壓了革新派，囚禁了清德宗，同時懲罰珍妃。她親手抽打珍妃幾個耳光，邊打邊罵：「都是你這媚狐妖精、娼婦，把皇帝教壞了，今天不打死你，不解我心頭恨！」直到打累了，才令人將珍妃拖下去另用他刑。可憐珍妃，被打得死去活來，不成人樣，接著被幽禁於冷宮，永遠不准再和皇帝見面。

光緒二十六年（西元一九〇〇年），八國聯軍打到北京。慈禧爲了保命，帶著清德宗、葉赫那拉皇后等倉皇逃往西安。離京前，她對珍妃下了毒手，命太監李蓮英將她推入一口深井內，並投下許多石塊，將其淹死、砸死、悶死。這口深井位於故宮外東路，後來稱作「珍妃井」。它幽暗而深沉，成爲慈禧暴虐和狠毒的有力見證。

光緒三十四年（一九〇七）十月，清德宗和慈禧在三天內相繼病死。葉赫那拉皇后秉承慈禧的遺旨，奉醇親王載灃年僅三歲的兒之子溥儀爲皇帝，即清遜帝宣統皇帝。葉赫那拉皇后稱兼祧母后，尊爲皇太后，垂簾聽政。載灃稱攝政王，掌握朝政。後來，這位太后給自己上徽號隆裕，故又稱隆裕太后。

隆裕太后庸碌無識，卻又想仿效慈禧，實行專權獨裁統治。她以推行新政爲名，增加苛捐雜稅，因而激起了農民的抗捐抗糧鬥爭和市民搶米搶鹽風潮。她以實行鐵路國有爲名，將鐵路抵押給帝國主義列強，以借取大量外債，因而激起了保路運動。她還任用皇親，排斥漢人，拖遲立憲，擴充軍警，引起統治階級內部的分化，政治上陷於空前的孤立。她和攝政王載灃之間也存在著深刻的矛盾，遇事常因意見不合而發生齟齬。

隆裕太后生性多疑，除了太監張蘭德以外，幾乎不相信任何人。而張蘭德又是個吃裡扒外的小人，接受了袁世凱的大量賄賂，明裡暗裡幫助袁世凱。西元一九一一年辛亥革命爆發後，袁士凱要挾隆裕太后交出皇權。西元一九一二年一月一日，中華民國成立。袁世凱威逼隆裕太后宣布清帝遜位，實行共和。是年二月十二日，隆裕太后焦頭爛額，被迫代宣統皇帝頒布了《退位詔書》，宣布清帝遜位。

中國最後一個封建王朝滅亡了，二千多年來的封建專制制度結束了。一年後，這個仍然保持著名號的皇太后發現國民政府優待皇室的條件與起初協商的完全不符，哀傷抑鬱，患了腹脹病，死在紫禁城，死年四十六歲。

國家圖書館出版品預行編目資料

中國后妃事略／張雲風 著；-- 第一版.
-- 臺北市：大地, 2004〔民93〕
面； 公分-- （History；5）

ISBN 986-7480-17-1（平裝）

1. 后妃－中國

573.513 93018880

History 05

中國后妃事略

作　　者：張雲風
創 辦 人：姚宜瑛
發 行 人：吳錫清
主　　編：陳玟玟
美術編輯：黃雲華
出 版 者：大地出版社
社　　址：台北市內湖區內湖路2段103巷104號1樓
劃撥帳號：0019252－9（戶名：大地出版社）
電　　話：(02)2627－7749
傳　　真：(02)2627－0895
E-mail：vastplai@ms45.hinet.net
印 刷 者：普林特斯資訊有限公司
一版二刷：2005年1月
定　　價：300元

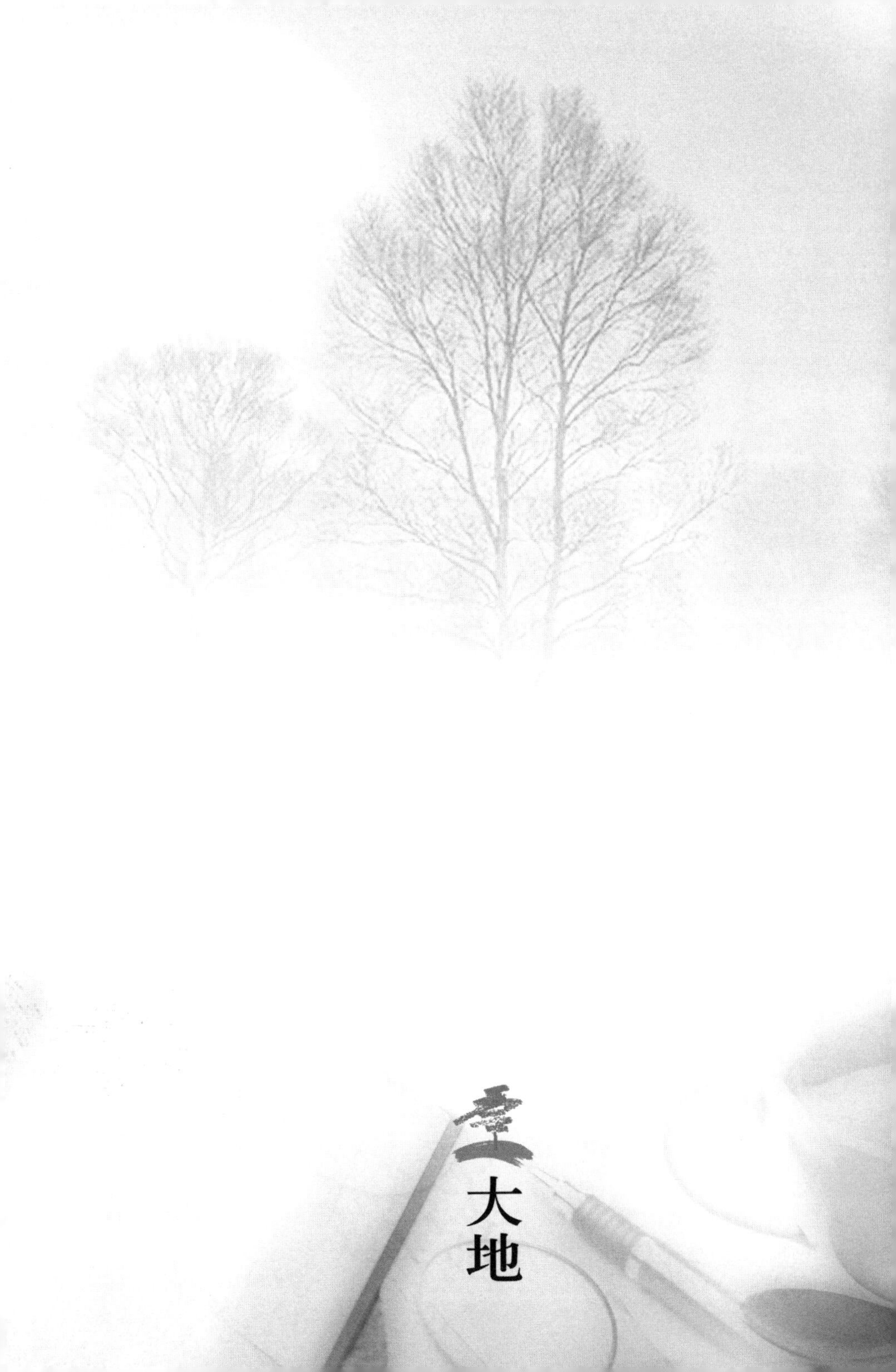
大地

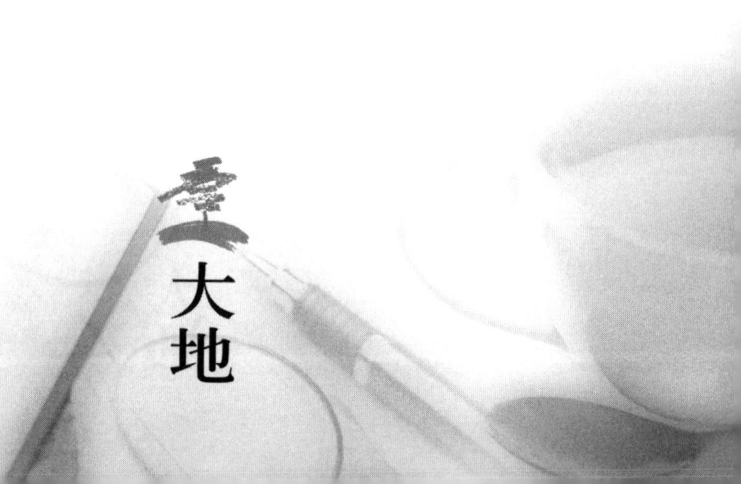
大地

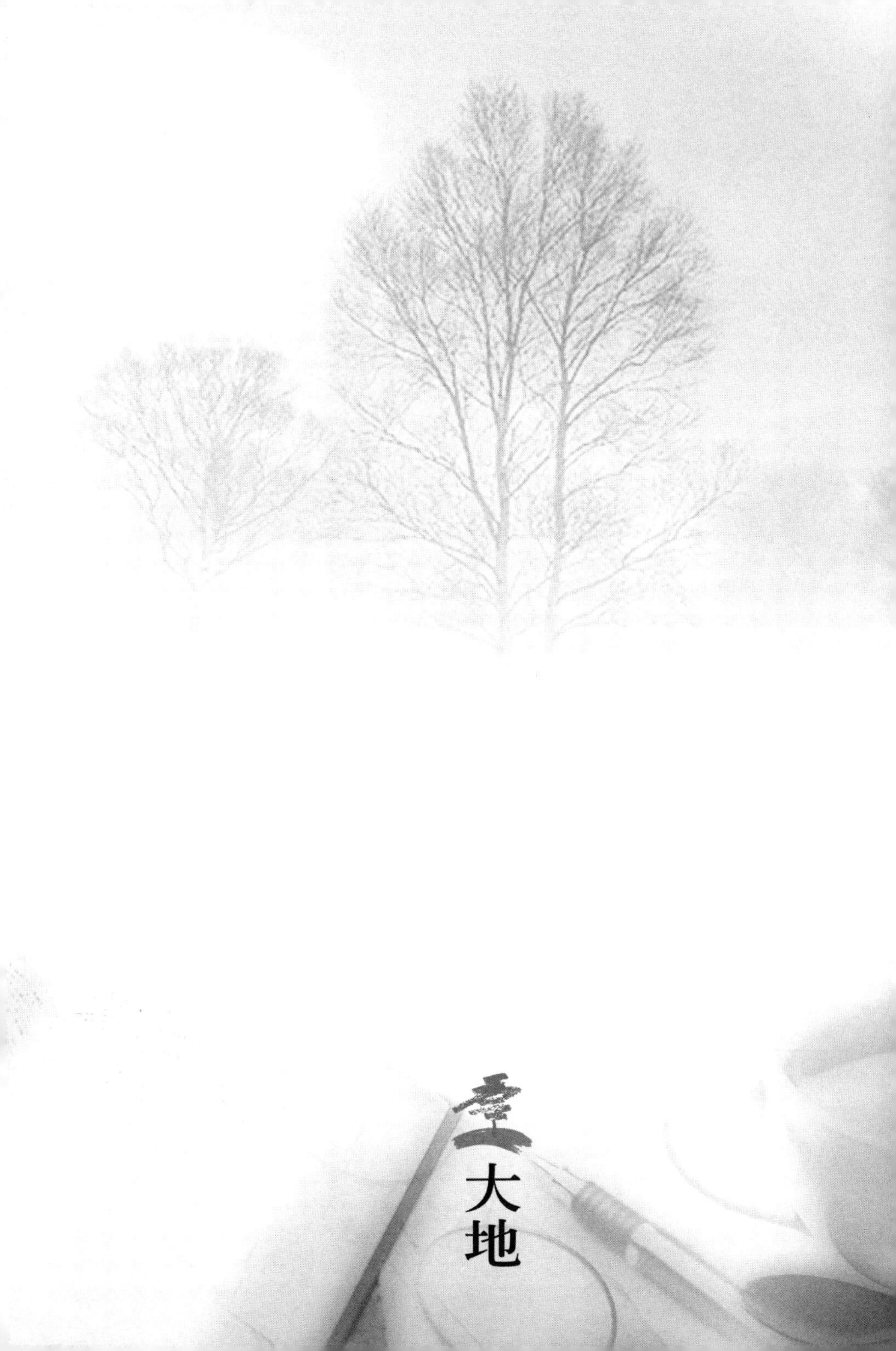
大地

大地